知行课程实践研究

高杨杰　主编

陕西新华出版
陕西人民出版社

图书在版编目（CIP）数据

知行课程实践研究/高杨杰主编. -- 西安：陕西人民出版社，2023.6
　　ISBN 978-7-224-14941-8

　　Ⅰ.①知… Ⅱ.①高… Ⅲ.①义务教育—课程建设—研究 Ⅳ.①G632.3

　　中国国家版本馆 CIP 数据核字（2023）第 090512 号

知行课程实践研究

主　　编	高杨杰
出版发行	陕西人民出版社
	（西安市北大街 147 号　邮编：710003）
印　　刷	西安盛业印务有限公司
开　　本	787 毫米×1092 毫米　1/16
印　　张	32.25
字　　数	511 千字
版　　次	2023 年 6 月第 1 版
印　　次	2023 年 6 月第 1 次印刷
书　　号	ISBN 978-7-224-14941-8
定　　价	66.00 元

前 言

我们的课程

"十四五"规划和2035年远景目标纲要提出建设高质量教育体系的宏伟任务。我认为义务教育高质量发展的关键在于推动教育教学改革，把立德树人的要求落到实处，充分发挥课程在人才培养中的核心作用，提升学校教育质量，培养德智体美劳全面发展的人。西安高新第二学校充分汲取中华优秀传统文化和陕西地域文化的精华，以王阳明"知行合一"哲学思想和陶行知"生活教育"理论为思想源泉，秉承"爱注九年 知行一生"的教育思想，坚持"知行合一"的理念和"让学生快乐学习，健康成长，自信生活，成为综合素质高，具有家国情怀和国际视野的创新型人才"的育人目标，经过十余年探索实践，建构了面向学生全面发展的校本"知行课程"体系。"知"是指科学知识、思想认知和道德良知；"行"是指人的实践、行为方式。

知行课程体系包括三类课程，即知行德育课程、知行学科课程、知行活动课程。其中，每一类又分为三项，即以知行学堂课程、研学旅行课程、知行德育综合课程为内容的知行德育课程；以学科基础型课程、学科拓展型课程、学科扬长型课程为内容的知行学科课程，以艺术活动课程、体育活动课程、艺体综合活动课程为内容的知行活动课程。因此，该课程又称为

"三类九项"校本"知行课程"体系。

我们致力于通过"知行课程"进一步促进学生个性成长、全面发展与课程资源供给相协调,提高教师专业发展和课程领导力,强化学校课程特色。知行学堂课程让知行合一引领生命成长,研学旅行课程让学生在行走中认识世界,德育综合课程让教育回归育人本真;学科基础型课程让课堂教学变革改进学习方式,学科拓展型课程让学科拓展促进兴趣、视野和思维提升,学科扬长型课程让特长发展成为人生长板;艺术活动课程通过地方艺术和传统艺术提升艺术情怀,体育活动课程、艺体综合课程让健全的人格寓于健康的身体。

"知行课程"是学校实施教育改革中浓墨重彩的一笔,在探索与实践过程中实现了聚焦"知行合一、全面发展"的"知行课程"理论创新,施行"综合育人、文化育人"的立德树人实践创新,打造"四位一体、多元主体"的课程构建机制创新。

我们的学生和教师

校本课程的生命力在于成就每个个体的生命力,为学生搭建成长、成才、成功的阶梯,为教师创造专业发展的平台。

在"知行课程"的浸润下,涵养了学生"知行合一"的价值追求,为学生个性成长、全面发展提供了平台。在个性特点培养方面,知行德育课程使学生更加自信大方、善于表达、敢于实践、团结协作、富有社会责任感;在知识面拓展、创新意识培养方面,知行学科课程极大地提升了学生的知识储备、创新思维品质;在审美和健体方面,知行活动课程为更多学生创造了发现兴趣、培养兴趣、打造特长的机会,审美素养、表现能力不断提升,健体意识、运动能力不断增强,涌现出大量优秀艺体人才。

教师在"计划—行动—观察—反思"的行动研究中,课程意识显著增强,课程设计、课程研究水平和执行能力不断提高,教学观念不断更新,个人教学风格越来越鲜明,绝大多数老师形成自己的系列化课程，提炼出自己的课程案例和论文，为"知行课程"著作顺利出版贡献了中坚力量。"知行课程"带动了教学方式变革，使教师更加注重启发式、互动式、探究式教学，这样的课堂受到学生的欢迎和认可。

我们的心血

校本课程的开发，是一条循序渐进、螺旋上升的探索之路。在这条路上，留下了我们的热情，也留下了我们深深的足迹。回顾十余年的历程，我们滴下的每一滴汗珠，都像夜空中的星星，闪烁着只有亲历者才能理解的光芒，一颗颗明亮的星星交相辉映，点缀着我校学科拓展课程美丽而深邃的天空。

我们首创了完备而富有特色的"知行课程"体系，确立了课程指导意见、定位、理念和目标，形成了四大课程实施策略、四表监测课程评价体系，凝练了学校的课程文化和教育哲学。"知行课程"成果荣获2018年基础教育国家级教学成果奖二等奖、陕西省基础教育教学成果奖一等奖、陕西省义务教育学校课程建设一等奖，并出版《知行录》《知行课程》等四部著作。

学校课程领导力增强，办学质量稳步提高，赢得社会广泛好评，课程成果得到全国知名学者的关注和肯定，被国内教育同人学习借鉴，接受主流媒体专题报道，并进行国际交流，在陕西省发挥辐射引领作用，为陕西省乃至中西部地区深化课程改革提供了借鉴范本。

《知行录》中的每一篇文字，都是对课程实践的生动写照；每一段记录，都是对教育理想的崇高敬礼。也许它没有诗歌那么优美，也没有音乐那么动听，但都是我们对教育追求永不停歇的见证。

我们的思考

"知行课程"从发轫、孕育，到初探、发展，再到跨越、深化……十余年的建设与实践，丰富了我们对落实立德树人根本任务、深化课程改革的理解和认识。

学校课程改革中要坚持立德树人为根本，德育为先、能力为重、全面发展的教育理念；要发挥课程的育人载体作用，把"知行合一""全面发展"作为学生的发展观，将其融入课程改革的机理之中，使其促进学生的健康成长，成为学校发展的思想动力；要挖掘"知行合一"思想中的智慧，通过课程开发促进中华优秀传统文化的永续传承；要把改革与学校文化深度融合，凝聚家庭、学校和社会协同育人的合力。

站在新的历史起点上，实现五育融合、推动基础教育高质量发展，是学校课程改革的基本遵循。我们将更加注重要素协调、多元化思想引领；从五育并举走向五育融合，进而走向五育互育；改革学生评价，树立科学的成才观念。

知行，我们永远在路上。

高杨杰

2022 年 3 月

目 录

【教学设计】

家乡的特产	俞莹莹	(3)
雄伟的塔	陈 晨	(9)
魅力西安	陈 斌	(13)
战争中的地理	赵显军	(21)
考古与秦始皇兵马俑博物馆	蔡 丹	(26)
谜语大揭秘	刘婷婷	(30)
巧用对称形	苏国芳	(35)
模拟人大展风采 青春少年正风华	王凤兰	(38)
有趣的水	王 玲	(44)
闻名世界的文化遗产	赵 坚	(49)
致汉服 敬国粹	毕敏丽	(53)
《青铜葵花》阅读交流课	陈可心	(57)
祖父的园子	姜保正	(61)
秋秋找妈妈	靳 祥	(68)
说不尽的桥	李慧婷	(72)
有趣的象形字	梁存雪	(76)
陕味乡情——水果拼拼乐	龙云杰	(80)
姓名中汉字的美	王丽娜	(85)
有趣的歇后语	武 迎	(90)
猜猜我有多爱你	张 玲	(93)
变色花	黄淑丽	(98)
交通与数学	张 咏	(102)
Eight Local Folk Traditions	谢思含	(107)

1

Why I Love My Daddy	王　婷	(110)
Travel in Beijing	阮华婷	(113)
New Life of New School	王　蕊	(117)
Diet in America	魏敏丹	(120)
Can You Play with Me	党　藤	(123)
OXFORD ENGLISH 1A　Unit 5 Fruit	樊晓霞	(126)
生活中的数学——会员卡中的数学	张　晨	(129)
聚散离合话镶嵌——平面图形的镶嵌	张小娟	(135)
少年壮志在云天——科技陕西　助力航天	李春虎	(142)
水果电池	刘建虎	(151)
探秘五角星	余周群	(159)
轴对称（一）	王　佳	(164)
Unit 3 Look at me! Part B	王　娜	(168)
Lesson 8 Traffic Safety	王峥翔	(171)
左　右	邢婉红	(174)
OXFORD ENGLISH 2A　I Love Letters	杨　艳	(180)
一起来数"树"——植树问题（一）	韦　浩	(183)
Cub in the Sun	赵　洁	(187)

【教学实录】

弟子规——信	常　红	(193)
吃西瓜	陈　玲	(199)
穿在身上的历史 　　——从服饰变化看中国近现代历史的变迁	李　李	(209)
Customs and Manners	王晓霞	(219)
Robots	肖春燕	(229)
学弈	谢小虎	(235)
爱心树	杨　培	(244)
认识五角星	余周群	(250)
雾霾知多少	张　敏	(258)

【教学论文】

"爱注九年 知行一生"教育思想下的"知行课程"建构
.... 高杨杰(267)
学校治理视角下提升教师课程领导力的行动研究
.... 王 颖(276)
初中生涯教育融入知行课程体系的探索与实践
.... 陈 晨(286)
小学中段 PEP 英语对话和故事绘本整合教学探究
.... 樊晓霞(290)
"放生"阅读——例谈初中语文部编新教材自读课文
.... 王丽娜(296)
《诗经》作为中华优秀传统文化经典与初中语文
　　综合性实践活动课堂有机结合的研究 …… 许 瑶(300)
诵读《弟子规》培养学生良好品德 ………… 常 红(307)
浅谈培养学生口算能力的方法 ……………… 陈 玲(312)
初中英语课本剧教学中课型与课例的研究与反思
.... 王 敏(316)
当古典诗词遇上流行歌曲
　　——《经典咏流传》与中学语文拓展课的实践思考
.... 毕敏丽(320)
小学低段语文拓展课浅谈——树叶趣谈 ……… 高 杨(326)
初中道德与法治拓展型课程开发探析 ……… 王义丹(330)
试析 phonics 在小学英语单词记忆和口语表达中的应用
.... 李 蕊(337)
利用数学日记构建小学数学作业模式 ……… 周 华(341)
基于教育信息化的初中物理教学实践探究 …… 刘建虎(345)
浅议提高语文课堂教学效益的方法 ………… 刘乃琳(349)
提高小学生语文课堂注意力的策略 ………… 刘秦剑(355)
论优化小学英语游戏教学的路径 …………… 齐 茹(358)
浅谈语文学科拓展课 ……………………… 王秦香(363)
浅谈小学生诚信教育问题及对策 …………… 王 佳(367)
PEP 英语单元主题与英语绘本教学融合的研究
.... 王 娜(375)

语文拓展课"拓展什么"之初探 …………… 武　迎(378)
如何创建良好的小学语文主题教学的课堂气氛
　　………………………………………… 谢小虎(382)
浅谈小学数学教学的拓展和延伸 ………… 邢婉红(386)
浅谈小学语文古诗教学 …………………… 杨　培(391)
以生为本　搭建自我展示平台
　　——例谈如何有效开展小学英语课外活动
　　………………………………………… 杨　艳(396)
在赛教的磨砺中成长 ……………………… 史晓锋(402)
初中数学学科拓展课初探 ………………… 张小花(408)
知行课程在小学科学课中的实践研究 …… 王　玲(413)

【说　　课】

荷风莲韵——《莲文化的魅力》说课稿 …… 张　瑾(419)
三角形的中位线 …………………………… 吴玉倩(425)
小白兔的草帽 ……………………………… 俞莹莹(432)
一分有多长 ………………………………… 曹晓婷(436)
数松果(5的乘法口诀) …………………… 陈　玲(441)
漂亮的瓶子 ………………………………… 陈　晨(446)
寒号鸟 ……………………………………… 陈可心(449)
Unit 3 My Weekend Plan ………………… 樊晓霞(454)
我要的是葫芦 ……………………………… 梁存雪(458)
月球探秘 …………………………………… 赵显军(462)
图书馆 ……………………………………… 周　华(469)
确定位置 …………………………………… 王　佳(475)
白桦林好地方 ……………………………… 温芳芳(480)
路程、时间与速度 …………………………… 邢婉红(483)
Unit 6 Shopping …………………………… 杨　慧(488)
I Am Wonderful …………………………… 杨　艳(492)
认识图形 …………………………………… 张　春(496)
对联初探 …………………………………… 张丽君(501)

教学设计

家乡的特产

■ 俞莹莹

一、设计思路

（一）设计意图

在"开卷有益，初显身手，畅所欲言"的活动中鼓励学生多收集资料，从搜集的资料中了解全国各地丰富的特产，培养爱家乡、爱祖国的感情。在广泛搜集的基础上，进行口语交际，初步对家乡的特产有所了解。在阅读《我爱故乡的杨梅》时引导学生学习作者的写法，体会作者对故乡的热爱。在赏析小朋友的佳作中，了解作者如何将特点写好的方法。在学会运用方法后，调动身体的感官，从视觉、触觉、嗅觉、味觉等方面交流实物，从而让学生掌握描写特产的特点和方法，习作练笔也就降低了难度，消除了三年级学生对写作的恐惧感和不会写的现象。

（二）学情分析

三年级学生的思维活动仍然具有很大成分的具体形象色彩。但在想象方面，学生想象的有意性迅速增长并逐渐符合客观现实，同时创造性成分日益增多。三年级开始，孩子有初步的写作目的意识，能用简短的书信、便条进行书面交际；能依事件的先后次序、不拘形式写下自己的见闻、感受和想象。但多数孩子仍存在对写作的恐惧感和不会写的现象。本节课旨在培养孩子有乐于动笔、进行书面表达的兴趣，有习作的自信心。同时，愿意将自己的习作读给他人听，与他人分享习作的快乐，愿意表达自己觉得新奇有趣、印象最深、最受感动的地方。

(三) 教学目标

【知识与能力】

1. 阅读《我爱故乡的杨梅》时,让学生了解课文从几个方面来写杨梅的特点,学习作者的写法,体会作者对故乡的热爱。

2. 在赏析佳作中,了解作者如何将事物特点写好的方法。

3. 从视觉、触觉、嗅觉、味觉等方面交流实物,从而让学生掌握描写特产的特点和方法。

4. 以"我爱家乡的……"为题写一篇习作,让更多的人知道家乡的特产。

【方法与途径】

1. 鼓励学生多收集资料,从搜集的资料中了解全国各地丰富的特产,培养爱家乡、爱祖国的感情。

2. 在"开卷有益,初显身手,畅所欲言"的活动中初步了解家乡的特产的生长情况或制作工艺。

3. 在设计广告词中对家乡特产的特点有浅显的了解。

4. 阅读赏析中注意引导学生学习作者的写作方法,突写"我爱"。

【情感与评价】

了解家乡和祖国的物产,激发对家乡,祖国的热爱。

【现代教学手段的运用】

投影展台,展评学生当堂的片段习作。

(四) 教学重点与难点

1. 阅读《我爱故乡的杨梅》时,让学生了解课文从几个方面来写杨梅的特点,学习作者的写法,体会作者对故乡的热爱。

2. 在赏析佳作中,了解作者如何将事物特点写好的方法。

3. 从视觉、触觉、嗅觉、味觉等方面交流实物,从而让学生掌握描写特产的特点和方法。

4. 片段式动笔练写特产的一个特点,讲评。

二、教学准备

1. 教学 PPT。

2. 准备猕猴桃,实物感知促五感观察。

3. 学生带家乡的特产，选择自己喜欢的特产展示写作。

三、教学过程

（一）从展示口语交际成果导入

1. 在上节课的初显身手环节，大家纷纷交流了自己家乡的特产。现在，要检查布置的作业，为了把你家乡的特产推广出去，谁来说说你设计的广告词。

【设计意图】鼓励学生搜集资料，在搜集资料中感受到祖国的地大物博，激发学生对家乡的热爱。同时，让学生设计广告，有意识地让学生初步了解所写特产的特点，为后面的写作埋下伏笔。

2. 如何把家乡的特产介绍得更具体呢，就让我们走进这节习作课《家乡的特产》。（板书课题）

（二）教学过程

第一环节：例文赏析，了解描写方法

1. 今天俞老师也带来了一篇描写家乡特产的文章，让我们来看看它是怎么描写的？（出示文章《我爱故乡的杨梅》）

2. 请同学们快速浏览文章，看看作者都写了杨梅的哪些特点？可以试着做批注。（板书：生长情况、形状、颜色、味道）

【设计意图】课程改革的基本理念就是要"全面提高学生的语文素养"，而习作最能体现一个人的"综合语文素养"。但对于三年级学生来说，作文教学正式起步，怎么写在孩子脑子还是模糊的概念。所以应以课堂教学为抓手，在读写结合中初步引导学生确定写作大纲，了解状物的写法。

3. 那么在描写杨梅的这几个特点时，作者都用了什么好的描写方法？（指名交流）

【设计意图】三年级的学生对作文的认识还停留在低年级阶段，通常情况下仅会用一些枯燥的话叙述作文内容，所以在阅读中教会学生观察的方法，了解如何运用好的方法，比如：修辞手法，好词佳句，把物品写生动就显得尤为重要了。

4. 其实我国的特产除了杨梅这一类的蔬果外还有很多种，我们一起去看看。(PPT出示特产的分类)让学生观察看发现了什么?(有生命和没有生命)那像这样没有生命的小吃、糕点类的你还能写生长情况吗?(板书:制作工艺)

【设计意图】《语文课程标准》对三年级作文的要求就是要留心周围的事物。所以让学生了解特产的分类,旨在让其知道不同类型的物品应从哪几方面描写。

第二环节:以描写方法品美文

5. 有位小朋友也想把他家乡的特产介绍给大家,你们想读读吗?(指名读)

6. 读完大家能不能像刚才一样,说说他在描写家乡物产的这几个方面,用上了什么好方法?你喜欢哪句就交流哪句。(小组交流,代表发言)

【设计意图】让学生在赏析中进一步学会介绍特产时,要抓住特点来描写,并在小组交流中学会合作,碰撞思维的火花,在小组代表发言的过程中引导孩子如何具体生动地把家乡的一种特产介绍清楚。

第三环节:按描写方法,叙实物

7. (出示实物:陕西特产——猕猴桃)刚刚交流了那么多好的方法,现在你会用了吗?调动感官,眼、手、鼻、嘴来观察猕猴桃。

【设计意图】学生的作文源于生活,实物的展示引发孩子观察的兴趣。同时,调动五官的实践也带来不同的体验,能让学生注重表现自己觉得新奇有趣的,或者印象最深、最感动的内容。

8. 将观察到的串联成一段话。(指名交流)

【设计意图】交流的过程是让学生掌握运用好的描写方法的过程,为后续的写作打好基础。

9. 现在拿出你带来的家乡特产,用上这节课学到的好方法,任选一个方面来写写。(动笔练习片段)

第四环节:赏析作品,交流评价

10. 投影展评,学生评价。

【设计意图】采用读和写、写和评让学生感受到写作的轻松、合作的快乐,切实提高学生的写作水平。

（三）总结

在下节课中，我们继续完善习作，以"我爱家乡的……"呈现一篇完整的作文。

（四）作业布置

回家根据课堂上所讲的方法，将《我爱家乡的特产》这一篇写作写完并修改。

（五）板书设计

我爱家乡的特产

有生命的：
- 生长情况
- 五感描写
  - 视觉：形状、颜色
  - 嗅觉：闻气味
  - 触觉：摸手感
  - 味觉：尝味道

无生命的：
- 制作工艺
- 五感法描写

四、教学反思

习作，对于三年级作文刚起步的学生来说，是有难度的。于是在本节课的教学中采用的"帮—扶—放"的教学环节，在每一环节中重在让学生有自己的阅读感悟，在交流的过程中引导学生发现写作特点和掌握好的写作方法。于是在介绍课堂实物猕猴桃时，学生说出了"猕猴桃身穿黄褐色外衣，表皮摸上去扎扎的，原来是有毛茸茸的小刺""剥开猕猴桃的外衣，露出翡翠般的果肉，切开还有黄色的芯，四周布满了芝麻般的黑籽"，这样一系列的好句子。由此可见，孩子在习作教学课上已经初步掌握了描写特产的一些好方法，并在调动五官的体验中有了自己的独特体验，有介绍的欲望。

美中不足，在孩子说黑籽像是一个个小蚂蚁时，只关注孩子学会运用修辞手法将内容写得生动具体，忽视了吃的食品应该给予孩子美的感官，应该及时指出而不是事后再说。

雄伟的塔

■ 陈 晨

一、设计意图

通过欣赏不同背景下的塔，使学生对塔这种建筑有了进一步的了解。引导学生关注家乡的塔，进而去了解塔的历史、文化，从而培养学生热爱家乡的情感。在关注我国塔文化的同时，放眼世界，了解世界其他国家的塔文化，从而开阔视野。教师可采用激趣法进行教学，结合造型游戏，让学生了解塔的相关知识，并鼓励学生用探究的思维方式，发现塔的特点，画出记忆中的塔或设计出漂亮、新颖的塔，拓宽学生的创作领域。

二、学情分析

二年级学生已经初步具备一定的观察、分析、探究的能力，学生在日常生活中对塔有了初步的接触和了解，在以往的美术学习中，学生已经学习和了解了线条，具备用线条作画的能力。

三、教学目标及重难点

1. 知识与技能：学生在教师的引导下，初步了解不同地区塔的造型、材质、功用和特点。以绘画的形式用线条表现塔的造型特点。

2. 过程与方法：利用对比分析、游戏、讨论等多种方法，在观察体验中了解塔在造型、材质上的不同特点。

3. 情感态度与价值观：在了解塔知识的同时，对自己家乡的塔有深入的了解，使学生产生热爱家乡、保护古迹、传承文化的意识。在关注我国塔文化的同时，放眼世界，了解世界上其他国家的塔，从而开阔视野。

4. 教学重点：初步了解塔的造型特点，学习用线条疏密、粗细、长短、曲直的变化表现塔的造型。

5. 教学难点：表现不同角度的塔，感受其雄伟的气势。

四、教法、学法及教学准备

1. 教法：讲授法、观察法、欣赏法；

2. 学法：自主探究法；

3. 教学准备：课件PPT、教具、彩纸、黑色勾线笔。

五、教学过程

（一）导入部分

1. 组织教学：师生问好。

2. 播放一段《西游记》中的片段《扫塔》，看完后提问：短片中出现了什么建筑？

3. 同学们答：塔。

【师】对了！这是一座塔。生活中我们也会见到各种各样的塔，你爬过塔吗？请你给大家分享一下爬塔的感受吧！

总结：从同学们的分享中我们感受到了塔的高大和雄伟，今天我们就一起来学习雄伟的塔这一课！

出示课题：雄伟的塔

【设计意图】激发学生的学习热情和兴趣。引起学生的回忆和思考。

（二）讲授新课

1. 猜一猜

同学们，我们刚才分享了爬塔的经历，相信大家在生活中也见到过很多的塔，你能通过剪影认出它们的名字吗？

2. 比一比

刚才出现的塔，虽然有中国的也有外国的，但是它们都作为塔一定有着共同的特点，请你比一比它们的共同特点是什么呢？

总结：高大雄伟、尖顶，下宽上窄、多层。

3. 塔的组成部分

再来仔细看一看这座塔（展示教具），你能看出它由哪些组成部分呢？

塔的组成部分都有塔尖、塔身和塔基。

【出示：塔尖、塔身、塔基文字教具】

4. 各种形状的塔

通过刚才的学习同学们已经对塔有了深刻的了解，但是老师却遇到了一个小麻烦，同学们能帮助我解决它吗？

这些塔雄伟又美丽，我想把它们画在我的画纸上。可是塔的外形太复杂了，同学们能不能帮助老师用形状来表现这些塔呢？

（1）单个形状表现。

（2）增加难度，用多个形状组合表现塔。

5. 塔的装饰花纹

（1）同学们说得太棒了！在大家的帮助下老师顺利地完成了这座"雄伟"的塔。你们看，我画得好不好？

【生】太小了，不好

学生上台在画纸上摆出一座真正雄伟的塔。

（2）可是，这幅画到这里就结束了吗？它还缺少了什么？对，缺少了装饰花纹。

我们来仔细看一看塔的细节，这些复杂的花纹和装饰我们可以用什么线条来表现？

6. 欣赏优秀作品

（三）艺术实践

在彩色卡纸上用线条画出一座雄伟的塔，注意粗细变化、疏密变化。

（四）作品展评

表达体验：组织学生展示作品。

评价要点：

1. 自评：你画的是一座什么样的塔，用了哪些线条？

2. 互评：说一说哪座塔是最雄伟高大的？你最喜欢哪一座塔，为什么？

3. 师评：教师从构图、造型、创意、装饰总结。

（五）课后拓展

在我们的生活中，到处都可以看到塔的踪影。希望同学们在今后的生活中能继续探索塔的奥秘，发现塔的美！

（六）板书设计

魅力西安

■ 陈 斌

一、设计意图

《魅力西安》是在七年级的学生对历史有了初步的学习，具备一定的历史史料分析能力，同时对中国古代史，以及在中国古代史中有重要历史地位和重大历史影响的西安也有了初步的认识的基础上，在教师的引导下，以学生为主，充分发挥所学，调动学生去搜集、整理相关史料，从更多的角度来学习和介绍古城西安，以培养学生对家乡的热爱、对家乡美的发现。体现学生参与的主体地位，以情景、问题激发和调动学生课堂内外的知识积淀，在教师的引导下，帮助学生自主构建大历史背景，形成大历史观念。充分利用课堂进行探究实践，让学生达到知行合一。

二、学情分析

中学七年级学生是本课的主要受众。七年级学生刚刚开始接触历史学习，很大程度上不具备本次所涉及内容的既成知识储备，因此给教学带来一定的挑战。同时七年级学生已经有一定的课外知识涉猎，对历史上流传至今的文化小故事有一定的了解，此外渴望增强对家乡的了解也使得他们容易对本次内容产生浓厚的兴趣，这又给本次教学工作带来了很大的机遇。如何更好地激发学生的求知欲和热爱家乡的情感将是本次教学工作的重中之重。

三、教学目标

1. 知识与能力：了解西安十三朝古都的史实，知道西周、秦、西汉、唐王朝兴替的文化故事，理解中国传统文化精髓的形成过程。

2. 过程与方法：通过西安地区地形、自然条件等因素分析，归纳总结西安自古帝王都的原因。通过对周、秦、汉、唐各个朝代对中华传统文化的创造和充实，提炼构建中华文化的灵魂及精髓部分——"儒道气质"。

3. 情感态度与价值观：通过了解西安在中国五千年文明史中的重要地位，使学生更加了解自己的家乡，树立学生对家乡由衷的热爱、增强学生的自豪感和自信心。激发学生为共创家乡美丽的明天而不断努力的良好愿望，使学生做到知行合一。

四、教学重点

1. 西安为何成为"十三朝古都"所在的原因分析。

2. 西周、秦、西汉、唐王朝的兴替及各自对中国传统文化的创新与充实。

五、教学难点

如何理解周、秦、汉、唐在中华传统文化精髓形成过程中的重要作用。

六、教学准备

1. 确定学习的主题：西安的地理位置，并感受这种地理地形在古代王朝定都的作用。

2. 明确需要搜集和整理的资料：

（1）了解西安的饮食、文化：查询和搜集有关的故事和图片；

（2）整理古代在西安建都的王朝以及相关传说、人物故事、遗迹照片、文史资料等。

七、教学过程

模块	教师引导	学生活动
导入	**提问**：同学们知道为什么中国话叫作汉语、我们民族特色服饰称作唐装吗？ 　　汉唐是我国封建社会最繁荣鼎盛的时期，更是中国传统文化的重要形成时期。在我们探寻中国传统文化时，汉唐便是我们不可不提及的两个重要王朝，而它们的帝都长安也成了我们无法绕过的珠穆朗玛峰，中国传统文化从西安生根发芽，因为秦中自古帝王州，"秦中"即"关中"，而关中主就是以西安为中心的这一区域。	**回答**：是以汉朝和唐朝的名字命名的。西汉和唐朝是中国封建社会非常重要的时期。
第一篇 "风水"关中托起帝王梦想	**提问**："秦中自古帝王州"是唐代诗人杜甫的名句，有谁知道它的含义吗？"秦中"即今天咱们说的"关中"，为什么关中能成为自古帝王之都呢？ 　　关中地区在古时期建都时间长达1100多年，这恰好印证了千年前诗人的论断，但是翻开地图不难发现，虽然关中地区是国家的中心，但号称帝王之都的八百里秦川却是一处"四塞之地"：东有天堑黄河、西有连绵不绝的祁连山脉和青藏高原、南有巍峨高耸的秦岭大巴山脉、北有厚重的黄土高原。 **探究**：为什么这样一处闭塞的地方却能引来无数英雄在此构筑他们的帝王梦想呢？ 　　封闭性同时给关中腹地带来了易守难攻的优势。而同时它也具有别处无可比拟的开放性和外向性。 **探究**：回顾中国地图，说说关中腹地东、西、南、北均可沟通哪些地方？ 　　从关中腹地东出函谷关可以连接广袤的中原，向西穿过河西走廊可以连通西域，向南翻越秦岭大巴山脉可以到达富饶的巴蜀地区，向北越过黄土高原则可抵达军事要塞阴山南北。	**回答**：这句话说的是陕西中部地区的西安自古以来就是多个王朝建立都城的地方。 　　陕西中部是国家的中心地区，古人总结说关中一带"有龙脉"，风水好。 **回答**：关中地区三面环山，只有一面开阔，具有易守难攻的地形优势。 **回答**：东边是中原地区，西边是西域地区，南边是巴蜀地区，北边是内蒙古草原。

续表

模块	教师引导	学生活动
第一篇 "风水"关中托起帝王梦想	提问：这种独立性与开放性并存、封闭性与外向性同具的地形给关中地区带来了怎样的优势？有了这样得天独厚的地形优势就可支撑一个国家吗？还需要有什么因素？ 中国古代社会主要的经济形式是农耕经济。古时期，八水绕长安就是关中腹地特有的风景。	回答：进可攻、退可守！ 有了地形优势，还需要有发达的经济基础。
	提问：根据图片总结关中腹地有哪八条河流流经呢？这八条河流能给关中地区带来什么呢？ 水资源和土壤是发展农耕必不可少的条件。经过长期的开发，关中地区是我国古代农耕发展最早、经济最为富饶的地区之一。 有了得天独厚的地形条件和经济基础的强大支撑，关中地区托起了无数英雄的帝王梦想。	回答：渭河、泾河、灞河、浐河、沣河、潏河、滈河、涝河。它们对关中地区带来了丰沛的水资源和肥沃的土壤。
	提问：在历史上，有多少个王朝在西安建都？分别是哪些王朝？ 除了同学们回答的几个王朝外，还有一些建都时间较短的王朝：新莽、东汉、西晋、前赵、前秦、后秦、西魏、北周等。但是在这些王朝中，周、秦、汉、唐的历史地位最为重要，对关中地区及中国文化的影响也最为深远，一起来探究这些朝代的王者霸气怎样构筑了中国的文化灵魂。	回答：十三个！西周、秦、西汉、隋朝、唐朝（学生可能答不完整）
第二篇 王者霸气构筑文化灵魂	中华上下五千年，三秦大地就见证了五千年的沧桑，从半坡人的懵懂到周武王伐商、从秦帝国一统天下到汉武帝独尊儒术、从大唐盛世到闯王李自成、从西安事变到革命的红色摇篮，自古这片秦川就是天命之地，记录着无数英雄间的风云际会。	

续表

模块	教师引导	学生活动
第二篇 王者霸气 构筑文化 灵魂	**提问**：第一个在关中地区定都的是哪个王朝？ 　　大约在3000年前，在今天扶风、岐山交界处的周原地区，生长于此的周人正在默默地积蓄力量，周文王在沣河沿岸建立丰京，周武王即位后伐商于牧野，建立西周王朝，在沣河的对岸建立新都城镐京，从此丰、镐二都隔河相望，奠定了关中地区成为中国古代政治、经济、文化中心的历史格局。	**回答**：是西周，在关中地区建立了镐京。
	提问：你知道西周对中国文化有什么贡献吗？ 　　周文化中包含的典章制度、礼乐制度和思想道德规范，成为中国几千年封建统治的政治基础和思想源头，影响了周以后近3000年的中国文明史。	**回答**：西周的周公创立了很多制度，还撰写了《周易》这部书。
	提问：你知道西周有哪些有意思的小故事？ 　　时光流转，在纷繁交错的战国时代，雄踞西北的秦国谋划称霸天下。	**回答**：姜太公钓鱼、武王伐纣、烽火戏诸侯。
	提问：你知道秦始皇如何统一六国的吗？ 　　秦始皇统一六国，将咸阳升级为统领中华的首府，把关中这块土地建设得更加熠熠生辉。秦王扫六合，统一的不仅仅是六个国家，更是在关中地区给先秦诸子百家的思想文化提供了一个相互借鉴、相互融合的广阔舞台，从此灿烂辉煌的先秦文化逐渐走向了融合、走进了中华民族的精神王国。	**回答**：秦始皇利用远交近攻的策略，破坏了其他国家间的联盟关系，最终统一了六国。
	提问：你知道西汉王朝是怎么建立的吗？楚汉相争的故事你又了解多少呢？ 　　项羽以猛士之志迎来了中华民族第一个强盛王朝的诞生。汉武帝为了托起一个强盛的西汉王朝，通过正纲常、扬国威的手段把大汉推向了顶点。	**回答**：刘邦和项羽争夺关中腹地，小故事有鸿门宴、四面楚歌、霸王别姬、乌江自刎。

续表

模块	教师引导	学生活动
第二篇 王者霸气 构筑文化 灵魂	提问：汉武帝为了正纲常、扬国威都做了哪些事情呢？ 　　汉武帝一方面加强君主的权利，一方面和周边的少数民族及邻国加强交流往来，从此大汉王朝声名远播，中国人开始以"汉人""汉民族"自称，直至今天，我们还带着这样的光环屹立在世界的东方。大汉帝都长安也被历史铭记。 　　通过"罢黜百家，独尊儒术"，汉武帝毫不犹豫地牢固树立儒学在中国传统文化中的正统地位，从此"仁义礼智信"注入了中华民族的文化血液。 提问：中国封建历史中，哪一个王朝最为鼎盛繁荣？关于这个王朝，你都知道什么呢？ 　　唐朝历经200多年，是中国最辉煌的时期。在那个时代，没有飞机轮船，没有如今美国优待移民的绿卡签证，但唐朝却能够喜迎八方来客。 提问：你知道唐朝时期对外交流有哪些流传至今的故事吗？ 　　东方邻国以帆船漂洋过海来到大唐，至今，日本韩国的饮食服饰还保留着很多唐朝的风俗习惯。西方邻国则以鞍马骆驼越过西域浩瀚的沙漠朝圣长安，大唐盛世让他们为之倾倒，至今，世界各国还有大量的唐人街。很多洋人来到中国当汉人，乐不思返。一个大唐，将中华民族的气度和包容挥洒到了极致。 　　如果说汉朝是将儒家学说注入了中华民族的血液，那么大唐则是将道家的清静、无为、和谐镌刻在中国文化中。至此，周、秦、汉、唐以王者的霸气将中国传统文化的精髓凝聚成德、和、孝、信的灵魂，这些哪一步不是在关中这片热土上完成的？	回答：派遣张骞出使西域。（学生应该能回答出这一点） 回答：唐朝。女皇武则天、开元盛世、《长恨歌》。 回答：《西游记》、鉴真东渡、遣唐使来华交流。

续表

模块	教师引导	学生活动
第三篇 笑傲古今 肩负传承 使命	播放视频：舞动陕西第十集《人文之脉》一边介绍秦川拥有的人文文化资源。 　　**提问**：大家看到的图片是不是秦川所有的宝藏？更大更多的宝藏在哪里？ 　　西安周边聚集着几百座的帝王墓葬群，每一座帝王陵都是一座无尽的宝藏，因此关中腹地无愧为真正的国家宝藏。 　　**提问**：古时的长安有着如此厚重的文化积淀，今天的关中地区又有哪些值得我们骄傲自豪的呢？ 　　如今的关中西安有了世界文化名城的光环，我们更可以从容地笑傲古今。 　　作为关中人，西安对我们大家来说不仅仅是一座文化名城，更是一种文化一种情感。漫步于古城西安，萦绕在我们心田的是对曾经辉煌的敬仰以及为我们生长在关中之地深感骄傲和自豪，但也许我们更应该思考的是如何将这种沉淀千年的文化继续传承并且发扬光大，从祖先的手中接过这根沉甸甸的接力棒。同学们，我们肩负着这种深重的历史使命，大家做好准备了吗？	观看视频，了解关中人文文化。 　　**回答**：不是，更多的宝藏还在地下有待发现。 　　**回答**：我们是中华大地原点、有国宝大熊猫、是"北京时间"的控制中心、"神舟"飞船有80%的零件是这里生产的等等。
探究实践	**探究一**：有人曾这样评价西安："没到过西安就是没到过中国"，你认为这样的说法有道理吗？为什么呢？ **探究二**：如果让你给西安写文化标语，你会怎么写？	学生积极思考。分组讨论、展示。
荣耀西安	**大脚游西安**：访古、休闲、逛街、长安八景。 **大嘴咥西安**：羊肉泡、肉夹馍、凉皮。 行在西安、逛在西安。	

续表

模块	教师引导	学生活动
小结	如果把秦中帝王都比作一座不断扩建的房子，那么西周则是为这栋房子选好了地址，秦王朝则是为这栋房子奠定了地基，西汉架构了房子的主体结构，而大唐王朝则是以盛世繁华将这栋房子装修得富丽堂皇，真正成为世界各国仰慕的圣地。 　　秦中古都长安走过了西周的礼乐、走过了秦朝文化的统一交融、走过了西汉的儒学正统、走过了大唐的包容和谐，周、秦、汉、唐的文化共同构筑了中国传统文化的精髓和框架，文化的灵魂在长安凝聚。 　　正所谓：**周秦汉唐成就关中帝王都，古城长安凝聚中华文化魂。**	

八、板书设计

1. "风水"关中

2. 王者霸气

3. 文化构筑

4. 传承使命

九、读有所感

阅读古文材料，感悟西周、西汉文化的精髓。

西周：1. "皇天无亲，惟德是辅"——《尚书·蔡仲之命》

　　　2. "礼之用，和为贵"——《论语》

西汉："罢黜百家，独尊儒术"

十、学有所思

学生实现课堂思考的延伸性与历史课的现实观照性：作为一名陕西人，青年学生如何为世界文化名城——西安的不断发展和辉煌贡献自己的力量。

战争中的地理

■ 赵显军

一、选题意图

通过学习地理因素对战争的影响，培养学生学习地理的兴趣，提高分析地理问题、解决地理问题的能力。

二、学情分析

学生对战争中的地理因素的分析很感兴趣，但没有系统、全面地学习地理要素对战争的影响。从学习能力看，学生已具备一定的读图能力、分析地理问题、解决地理问题的能力。

三、教学目标

1. 运用地图和资料，分析地形、气象、交通等要素对战争的影响，提高学生分析地理问题、解决地理问题的能力。
2. 培养学习地理的兴趣及关注社会热点的意识。

四、教学重点

地形、交通和气象对战争的影响。

五、教学难点

分析地理因素对战争的影响。

六、课前准备

学生查阅资料了解"朝鲜战争""伊拉克战争""苏德战争"等。

七、教学过程

（一）导入新课

我们都知道，地理环境对我们的生活、生产有很大影响，也会影响到军事活动。一个地区发生战争，军事指挥员都要研究当地的地理环境。诸葛亮认为"不知地理者，不足以为将"，在战争中，正确利用地理环境，往往可以以少胜多、以弱制强；而对地理环境的影响估计不足或利用不当，即使处于优势的军队，也可能遭受挫折甚至失败。地理环境对军事活动到底有什么影响？带着这个问题，我们学习今天的内容：战争中的地理。

（二）新课探究

第一环节：案例分析

材料一：抗美援朝战争中美武器装备对比

	火炮	汽车	坦克	飞机	舰艇
美国	1428 门	7000 辆	430 辆	1100 架	300 艘
中国	198 门	120 辆	无	无	无

材料二：伊拉克战争

伊拉克一直称自己的军队力量是世界第三，但是这么精锐的部队却在美国进攻的时候，只坚持了不到 42 天就崩溃了。美国在一个半月之后就宣布，主要战争已经结束。

【思考问题】

抗美援朝战争中，敌我双方武器装备悬殊，但我军以劣势装备打败了完全现代化装备的以美国为首的"联合国军"。在伊拉克战争中，美国在短时间内获取了胜利。影响这两场战争胜负的因素很多，其中有一个重要因素是地形因素，请同学们分析地形对两场战争有怎样的影响？

【学生分析】

朝鲜半岛是一个狭长形的半岛，山多林密，山地面积占据整个半岛面积的 75%，不利于进行大规模的机械化行军，更有利于灵活的步兵地面行军和隐藏。伊拉克是一个以沙漠平原为主的国家，地形平坦，这就很利于美国展开大规模机械化集团作战，自然就容易加速美国的军事推进。

【总结归纳】

山地地形，有利于隐蔽，不利于机械化行军；平原地形，有利于机械化作战，不利于隐蔽。

第二环节：探究问题

西安能成为十三朝古都，与地形有没有关系？

【学生分析】

西安位于关中地区。该地区北部是黄土高原，南部是秦岭山脉，西部是青藏高原，地形封闭。在战争年代，这种地形条件易守难攻，只要守住关中周围的四个关口，西安的安全就有了保障，这也是西安能成为十三朝古都的原因之一。

【提问】

关中平原四周的四个关口都是战略要地，自古以来就是兵家必争之地，为什么这四个关口能成为战略要地？

【学生回答】

这些关口都是通往关中的交通要道。

第三环节：过渡（一）

从同学们的分析可以看出，交通是影响战争的另外一个重要因素。陆地上有很多重要的交通要道，那么海洋中的交通航线中有没有交通要道呢？

【探究问题】

马六甲海峡为什么能成为兵家必争之地？

【读图分析】

马六甲海峡是从太平洋到印度洋海上最短航线的必经之地，是两洋之间的交通咽喉。

【读图活动】

观察世界地图，找到全球海上航线中的重要交通要道。

【学生回答】

土耳其海峡、苏伊士运河、巴拿马运河、直布罗陀海峡等。

【教师归纳】

在很多战争中，能否控制这样的交通要道，对战争的成败有很大影响。

第四环节：过渡（二）

说到影响战争的地理因素，还有一个就是天气。天气作为战争中的众多不可控因素之一，从古至今一直对战争起着至关重要的影响，在运用军事谋略时，天气往往会成为决策者制订计划的重要参考。

【思考】

我们对《三国演义》中"草船借箭"和"赤壁之战"的故事都很熟悉，请同学们分析一下这两个故事中天气对战争的影响。

【学生分析】

诸葛亮草船借箭能成功原因之一就是充分利用了大雾天气。在赤壁之战中，黄盖提出了火攻敌船之计，也充分利用了刮风的天气。

【案例分析】

二战时期，纳粹德国实力强大。但在与苏联对战的时候，最终被苏联打败，原因之一是受到天气的影响。请同学们分析这场战争中天气对战争造成的影响。

【学生分析】

苏德战争中，突降的大雨让通向莫斯科城的道路一片泥泞，上千辆正在突击的德军坦克在泥海中动弹不得，于是德军进攻的节奏被迫放缓。日子再往后拖，俄国大地的严寒也让本想速战速决的德军始料未及，他们甚至没有带御寒的棉衣。经过五个月的苦战，德军最终还是迎来了失败的结局。

（三）课堂小结

1833年，德国军事家克劳塞维茨在他的《战争论》中将地理因素列为影响战争的五大因素之一。所以很多军事决策者在进行战争时会充分考虑地理因素，战争中充分利用地理因素的优势，避免不足，这也是战争成败的关键，所以要成为一名优秀的战争指挥者和决策者，一定要熟悉战争中的地理因素。

（四）作业布置

查找有关地理要素对战争有重大影响的经典战役，并进行分析。

（五）板书设计

战争中的地理

1. 地形与战争
2. 交通与战争
3. 气象与战争

考古与秦始皇兵马俑博物馆

■ 蔡 丹

一、选题意图

基于之前拓展课《触摸彩陶 品味历史》的学习，设置了不同的博物馆馆长进行馆藏文物的介绍，学生对于博物馆很感兴趣，所以确定以走进博物馆系列之走进考古与秦始皇兵马俑博物馆进行活动探究。对学生进行知识的拓展和延伸，同时进行能力的培养。

二、学情分析

学生学习任务繁重，很多学生都去过秦始皇兵马俑博物馆，但还停留在模糊认知的层面。通过本次虚拟参观秦始皇兵马俑的探究活动，引发学生对研究历史问题、探究历史谜团的兴趣。在活动中深化五大历史核心素养，将核心素养渗透到学生的探究行动中。

三、教学目标

1. 历史解释：进一步了解考古发掘及研究工作的基本常识，如"洛阳铲""考古""考古流程"等。

2. 时空观念与史料实证：在特定的时空之下，了解考古发掘和秦始皇兵马俑的内容，确定一个问题或未解之谜，并运用史料进行探究发现和实证，培养探究历史问题的兴趣，掌握一些历史研究的方法。

3. 唯物史观与家国情怀：明确考古与文物保护是一个长期、曲折不断前进的过程，体会其复杂性和艰巨性。

四、教学重难点

重点：考古发掘常识；疑惑问题探究。

难点：考古发掘常识；探究。

五、教学过程

（一）导入

同学们，早上好，欢迎搭乘历史活动班车，本次班车的目的地是秦始皇兵马俑博物馆，请同学们系好安全带，我们的旅程即将开始。现在让我们一边出发，一边了解本次活动的目标与内容。（展示PPT的活动内容与活动目标）

【设计意图】 情景创设、贴身体验。

（二）走进考古——考古发掘常识

1. 盗墓与考古区别

【设计意图】 漫画题，培养学生提取图片关键信息的能力。

2. 考古工具——洛阳铲

活动热身：学生展示洛阳铲的使用，边展示，边解说。

【设计意图】 第一，图文结合，初步了解洛阳铲的定义。学生上台介绍洛阳铲，在活动中学习，能够对考古工具有一个更加直观的认识和体会。第二，历史概念的深化，培养学生核心素养。

3. 考古流程——以秦始皇兵马俑发掘为例

踏查、钻探、试掘、挖掘。

【设计意图】 第一，回到当时的发掘现场，了解兵马俑发掘的第一手资料，在历史情景中学习历史，可以培养学生的时空观念和史料实证能力。第二，历史概念的深化，培养学生核心素养。第三，考古学家进行介绍，锻炼学生的语言表达能力。

（三）走进博物馆——秦始皇兵马俑博物馆

1. 秦始皇生平
2. 秦始皇兵马俑博物馆简介

【设计意图】 这部分的内容，由馆长简单介绍。图文结合，学生对秦始皇兵马俑博物馆有了基本的认知。

（四）走近兵马俑

1. 一号坑·右军
2. 二号坑·左军
3. 三号坑·指挥部

活动展示：学生上台展示并进行详细的解说。

【设计意图】图文结合，再次深化学生对兵马俑的认识。抢答题的设置，学生边参观，边思考，在活动中学习，在活动中成长。

4. 兵马俑的类型——步兵、骑兵、弩兵、战车兵及铜车马

【设计意图】图文展示各种类型的兵马俑，培养学生的读图能力、史料实证能力。由学生介绍不同的种类。

（五）走进探究——成果交流

问题探究：

1. 听说参与修建秦始皇陵墓的人都被活埋了？
2. 《史记·秦始皇本纪》记载说："秦始皇推终始五德之传，秦为水德，崇尚黑色。""衣服旄旌节旗皆上黑。"但是，从秦俑的服色看，五颜六色，总体效果是大红大绿，找不到尚黑的证据。这是为什么呢？
3. 秦始皇陵墓内部的结构是什么样的？真的有日月星辰、江河湖海吗？
4. 发掘至今兵马俑有没有被盗过？
5. 近年参观的好几次兵马俑，没有发现俑目有双眼皮的。想知道到底有没有双眼皮？
6. 兵马俑的"将军肚"是咋回事？

【设计意图】第一，本课的重点是发现问题、探究问题、解决问题，因此本环节是重难点。学生在小组讨论中，培养历史自主合作探究能力，学会在讨论中培养自己的历史思维。第二，史料实证是历史核心素养之一，通过探究活动，培养学生的史料搜集与鉴别能力。第三，学生在探究活动中，对史料的分析研究，采用历史的、辩证的、逻辑的分析法，得出相应的结论，有利于培养五大历史核心素养。

【课堂小结】结合板书

【作业布置】课后探究作业

请同学们从文物保护与传承传统文化的角度，谈谈你对上述行为的看法。（观点明确，史论结合）

（六）板书设计

考古与秦始皇兵马俑博物馆

1. 走进考古——考古发掘常识
2. 走进博物馆——秦始皇兵马俑博物馆
3. 走进兵马俑
4. 走进探究

谜语大揭秘

■ 刘婷婷

一、设计意图

语文拓展课可以丰富学生的知识积累，拓宽学生的知识面，全面提高学生的语文素养，为学生构建开放的学习环境，提供多渠道、多层面的实践学习机会，培养学生的创新精神和实践能力。所以，这次拓展课程采用自主、合作、探究的学习方式，通过收集资料、交流信息、了解谜语的相关知识、趣闻，提高对谜语的认识；同时，通过收集谜语、创作谜语、猜谜语，进一步提高语文综合实践能力。

二、学情分析

小学中段的孩子喜欢想象，对于谜语孩子们都是非常感兴趣的。需要老师给孩子们创设一种情景，调动孩子们去参与活动。我们把谜语运用到孩子学习语言能力以及想象能力中去，引导他们发现其中的方法，鼓励孩子多角度看问题，孩子们是喜欢这样的课堂的。

三、教学目标

1. 引导学生初步了解谜语的基本表达方法，探索语言的奥妙，从而培养学生的语文能力。

2. 创设一定的情境，激发学生创作的灵感，培养他们的想象和创新思维的能力，学会编写简单的谜语。

四、教学重难点

1. 引导学生初步了解谜语的基本表达方法。

2. 培养学生想象和创新思维的能力，学会编写简单的谜语。

五、教学准备

1. 指导学生在课外阅读活动中，搜集谜语，并将搜集的谜语做成小报，鼓励学生加上自己的理解和评价。

2. 教师向学生推荐一些优秀谜语，开展小组猜谜语擂台赛。

六、教学过程

（一）激趣导入课题

1. 出示谜语，学生猜。

一种游戏好，人人动大脑。起源于春秋，盛行于宋朝。

比喻加暗示，题目出得巧。答案是什么，人人努力找。

现在在干啥，不会猜不着。（打一大家喜闻乐见的传统娱乐形式）

学生猜出"猜谜活动"后，教师引导：从这则谜语中的谜面中，你了解了谜语的哪些知识？（起源、盛行，用比喻、暗示的方法引导）

教师小结：谜语是我国民间文学的一种特殊形式。它起源于春秋战国，那时各国大臣常用暗示、比喻的手法映射事物，以劝谏君主采纳自己的主张，逐渐形成了谜语。北宋时期，随着城市经济的发展，市民文化娱乐生活的丰富，猜谜成为市民的一大乐趣。南宋时，每逢元宵节人们将自己制作的谜语挂在花灯上，供人们边观灯，边猜谜取乐。谜语就这样成了广大人民喜闻乐见的文学形式，并一直流传至今。

今天这节活动课，是猜谜语游戏，大家喜欢吗？（喜欢）（板书：谜语）你们一定知道我们这节课跟谜语有关。

2. 教师：你想给这堂课出个什么题？你是怎么想的？学生说自己创作的题目并选出最好的。（板书：谜语大揭秘）

3. 学生齐读课题

【设计意图】通过猜谜语的形式，激发学生对谜语大揭秘的兴趣，也为本课的学习奠定探究的基调。

（二）谜语大放送

1. 教师：首先，让我们一起走进"谜语大放送"。我们知道谜语由

谜面和谜底组成，出示你的活动卡，把你最喜欢的谜语告诉大家。要说清谜面是什么？让其他同学猜一猜，先准备30秒，时间一到，看哪组抢先发言。

2. 教师指名自由汇报

小结：谜语是用生动的语言，形象地描述并再现了事物的特征。老师从你们的汇报中知道了你们最喜欢的谜语，老师也搜集了一些谜语，今天特意带给你们看，为的是和你们一起发现谜语编写成功的秘密，让我们一起走进"谜语大揭秘"。

【设计意图】课前让孩子们去收集一些谜语来制作活动卡，是培养孩子整理和收集资料的初步能力，通过小组抢先发言，调动孩子们的课堂积极性。

（三）谜语大揭秘

请看大屏幕：你最喜欢哪则谜语？

上边毛，下边毛，中间一颗黑葡萄。

有个黑妞，从不开口，她一开口，拌了舌头。

远看山有色，近听水无声，春去花还在，人来鸟不惊。

1. 先读一读，猜一猜它们分别是什么？

2. 你最喜欢哪则谜语？让我们再看一遍，仔细看仔细听这则谜语究竟好在哪儿？

（1）学"眼睛"谜。

①抓住特点，编写谜语一定要抓住特点。

②指导朗读，从眼睛就像黑葡萄这句话中体会打比方的好处和用词准确的特点。

③再读体会。

（2）学"瓜子"谜。

①体会谜语很有趣的特点，把瓜子当作黑妞，里面的肉当作舌头，把物当作人写，这是写谜语的常用方法。

②指导朗读。

（3）学"画"谜。

①体会它读起来像一首诗那样押韵顺口的表达特点。

②指导朗读。指名读——集体读。

小结：同学们刚才我们发现了谜语的许多秘密，抓住特点打个比方，把物当作人写，读起来顺口，等等。这些都是谜语编写成功的语言秘密，还有一个特点就是不能直接说出它的名称。

教师：你们表现得真好，老师要奖励你们，送给你们每人一件小礼物，看看是什么？它叫花生，你们喜欢它吗？教师：想不想试着编写一个谜语？

【设计意图】此环节引导孩子们猜谜语来掌握谜语的特点，在沟通中，谜语语言的精妙传神势必使学生产生了共鸣，在指导朗读时，体会谜语读起来押韵顺口，也为下个创编环节做铺垫。

（四）谜语练功房

1. 同题谜语

（1）教师：让我们一起走进谜语练功房，试着为花生编写一个谜语，看看什么颜色，摸摸什么感觉，剥开看看，尝尝味道，试着抓住它的一个或几个特点，像刚才那些谜语一样，写一个谜语，四人小组开始行动，组长执笔写下来。（提醒不直接说出名称）

（2）汇报交流。

黄屋子，红帐子，里面睡个白胖子。

麻布衣裳穿外面，大红衬衣裹身体，脱下衬衫仔细看，娃娃又白又整齐。

麻黄一座房，无门又无窗，只听一声响，屋破露娃娃。

地上开花不结果，地下结果不开花，煮着吃来炒着吃，营养丰富味道好。

2. 异题谜语

（1）写谜。现在把你们从家里带来的你最喜欢的东西暂时藏起来，请你再试着为它写一则谜语，可以独立做，也可以和你最喜欢的小伙伴一起做，把设计的谜语写下来，开始吧！

（2）汇报交流。

写好的谜语，把它贴在小黑板上，课下让学生猜。

【设计意图】本环节通过花生这一实物，让孩子们从看颜色、摸感觉、尝味道来了解花生的特点，创编谜语，培养孩子的创编能力和语言的运用能力，通过分析推理，抓住了特点，既猜出谜底，又能提高思维

能力。

（五）课堂小结

今天这堂课展示了同学们搜集谜语、欣赏谜语、创作谜语的风采，谜语是一种精彩的语言，关于它的秘密多着呢，如何解谜也是一门学问。课后，请同学们继续搜集谜语，下一轮我们一起再走进"谜语世界"，看谁能成为猜谜语"能手"。

【设计意图】在本课的设计中，教师的创设能引导学生主动参与课堂的教学，激发了孩子们对学习的兴趣。在小组交流汇报中，充分调动了学生的自主性和积极性，与学生一起观察、讨论，鼓励孩子们大胆想象、细心揣摩，共同分享自己的创编。

（六）作业布置

抓住某一事物，自编谜语一则给爸爸妈妈猜。

【设计意图】语言的训练是语文课的基本任务，"谜语"只是本课的题材。为了继续训练语言文字，需要多观察、多揣摩，激发孩子想象创作的灵感。

（七）板书设计

谜语大揭秘

猜谜语，动脑筋，
会观察，抓特征，
跳出谜面想一想，
谜底就在话里藏。

巧用对称形

■苏国芳

一、设计意图

1. 运用情景教学，丰富学生课堂体验，提升学生的课堂学习积极性。通过多媒体创设情景，让学生以设计师的角色利用"对称形"装饰美化升华，调动学生的课堂参与度。通过"拼一拼"等环节，加深对称形的认识，使学生能在自主探究学习中思考并总结，成为课堂学习的主体。

2. 一改传统课堂教学"老师教，学生学"的教学模式，积极创设"自主、合作、探究"的学习模式，分小组讨论自己的课前调研学习成果，运用全过程性教学模式，为学生带来新的课堂学习体验。

二、学情分析

本课属于"设计·应用"学习领域。以美术的视角观察我们身边的事物不难发现，诸如汽车、昆虫、服饰、书包、建筑……虽然外形大不相同，却存在着共同特征——对称。对称给人以稳定、均衡的视觉感受，呈现出和谐的美感。本课是在《漂亮的花瓶》《百变团花》等课程基础上将所学融会贯通，并加以综合运用。本课除了关注设计制作对称形的作品外，还更加巧妙灵活地应用对称形进行装饰，从而培养学生的创新精神与实践能力，激发学生热爱生活的情感，进一步理解、体验对称形与实际生活密切相关的设计理念。

三、教学目标

1. 知识与技能：了解对称形与生活的关系，巧妙的设计对称形并应

用到生活当中。

2. 过程与方法：在欣赏感受、探究领会、拓展思维、实践创作展示评价过程中，使用剪贴、绘画等方法，完成运用对称图案装饰生活物品的设计制作。

3. 情感态度和价值观：培养学生精于制作的行为习惯和耐心细致的学习态度，以及勇于创新的精神和热爱生活的情感。

四、教学重难点

教学重点：设计并应用对称图案装饰美化生活。
教学难点：对称形的巧妙运用。

五、教学过程

（一）课前准备

1. 学生课前自主探究，搜集身边的对称形。
2. 分组探究对称性在生活中的美化装饰特点。

（二）新课引入

1. 同学们知道设计师是做什么的？欣赏设计师的作品，这些作品中有什么共同点——对称。
2. 生活中对称图形比比皆是，同学们通过课前调研都有哪些发现？
3. 今天我们也来当一回设计师，看看如何"巧用对称形"。

（三）新课讲授

1. 各小组分别进行讨论，对课前收集到的对称形交流探讨。
2. 各小组分别展示讨论交流的成果。
（1）【什么是对称形】
拼一拼：你能找到图形各自的另一半吗？
对称：一个图形沿一条直线折叠后直线两边的部分能够完全重合。
（2）【对称形的装饰特点】
学生展示具有对称美感的建筑：钟楼、大雁塔、都市之门，古今都运用到了对称形。

板书：稳定、均衡、和谐

（3）【对称形装饰的三要素】

板书：色彩、位置、形状

3. 欣赏教材中的对称形作品，装饰了什么作品？

台灯、日历——剪纸形式

（四）艺术实践

利用对称，巧妙创作一张具有本土地域特色的建筑明信片。
要求：剪得精美、贴得干净、突出"巧"。

（五）作品评价

学生自评：完成作品的学生自己介绍作品中的创意想法；

学生互评：相互发现作品中的亮点，借鉴学习；

教师评价：教师对学生完成的作品给予肯定，对完成出色的作品进行介绍，并对出现的问题给予修改意见。

（六）课后拓展

通过本节课的学习，加深对称形的理解与认识。西安举办的"十四运"，吸引了全国各地游客，用今天所学的方法观察探究西安"城门"，外表虽有所不同，但都用了对称的建筑方式，尝试用剪贴、添画的形式创作一幅具有宣传色彩的海报。宣传"十四运"，宣传我们的家乡——陕西西安，从而培养学生对家乡的热爱及家国情怀。

（七）板书设计

巧用对称形

对称、对称轴

美感：稳定、均衡、和谐

三要素：色彩、位置、形状

学生作品展示

模拟人大展风采
青春少年正风华

■ 王凤兰

一、设计意图

当今中国正处在社会转型的关键时期，国防形势风云变幻，领土纠纷此起彼伏，外交战场风起云涌，国内经济转型压力与日俱增，民生问题解决路途漫漫，政治改革进程困难重重……作为中学生，肩负着振兴中华、实现民族复兴的伟大重任，我们不仅要关注自身的发展，更要关注国家的前途、民族的命运。

为此，我们特举办"走进人大"模拟活动，意在提高同学们的政治素养，增强公民意识，让我们成为"家事国事天下事，事事关心"的新一代中学生！

二、学情分析

中学生，尤其九年级学生，刚刚接触政治，引导他们关心国家时事，时刻跟上时代的步伐，保持与社会的紧密联系，是他们成长与成才的内在需要。一个国家的兴衰荣辱是与这个国家的每一个公民连在一起的，个人的前途与国家的命运密不可分，关心国家大事是每个公民爱国意识的重要表现，是公民应该具备的品质，是社会人，当知社会事。

三、教学目标

1. 鼓励广大中学生更多地关心国内政治形势，重视了解我国的政治体制，促进各位同学养成"重国事、勤思考、系天下"的优秀品质，承担起未来的国家和社会责任。

2. 让各位同学在拓展政治知识的同时锻炼语言表达能力、逻辑思辨能力和临场表现能力，培养全面出色的高素质人才。

3. 在校园里弘扬和塑造积极健康的校园文化，教育各位同学努力学习，心系天下，将来为祖国的发展、民族的复兴做出自己的贡献。

四、教学过程

（一）视频导入，讲解"两会"小知识

【设计意图】导入新课，让学生简单了解两会知识，提升进一步学习了解"人民代表大会"相关知识的愿望。

（二）模拟"全国人民代表大会"

"全国人大常务委员会委员长"开始主持本次会议，宣布第十三届模拟"人民代表大会"开幕，奏唱国歌，全体同学起立。

主持人宣布本次大会的五项议程：

1. 第一项议程是"国务院总理"做政府工作报告

各位代表：

现在我代表国务院，向大会报告过去五年的工作，并对今后的工作提建议，请各位代表审议，并请全国政协提意见。

（1）去年成就

国内生产总值增长 6.6%，总量突破 90 万亿元；城镇新增就业 1361 万人。

农村贫困人口减少 1386 万；为企业和个人减税降费约 1.3 万亿元。

关税总水平由 9.8% 降至 7.5%；17 种抗癌药大幅降价并纳入国家医保目录。

（2）今年目标

国内生产总值增长 6%~6.5%。城镇新增就业 1100 万人以上，调查失业率 5.5%左右，登记失业率 4.5%以内；居民消费价格涨幅 3%左右；农村贫困人口减少 1000 万以上。

(3) 今年重点工作

就业：首次将就业优先政策置于宏观政策层面；

消费：继续执行新能源汽车购置优惠政策；

投资：完成铁路投资 8000 亿元、公路水运投资 1.8 万亿元；

精准脱贫：加大"三区三州"等深度贫困地区脱贫攻坚力度；

污染防治：二氧化硫、氮氧化物排放量下降 3%，化学需氧量、氨氮排放量下降 2%；

教育：中央财政教育支出安排超过 1 万亿元；

医疗：降低并统一大病保险起付线，报销比例由 50%提高到 60%。

各位代表！奋斗创造历史，实干成就未来。我们要更加紧密地团结在以习近平同志为核心的党中央周围，开拓进取，共创美好未来。

2. 第二项议程是"最高人民法院院长"做工作报告

各位代表：

我代表最高人民法院向大会报告工作，请予审议，并请全国政协各位委员提出意见。

(1) 2018 年工作总结

2018 年，最高人民法院受理案件 34794 件，审结 31883 件，地方各级人民法院受理案件 2800 万件，审结、执结 2516.8 万件。

各级法院审结一审刑事案件 119.8 万件，判处罪犯 142.9 万人；深入开展扫黑除恶专项斗争；审结黑恶势力犯罪案件 5489 件 2.9 万人，依法严惩欺压残害群众的"村霸""市霸"，严惩黑恶势力"保护伞"，维护社会安宁。

严惩贪污贿赂等腐败犯罪。各级法院审结贪污贿赂、渎职等案件 2.8 万件 3.3 万人，其中被告人原为省部级以上干部的 18 人、厅局级 339 人、县处级 1185 人。加大对行贿犯罪惩治力度，判处罪犯 2466 人。

完善冤假错案防范纠正机制，严格落实非法证据排除规则。各级法院按照审判监督程序再审改判刑事案件1821件，其中依法纠正"五周杀人案"等重大冤错案件10件。

（2）2019年工作安排

2019年是新中国成立70周年，是全面建成小康社会、实现第一个百年奋斗目标的关键之年。人民法院将坚持以习近平新时代中国特色社会主义思想为指导，全面贯彻党的十九大和十九届二中、三中全会以及中央政法工作会议精神，坚持稳中求进工作总基调，认真落实本次大会决议，忠实履行宪法法律赋予的职责，以优异成绩庆祝中华人民共和国成立70周年。

3. 第三项议程是"最高人民检察院检察长"做工作报告

各位代表：

我代表最高人民法院向大会报告工作，请予审议，并请全国政协各位委员提出意见。

（1）为民司法

严惩严重暴力犯罪，起诉59717人。起诉抢劫等多发性侵财犯罪361478人；

起诉"套路贷""校园贷"所涉犯罪2973人。起诉侵害妇女人身权利犯罪21949人；

就因案致贫返贫发放救助金4214户4905万元。直接督办涉产权刑事申诉68件。依法对32名原省部级以上人员提起公诉。

（2）提升能力

最高检内设机构改革落地，刑事、民事、行政、公益诉讼"四大检察"有力推进；

制定2018—2022年检察改革工作规划，提出46项改革举措；

各级检察长、副检察长列席审委会8713人次；

对9个省级检察院党组、最高检机关4个厅级单位党组织开展政治巡视。

（3）接受监督

落实全国人大代表提出的 3293 条意见建议。办结答复 47 件政协提案；

运用多媒体发布办案信息 226 万条、法律文书 111 万份。

（4）2019 年工作安排

做好今年检察工作，最根本的是坚持以习近平新时代中国特色社会主义思想为指导，坚决维护习近平同志核心地位，坚决维护党中央权威和集中统一领导，忠实履行宪法法律赋予的法律监督职责，着力防范化解重大风险，努力为决胜全面建成小康社会提供更高水平的法治服务。

【设计意图】了解我国的"一府两院"及其日常工作，知道相关部门都为我们做了什么，了解政府"为人民服务"的宗旨是怎么落实在日常工作中的。

4. 第四项议程是表决《中华人民共和国监察法》

【设计意图】了解全国人大有权制定与修改法律。

5. 代表们讨论跟中学生有关的社会热点问题，并提建议

【设计意图】知道人大代表代表人民，关心与我们每一个人息息相关的问题，人大代表来自人民，代表人民发言，受人民监督，表达人民的心声。

6. 第五项议程是听取"国家主席"讲话并宣誓

各位代表：

这次大会选举我继续担任中华人民共和国主席，我对各位代表和全国各族人民给予我的充分信任，表示衷心感谢。担任中华人民共和国主席这一崇高职务，使命光荣，责任重大，我将一如既往忠实履行宪法赋予我的职责，忠于祖国，忠于人民，恪尽职守，竭尽全力，勤勉工作，做人民的勤务员，接受人民的监督，信任与重托，一切国家工作人员，无论身处何种职位，都必须牢记，我们的共和国是中华人民共和国，始终要把人民放在心中，全心全意为人民服务。谢谢大家！

【设计意图】知道全国人大有权选举国家主席与副主席，进一步强

化人民才是国家的主人，增强中学生主人翁意识，更加热爱祖国。

五项议程顺利结束后，"全国人大常务委员会委员长"对本次会议进行概括总结，全体奏唱国歌，模拟"人民代表大会"闭幕。

（三）课堂小结

青少年是祖国的未来、民族的希望，青年兴则民族兴，青年强则国家强。通过本次活动，希望每一位中学生能提升政治素养，增强公民意识，关注我国国情，认识中国特色社会主义政治制度的优势，加强对党和国家的认同，为建设新时代中国特色社会主义、实现中华民族伟大复兴贡献自己的力量。

（四）作业布置

根据课本所学，结合本次活动，请同学们绘制一幅关于"人民代表大会与其他国家机关关系图"的手抄报，并简单说明这些国家机关的性质与作用？

（五）板书设计

模拟人大展风采，青春少年正风华
会议议程

1. 奏唱国歌开幕
2. 一府两院做报告
3. 表决《中华人民共和国监察法》
4. 代表们就社会热点问题讨论
5. 国家主席讲话并宣誓
6. 奏唱国歌闭幕

有趣的水

■ 王 玲

一、设计意图

水，是生命之源，是地球上的生物赖以生存的物质基础。本节内容是苏教版小学三年级科学上册第三单元《生命之源——水》四节内容的基础上安排的一节拓展课，设计这节拓展课的内容从学生日常的生活接触水入手，了解"水"字的演变过程、地球上水的分布以及水对于生命体的重要作用、水的化学成分。设计这节拓展课的目的是激发学生的兴趣，培养学生对事物的感性过渡到理性的认知能力。在本节拓展课中通过学生的小组比赛以及动手实践活动，在"玩"中体验水的乐趣，总结水的特点、发展对水的认知、丰富学生的体验，形成珍惜水资源爱护水资源的节约环保意识。

二、学情分析

关于水，三、四年级学生已经具备基本的认识事物的能力，如观察能力、发现问题的能力、小组合作交流能力以及文字记录和整理能力。本课题的主角——水，是日常生活中最常见的物质之一，学生已经从生活中对水有了基本的认识。但是不能系统地概括出水的特点以及水的作用。因此，本节课将引导学生从图片资料、实验探究中体验水的乐趣，认识水的特点。从感性认识，引导学生逐步升华为理性认识，更重要的是爱护水资源、节约用水的意识。

三、教学目标

1. 知道水的特点以及用途，了解人们对水的认知过程。

2. 通过图片、影视资料的引导,激发学生的学习兴趣,能够在小组合作实验中体验水的趣味性和特殊性。

3. 体验实验的乐趣,树立节约水资源的意识。

四、教学重难点

重点:水的特点以及应用。
难点:水的性质的拓展应用,树立节约水资源的意识。

五、教学方法

教法:视频图片激趣法、回顾复习法、资料加工整理法。
学法:观察对比、合作探究、资料加工整理等。

六、教学准备

教师准备:水槽、烧杯、高锰酸钾、硫酸铜固体。
学生准备:高低不同的塑料瓶、橡皮泥、玻璃球、锥形瓶、塑料量筒。

七、教学过程

(一)游戏导入——看表演 猜动作

1. 谈话:欢迎大家进入科学课堂,现在,我请四个同学上台来表演,同学们猜猜看,他们做的是什么动作?(举手回答,获胜组,下课后在老师处领取奖励。)

2. 学生表演:学生上台准备,一位学生展示动作卡片,台上学生做动作,其他学生猜动作名称,并且抢答。出示标题。

【设计意图】游戏导入激发学生学习兴趣,启发引导学生进入主题。

(二)教学过程

第一环节:说文解字——说水

1. 展示几种"水"字的写法。并且提问:你知道老师写的是什么字吗?(学生观察甲骨文里面的"水"行书、楷书、隶书以及繁体字

等关于"水"的写法，并回答问题。）

2. 教师最后用PPT展示带田字格的"水"。

【设计意图】 从中国古代文字发展的角度入手，充分联系语文知识以及融合历史知识，激发学生的求知欲望，开阔学生的视野。

第二环节：了解水的分布以及对生命体的重要性——知水

1. 地球上的水

教师用图片展示NASA在外太空拍摄的地球的图片。（学生欣赏图片，体验外太空看地球的视觉感受和心理认知。）

2. 水对于生命体的重要性

教师用图片展示水母、树木、人体等生物体内水的含量占比。（学生欣赏图片，并发表自己对图片和含量比例的看法。了解水对生物体的重要性。）

第三环节：游戏环节——找"水"

1. 教师准备了三个一次性杯子，分别是三种无色的可以供人们品尝的液体，但是没有任何标识。要求学生用眼睛看、用鼻子闻、用嘴巴品尝，找出哪一杯是水。（学习小组一起用自己学过的科学方法来寻找出"水"，并进行汇报。）

2. 师生一起小结：水的特点——没有颜色、没有气味、没有味道的液体。

【设计意图】 运用听、说、读等多项感官能力，结合对微观的观察，初步形成对水的认识。

第四环节：探究活动——玩水

活动探究一：水的特点

1. 学生两个人一组；一人是操作员，一人是观察记录员。从水杯中，倒出一些水，观察水的颜色、状态，闻闻气味，观察是否流动。

2. 在实验过程中，一定要轻拿轻放，注意安全。一定要小心操作，不要把水洒在桌面上。观察现象并记录在活动记录单上。

3. 提问：水的特点和作用。

（1）游戏：动力小火车

规则：每个人说出一个水的特点。

（2）小结

【设计意图】指导学生边观察边记录，及时记下自己的发现。

活动探究二：会变身的水

1. 学生两个人一组，从不同高度用小塑料瓶向大塑料瓶里倾倒水。再把水分别倒入烧杯、锥形瓶、平底烧瓶中，观察水在不同容器中的形状。

2. 观察现象并记录在活动记录单上。

3. 拓展应用

教师用短视频播放展示自然界中的水的化身图片。（学生分析并解释几个现象——雨、雪、霜、露、雾凇等的形成。）

活动探究三：会托举的水

1. 教师用PPT展示实验要求，并强调实验步骤，学生仔细阅读。

2. 学生两个人一组。

第一步：在锥形瓶里放入一粒橡皮泥球，请你们想办法使橡皮泥球上升到瓶口。（提示：不能用手拿，不能往外倒。）

第二步：给水槽里放入同等大小的玻璃球和橡皮泥球。观察两个球在水槽里的沉浮现象。

第三步：想办法让橡皮泥球下沉到水底，让玻璃球漂浮在水面上。

3. 学生观察现象并记录在活动记录单上。

4. 拓展应用

分析并解释几个现象（曹冲称象、航空母舰、潜水艇）。

【设计意图】用实验探究培养学生的问题意识，用曹冲称象、航空母舰、潜水艇等的原理解释来激发学生对于科学认识的热情。

第五环节：拓展应用

1. 教师用PPT展示图片水污染、水的浪费。（学生小组讨论：在你的日常生活中，如何做到节约用水？）

2. 实践操作：自己设计并制作节约用水的标语或者节约用水的标志。张贴在学校的水龙头旁边。

【设计意图】将对水的认识升华为对水资源的保护，并落实到日常行动中。号召学生设计节水标语、标志，树立节约资源的意识。

（三）课堂小结

分享收获：谈谈收获。

（四）课后实践作业

设计制作节约用水的宣传小报。

（五）板书设计

有趣的水

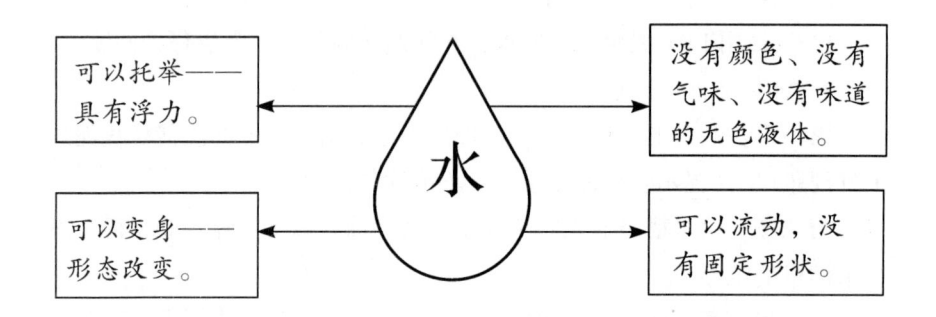

可以托举—— 具有浮力。	← 水 →	没有颜色、没有 气味、没有味道 的无色液体。
可以变身—— 形态改变。		可以流动，没 有固定形状。

闻名世界的文化遗产

■ 赵 坚

一、设计意图

本课内容是自小学道德与法治统编六年级下第三单元第六课《探访古代文明》的第二课时《闻名世界的文化遗产》。

设计这节课是希望通过让学生探究中国和世界其他国家的世界文化遗产，明白世界各国人民共同创造了人类文明，增强学生保护人类文化遗产的意识和责任感。

二、学情分析

六年级学生处于小学高年级阶段，经过前五年的学习，学生能感受到现代文明，但学生对古代文明的认识还停留在浅层认识，需要进一步学习了解。让学生明白古代文明对人类现代文明发展做出的贡献及文明之间的相互学习、借鉴是本课要突破的一个教学难点。另外，六年级学生思维方式发生了变化，学生探究活动要逐步以抽象思维为主，对问题的设计应该比较全面深入，这样才能激发他们的探究欲。

三、教学目标

1. 知道文化遗产是人类文明的遗迹，见证着劳动人民的聪明才智，展现着早期人类文明的辉煌历史。

2. 产生对世界历史文化遗产的兴趣，增强对人类文化遗产保护的意识和责任感。

四、教学重点

知道世界文化遗产是人类文明的瑰宝，见证着劳动人民的聪明才

智，展现着早期人类文明的辉煌历史。

五、教学难点

不同文明之间不是孤立存在，而是相互学习、借鉴的。

六、教学准备

道法实践作业单。

七、教学过程

（一）谈话导入

同学们，我们来欣赏一组图片，谈谈你的感受。

图中这些人类的杰作有一个共同的名字——世界文化遗产。

出示世界文化遗产的定义，让学生明白世界文化遗产的不同类别，明确今天的探究对象是物质文化遗产。

【设计意图】 通过观看图片，直观感受，使同学们对世界文化遗产有一个概念认识，从而导入新课。

（二）活动探究

活动一：走进中国的世界文化遗产

1. 你知道中国有多少闻名世界的文化遗产呢？学生自由回答。

2. 通过数字记录，感受中国世界文化遗产数量之多，与意大利并列世界之最。

3. 播放纪录片《中国记忆》，通过视频形式让学生欣赏祖国的世界文化遗产。

4. 我们身边的世界文化遗产。通过小导游介绍，了解我们故乡陕西的九处世界文化遗产，激发学生探究世界文化遗产的兴趣。

5. 殷墟考古：通过视频介绍和考古队员的探秘让我们了解殷墟的不朽价值和魅力。殷墟出土了大量都城建筑遗址和以甲骨文、青铜器为代表的丰富的文化遗存，系统地展现了中国商代晚期辉煌灿烂的青铜文明，也是中国历史上第一个有文献可考，并为甲骨文和考古发掘所证实的古代都城遗址。

6. 中国是一个历史悠久的文明古国，拥有众多的珍贵历史文物、历史遗迹。这些伟大壮观的世界文化遗产历经几百年甚至几千年的沧桑变化，是祖国历史的见证者，更是代表了人类文明的发展。

【设计意图】通过考古队员的讲解和视频观看，引导学生进一步了解世界文化遗产是能够代表、见证了人类某阶段的文明或文化。殷墟则是系统地展现了中国商代晚期辉煌灿烂的青铜文明。通过走进中国的世界文化遗产，帮助学生认识到中华文明历史悠久，从而增强爱国情感。

活动二：走进其他国家的世界文化遗产

1. 游戏"猜一猜"（文字提示猜）

它位于尼罗河沿岸，最集中地反映了埃及人民高度的智慧、令人难以置信的创造能力和劳动能力，反映出古埃及在建筑学、天文学、数学、物理等方面的非凡成就。（金字塔）

它是迄今为止的世界上第一部比较完整的成文法典，内容十分广泛，有282条法律，对刑事、民事、贸易、婚姻、继承、审判等制度都做了详细的规定。它表明人类社会的法制传统源远流长，是古巴比伦王国留给人类的宝贵文化遗产！（《汉穆拉比法典》）

它是一座用白色大理石建成的巨大陵墓清真寺，是莫卧儿皇帝沙·贾汗为纪念其妃子而建的。它位于今印度距新德里200多公里外，全部用纯白色大理石建筑，用玻璃、玛瑙镶嵌，具有极高的艺术价值。它被誉为"完美建筑"，又有"印度明珠"的美誉。它纪念着一段爱情，光阴轮回，生生不息。（泰姬陵）

它位于希腊伯罗奔尼撒半岛西部，是古希腊的圣地。因举办祭祀宙斯主神的体育盛典而闻名于世，是奥林匹克运动会的发祥地。它拥有世界上最古老的运动场。现在的奥林匹克运动会仍然沿用着从这里点燃运动会的圣火仪式。（奥林匹亚遗址）

2. 图片出示猜

出示著名世界文化遗产"耶路撒冷""吴哥窟""克里姆林宫"等的图片，学生尝试猜出它的名字。

【设计意图】学生通过猜一猜的形式，结合课前的资料调查，选择对应的世界文化遗产，激发学生的学习兴趣。

活动三：如何看待世界文明

1. 出示实践作业单

2. 通过课前作业调查单，小组合作汇报交流"你是如何理解不同文明之间不是孤立存在的，而是相互学习和借鉴的"。

3. 资料筛检、对比、汇总，探究作业单中的：印度佛教文明与莫高窟、日本京都与中国唐宋文明、布拉格广场与意大利文艺复兴、古波斯帝国与罗马文明等主题，小组汇报探究结果。

【设计意图】通过课前实践作业单调查大量资料，课上通过学习小组共同阅读资料、比较分析等方式深入了解不同文明之间相互依存、相互借鉴的关系。

（三）总结延伸

1. 人类文明成就辉煌，不同文明之间不是孤立存在的，而是相互学习和借鉴的。

2. 为什么在众多的早期文明中，只有中华文明一直延续至今？

3. 聆听习近平总书记在联合国教科文组织的讲话，正确看待人类文明相互依存的关系。

中华民族一直不断学习、借鉴，不断珍惜、领悟和传承，这是中华民族文化自信的重要源泉。

【设计意图】懂得人类文明是相互依存不可分割的，是世界人民共同的智慧结晶，充分感受中华民族的文化自信。

（四）课后实践

从《世界遗产名录》中选择一处世界文化遗产，通过绘画形式展现它的面貌，并讲一讲它的故事。

（五）板书设计

闻名世界的文化遗产

学习		珍惜
借鉴	学生调查展示	领悟
		传承

致汉服　敬国粹

毕敏丽

一、选题意图

在世界民族服饰的舞台上，几乎每一个民族都有最能够展现其民族文化特色的服装。然而，今天的汉民族却没有。民族服饰作为一个民族文化外在最直观的形象，是民族文化意蕴的"道说者"，集中体现了民族文化的内涵。同样，"汉服"是华夏文明的重要有机组成部分，也是汉民族文化史上的一颗光辉璀璨的明珠。我们有必要对汉服自身的风采及其所包蕴的文化内涵与审美特征进行探究，探讨中国文化中的"天人合一""阴阳五行""中和之美"等传统思想对汉服的影响以及在汉服上的具体体现。从而针对目前复兴汉服过程中面临的问题，学生提出自己的建议和意见。希望通过这些研究，能够替"汉服"找到自己的归属之地，从而使其得其所是，真正成为担负民族文化内涵的审美、象征符号。

二、学情分析

从学生的认知水平和能力状况来看，学生处于形象思维向抽象思维过渡的阶段。对事物的认识仍处在感性阶段，因此，要通过各种情境资料和导学法来启发学生的思维，在教学中要增强直观性和趣味性，调动学生学习的积极性和主动性；通过让学生动口、动手、动脑，活跃思维，提高他们分析问题和认识问题的能力，并能在感性认识的基础上进行理性思考，形成较全面的观点。

三、教学目标

1. 了解汉服自身的风采及其所包蕴的文化内涵与审美特征。

2. 理解以"礼"为核心的文化内涵，提高对汉服文化的理解能力。

3. 研究汉服文化的社会意义，发掘并传承传统文化中的宝贵精华。

四、教学重难点

1. 了解汉服的艺术特色，探讨中国文化中的传统思想在汉服上的具体体现。

2. 理解以"礼"为核心的文化内涵，明确汉服复兴的意义，增强对汉服文化的认同和热爱。

五、教学过程

（一）民族性——承华夏之内涵，传民族之精义

1. 图片导入：汉族的民族特征在哪里？
2. 汉服印象：汉族与汉服。

汉服劫难；

对汉服认识度的问卷调查；

首届"中国华服日"。

【设计意图】 通过图片欣赏和事件追溯提高学习积极性，引出汉族与汉服的关系。

（二）传统性——承先贤之信仰，塑文化之氛围

1. 品华夏之风，赏汉服之美。

你认识汉服了吗？你会穿汉服吗？由汉服大史们带领学生触摸汉服。

明确：汉服的主要特点是交领、右衽、束腰，用绳带系结，也兼用带钩等，给人洒脱飘逸的印象。从形制上看，主要有"上衣下裳"制、"深衣"制、"襦裙"制等类型。《礼记·深衣》："负绳抱方"者，以直其政、方其义也。汉族服饰几千年来的总体风格是以清淡平易为主，讲究天人合一。

2. 汉服文化的根。

明确：传统文化是汉服得以发展的土壤，汉服文化是一种独特的文化，从某种程度上说它就是传统文化的缩影，汉服文化在某种程度上代

表了中国的传统文化,是中国的国粹。

【设计意图】直观性地提高学生对汉服文化的了解和感知,激发学生参与课堂的积极性。

(三)礼俗性——化民生之礼仪,成文明之家邦

"中国有礼仪之大,故称夏;有章服之美,谓之华。"——《左传·定公十年》

汉服和汉民族传统礼仪历来是密不可分的依存关系。"穿汉服,行汉礼,传承华夏文明,展我大国风采!"

1. 着我汉家衣裳,兴我礼仪之邦。

学生课堂活动:体验古礼、模拟礼节。礼,华夏民族之灵魂。复兴中华传统文化,当从礼仪开始。(立容、行容、跪拜容、坐容、揖礼)

2. 思考:礼仪需不需要传承?

明确:习古礼,传中华文化。汉家衣裳,礼仪之邦,见证着华夏文明的成长,见证中华文化的绽放。礼仪文明作为中国传统文化的一个重要组成部分,对中国社会历史发展起了广泛深远的影响。纵观当今社会,我们需要考虑,重新捡拾起在历史长河跌宕中被遗弃的传统礼仪,去规范和约束人的行为,重塑中国人彬彬有礼的形象,也重塑中国礼仪之邦的形象。

【设计意图】通过情景再现,理解以"礼"为核心的文化内涵,使学生明确礼仪传承的意义。

(四)美学性——采华夏之气质,传民族之精神

1. 扒一扒《中国诗词大会》中的汉服元素。

汉服文化早已融入在华夏民族的血液中,刚刚结束的《中国诗词大会》掀起了又一阵"诗词热",汉服频频成为上台选手和百人团选手的着装选择,各种制式配色的汉服也为节目增色不少。中华传统服饰,作为中华传统文化的重要组成部分,令人欣喜地又出现在了现代观众的视野里。

2. 当最美古诗词邂逅汉服之美:汉服飞花令。

3. 穿在身上的国粹:推广汉服,你有何妙计呢?有人说应该把中小学校服改为汉服样式,你觉得是否可行?

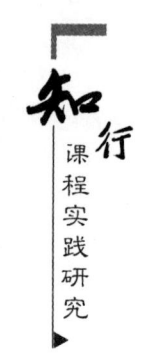

课堂活动：针对目前复兴汉服过程中面临的问题，学生对汉服的发展趋势提出自己的建议和意见。小组交流探究，汇报探究成果。

明确：衣冠先行不仅仅是复古，不仅仅是穿越，而是传承！汉服复兴运动，我们一往无前，始终前行！复兴华夏，衣冠先行，这是汉服的意义。

4. 汉服设计，圆你一个华服梦。

课堂要求：抓住汉服的特点来设计自己喜欢的汉服吧，并在制作好的汉服作品上附上文字"汉服，我想对你说"，赠送给自己喜欢的老师或者同学。

【设计意图】 培养学生的合作探究能力，为学生创造展示自己的机会，增强对汉服文化的认同和热爱。

（五）课堂小结

始于衣冠，博于达远，愿中华文化源远流长！我们相信，总有一天，身穿汉服的中国人可以惊艳全世界。

（六）作业布置

第二届"中国华服日"在曲江举行，主题为"千年穿越，梦回大唐"，请大家给来宾们建议服装款式并设计一些现场活动。

（七）板书设计

民族性
传统性
礼俗性
美学性

《青铜葵花》阅读交流课

■ 陈可心

一、设计意图

《语文课程标准》指出:"培养学生广泛的阅读兴趣,扩大阅读面,增加阅读量,提倡少做题,多读书,好读书,读好书,读整本的书。"本着这样的理念,我有计划地组织学生阅读"整本的书"。《青铜葵花》是曹文轩教授纯美小说的系列作品之一,比较适合小学中高年级学生阅读。这部小说告诉孩子们如何正确对待苦难与痛苦。作者笔下的苦难变得不再沉重,反而感受到了他们的幸福,展现人性的光辉。本课设计时围绕一些感人的情节,通过阅读体验交流,走进文本,引导学生与文本对话,去感受他们在苦难中的幸福,体会充满情意与生机的大爱,从而学会鉴赏文本,激发阅读兴趣。

二、学情分析

四年级的学生,已经有了初步的阅读能力,但是对于阅读方法的掌握还不够,因此,在课程设计中,我重视对学生阅读能力的培养。同时,针对现如今"快乐至上"的教育理念,学生对苦难的理解和感知过少,因此,在设计中,我希望能够通过阅读文本,思考幸与不幸中帮助学生树立尊重苦难、理解苦难的价值观。

三、教学目标

1. 联系自身,梳理青铜葵花身上的"幸"与"不幸",大致把握故事内容。

2. 从片段节选中具体体会青铜对妹妹的爱,感受兄妹情深。

3. 体会到苦难也需要赞颂的人生哲理，树立起正视苦难、尊敬苦难的意识。

四、教学重点

1. 从片段节选中具体体会青铜对妹妹的爱，感受兄妹情深。
2. 体会到苦难也需要赞颂的人生哲理，树立起正视苦难、尊敬苦难的意识。

五、教学难点

体会到苦难也需要赞颂的人生哲理，树立起正视苦难、尊敬苦难的意识。

六、教学准备

教师：多媒体课件、学习单。
学生：《青铜葵花》书并按照进度阅读。

七、教学过程

（一）谈话导入

前几周我们一起阅读了著名儿童文学作家曹文轩纯美小说系列之一的《青铜葵花》，今天就让我们走入书中，聊聊书中的故事。

（二）回顾故事，体会不幸

1. 书名中的"青铜葵花"指的是什么？他们是什么关系？
2. 你的妹妹和葵花妹妹有什么不一样的地方吗？
3. 农村男孩青铜和城市女孩葵花这对没有血缘关系的兄妹在人生经历上与生活安乐富足的我们还有哪些不一样的地方呢？（板书：不幸）
4. 他们在人生中都遭遇了哪些不幸？

（三）品读故事，品味幸福

1. 这对兄妹遭遇了贫穷、水灾、蝗灾、生离死别和身体上的病痛，小小年纪的他们经历了如此多的不幸，可是他们的人生中仅仅只有不幸吗？

2. 同学们边回忆故事内容，边跳读这本书，把最打动你的有关兄妹情深的情节概括地记录下来，完成学习单。

各抒己见，与大家分享你的感动瞬间。

3. 学习经典章节，体会阅读方法。

（1）学习第四章《芦花鞋》节选。默默品读这一部分节选，说说你从中读出了什么？小提示：品读，就是一字一句琢磨着思考着读。

（2）自由朗读《冰项链》节选。边朗读，边品味，也是品读的一种方法。

（3）在听中品读也是品味故事情节的一种方法。播放《大草垛》朗读音频，体会感悟。

4. 体会人物：你觉得这是一个怎样的青铜？（板书：积极、友爱、坚韧）

5. 如果你是葵花，你有一个这样的哥哥，你会幸福吗？当青铜看到妹妹如此幸福的时候，我相信他也会感到幸福。（板书：幸福）

（四）悟读故事，正视苦难

1. 通过回顾故事，我们发现这是一对不幸的兄妹，人生中充满坎坷，现在，品读了故事，我们又说这是一对幸福的兄妹，你认同哪种观点呢？现在，请小组合作，讨论交流，完成学习单。

总结：这本书的代后记就叫作"美丽的痛苦"，其中写道："在我写完《青铜葵花》后不久，我读到了罗曼·罗兰的一段文字：我们应当敢于正视痛苦，尊敬痛苦！欢乐固然值得赞颂，痛苦又何尝不值得赞颂！这两位是姐妹，而且都是圣者。凡懂得体味他们的，方懂得人生的价值和离开人生时的甜蜜。"《青铜葵花》要告诉同学们的，大概就是这个意思。

2. 观察目录，说说你的发现。

总结：目录中没有用常规的情节概括，而用了象征兄妹情深的美好事物，其实就是想告诉每一个读者，翻开这本书，阅读这本书的时候，不要深陷苦难，而要尊重痛苦、关注苦难中的大美与至爱。

3. 观看曹文轩《开讲了》视频节选，体会书中内涵。

4. 齐读曹文轩的话：每一个时代的人，都有每一个时代的人的痛苦，痛苦绝不是今天的少年才有的。少年时，就有一种面对痛苦的风度，长大时才可能成为强者。

（五）板书设计

《青铜葵花》阅读交流课

不幸　　　　美丽的痛苦　　　　幸福

积极　友爱　坚韧

八、教学反思

在生活越来越富足的今天，学生无法感知苦难，同样无法接受苦难，自杀、抑郁、跳楼等问题在学生群体中频发，针对这样的社会现状，我想让我的孩子们学会感受苦难，于是，带着他们一起阅读了《青铜葵花》这本书。在这节课中，我的教学设计主题清晰、重点突出、能够以学生为本，阅读方法多样，教给学生品读、默读、悟读、听读的方法，并且能够用青铜葵花"幸与不幸"这样一个问题来引发学生的思考和讨论，让学生重新对苦难和幸福产生感悟，从而联系自己，做一个更加坚强、乐观的人。但是，这节课教学方法过于单一，可以多设计学生活动，学生才能有更多的投入，这样的教学方法才能更符合学生的学习特点。

祖父的园子

■ 姜保正

一、设计意图

《祖父的园子》是统编版五年级下册第一单元的一篇课文，作者用自然率真的诗意语言写出了园子的勃勃生机和童年生活的自由快乐，甚至充满梦幻。因为本课是作为阅读示范课为体例的一次教学，所以要指导孩子充分地自主读文，在读中知会感情，在读中体悟思想感情，在读中感悟，在读中理解，在读中去不断升华情感体验。

二、学情分析

对于五年级学生，学生已经有一定的阅读方法积累，但又实际操作起来较为困难，这节课就以各种引导读，穿插使用读书方法，综合利用各种读书方法，尝试学用跳读，扫读的新方法引领学生自主读书。把握课文内容，体会人物的思想感情，领悟其独特的表达方法。

三、教学目标

1. 认识本课 11 个生字，会写会用 14 个生字，积累本课相关的词句。
2. 理解课文内容，抓住重点段、关键词来体会文章的思想感情。
3. 初步学习如何把人物写具体。
4. 利用多种阅读方法，阅读理解文章内涵。
5. 利用好课后的阅读链接，架起课内外阅读桥梁。

四、教学重点

各种阅读方法的合理交替使用，来理解课文内容。

五、教学难点

阅读方法的实践应用与掌握，课内外阅读的链接。
教法：启发引导法、代入法、练习法、感受法。
学情：练习法，朗读法。

六、教具学具

多媒体、课件。

七、教学过程

（一）课题导入

1. 今天我们继续学习《祖父的园子》，注意"祖"的写法，左边是"示"字旁，只有一点，同学们书空和老师一起写。
2. 读课题，看看课题下的脚注，你知道了什么？
3. 谁来读读课题，你能把课题变成问题吗？

【设计意图】 紧扣课文内容，以课题为疑，为下文做好铺垫。

（二）讲授新课

1. 整体感知：上节课我们梳理了本课的层次，学习了本课的生字词语。请你快速浏览课文，说说这是个怎样的园子？把关键词圈画出来。
2. 重点学习第一自然段
（1）默读思考：在这一段里你都看到了什么？发现了什么？
（2）你能用文中的一个词概括吗？
（3）请你圈画出作者描写这些事物特点的词。
（4）明明是个大花园，为什么没有一朵花啊？品析作者如何表现这些特点？
（5）小结：
学法：先整体感知，再抓关键词，接着品析写法，再读中理解感悟。
归纳：样样都有；眼中园。

【设计意图】 提出明确的阅读要求、阅读目的，掌握一定的阅读方法。

3. 重点学习第16段

（1）快速默读，用刚才的方法概括这段特点。

（2）你又看到了什么？用文中的一个词语概括。

文中对这些事物描写很有特点，你关注到哪个词语？去掉可以吗？

（3）试着角色代入去读，你此时就是倭瓜，指名读。你体会到什么？

老师我还想代言黄瓜，还想用老陕话读，这样更能表现黄瓜的自由。

如果用呼兰方言来读更好。

（4）这种"自由"如何表现，分析作者的表现手法。

（5）课堂练笔：萧红的文笔肆意洒脱，自然率真，你能模仿这一段的写法，写写园子里可能还有的其他事物吗？

（6）学生课堂练笔。

【设计意图】 提高阅读要求，会初步运用刚才的阅读方法。

（小萧红真的快乐、自由吗？）

4. 学习"做事儿"的部分

（1）请你以扫读、跳读的方式，快速圈画"我"和祖父在园子里做了哪些事。

学生汇报，老师相机引导遗漏之处。和祖父在园子里做了哪些事？

（2）体验趣事：哪件事最有趣呢？说说理由。我们一起来体验一下好吗？（我们边读，边做动作）

你体会到什么？

（3）精学"铲地"：祖父戴一顶大草帽，我戴一顶小草帽，祖父栽花，我也栽花……祖父真劳动，我也真劳动吗？

为什么说这一次闹得最厉害呢？

如果你是祖父，你会怎样呢？

那文中的祖父是如何做的呢？找出描写祖父语言、动作、神态的句子？

（师生合作读相关句子。）

你关注到哪个神态？哪个动作？

祖父笑起来，笑够了，又笑起来，祖父在笑什么呢？祖父拔下"锄头把"，祖父拔下草，从这三笑两拔中你体会到什么？

（4）归纳祖父为人：这是怎样的一个祖父？

（宽容慈爱、尊重孩子、耐心细心等。）

（5）体会本段的人物描写，并用本段的写法进行练笔：

（6）文中并没有把祖父如何训导小萧红写出来，你能用本段描写人物的方法把这一段再写具体吗？

指出：这是藏在文中的另一把写作金钥匙。

【设计意图】再一次提高阅读要求，要初步学会跳读、扫读的读书方式，初步体会作者描写人物的方法，并学习应用这样的写作方法。

祖父的笑就这样深深地印在小萧红的心里，也印在我们每个人的心上。

(三) 课外延伸

1. 赏析《呼兰河传》节选：配乐视频播放：祖父帽子上被我插上鲜花又一次笑起来，加深对祖父的认识。

2. 引导学生揭示主题：是祖父使那片园子成了小萧红自由成长的天堂，那是小萧红童年回忆里最温暖的地方，是祖父使那片园子成了小萧红内心最柔软最梦幻的地方，所以课文的题目叫祖父的园子。

【设计意图】扩充课堂知识容量，加深对祖父的理解，初步奠定课外阅读基础。

(四) 课后拓展

1. 听课后的阅读链接。

2. 解读课后的阅读链接。

（插入介绍萧红的身世、命运。）

3. 架起课内外阅读桥梁，让孩子去阅读《呼兰河传》。

【设计意图】架起课内外阅读的桥梁。打开语文学习的新天地。一篇课文不是语文学习的结束，是新语文学习才刚刚开始：课外阅读。

(五) 作业布置

1. 看小说《呼兰河传》或看电影《呼兰河传》。

2. 交流你对书中某个感兴趣的人物的理解。

【设计意图】把课外阅读与课内学习有机结合起来，让课外阅读落到实处，让课内学习的外延延伸。

（六）板书设计

祖父的园子
样样都有　　眼中园
一切自由　　心中园
光芒四射　　理想园

怀念

附：课堂练习单

例文：一切都活了，要做什么，就做什么，要怎么样，就怎么样，都是自由的。①倭瓜愿意爬上架就爬上架，愿意爬上房就爬上房。②黄瓜愿意开一朵花，就开一朵花，愿意结一个瓜，就结一个瓜。若都不愿意，就是一个瓜也不结，一朵花也不开，也没有人问它。③玉米愿意长多高就长多高，它若愿意长上天去，也没有人管。

练习：（三句中任选一句完成）

一切都活了，要做什么，就做什么，要怎么样，就怎么样，都是自由的。

①＿＿＿＿＿愿意＿＿＿＿＿就＿＿＿＿＿，愿意＿＿＿＿＿就＿＿＿＿＿。

②＿＿＿＿＿愿意＿＿＿＿＿，就＿＿＿＿＿，愿意＿＿＿＿＿就＿＿＿＿＿。若都不愿意，就＿＿＿＿＿，＿＿＿＿＿也＿＿＿＿＿。

③＿＿＿＿＿愿意＿＿＿＿＿就＿＿＿＿＿，它若愿意＿＿＿＿＿，也＿＿＿＿＿。

文中并没有把祖父如何训导小萧红写具体，你能用到本段学到的方法，来把这一段改写吗？

祖父（动作、神态）＿＿＿＿＿＿＿＿＿＿＿＿＿＿＿＿说："（语言）＿＿＿＿＿＿＿＿＿＿，＿＿＿＿＿＿＿＿＿＿＿＿＿＿＿。"

八、教学反思

此次执教《祖父的园子》一课，感触颇深。应要求是对学校老师进行阅读示范的一节主题课。既要有阅读策略渗透，也要有单元语文要素：把重点部分写具体，体会文章表达的思想感情。针对这样的要求，我对本节课进行了反思，认为自己做的比较成功的地方有：

1. 教阅读的策略，帮助学生读"进去"。

叶老也说教材无非是个例子。教材是凭借，课文是例子。阅读教学就是凭借教材和借助课文训练学生的阅读能力，培养学生的审美能力。在教学中，引导学生用不同的读书方式，比如这节课我就用了浏览默读、跳读、扫读、角色读、带入读、听读等方式，帮助学生理解课文内容，体会文章的思想感情，领会文章的表达方法，引导学生学会迁移运用，将读写有机地结合在一起。

2. 带入文本，阅读理解。

阅读教学的本意是教学生学会阅读，其核心是理解。学生在学习文本的过程中自然获得阅读能力。把学生带进去，带入角色中去，就是进入文本，贴近人物，走进人物的情感世界。比如课堂中"你就是文中的倭瓜，该怎么读"，再比如"浇地"一处的体验。

3. 打通课外阅读，关注学生的延伸阅读。

适度的拓展，可以丰富教材内涵，开阔学生视野，引领学生到更广阔的语文世界中去，在有限的教学时间里就要实现课文这一例子的增值，使其最大价值化。也让语文根植于浓郁的文化色彩，为学生可持续发展提供更为充足的养分。课堂上《呼兰河传》的节选和阅读链接的使用，就是有这方面的考虑。

4. 多元整合，提升素质。

课程标准提出：要一单元为结构形式，整合教材、课外文等教学资源，利用精读、略读、联系、综合、习作等课型，有效达成单元目标。本单元的教育目标就是体会文章思想感情，把重点事物写具体。本节课就紧紧围绕这样的目标,通过各种阅读方法来体会文章思想感情,学会把人物写具体,还在其间不断地尝试新的阅读策略扫读、跳读等新的阅读方式,提高学生的总结概括、品词析句的能力。

不足之处:自己独立制作课件的能力需进一步提高,优秀的课件会为好课锦上添花。

秋秋找妈妈

■ 靳 祥

一、设计意图

绘本故事性强，能很好地激发学生阅读的兴趣。在品读绘本的过程中，引导学生进行独立阅读与思考，还能培养学生的想象力和说话能力。通过阅读讨论，引导学生读懂故事。以课堂为展示平台，开展多种形式的阅读活动，师生共同创设"书中有乐，读中有乐"的氛围，在阅读中培养健康的审美趣味。

二、教材分析

故事讲述的是一只没有妈妈的小小鸟秋秋，过着孤单的生活，它去找妈妈，找了长颈鹿太太、企鹅太太、河马太太……可它总是找不到跟他长得一模一样的妈妈。正当他伤心地哭泣时，熊太太向他走了过来。熊太太把秋秋带回了家，原来，熊太太还是三个孤儿的妈妈呢！熊太太对这些孩子就像对待自己的孩子一样，秋秋感到非常幸福。从此，熊太太就成了秋秋的妈妈。这个绘本的作者是庆子·凯萨兹，她的笔触细腻，整个画面弥漫着温馨的气息。

三、教学目标

1. 通过师生共读一本书，让学生明白绘本阅读中细心观察、展开想象，能享受到更多的阅读乐趣。知道图也会说话，在读图的过程中，培养学生的概括能力、想象力、思维能力及语言表达能力。

2. 通过猜一猜、演一演、读一读、议一议等方法，让学生感受阅读带来的快乐，培养学生阅读的兴趣。

3. 理解故事内容，能在老师引导下体验到秋秋的心情变化和熊妈妈的无私爱心，初步体会文学作品中浓浓又轻松的情感。

四、教学重点

理解故事内容，在老师引导下体验秋秋的心情变化和熊妈妈的无私爱心。

五、教学难点

通过阅读，在观察中体会文学作品中浓浓又轻松的情感。

六、教学过程

（一）激趣导入

1. 猜猜它是哪本绘本中的人物。
2. 出示秋秋的图片，和它打招呼。（板书课题）

（二）了解秋秋

1. 出示书的封面：秋秋是什么样子的？（熟悉秋秋的外形特点）
2. 按照一定的顺序介绍秋秋。
3. 秋秋在干什么？这会是个什么样的故事？让我们赶快打开书读一读吧！

（三）初读绘本

1. 学生自读绘本，要求：采取你喜欢的阅读方式，如果你忍不住想发表自己的想法，可以说给同桌听。但有一点特别重要，当你合上书的时候，你的大脑中要留下让你最难忘的画面，你的心中要有自己最想说的话，好吗？
2. 交流，师生评价。
（1）我最难忘的画面
（2）我的发现
（3）我的疑问

（四）再读绘本

教师过渡：好书不厌百回读！同学们第一次读就有了这么大的收获，相信再次读绘本，会有不一样的体会。

1. 出示图一，你从秋秋眼睛里面看到了什么？没有妈妈会有什么样的生活？（学生想象）秋秋是带着什么心情去找妈妈的？

2. 学习"找妈妈"

（1）出示"找妈妈"部分，指名一个学生读，其他学生安静看。秋秋找谁做他的妈妈？为什么？

（2）请绘本不仅要知道它的内容，如果有感情地期读，你会更喜欢这个故事！让我们分角色朗读这一部分吧。学生朗读，指名评价。

（3）教师介绍经验：在朗读的时候把自己想成书中的人物，你也可以读得很精彩！

（4）小组内分角色朗读。指名一组读，评价。

（5）秋秋还会找谁当妈妈？学生看图猜想，练习说话。

3. 学习"找到妈妈"

（1）是啊，秋秋以为自己再也找不到妈妈，他伤心极了，哭起来，如果你在现场，你会怎么做？怎么说？

（2）熊太太怎么做？请观察图，你从图中感受到什么？熊太太心里怎么想？

（3）善良的熊太太仅仅跑来安慰秋秋吗？（学生发表意见）出示三幅图，喜欢这三幅图吗？请看看图，再读读文字，把自己当作秋秋体验当时的情境和感受。

（4）小朋友们，你难过的时候是谁抱着你？你进步的时候是谁亲亲你？你无聊的时候是谁陪你做游戏，哄你开心？（妈妈），是呀，妈妈会对你这样做，熊太太也会对秋秋这样做，就像对待自己的孩子一样，多么有爱心的熊妈妈呀！此时的秋秋是多么快乐啊！

（5）刚才有同学问：熊太太的孩子怎么是鳄鱼、河马和小猪，现在你知道了吗？

（五）情感升华

1. 出示最后一幅图，你喜欢这幅图吗？从这幅图中，你想到了哪些词语？

2. 多么温馨的画面，多么有爱的家庭，多么让人感动的拥抱，我们再来读一读这段文字好吗？

3. 讨论：秋秋找到妈妈了吗？回到封面，教师渗透博爱。

4. 合上书，你现在最想对书中的谁说些什么？

5. 作业设计：秋秋做了一个什么梦？他今后的生活是什么样的呢？小朋友们可以拿出自己的画笔，画一画，再在旁边配上几句话。这样，又有了一本属于你的故事书。

（六）拓展延伸

1. 喜欢《秋秋找妈妈》这个故事吗？这本书是日本作家庆子·凯萨兹所写。她还写过《狼大叔的红焖鸡》《最强壮的勇上》《猪先生的野餐》等，听书的名字，看着封面都那么诱人，你们想看吗？课后还可以找来阅读。

2. 希望小朋友自己读其他的绘本时，能将边读边想边朗读这个好方法继续做下去。为了奖励咱们班级的小朋友这节课表现得这么优秀，老师将图书馆里的绘本录了下来，里面有你喜欢的吗？出示视频。有时间去图书馆借你喜爱的绘本吧！

（七）板书设计

秋秋找妈妈

爱
秋秋 ⟷ 熊妈妈

说不尽的桥

■ 李慧婷

一、设计意图

"说不尽的桥"是在学生学习了八年级上册第三单元《中国石拱桥》和《桥之美》两篇课文后安排的一次拓展课。设计这次拓展课的目的是通过查阅、收集有关桥的资料，让学生全面了解有关桥的知识，并能分类整理自己收集的资料。欣赏、探究桥文化的内涵，感受祖国桥文化，提高文化素养。在收集资料、课堂展示过程中，培养学生自主、合作、探究的学习意识，形成浓郁的学习氛围。

语文拓展课，是语文与其他领域知识的有机综合，那么，如何让学生"活动"起来呢？据此，我确立了以学生为主体"自主学习"的基本模式。课前充分利用网络这一巨大的素材库优势，让学生自己去检索、去分析、去概括、去推理，从而找到桥的各种知识。而网站教育教学素材库充实系统的海量素材和它的可随意组合、拆卸的特性，为学生自主学习和探究创造了无限的可能。同时，这种学生"自主学习"的教学模式，不仅仅让学生认识了解了桥的分类、风格、特点，更重要的是要培养学生查阅资料、分析资料的方法和科学习惯，激发了学生的学习兴趣，提高了学生的学习能力，培养了他们自主、合作、探究的意识。在学习的最后阶段，也就是在对桥梁获得了全面的系统的深刻的认知体系上，我用一节课的时间将整个学习过程的成果用多样的形式逐步进行深入的展示。

二、学情分析

学生在生活中随处能见到桥，但由于受地域限制，所见的桥形式单一。学生有一定查找资料、搜集资料的能力，但整理、分析资料的能力还比较差。

三、活动目标

1. 领略我国丰富的桥文化，提高文化素养。
2. 培养学生自主、合作、探究的学习意识。
3. 增强学生利用网络等多种工具收集、分析、整合资料的能力。
4. 养成善于观察、思考生活中的现象，从中获取知识的习惯。

四、教学重难点

1. 培养学生自主探究和团结合作的精神。
2. 培养学生利用网络等多种工具收集、分析、整合资料的能力。

五、活动准备

1. 确立活动的主题：欣赏桥之美，感受桥之魅。
2. 确定需要搜集的资料：
（1）桥与文学艺术（有关桥的诗歌、对联、谜语、俗语、谚语、成语、故事与传说、绘画、雕刻、图片）。
（2）有关桥的知识（桥的类型、构造、建筑材料、作用）。
3. 划分小组，分工确定每组要搜集的具体内容。
4. 确立搜集资料的途径：上网、上图书馆、实地调查。
5. 资料搜集后，对资料进行研究、归纳、整理。
6. 确立活动形式：赏桥、话桥、吟桥、喻桥。

六、活动过程

（一）谈话导课

茅以升曾这样风趣地说过，"桥是经过放大的一条板凳"。人类在发展的几千年历史中，创造了林林总总、千姿百态的这种板凳。这些板凳，不仅为人类的生活带来了便利，更主要的是在这几千年里，它自身也孕育出了丰富多彩的桥文化。今天就让我们一起走进桥的世界，去领略这多姿多彩、妙趣横生的桥文化。

【设计意图】激发学生的学习兴趣及求知欲。

（二）活动过程

1. 赏桥

（1）请中外名桥组的同学派代表向大家介绍一下你们所搜集到的古今中外名桥（中外名桥组派代表利用本组收集的图片资料进行介绍）。

【设计意图】这项活动要求学生在收集、整理完相关中外名桥的资料后，要将本组所有资料进行筛选、整合，做成PPT，并在课堂上用通顺流畅的语言介绍给大家听，既训练了学生的收集、筛选、整合信息的能力，也训练了他们简单的电脑操作能力，同时还训练了他们的语言表达能力。

（2）教师补充介绍（教师用PPT补充介绍中国古代十大名桥及世界闻名的现代化大桥）。

2. 话桥

（1）桥的种类。（一组派代表交流，其余补充交流）

（2）桥的历史。（一组派代表交流，其余补充交流）

【设计意图】训练学生利用资料进行介绍的能力。

（3）桥的成语、歇后语、俗语等。（成语交流：一生说成语意思，其余学生猜出成语；歇后语：一生说前半部分，指名补出后半部分；俗语：交流后用俗语说一句话）

（4）桥的故事。（小组各派一名同学讲述一个关于桥的故事，看谁讲得最清楚最好）

3. 吟桥

（1）小组内吟咏有关桥的诗歌、散文等。

（2）指名在全班朗诵。（如果能对诗歌进行简单赏析更好）

（3）教师补充自己收集的诗句。（齐声诵读）

4. 喻桥

（1）桥是平凡普通的，但它有时已超越了桥本身的含义，被赋予了更多的内涵。有这样一些桥，既不架在水上，也不架在陆地上，建造它们甚至用不上一砖一瓦，可它们却实实在在地发挥着"桥"的作用……这是些什么样的桥呢？（学生按照下列句式练习写话）

_____是一座桥，_____。

【设计意图】 意在培养学生的想象力以及口头表达能力。

（2）指名朗读自己所写的句子。

（三）课堂小结

今天我们一起分享了有关桥的知识，欣赏了中外名桥的风姿，领略了丰富多彩的桥文化，懂得了"桥"在我们生活中的重要性。古人云：修桥补路，功德无量。希望同学们在了解了中国桥文化、西安桥文化的基础上，也能护桥、造桥，就让我们一起去构架属于我们自己的时代桥梁吧。

（四）作业布置

1. 课外收集西安市的各种桥梁。

【设计意图】 这项活动意在让学生留意生活中的现象，养成善于观察、思考的习惯。

2. 以"桥"为话题写一篇作文。

有趣的象形字

■ 梁存雪

一、设计意图

象形字是我国古代特有的文字，它是根据事物的主要特征来造字的。本节课通过看图猜字、字图配对、看视频找象形字等方式让学生体会象形字的有趣，从而感受古代人民的智慧，产生对汉字文化的探究兴趣，萌发民族自豪感和热爱祖国文化的情感。

二、教材分析

象形文字是我国古代特有的文字。象形文字是用图画的外部形状演变成的汉字，这是我国古代人的智慧结晶，展现了中国人民的古老文明历史。了解有趣的象形文字是一件有意义的事情，可以让学生感受到中国文字艺术的博大精深，激发学生学习汉字的兴趣，从而萌发民族自豪感和热爱祖国民族文化的情感。

三、教学目标

1. 通过观察象形字的活动，了解象形字的造字特点，能够认识一些简单的象形字。
2. 体会象形字的有趣，同时简单了解指事、会意、形声造字方法。
3. 感受古代人民的智慧，产生对汉字文化的探究兴趣，萌发民族自豪感和热爱祖国文化的情感。

四、教学重点

通过观察象形字，了解象形字的造字特点，能够认识一些简单的象形字。

五、教学难点

感受古代人民的智慧，产生对汉字文化的探寻兴趣，萌发民族自豪感和热爱祖国文化的情感。

六、教学过程

（一）激趣揭题，导入新课

1. 猜字游戏。（出示简单的象形字，计时抢答）

2. 指生读，说说你是怎么认出来的？引出象形字的定义，这些像图画一样的文字，就是——象形字。今天我们就要一起来上一节汉字文化课：有趣的象形字。（板书课题：有趣的象形字）

【设计意图】利用特殊文字的儿歌导入，激发学生的学习兴趣，能初步感知象形文字"象形"的特点。

（二）观看视频，走进象形字

1. 观看象形字的视频。

2. 孩子们，通过视频我们知道了象形字的由来，我们的祖先是怎么造出象形字的呢？（出示象形字"门"和"瓜"，指生贴上对应的图片）

3. 学生说说这样放的理由。（这个字和图片上的事物长得很像）

4. 在生活中，有些事物很像，我们的祖先是如何勾画的呢？（出示羊和牛的图片，他们都有脑袋、身子、腿和尾巴，我们的祖先在造字的时候是怎么做的呢？谁来把这两个象形字贴到对应的图片下面，并说说这样摆的理由。）

5. 孩子们，现在你们一定知道对于相像的事物，我们的祖先是怎么造字的呢？（观察他们不同的地方，就是抓住事物的主要特征）

6. 分类汇报找到的象形字。（学生一人说，其他人来猜一猜）

【设计意图】本环节通过给图片贴象形字的方法让学生初步体会象形字的造字特点。

（三）字图配对，感知象形字的造字特点

通过刚才的活动，我们知道了象形字就是抓住事物外形最主要的地方或特点来勾画的，我们的祖先就是用这些简单的线条造出这些文字的。既然象形字是抓住事物外形最主要的特征来勾画的。那同学们看，出示连线题，这些都是我们没有学过的象形字，我们可以根据它的字形，来知道它的意思，猜测它的读音。

1. 谁来读一读连线要求？（要求：把图片和象形字连起来，和同桌说说它的意思，并猜猜它的读音）拿出题单，连一连。（蛇、鼠、齿、巢）

2. 和同桌说一说。

3. 指生交流。（投影仪展示）

【设计意图】通过连线的形式，引导学生自主地运用象形字的造字特点去认字。

（四）延伸拓展

1. 观看动画

（1）播放动画《象形字的故事》，感受象形字的生动有趣。

（2）发现和认识视频中的象形字。

（老师及时暂停视频片段。老师提问：在这个画面里面，你们看到了隐藏着的哪些象形字？）

2. 老师在黑板上板书学生发现的象形字

学生齐读：人、山、田、水、鱼、林、日、草。

3. 拓展汉字的其他造字方法：指事、会意、形声。

4. 学生分享自己搜集到的指事、会意、形声字。

【设计意图】看视频，让学生学以致用，再拓展其他的造字方法，激发学生探究汉字奥秘的兴趣。

（五）总结

通过这一节汉字文化课，我们与象形字交上了朋友！每一个象形字都是一幅图片，都蕴藏着古人的智慧，中国的汉字，中国的象形字非常奇妙，除了象形字外，还有……期待下次的汉字文化科课，探寻汉字更多的秘密。

(六) 板书设计

有趣的象形字

七、教学反思

象形文字是我国古代特有的文字。是用图画的外部形状演变成的汉字，这是我国古代人的智慧结晶，展现了中国人民的古老文明历史。了解有趣的象形文字是一件有意义的事情，可以让学生感受到中国文字艺术的博大精深，激发学生学习汉字的兴趣，从而萌发民族自豪感和热爱祖国民族文化的情感。

这节课我通过猜字游戏导入，不仅将学生的注意力迅速拉回课堂，同时激发了学生的学习兴趣。然后观看《仓颉造字》的视频，让学生知道象形字的由来，进而通过给图片找象形字、字图连线的方式让学生初步体会象形字的造字特点。最后通过看《象形字的故事》的视频学以致用，进而拓展其他造字方法，激发学生探究汉字奥秘的兴趣。

陕味乡情
——水果拼拼乐

■ 龙云杰

一、设计意图

陕西不仅有着悠久的历史文化和美食文化,更有着独特的地理和气候条件。就是因为这样优良的自然环境,让陕西的水果格外香甜,洛川苹果、眉县猕猴桃、临潼石榴、户县葡萄、蒲城酥梨都是陕西最具代表性的特产。这些陕西特产文化都是学生学习劳动的源泉。结合《大中小学劳动教育指导纲要》要求,中高年级以校园劳动和家庭劳动为主要内容开展劳动教育,体会劳动光荣,尊重普通劳动者,初步养成热爱劳动、热爱生活的态度。参与家居清洁、收纳整理,制作简单的家常餐等,每年学会1—2项生活技能,增强生活自理能力和勤俭节约意识,培养家庭责任感。因此,将劳动教育根植于陕西特产文化之中。所以,本节课坚持文化育人、劳动育人,将陕西特产融合在劳动教育课程之中,通过"创意水果拼盘"劳动动手实践,使学生了解、传播陕西特产文化知识,培养学生一项"拼盘"的劳动技能,增强学生陕西文化底蕴。

二、学情分析

小学三年级的学生对陕西本土特产文化有充分的好奇心和一定的了解,但是对陕西特产了解的还不够深入。而该年龄段的学生劳动兴趣较强,思维比较活跃,想象丰富,但是劳动学习意识不强,劳动动手能力有待提升,需要老师明确劳动目标和指导帮助。本节课中,要抓住学生好奇心和劳动兴趣,在"拼盘"活动中让学生收获知识、收获技能、收获文化认同感，爱上劳动，爱上自己的家乡。

三、教学目标

了解陕西水果特产文化，知道陕西特产有洛川苹果、眉县猕猴桃、临潼石榴、户县葡萄、蒲城酥梨。

培养学生想象力、创造力，活跃思维，提高动手能力，学会水果拼盘劳动技能。

分享交流成果，使学生爱上劳动，增强陕西特产文化认同感。

四、教学重点

知道陕西特产有洛川苹果、眉县猕猴桃、临潼石榴、鄠邑区葡萄、蒲城酥梨。学会水果拼盘劳动技能。

五、教学难点

成果分享交流，使学生爱上劳动，增强陕西特产文化认同感。

六、教学准备

制作课件PPT、搜集视频、分好活动小组、水果、桌牌、奖状。

七、教学过程

（一）导入激趣

【师】同学们，陕西不仅有着悠久的历史文化和美食文化，更有着独特的地理和气候条件。就是因为有这样优良的自然环境，让陕西的水果格外香甜、中外闻名，洛川苹果、眉县猕猴桃、临潼石榴、鄠邑区葡萄、蒲城酥梨都是陕西最具代表性的水果特产。这些陕西特产文化都是我们劳动学习的源泉。作为地地道道的陕西人你又了解哪些水果特产呢？让我们一起走进视频去了解一下吧！

1. 播放视频

【师】通过视频陕西水果特产给你的印象是什么样的呢？（香甜可口，产量大，种类多，品质好）

2. 水果推介会

【师】同学们，陕西水果品质好、产量大，销往各地和海外市场，这离不开我们的代言介绍。有请我们小组介绍陕西水果特产。

【师】同学们刚才风趣幽默的介绍方式，让陕西的水果更加香甜了。其他的同学想为陕西水果代言吗？

【生】想代言！

【师】那么，今天我们通过"创意水果拼盘"大比赛，看看哪三个小组能成为最佳代言团队。各小组有没有信心？

【生】有信心！

【设计意图】首先，通过谈话和视频导入激发学生对陕西水果特产了解的欲望。其次，学生详细介绍，使同学们在介绍中学到更多关于陕西水果特产的知识。再次，顺利导入本节课主题，充分调动学生动手实践的兴趣。

（二）交流方法

1. （出示水果拼盘图片）同学们，你们会制作水果拼盘吗？把你的经验分享给大家吧！

2. 老师总结：其实，制作水果拼盘基本方法就是"堆、排、围"。接下来宣布比赛要求。

【设计意图】联系学生已有的制作水果拼盘的经验，指导学生制作水果拼盘的方法，从而使学生掌握拼盘技巧。

（三）组织活动

1. 奖项设置

最佳劳动创意奖：有一定的想象力，拼盘别具一格，有陕西文化元素。

最佳劳动造型奖：造型优美，与众不同。

最佳劳动色彩搭配奖：色彩搭配自然、和谐。

2. 比赛要求

（1）在活动中，大家要相互合作、合理分工、大胆想象，做出造型优美、色彩搭配美丽的拼盘来。

（2）拼盘过程中注意纪律，不能大声说话。注意清洁卫生，保持地面整洁。

（3）在使用小刀等器材时要小心，注意安全。需要帮助时，请举手求助老师指导。

（4）做好水果拼盘后，给作品取个名字，写在展示桌牌上，还要进行评奖。

【设计意图】活动组织有助于学生在劳动过程中有序进行。奖项的设置，更能激发学生制作水果拼盘的创造力、想象力和挑战欲望，从而培养学生动手实践能力。奖项的设置紧紧围绕教学目标，将陕西水果特产文化渗透在劳动活动过程中，体现陕西不同的美。

（四）制作拼盘（15分钟）

【设计意图】《大中小学劳动教育指导纲要》要求，中高年级以家庭劳动为主要内容，制作简单的家常餐等，每年学会1—2项生活技能，增强生活自理能力和勤俭节约意识，培养家庭责任感。通过动手实践，来培养学生劳动意识和劳动技能。

（五）介绍评比

1. 学生把参赛的作品放在中间桌子上，先由各小组派代表说说自己小组的作品为什么这样设计、代表什么意思、自己认为最成功的是什么。

2. 评委点评并颁发奖状。

老师询问获奖感言。接着出示图片再深入谈收获。

【设计意图】学生在介绍作品中，进一步了解陕西水果特产和陕西文化。评委的点评能调动学生劳动积极性，学生感受到劳动的成就感，有助于学生爱上劳动，爱上陕西水果特产。

（六）交流总结

1. 学生谈收获心得。

2. 教师总结：同学们，通过劳动，陕西水果特产在你们拼盘中更加香甜，在拼盘中你们了解陕西水果特产，学会了合作，学会了劳动技能，也感受到了陕西人民的勤劳和文化自信。劳动是一切财富、价值的源泉，也是知识的源泉，希望你们能通过劳动收获更多新的知识。

【设计意图】劳动教育不只是实践劳动，更重要的是劳动意识的培

养，通过交流收获，抓住了劳动教育重要内涵。同时，也在活动过程中，让学生感受陕西水果特产文化，建立文化自信，体会"大美陕西"的真正含义。

（七）板书设计

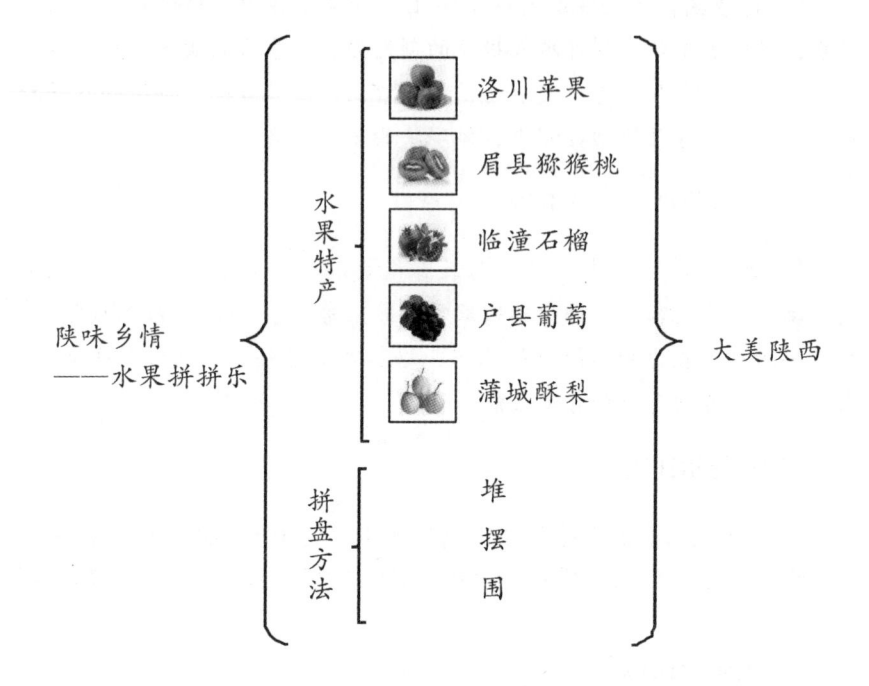

```
                    ┌ 洛川苹果
                    │ 眉县猕猴桃
            水果特产 │ 临潼石榴
                    │ 户县葡萄
陕味乡情            └ 蒲城酥梨            大美陕西
——水果拼拼乐
            拼盘方法 ┌ 堆
                    │ 摆
                    └ 围
```

姓名中汉字的美

■ 王丽娜

一、设计理念

本节课巧妙激趣导入新课，接着提出问题，设置悬念，让学生处于浓厚的学习兴趣中。通过对自己姓名的诗意的解读引出的重点，总结出本节课的用意。这样的授课方式激发了学生的学习欲望，营造了浓厚的探究氛围，让学生始终处于积极的思考状态中。

二、教材分析

本节课是七年级下册语文的一节拓展性课程。在第二单元《最后一课》中，作者借韩麦尔先生高度赞扬了法国的语言文字，学生也了解了语言文字对于一个国家和民族的重要性。所以本着源于课本、源于生活，融学生的知性为一体的目的设计了这样一堂课。对自己姓名的探讨可以激发学生学习兴趣，让每个孩子都乐于动起来。

三、学情分析

七年级的学生对语文学习兴趣不高，对中国的传统文化兴趣不浓，认为语文课本中的知识与生活联系不紧密。所以要激发起学生学习的兴趣，就要从自己最常见的名字入手。

四、教学目标

1. 从名字的书写了解汉字的发展简史。

2. 从对姓氏、名字的解读来欣赏汉字的美，通过对自己名字的解读训练学生的想象力和写作能力。

3. 通过对自己名字的解读训练学生的想象力和写作能力。

五、教学重难点

1. 从名字的书写了解汉字的发展简史。

2. 从对姓氏、名字的解读来欣赏汉字的美，通过对自己名字的解读训练学生的想象力和写作能力。

六、教学策略

1. 教法方面。

整体体现：互动导学为主的综合启发式教学法。

过程体现：观察法、猜想法、展示法、讨论归纳法、师生合作探究法。

2. 学法方面。

注重学生学习的主动性、互动性、自主性、合作性。

3. 学习流程。

情境导入→学生展示→归纳小结。

通过语言讲授和学生展示相结合，以讨论法组织整个学习过程。

七、教学用具

多媒体课件。

【预习要求】

1. 结合课本、网络、工具书等资源，梳理汉字的起源、汉字形体的演变及其演变规律、汉字的构成方法等知识。

2. 查阅工具书或网络资源，学会用不同的字体写自己的名字，并了解自己姓氏的来源。

八、教学过程

（一）我来写姓名

1. 根据学生手中搜集的自己姓名的各种书体资料，叫7—8名学生在黑板上写下不同的姓名。

2. 根据对汉字演变历程的了解，为黑板上的汉字排序，并观察汉字形体演变规律。(学生自由回答，说出自己的发现)

3. 展示一些书法作品，让学生直观地感受汉字的艺术之美。

教师总结：

汉字的演变历程：

甲骨文（商）——金文（周）——大篆（西周后期）——小篆（秦）——隶书（汉）——楷书（魏晋）——草书（魏晋）——行书（魏晋）

汉字形体演变规律：

象形性逐渐减弱，从图形化演变为线条化、平直化；

笔画由多到少，结构由复杂到简单。更快捷，更规范。

【设计意图】激发学生的学习兴趣，让学生了解汉字的不同形式。

(二) 谈谈我的姓

名字由姓和名组成，你能不能介绍你的姓氏（小故事、渊源、历史上的名人）？

小组四人交流讨论，个别上台发言。(脱稿，以演讲的形式介绍)

【设计意图】小组讨论可以让学生在交流过程中加深对自己姓氏的记忆，同时也可以扩大知识面，了解他人的姓氏来源，或者名人小故事。个别展示环节则是把讲台交给学生，并对学生提出要求，用自己的语言讲述。

(三) 说说我的名

字形藏理：看字形，晓词义，明人生。字形里面有人生，有文化，有哲学……有人说一个汉字就是一首诗。

教师举例：(补字、拆字、联想)

"梦"，拆开来是"林""夕"。林间夕照，那是夕阳投在林梢的深情一瞥，是最美丽又最容易触动人心灵的画面。"寒日无言西下"，触动起的是游子思家的孤独之梦；"晓来谁染霜林醉"，触动的是情人告

别的断肠之梦;"弹琴复长啸,深林人不知",触动的是文人的隐逸之梦。

"少",是翩翩少年的风采,还是少女的曼妙,一会儿幻化为水底的细沙,一会儿又变成飘在天边的薄纱,放在佳上面又成了树上吵吵的小麻雀。虽然发着少的音,可是却充满着无穷的变化。

"果",这个字沉甸甸、黄澄澄、红彤彤的,闻一闻又是香气扑鼻,在原野里像一盏盏彩灯,有大的,有小的,把秋天装扮得喜气洋洋,一会儿它就变成挂在树梢上的太阳了,就是这个字,我想伸手摘下来。

每个人的名字都含有无穷无尽的深意,你能不能说说你名字的含义?请大家也用心写一段话来描述一下自己的名字吧!

(学生先写,规定纸张大小,投影仪边展示学生边讲解;学生活动,交流,教师、学生共同评价。)

【设计意图】 向学生介绍写作方法,拆字法和加字法,发挥想象和联想对自己名字的每一个字进行解读,让学生通过自己的解读感受到自己名字的神奇,同时也感受到中国汉字的奇妙和伟大。学生互评、教师点评相结合,充分发挥学生的主导性。

(四) 总结

通过对我们自己姓名的解读,我们不难看出汉字的魅力:形态美,来源美(起源美),诗意美。余秋雨在《听听那冷雨》这样说道:凭空写一个"雨"字,点点滴滴,滂滂沱沱,淅沥淅沥淅沥,一切云情雨意,就宛然其中了。视觉上的这种美感,岂是什么 rain 也好 pluie 也好所能满足?外语充其量只是我们了解世界的工具。汉字才是我们真正的根。

无论赤县也好,神州也好,中国也好,变来变去,只要仓颉的灵感不灭,美丽的中文不老,那形象,那磁石一般的向心力当必然常在。因为一个方块字是一个天地。太初有字,于是汉族的心灵、祖先的回忆和希望便有了寄托。如果说《最后一课》中韩麦尔先生是把打开监狱大门的钥匙交到了小佛朗士们手中,那么老师希望这节课通过了解姓名的奥秘,把打开中国汉字大门的钥匙交到你们手中,能够激起大家对汉字的热爱，生活中处处用汉字，处处有语文。

【设计意图】全课结束，从姓名升华到中国汉字。让学生有种豁然开朗的感觉。激发学生对汉字更多了解的渴望。

(五) 板书设计

姓名中汉字的美

形态美

渊源美

诗意美

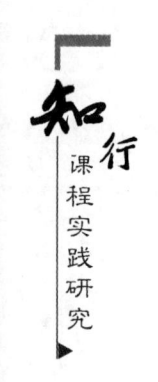

有趣的歇后语

■ 武 迎

一、设计意图

歇后语是中国传统文化中的瑰宝，它是我国劳动人民在生活实践中创造出的一种特殊的语言形式，本节课教学旨在引导学生大量积累和学会正确运用歇后语，感受歇后语的语言简洁、凝练，生动、有趣。同时，通过情境体验与参与，让学生在自我创作和表演中，亲身感受到如果能把歇后语恰当地运用在生活或者写作语言中，对积累知识、发展思维、丰富语言的生动性、提高自己的表达能力都是大有益处的，从而激发学生对中华传统文化的热爱和传承。

二、学习目标

1. 通过多渠道积累歇后语。
2. 在观察中发现、了解歇后语的特点和用法。
3. 掌握歇后语的特点和用法，学会使用歇后语。

三、学习重难点

1. 积累歇后语。
2. 掌握歇后语的特点，能恰当地运用歇后语。

四、教学准备

学生提前搜集一些歇后语。（上网查、问他人、看书等）

五、教学方法

导学法、讨论法。

六、教学过程

(一) 交流积累的歇后语

1. 听学生表演含有各种歇后语的相声。
2. 交流自己积累的歇后语。(个人交流、小组交流)
3. 交流歇后语带给自己的感受。

(二) 发现歇后语的秘密

1. 出示只有前半部分的歇后语。
（1）一个巴掌拍不响——
（2）黄鼠狼给鸡拜年——
（3）小葱拌豆腐——
（4）宋江的军师——
（5）孕妇走独木桥——
（6）擀面杖吹火——
2. 学生补充歇后语发现歇后语的特点。
（1）补全歇后语。
（2）归纳歇后语特点。
(歇后语又叫俏皮话，前半部分像谜面，后半部分像谜底。)
（3）发现歇后语的特点。
（4）对歇后语进行分类。
(谐音歇后语、谐意歇后语)

(三) 看图猜歇后语

根据所给出的图片内容，填写歇后语。

(四) 牛刀小试

1. 教师出示情境，学生读句子。
2. 学生根据情境，用上恰当的歇后语。
（1）如今，人们的生活越来越好了，真是_____
（2）校园艺术节上，同学们唱歌的唱歌，绘画的绘画，纷纷展示自己的才华，这真是_____

(3) 小亮是班上的调皮鬼,虽然老师总是循循善诱地教导他,可是他还是_____。嗨,什么时候他才能改掉自己的毛病呢?

(4) 老师拿着试卷走进了教室了,我忐忑不安地坐着,心里像_____。

(五) 巧用歇后语

自己创设情境,选择一个歇后语说一句话,要求:句子通顺、清楚,歇后语使用正确。

(六) 出示语段,学生填上符合情境的歇后语

星期天,表弟来我家找我下象棋。我不屑一顾地说:"你还不是_____嘛。"表弟不服气,我们决定三局两胜,输者学三声狗叫。另外,还规定谁也不许悔棋,输也要输得_____。

(七) 小组合作,创设语境,展示歇后语的运用

1. 展示歇后语在不同场景的运用。
2. 多角度评价歇后语运用的效果。
3. 自创带有歇后语的语段进行展示或者表演。

(八) 布置作业

1. 积累更多的歇后语,并能进行分类。
2. 选择恰当的歇后语,写上几段话。

(九) 板书设计

有趣的歇后语
(俏皮话)

前半部分————后半部分
↓　　　　　　↓
(像谜面)　　(像谜底)

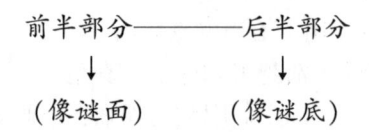

猜猜我有多爱你

■ 张 玲

一、设计意图

《猜猜我有多爱你》是一个简单得不能再简单的故事，它简单到了只剩下几段对话，但就是这几段对话，却让世界上的人都为之着魔。所以我觉得有必要让孩子手捧书本静静地读，感受这个故事的美。然后让学生尝试着用"我爱你，……"这样的句式来续写这个故事，写出小兔子对大兔子的爱，让孩子在续写中学会表达自己的爱。

二、教学目标

1. 师生共读，享受故事带来的乐趣和趣味，激发学生阅读绘本的兴趣。
2. 选择具体画面，联系自身生活，展开丰富想象，将画面内容用生动具体的语言表达出来。
3. 在阅读和表达绘本的过程中，学会表达爱。
4. 通过学习爱，让孩子发现身边所爱的人，并思考用怎样的行动爱他们。

三、教学重点

1. 培养学生的说话兴趣和阅读理解能力。
2. 在听读故事中学会思考和和阅读。

四、教学难点

通过学习爱，让孩子发现身边所爱的人，并思考用怎样的行动爱

他们。

五、教学流程

（一）走入绘本

1. 今天我们来上一节绘本课（出示封面）。这就是这本书的封面，请你仔细观察。谁来能说一说你都观察到了什么？（板书：大兔、小兔课题）

2. 同学们我们读绘本的第一个本事就是猜（板书）。通过刚才观察封面，你能不能猜一猜这本书可能是一个关于什么的故事？书名中最重要的是那个字？（爱 板书：心）

3. 你在生活中爱谁？你是怎么爱的？（动作）

4. 介绍绘本。（出示课题，板书）

这本由英国作家山姆·麦克布雷尼爷爷所写的《猜猜我有多爱你》是一部世界著名的绘本。绘本就是图画书，它是由精美的图画和优美的文字组合成的。我们在读绘本的时候，一定要把图画和文字结合起来读，下面我们就一边欣赏图画，一边走进这个故事，看看小兔子和兔妈妈又是通过什么方式来表达爱意的？和你刚才说的一样吗？

（二）欣赏故事，感受"爱"

1. 师配乐讲故事到"我可猜不出来"。

2. 出示图画

接下来小兔子会想到用什么方法来表达自己的爱呢？我们一起来看画面。

我们读绘本的第二个本事是"看"，看插图来猜故事情节。

（1）（出示小兔子图，让学生观察图，看小兔子的动作）看到了什么？

（2）如果你也用这个动作表达对长辈的爱，你会怎么做，能不能试着边做边说。

（3）（出示大兔子图）大兔子又是怎么做的？

过渡：看来大兔子和小兔子真的都很爱对方。

3. 自由阅读绘本，看插图，说一说小兔子又用了哪个动作表达对妈妈的爱?

（1）举起手

观察图画，谁能学着图中的小兔子一起做一做，请学生学像小兔子一样试着举一举。（师总结：小兔子用举起手的方式对妈妈说：我举得有多高就有多爱你）

（2）倒立起来

①书翻到PPT同一页，指读倒立这一部分；大兔子是怎样回答的，反过来继续读。

②通过看图谁发现大兔子做了哪些动作？

③爸爸妈妈在生活中有没有类似的表达？

（3）跳起来（补全对话）

①大家看小兔子在草地上干什么？

②小兔子跳上跳下，跳得气喘吁吁，看着插图，哪位小朋友能帮小兔子表达一下对兔妈妈的爱呢？可是大兔子一跳，耳朵都……（师读故事）

4. 过渡。我们通过看图找到了这么多小兔子对兔妈妈表达爱的方式，接下来继续去读一读这个故事（读故事是我们学习绘本的第三个方式），通过读读故事内容，去看看小兔子和兔妈妈之间又会发生什么呢？

我爱你，像这条小路伸到小河那么远。

面对小兔子的爱，大兔子说："我爱你，远到跨过小河，再翻过山丘。"（师生对读）

这可真远啊，小兔子想。

小兔子和妈妈疯玩了一天。它实在太困了，再也想不到更多的东西了。

它望着黑沉沉的天空中挂着一轮新月，想着，没有什么比黑沉沉的夜空更远了。

"我爱你一直到月亮那里。"说完，小兔子闭上了眼睛。

"哦，这真是很远，非常非常得远。"大兔子边说边轻轻地抱着小兔子，把它放在用叶子铺成的床上，它低下头，亲了亲小兔子，对他说晚安，然后它躺在小兔子身边，微笑着轻声说："我爱你一直到月亮那里，再从月亮上回到这里来。"

（1）师：小兔子对兔妈妈说了些什么？谁能来读一读（读文字也

是我们学习绘本的一个重要的方法)？大兔子是怎样回答的呢？谁来说说看，这时的心情怎么样？用上很爱的心情再读一读。

"我爱你，一直到月亮那里。"

"我爱你，从这儿一直到月亮那里，再回到这里来。"

(2) 师：你们愿意来演一演有爱的小栗色兔子和它的兔妈妈吗？同桌两个小朋友试试。

(男女生分角色读) 我请男生做小兔，女生做兔妈妈，来读读这个对话。

(三) 升华主题

1. 这个故事到这里我们已经读完了，同学们，现在你们能试着说一说《猜猜我有多爱你》这本书是一个（   ）和（   ）关于（   ）的故事吗？谁能试着说一说。(说说这个故事都讲了什么，是阅读绘本的第四个故事。)

2. 同学们，你们都说得非常好，这是个小兔子和大兔子关于爱的故事，你们能继续说一说在这个故事中大兔子和小兔子谁更爱对方吗？

3. 同学们说得都很有道理。(出示封底：其实当你很爱、很爱一个人的时候，也许，你会想把这种感觉描述出来。可是，就像小兔子和大兔子发现的那样：爱，实在不是一件容易衡量的东西。)

4. 现在小兔子怀抱着大兔子的爱进入了甜蜜的梦乡，他在梦里，发现自己也变成一只大兔子，它的孩子，一只比它小时候更小的兔子，它们一起来到海边，小小兔子跑过来对它说："猜猜我有多爱你？"它们之间又会有怎样有趣的对话呢？同学们，请你们发挥自己的想象把这个故事继续编写下去。(想象是我们阅读绘本的最后一个方法，用你的想象力为这故事再续写一个更好的故事吧。)

(四) 拓展延伸

1. 小兔子和大兔子之间的爱会随着时间的推移一代一代地传递下去，永不消失，故事到这里似乎已经结束了，可是它们之间的爱却没有结束。有一只小熊叫作山姆，它也想表达自己对妈妈的爱，它是怎么做的呢？我们再来快速地欣赏另一篇童话故事《亲亲晚安》，它也是一本绘本书。

2. 同学们，你能用上刚才的方法来读一读这个新的绘本故事吗？先要干什么？"猜。"

看封面，先来猜猜这个故事都有谁？它们在干什么呢？小熊在哪里？这本书可能讲的小熊和熊妈妈的睡前故事。

3. 接下来，我们用看插图和读故事的方法和老师一起来进入这个故事之中吧。

4. 读完故事，我们改做什么？说一说，说内容，同学们，你们谁能说一说，小山姆一直在等什么？

5. 说完故事内容，我们来想象一下，小山姆在等待妈妈的吻，那如果妈妈也不睡觉，一直在等待山姆，妈妈可能会等待小山姆为它做什么？（比如说山姆妈妈等小山姆洗脚，你们还能想到什么？）

（五）推荐阅读

1. 你们喜欢小兔子和小山姆吗？想不想认识更多的小朋友呢？老师为你们推荐几个吧。

2. 今天回家就用上老师教给你们的五个方法来读一读这些故事，和故事中的人做朋友好吗？

变色花

黄淑丽

一、设计意图

本课是苏教版六年级第三章第三节，本课教学旨在从"使指示剂变色"的单一角度，引导学生认识两大类物质。制作指示剂，探究指示剂与到酸碱性不同物质会变色，并认识到研究物质的酸碱种类和用途，对家庭、医药、工业、农业、建筑业等有着重要的作用。在实验探究中提高学生的动手能力、科学探究能力以及与他人合作的能力。

二、学情分析

六年级学生在日常生活中有了接触酸性物质和碱性物质的经验，如胃酸过多需要服用含碱性的药物，吃的苹果、喝的橙汁、醋都是酸性物质，肥皂、厨房的小苏打等是碱性物质有一定的了解。再动手操作能力上，形成了一定的科学技能，养成了科学探究的习惯。

三、教学目标

1. 知道日常生活中有酸性、碱性和中性的各种物质。
2. 了解指示剂的作用是能够分辨物质的酸碱性。
3. 学会自制蔬菜指示剂。
4. 能用自制的指示剂辨别身边常见物质的酸碱性。
5. 激发学生兴趣使其领悟到科学世界的奇妙，产生进一步探究奥秘的愿望。

四、教学重点

通过实验认识常见的酸性物质和碱性物质。

五、教学难点

用自制的指示剂检测身边常见物质的酸碱性。

六、教具

会变色的白色纸花（花朵用醋或柠檬汁浸过，叶子用碱水浸过）、喷壶、紫甘蓝水、碱水、白醋、烧杯、胶头滴管、柠檬汁和肥皂水。

七、学具

塑料袋、牙签、紫甘蓝、试管（分别装入白醋和碱水）、烧杯、胶头滴管。

八、教学过程

(一) 变魔术探奥秘，导入新课

谈话：同学们，你们喜欢魔术吗？最近老师学会了一个小魔术，想表演给同学们，你们想看吗？

出示：一枝白色的纸花，用喷壶往纸花和纸叶上喷"神奇水"。

【设计意图】从生动有趣的魔术表演入手，直切主题。

提问：你有什么发现？[提出问题]"花为什么变色了？"你们大胆猜测一下是什么原因呢？

谈话：要想判断同学们猜想的是否正确，可以通过实验来验证。

【设计意图】引导学生猜想：学生根据已有的经验，产生多种猜测。

(二) 实验探究

1. 猜测一：是否是神奇水的原因？

(1) 过渡：有同学认为是喷的神奇水的问题，那让我们一起来实验探究吧！

(2) 教师边演示边介绍做紫甘蓝汁的方法。（播放自己做紫甘蓝汁的视频）

活动：学生制作紫甘蓝汁。

学生验证：请带着你们的紫甘蓝汁上来，喷洒到这朵纸花上。

【设计意图】小组合作。开展实验。形成团结奋进的机制。

（3）追问：变色花没变色，谁来猜一猜是什么原因呢？（对全体学生）

2. 猜测二：是否是老师对花动手脚了？

（1）展示介绍：老师给大家准备了一些器材，拿出来，试管里面有什么？（准备：醋、碱水）

（2）实验要求：振荡，边滴边轻轻晃动液体。

接下来请小组合作检验。（教师巡视指导）

（3）探究展示：请两组同学带着试管上台展示。

（4）教师评价：遇紫甘蓝汁变红的有：白醋、柠檬汁。变绿的有碱水、肥皂水。

（贴板书条）像白醋这样，能使紫甘蓝汁变红的物质，叫做酸性物质；像肥皂水这样，能使紫甘蓝水变绿的物质，叫作碱性物质；类似紫甘蓝汁这样的物质，由于能够分辨物质的酸性和碱性，称为酸碱指示剂。

（板书）酸碱指示剂还有很多，在以后的学习中我们就会不断了解到。

【设计意图】学会分析合理的原因。形成问题探究意识。

（三）课堂小结

教师：通过今天所学，谁可以勇敢地来总结一下并揭秘老师之前的魔术呢？你能肯定你的想法是正确的吗？敢不敢上来证实一下。（师生鼓掌）

教师：认识身边几种常见的酸性物质和碱性物质。

（四）课后实践

用自制的紫甘蓝汁检测身边常见物质的酸碱性。

(五）板书设计

酸性物质 → 白醋、柠檬汁
碱性物质 → 皂水
碱水
紫甘蓝汁
酸碱指示剂

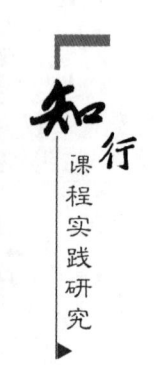

交通与数学

■ 张 咏

一、教学内容

本节课是北师大版教材小学三年级上册第五单元《周长》中的最后一节课，是一节实践活动课。

二、设计意图

《新课程标准》中指出：实践活动是以活动课为阵地，用有趣的内容吸引学生，寓教于乐增强学生数学学习的欲望；用实践的形式锻炼学生，寓教于动，培养学生数学应用的才能；用数学的思想熏陶学生，寓教于思，提高学生数学思维的水平。

本课是一个综合练习活动，让学生结合具体情境，使学生感受数学在交通中的应用，能运用自己已知的数学知识和方法解决实际生活中的简单的交通问题，在活动中培养学生观察、分析、提出问题、解决问题的能力，以此感受交通中的数学知识。

三、学情分析

学生在此之前已经学习了乘除法、周长之后安排的本次实践活动课，在具体的生活当中也已经接触了很多交通的情境事例，心中都在一定各类小小经验，或有时间的，或有车票的，或有路线选择的，等等。结合学生已有的生活认知与知识能力，让他们从生活中提取数学知识，进行实践学习，提升优化之后又运用到实践生活中，学生的兴趣一定非常浓厚！

四、教学目标

1. 能运用周长、乘除法、搭配方案等数学知识和方法，解决实际生活中的简单问题。

2. 结合具体情境，感受数学在交通中的应用，获得初步的数学实践活动的经验，初步形成自己的数学思考。

3. 在活动探究中培养学生观察、分析、提出问题、解决问题的能力，进一步培养学生敢于解决问题的实践能力。

4. 通过经历学习过程的探索，积累学习经验，体验学习带来的乐趣与成功，认识到独立学习与团队合作学习的重要。

五、教学重点

能运用周长、乘除法、搭配等数学知识和方法解决实际生活中的问题。

六、教学难点

结合具体情境，感受数学在交通中的应用，获得初步的数学实践活动的经验。

七、教学准备

PPT、挂图。

八、教学过程

（一）活动导入，激趣引新

在我们日常的交通生活中，有许多问题与数学知识息息相关！今天，我们一起来感受数学在交通中的应用。

认识一些交通标志，争做交通"小警察"！

（渗透交通安全教育）

PPT图片展示。

（二）探究体验，追寻新知

步行中的数学问题：交通与时间

1. 边谈话边出示小东从家里走到学校的两幅图片,理解图意。

(1) 这两幅图有什么变化?

给学生以思考空间,然后单独发言。

(2) 从图中你能了解到哪些数学信息?

又能提出什么数学问题?

小东从家到校用了 10 分钟,他每分钟走 65 米……

提出问题:

可能:从……到……有多少米?

本段是以学生为本的思想发挥阶段,尽量给予学生一定的思考时间和展示表达空间。

2. 先独立思考并解答下列问题,然后小组交流讨论。

(1) 小东家到学校大约有多少米?

65×10=650(米)

答:小东家到学校有 650 米。

(2) 小东每天上学和放学至少走多少米?

650+650=1300(米)

或　650×2=1300(米)

答:小东每天上学和放学至少走 1300 米。

(3) 如果中午回家吃饭,小东每天上学、放学至少走多少米路?

1300+1300=2600(米)

或 1300×2=2600(米)

或 650×4=2600(米)(过程不唯一,思路开放。)

答:小东每天上学、放学至少走 2600 米路。

(三) 巩固练习,内化提升

买火车票的数学问题:火车票与数学

1. PPT 出示一张火车硬卧票价表,引导学生观察票价表理解题意,知道在一定的里程范围中票价是固定不变的。

2. 出示问题,先独立解答,再组织交流。

(1) 北京到郑州有 689 千米,每张票多少元?买 4 张需多少元?

先明确 689 千米是在 671~700 千米之间,找到相应的票价为每张 156 元;买 4 张就是 158×4=632(元)

158×4=632(元)

答：每张票要158元，买4张需632元。

（2）郑州到长沙有898千米，每张票多少元？买3张票，500元够吗？

193×3＝579（元）

500元不够。

答：每张票要193元，买3张票一共579元，500元是不够的。

（3）北京到长沙有1587千米，每张票多少元？

学生独立完成。（312元，可以展示。）

（4）张叔叔预定2张北京到长沙的火车硬卧票，每张需要交手续费5元，一共需要付多少元？

票价+手续费：312×2+5×2　　或　　（312+5）×2
　　　　　　　＝624+10　　　　　　　＝317×2
　　　　　　　＝634（元）　　　　　　＝634（元）

答：一共需要付634元。

（四）总结拓展，形成思考

线路图中的数学问题：选择路线

1. PPT出示小明家到学校的路线图，独立观察并思考：从小明家到学校有几条路可走？估计走哪条路最近？

2. 小组交流：你是怎样想的？

谈谈你的思考过程，然后向大家分享。

给学生思考与表达，甚至讨论的空间，听一听孩子们的表达。

3. 算一算：最近的路大约有多少米？

（将计算各条路的长短与观察路的长短两方面结合起来，引导学生比较性思考。）

280+150+190＝620（米）

答：最近的路大约有620米。

（五）课堂小结

1. 今天你学到了什么？
2. 与大家一起分享一下吧，听一听大家还有什么收获与困惑。

（六）作业布置

课后实践活动：

1. 继续找一找交通中的数学问题，与同伴说一说有趣的事例并进行交流。

2. 交通标志知多少：通过向父母长辈、交通警察请教、上网、看书查询，认识一些交通标志，比一比谁认识的交通标志多。

（七）板书设计

交通中的数学

1. 交通与时间：（学生表达与展示）
2. 火车票与数学：（学生表达与展示）
3. 选择路线：（学生表达与展示）

学到的数学方法与数学思考可以与大家分享

九、教学反思

根据学习内容，同时结合教学情境，将课本上较枯燥的数学知识，放到形象、生动、学生感兴趣的生活情境中，突出了数学源于生活，又用于生活的基本理念，体现了数学的实用性原则。以生为本，鼓励自主学习，平等参与。《新课程标准》提出以人为本的教学思想，倡导自主学习，师生平等参与。互动的评价，鼓励学生自主学习，合作交流，使学生经历感受生活、发现问题、提出问题、思考问题、交流问题、解决问题的过程，自主获取数学知识，体现了以生为本的新理念。

本节课是一节实践活动课，但并不是一节单纯的实践课，还是一节综合练习课。

《数学课程标准》指出：义务阶段的数学课程应突出体现基础性、普及性和发展性，使数学教育面向全体学生，实现：人人学有价值的数学，人人都能获得必需的数学，不同的人在数学上得到不同的发展。但仍有不足，没有照顾到个别学生。

总之，这节《交通与数学》的课堂教学，让学生从熟悉的生活知识迁移走进课堂，使数学教学更具体；让学生学会用数学的眼光观察世界，有助于提出有价值的数学问题，培养创新思维。

Eight Local Folk Traditions

谢思含

【Teaching Contents】 <Eight Local Folk Traditions>　Grade Four

Teaching design concept: The topic of this lesson is "Eight Local Folk Traditions in Shaanxi", which including eight traditions. This lesson is talking about the traditions from a different perspective. Nowadays, Chinese culture is more and more popular from all over the world, so it's necessary for our English teacher to teach students how to introduce our precious culture in English. The English lesson can also express the sense of patriotism.

【Teaching Goals】

Knowledge goals

1. Use the words and phrases:

squat, bench, handkerchief, pot, belt, basin

2. Produce eight local folk traditions in Shaanxi.

3. Produce the sentence structures: Why… Because…

Abilities goals

1. Have a general understanding about eight local folk traditions in Shaanxi.

2. Can describe these traditions by themselves.

Emotion goals

1. Know about Shaanxi's culture.

2. Know how to love their hometown.

Difficult language items

1. To produce these traditions in English by students themselves.

2. To explain these traditions briefly.

【Teaching Produces】

Part Ⅰ. Lead—in

1. Warm—up: Enjoy the song together.

2. Lead—in:

(1) Listen to the audio carefully and find the key points.

(2) Answer teacher's questions.

Design Intention

To attract students' attention and arouse their interest by listening the song. Help students to know about the theme of today's lesson.

Part Ⅱ. Presentation

1. Students need to watch the show carefully.

2. After watching the show, students need to make the right order with their partners.

3. Find students to produce the right answers and put the corresponding words into the blackboard.

Design Intention

By watching the show, teacher can show the main idea and the eight local folk traditions to students. Let students understand eight traditions in a straightforward way which is easily understand by students.

Part Ⅲ. Practice

1. Group work "Before and now", give students some words of actions and ask students to discuss these traditions whether still exist or not.

2. After group work, let students think why do these traditions still exist or lost.

3. Show the video to the students about why people needn't to wear the handkerchief.

Design Intention

Students will know the history of these traditions and can describe them in a simple way by themselves. Let students know the importance of protect our environment and understand that some people who make great efforts to our life.

Part Ⅳ. Production

1. Let students know that the people who make great efforts to protect our environment.

2. Let students introduce other traditions about Shaanxi to show their love.

Design Intention

Give students some time to express their love to our country or to Shaanxi. Encourage students to think and to produce more sentences.

【Blackboard Design】

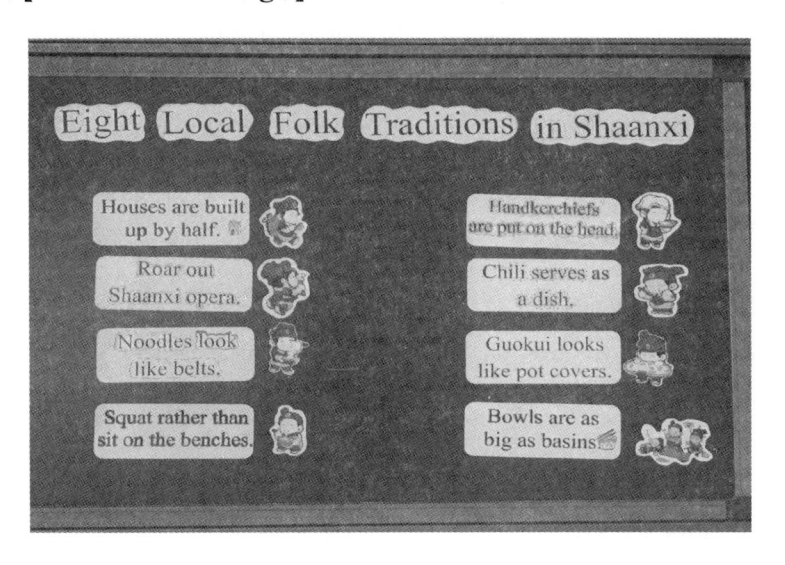

Eight Local Folk Traditions in Shaanxi

- Houses are built up by half.
- Roar out Shaanxi opera.
- Noodles look like belts.
- Squat rather than sit on the benches.
- Handkerchiefs are put on the head.
- Chili serves as a dish.
- Guokui looks like pot covers.
- Bowls are as big as basins.

Why I Love My Daddy

■ 王 婷

【Teaching Contents】 <Why I Love My Daddy> Grade Four

Teaching Design Concept: The design is mainly based on teaching materials and students' characteristics. Through the teaching of picture books, students can understand and respect their fathers. Besides, they can master reading skills in the class and improve students' English subject Core Competences.

【Teaching Goals】

Knowledge goals

1. Help students read picture books and understand texts.

2. Help students cultivate the correct way to read picture books.

3. Students' language acquisition and transfer can be carried out and applied in real life through this picture book.

Abilities goals

1. Develop students' abilities of listening, communicating and cooperating.

2. Encourage students to express what they know logically.

Emotion goals

1. To learn more about Beijing and be interested in Beijing.

2. To develop the quality of being willing to help others.

Important language items: Help students know how to love and understand their dads.

Difficult language items: My students will use the related words and sentence structures correctly.

Teaching Preparation: PPT, video and audio

【Teaching Produces】

Part Ⅰ. Pre-reading

1. Greetings

T: Hello, boys and girls. Today I'm your new teacher. You can call me Tracy. Hello, everyone! Nice to meet you.

S: Hello, Tracy! Nice to meet you, too.

2. Sing a song : I like You.

3. Try to use words kind, strong, funny, smart, cool, quite, cute, brave, bright, nice, run so fast, swim so far, sing so well, smile a lot to make some sentences and practice the sentence pattern.

T: Who do you like? Who do you like, why ?

S: I like…because he/she …

Show some pictures and introduce the theme of picture book. Teach naturally with sentence patterns, and guide students to love reading.

T: I like her, because she likes reading books. Do you like reading books? Do you like reading picture books? Today, we will read this book.

Part Ⅱ. While-reading

1. Cover reading.

2. Read the cover page and the back page, help students make clear that the picture book is about animals. Ask questions about the pictures of animals on the cover page and the back page, and develop students' guessing ability.

T: What other animals are there in the story?

Ask the students to read the picture book quickly for the first time. Help them check the predicted content and further confirm the figures in the picture book. At last, teacher shows the animal words.

3. Ask the students to enjoy video for the second time and complete the exercise, which is to find the correct picture for each sentence. Complete the understanding of key verbs and phrases in the language ability objectives by

checking the answers.

4. Organize students to read for the third time (in roles). Ask the students to choose one page of the picture book they like.

T: I like this picture, because I like the owl. I think it is very clever. Why is daddy owl clever? Maybe it has big and bright eyes. So If I am a baby owl, I will say: I love my daddy because he has big and bright eyes. Boys and girls, if you are a baby owl, what do you want to say?

5. The teacher gives an example and asks the students to choose a page from the picture book and act it out in their own language.

6. Emotional reading. Select the last page of the picture book and let students find the role of ME in the picture book. Guide students to read the picture book emotionally

Everyone loves their daddy, especially ME!

Part Ⅲ. Post-reading

1. Present bubble map and conduct story-retelling to help students deepen the impression of picture books. Help them get structure of picture books and summarize the main content. This picture book is about love between some animals and their daddies.

2. Games: Show the pictures and ask the students to describe the pictures randomly.

3. Appreciate the picture books made by students, and encourage them to show their picture books.

4. Recommend picture books to students and encourage them to read.

Travel in Beijing

■ 阮华婷 ■

【The Analysis of Teaching Material】

1. This topic aims to talk about Beijing. This is the second class. Students have already learned basic words of this class.

2. Students can learn about what we can do in Beijing and give a report.

【Teaching Aims】

Knowledge Objectives

1. Can use the words and sentence structures they have learned correctly.
   history   culture   modern   building   local
   food   touch   enjoy   taste   visit
   If you want to do …, you can do… such as…
2. Be able to introduce what to do in Beijing.

Ability Objectives

1. Develop students' abilities of listening, communicating and cooperating.
2. Encourage students to express what they know logically.

Moral Objectives

1. To learn more about Beijing and be interested in Beijing.
2. To develop the quality of being willing to help others.

【Key Points】

1. The target language structures
   If you want to…, you can…, such as…
2. Introduce what to do in Beijing from four aspects

【Teaching Difficulties】

1. How to use the related words and sentence structures correctly

| history | culture | modern | building | local |
| food | touch | enjoy | taste | visit |

If you want to do…, you can do…, such as…

2. How to introduce what to do in Beijing logically

【Teaching Methods】

1. Task-based Language Teaching
2. Situational language Teaching

【Teaching Preparation】

PPT, report outline, video and audio

【Teaching Procedures】

Stages	Teaching Activities	Learning Activities	Teaching Aims
Pre-class	The teacher sends listening materials and handouts to students and clarify the preview task.	Students listen and read the article first, then search the information about Beijing online.	To prepare for the use of new words and have a background information.
In-class	1. Review (Ask questions) Q1: How can Adam get to Beijing? Q2: When is the best time to visit Beijing?	Answer the teacher's questions referring to the key words.	To review the learned knowledge and lead to the new knowledge
	2. Warming-up The teacher play a video and let students have a brainstorm. Q: What can you do in Beijing?	Watch a video Answer the question	To arouse students' interest and pull their attention to the class.
	3. Presentation It requires students to introduce Beijing from the following four aspects. (1) You can touch the history (2) You can enjoy colorful culture (3) You can see modern buildings (4) You can taste local food	1. Match the pictures with words and its names. 2. Use a complete sentence to introduce the activity in accordance with the picture. 3. Finish the handout when the teacher present the knowledge points.	1. To make sure students know what they can do in Beijing. 2. To enable students to use the words and sentence structures correctly.

Stages	Teaching Activities	Learning Activities	Teaching Aims
In-class	4. Practicing (1) You can touch the history Q: If you want to touch the history, what can you do? a. The teacher points to the picture. b. Students say complete sentences aloud. Within groups, one student, one sentence. (2) You can enjoy colorful culture Q: If you want to enjoy local culture, what can you do? a. Listen and complete the sentences. 　　You can watch/visit… b. Interview and present (3) You can see modern buildings. Q: Which modern buildings can you see in Beijing? a. Fill in the blanks b. Ask students to read. (4) You can taste local food. Q: What can you eat in Beijing?	1. Speak out the sentence as quickly as possible. 2. Work together in groups to introduce what to do if someone wants to touch the history. 3. Listen and complete the teacher's sentences. 4. Interview your partner what to do if one wants to enjoy colorful culture. 5. Fill-in the blanks together, girls read first and then boys read. Use the sentence structure I can eat … to make a complete sentence.	1. To help students understand the target language in spoken conversation. 2. To help students master the target language and expand their vocabulary. 3. Prepare students for the subsequent report activity 4. Develop students' abilities of cooperating in groups and the quality of helping others.
	5. Consolidation (Report) Make an outline for the report first and then organize students to work together to finish the task.	1. Work in groups to finish the report outline. 2. Present the report after four-minute preparation.	Give students the opportunity to use the target language to express what to do in Beijing.
	6. Summary Q1: What did we learn today? Q2: What can we do in Beijing?	Students summarize what we have learned today.	Clarify the teaching aims and check students whether to master what we learned.
After-class (Assignment)	Choose one way from the following to introduce Beijing to foreigners like Adam in the next class. Make a video Make a PPT Role-play	Search more information online and prepare for the next-class presentation.	Examine and consolidate their knowledge.

【Blackboard Design】

- Touch the history
- Enjoy colorful culture
- What can I do in Beijing?
- See modern buildings
- Taste local food

1. If you want to _____ , you can _____

2. You can see/eat _____ such as _____

New Life of New School

■ 王 蕊

【Teaching Contents】 <New Life of New School > Grade Seven

Teaching Design Concept

Students in this class have been away from primary school for nearly two months. Life of middle school is colorful for them. English class of middle school makes them excited and active. The topics of the 6 units from Go For It 7A are about greeting people, colors, lost and found, location and family. They are easy and interesting, and also they are close to students' life. I put these topics together and make students perform their daily life. It helps students review what they learned these days and also they can arouse students' interest of learning English easily.

【Teaching Goals】

Knowledge goals

1. Review the knowledge and topics we learned these days.

2. Perform five stories that happened in our school, students should try to use what we learned in this unit to perform their drama.

3. Review the topics of these six units.

Abilities goals

1. Develop students' abilities of listening, communicating and cooperating.

2. Encourage students to express what they know logically.

Emotion goals

1. Students learn to appreciate and help each other .

2. Students can understand how to behave well at home and at school.

Important language items

Difficult language items: My students will use the phrases and sentences correctly and they can know the importance of getting on well with others and they can live happily in middle school.

Teaching Preparation

PPT, report outline, video and audio

[Teaching Produces]

Dramas

Scene 1: Perfect family

After watching, talk about how to make rules, list the phrases they learned in their drama.

Scene 2: Meet new teachers and friends

After watching, ask Students to write down these phases of greeting people, and make new friends by using them.

Scene 3: Lost and Found

After watching, talk about how to write Lost and Found, list the phrases they used in their drama.

Scene 4: The importance of safety

After watching, talk about the importance of safety, then read a poem together.

Scene 5: A clean and tidy room

After watching, show a picture and a short passage on the screen, ask students to read and answer the questions. Then help them write their own articles.

【Blackboard Design】

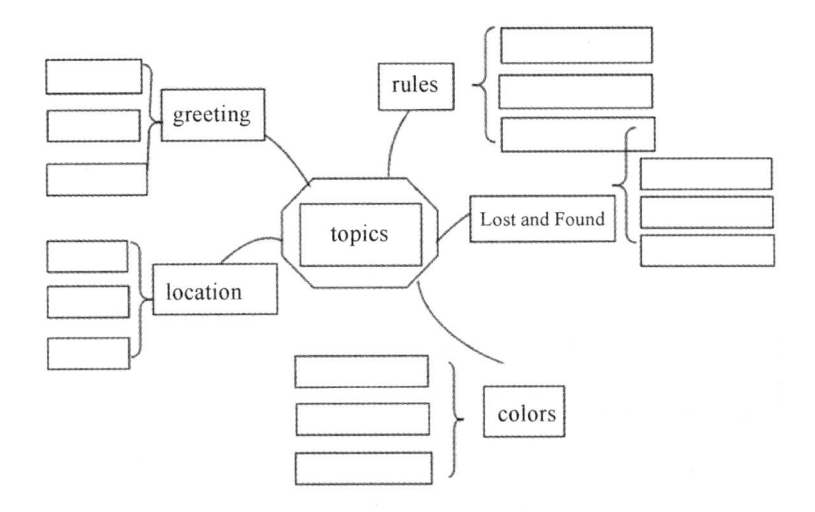

- greeting
- rules
- topics
- Lost and Found
- location
- colors

Diet in America

■ 魏敏丹

【Teaching Contents】 <Diet in America> Grade Seven

Teaching design concept

As we all know, you are what you eat and how you eat. Table manners show our culture identity. If we know little about the differences of different table manners, we may behave improperly at the table and then encounter culture shock. This lesson aims to introduce American food and table manners so that students can better understand the differences of Chinese and American food culture. Also, this lesson can help to promote international understanding which is of critical importance in English teaching.

【Teaching Goals】

Knowledge goals

1. Pronounce and understand the following words and expressions:

Words: appetizer, main course, dessert, plate, fork, knife, spoon, slurp, elbow, sip, noise, place, slowly, silently.

Phrases: in the middle/center, to the left/right of…, above…

2. Use the sentence structures in speaking.

Americans like… for breakfast/lunch/dinner.

Don't…   You should…

Abilities goals

1. Explain why American food is from different countries.

2. Talk about food, tableware, table settings and table manners of Amer-

ica.

Emotion goals

Students are expected to be polite and be interested in food culture.

Difficult language items: Use the new words and phrases to talk about table manners correctly and fluently.

Teaching Preparation

Power Point, pictures and videos, plates, forks, knives and glasses.

【Teaching Produces】

Part Ⅰ. Warming up and lead in

The teacher shows pictures and asks which country it is? What do you want to do in America? Students answer teacher's questions based on their previous knowledge and preview.

Part Ⅱ. Presentation

1. American food

(1) Teacher shows pictures and asks students what Americans eat for breakfast and lunch. Students talk about breakfast and lunch according to the pictures.

(2) Students watch a video about having dinner and order the four steps of having dinner.

(3) The teacher guides students to distinguish different kinds of food.

2. Tableware

(1) Teacher guides students to read the text and fill in the blanks.

(2) Students set the table and describe the tableware in a group of four.

(3) Teacher summarizes the rule of table setting.

3. Table manners

(1) Teacher leads to the topic table manners by asking "Can I eat like this?" (one kind of misbehavior)

(2) Teacher shows the learning tasks and six students role play a drama about having dinner.

(3) The other students watch the drama and check the table manners mentioned in the performance.

(4) Teacher shows pictures to help students say the taboos.

Part Ⅲ. Practice and Consolidation

1. Students work in groups to design a poster to introduce American food culture.

2. Each group chooses one to two students to introduce their poster in the front.

Part Ⅳ. Summary

Today, we learned the topic *Diet in America*. We found that people from different countries or cultures eat different kinds of food and eat in different ways. No one is better than any other. We should learn more about different cultures so that we can understand them and respect them. As a saying goes, When in Rome, do as the Romans do. I hope all of us can respect other culture, and be confident of our culture.

Part Ⅴ. Homework

1. Surf on the internet to compare food cultures of China and America.

2. Write a passage to introduce American food, tableware and table manners.

【Blackboard Design】

Diet in America

breakfast ⎫
lunch   ⎬ meals
dinner   ⎭

tableware

Table manners
Don't do...   Do...
You should...

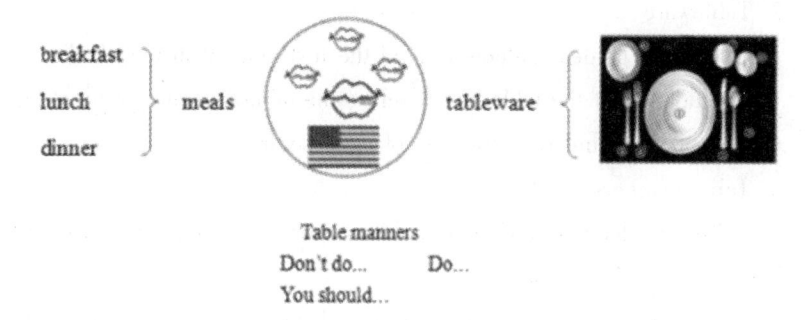

Can You Play with Me

■ 党 藤 ■

【Teaching Contents】 <Can you play with me> Grade One

The topic of this material is about "family". In this lesson, the teacher guides the students to improve their language ability in the process of reading, understanding, experiencing, acting and retelling the story. The students can fully understand the content of the story through activities such as picture reading, story prediction and role playing. Meanwhile, it's also a lesson to enlighten students on expressing their thoughts or feelings.

【Teaching Goals】

Knowledge goals

The students can understand the meaning of the story with the help of the pictures. They can talk about things that are happening now.

Abilities goals

The students are able to deepen their understanding of the story and improve the language understanding ability by role play and imitation.

Emotion goals

1. The students can take part in the activities in the class activity.
2. They can feel the love of the family.

Important language items

1. Words: sister, brother, mum, dad, grandma, grandpa

2. Sentences: Can you play with me ? Go and ask…

Difficult language items

Lead the students to experience the change of the mood of the characters and feel the love of the family.

Teaching Preparation:

PPT, cards.

【Teaching Produces】

Part Ⅰ. Pre-reading

1. Free talk

T: Who's that girl?

   Who's that woman?

   Who's that man?

S: She/He is…

2. Cover-reading

T: Look at the picture. What can you see?

   How many people?

   Who are they?

   What happens?

Part Ⅱ. While-reading

1. T: Who is in the story?

   What does Liz want to do?

   (A. eat   B. play   C. sleep)

2. (1)T: Can you find the sentence in the picture book? Match and stick.

   (2)T: In the story Liz wants to play hide-and-seek with her family.

   Who will Liz go and ask first?

   What will Liz say?

   Does her sister want to play with Liz?

   Why?

   How does Liz feel?

3. T: Who will Liz go and ask next?

　　　Can they play with Liz?

4. Show Time

Part Ⅲ. Sum up

We should understand each other and love each other.

Part Ⅳ. After-class (Assignment):

1. Read and act the story out with your friends.

2. Think about what we should to do for our family and share your ideas in the next class.

【Blackboard Design】

OXFORD ENGLISH 1A
Unit 5 Fruit

■ 樊晓霞

【Teaching Contents】 <Unit 5 Fruit>　Grade One

【Teaching Goals】

According to the new English curriculum standards, teacher try to create situations for students to integrate key sentence patterns into picture books, so that students can perceive language in reading, and use language in physical examination. Finally, the students' common sense of life is combined with the picture books to enhance the emotional goals.

1. Students can use the words and phrases: apple, orange, peach, pear, melon, lemon

2. Students are able to describe the fruits near or far away with the sentence structures: This is a/an … That is a/an …

3. Students are glad to learn English and express with simple sentence patterns.

4. Students are willing to read and show English.

5. Students are able to feel the happiness during learning and reading picture book.

Important language items

This is a/an …　　That is a/an …

Difficult language items

Lead the students to understand that we can introduce the fruits near or far away with sentence patterns: This is a/an ⋯ That is a/an ⋯

【Teaching Produces】

Part Ⅰ. Lead-in

1. Greet students.

2. Sing a song together.

Part Ⅱ. Presentation

1. Take out a bag and tell the students there are some fruits in it.

2. Ask the students to choose the right word cards and repeat the sentence pattern: This is a/an ⋯

3. Show two oranges to the students and put one on the teacher's desk and another one in hand.

Part Ⅲ. Practice

1. Lead the students to express different fruits at different places.

2. Relaxed time.

3. Show the picture book naturally.

4. Lead the students to have a dialogue in pairs.

5. Lead the students to have a show.

Part Ⅳ. Moral education

We like fruits. But, please don't eat too much at once!

Part Ⅴ. Sum-up

1. Show the main sentence patterns again.

2. Lead the students to count the group fruits.

Part Ⅵ. Homework

Show and act your picture book with your parents.

【Blackboard Design】

Unit 5 Fruit

This is a/an
That is a/an

生活中的数学
——会员卡中的数学

■ 张 晨

一、学情分析

七年级新生在小学阶段已经会解决生活中简单的消费问题，了解标价、售价、折扣之间的数量关系，并具备相关的计算能力。他们具有强烈的好奇心、求知欲和对初中数学学习的向往。

初中阶段的数学相对于小学而言阅读量、思维量、计算量都有很大的提升。办理"会员卡"是现代经济生活中常见的一种消费经营模式。本节课，以"会员卡"为出发点，引导学生经历从繁杂的生活情境中提取数学信息，通过分析和计算做出决策，有助于学生体会数学与实际生活的联系，提升学生数学阅读能力、解决问题的能力和应用意识，保护和激发孩子们数学学习的热情和信心。

二、教学目标

1. 引导学生观察生活，寻找生活中的数学，感受数学与实际生活的密切联系，培养学生的应用意识和实践能力。

2. 经历收集信息、提取数学信息、分析、计算、比较、概括等过程，积累数学活动经验，发展勇于探究、质疑及合作交流的精神，综合应用所学知识解决实际生活中的问题，体会数学与生活的联系。

3. 在学习的过程中，体会数学好玩、数学有趣、数学有用，激发学生学习数学的热情和学好数学的信心。

三、教学重点

通过分析、计算和比较做出决策。

四、教学重难点

从实际生活中提取数学信息，进行有条理的思考和计算推理。

五、教学准备

课前学习小组数据收集，计算器，多媒体

六、教学过程

（一）情境引入

生活中处处都有数学的身影——家庭、教室里，许多物体的生产、消费过程中的各种数字；报刊、电视中呈现的多种数据……

学生活动一：信息收集小组汇报。

我们从日常生活中常见的消费场所，如超市、药店、干洗店、服装店、游乐场等，通过观察、询问搜集到以下与办理会员卡购物有关的信息（分发图片和文字资料），它们分别是……

商家的优惠活动多种多样，今天我们主要研究会员卡消费中的数学.

【设计意图】同学们亲身经历消费生活中数学信息的收集，体会数学在经济生活中的不可或缺性，熟悉"7折"在数学计算中的意义，能激发本节课学习探究的热情，迅速进入学习状态。

(二) 问题分析

1. 你知道如何办理会员卡吗？你能按会员卡的办理方法，将它进行分类吗？

学生活动二：小组合作、谈论、归类，将自己及信息收集小组的资料中关于会员卡的信息进行归类。

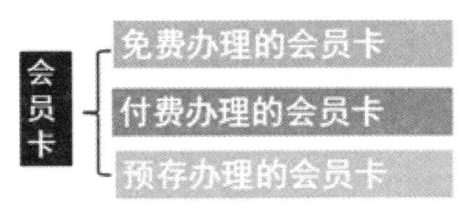

会员卡
- 免费办理的会员卡
- 付费办理的会员卡
- 预存办理的会员卡

2. 以下面两家店的政策为例分析：会员卡消费的优惠程度，可以用哪些量来表示呢？

学生活动三：通过分析计算得出，价格上的优惠程度一般有两种体现形式：折扣率、节约的钱数，它们可以相互转化。

例如："满 500 减 100"节省 100 元，相当于（500-100）÷500 = 0.8，即 8 折；"500 元储金优惠卡享受 8 折实际消费 625 元"即节省 125 元。

学生活动四：你会转化吗？

等量关系：标价-售价=优惠金额；售价÷标价=折扣率

例1 以"充 2000 元送 500 元"为例，你能算出折扣率吗？

解：因为支付 2000 元可实际消费 2000+500 = 2500 元，则售价为

2000元，标价为2500元，所以折扣率为2000÷（2000+500）= 0.8，即8折.

例2

你能算出节省了多少钱吗？

解：因为折扣率为0.75，标价为59元，所以实际售价为：59×0.75 = 42.25元，节省59-42.25 = 14.75元.

【设计意图】 在多样的优惠方式中提取折扣率和节约的钱数作为参数，会利用不同优惠方案中的信息计算折扣率和节约的钱数，体会数学的简洁之美。

（三）问题解决

学生活动四：据下图中的信息解决问题：如果我只想去六七次，该如何办理会员卡比较合算？

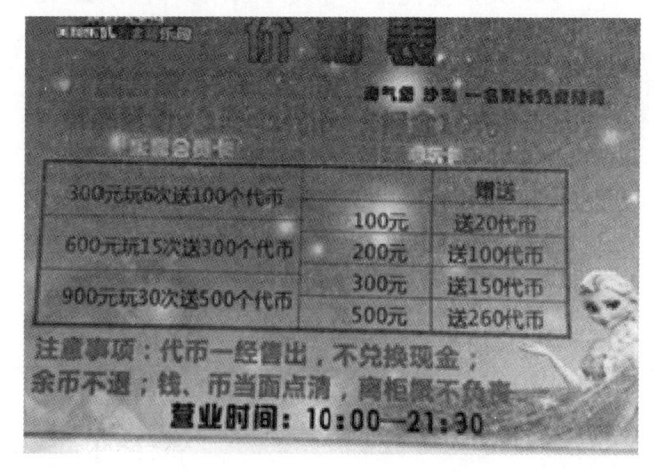

方案 1. 不参加优惠：65×6＝390 元；65×7＝455 元。

方案 2. "充 300 玩 6 次送 100 个代币"。

玩 6 次，需 300 元，结余 100 个代币；

玩 7 次，需 300 元，结余 100－65＝35 个代币。

方案 3. "充 300 送 150 代币"。

玩 6 次，需 300 元，结余（300+150）－65×6＝60 个代币；

玩 7 次，需 300 元，结余（300+150）－65×7＝-5 个代币。

综上所述：如果我只想去六七次，方案 2 比较合算。

2. "××会员店"办理一张会员卡需 20 元，持会员卡打九折。你是否建议办理会员卡？并请说明理由。

解：设消费 x 元办和不办会员卡都一样

$0.9x+20=x$

解得：$x=200$

100×0.9+20＝110 元＞100 元

300×0.9+20＝290 元＜300 元

综上所述，在这家店消费 200 元以下时，不办会员卡合算；在这家店消费恰好 200 元时，办和不办会员卡一样；在这家店消费 200 元以上时，办会员卡合算。

【设计意图】从实际生活中提取数学信息，进行有条理的思考和计算推理，体会数学好玩、数学有趣、数学有用，激发学生学习数学的热情和学好数学的信心。

（四）课堂小结

【说一说】通过这节课的学习

我知道了……我感受到……我还想知道……

【设计意图】学生谈自己的收获和感受，是对本节课学习过程的总结和回顾，这节课我们不仅收获了计算方法，还收获了认识问题、解决问题、分析问题的方法，感受到了数学的魅力。我们还想知道消费生活中还有其他的优惠形式，如何分析、决策？社会生产、生活中还有哪些数学问题？这些都等着我们去发现、去解决！数学就在我们身边，数学有用，数学有趣！

(五）板书设计

生活中的数学（1）——会员卡中的数学

一、会员卡分类　　　　　　　三、方案选择

会员卡 ┬ 免费办理的会员卡
　　　 ├ 付费办理的会员卡
　　　 └ 预存办理的会员卡

二、体现优惠大小的参数

1. 折扣率
2. 优惠金额

聚散离合话镶嵌
——平面图形的镶嵌

■ 张小娟

一、教材分析

本节综合实践课，是学生对"三角形""四边形""多边形内角和与外角和""生活中的轴对称""图形的平移与旋转"等已有知识的综合应用，在探究过程中，学生需要经历观察、猜想、实验、推理、归纳以及应用，既能丰富学生的活动经验，培养其数学核心素养，又能获得课题学习的基本模式与方法．同时，也是开发、培养学生创造性思维的一个重要渠道。

二、学情分析

八年级学生已经学习了多边形内角和、正多边形的性质、二元一次方程以及平移、旋转、对称等知识，具备一定的分析问题、解决问题的能力，通过本节课的学习，学生可以经历从实际问题抽象出数学问题、建立数学模型、综合应用已有知识解决问题的过程，从而提高思维能力，获得分析问题的方法，对于今后的学习具有重要意义。

三、教学目标

根据课标的规定，结合教材内容，立足学生实际制定如下目标：

（一）知识与能力目标

1. 通过探索平面图形的镶嵌，使学生理解平面图形镶嵌的概念。
2. 了解正三角形、正方形和正六边形可以单独进行平面图形的镶

嵌，以及两种正多边形的组合进行平面镶嵌的条件，并能运用这几种正多边形进行简单的平面图形镶嵌设计。

3. 提高分析图形、合情推理的能力，进一步发展几何直观，积累数学活动经验，培养审美情趣。

（二）过程与方法目标

引导学生通过观察—猜想—实验—探究—归纳的过程，探索平面图形的镶嵌条件，进一步发展学生的合情推理能力。

（三）情感态度价值观目标

1. 提高学生探究和解决问题的能力，积累活动经验，培养学生实验操作及探究能力，增强团队意识和合作交流的能力；

2. 学会从数学的视角提出问题，并运用数学知识与方法解决实际问题，增强应用意识、创新意识，提高实践能力。

四、教学重难点

教学重点：在实验探究活动中对"平面图形的镶嵌"条件的探究、构建、解释及应用的过程以及在这个过程中对学生探究、钻研精神的激发、创新能力的培养。

教学难点：对同种正多边形及两种等边的正多边形能够进行平面镶嵌的条件的探究与运用。

本节课的教学关键是：通过多媒体展示及板书呈现突出重点，充分运用多媒体资源及实物教具和学具，使用希沃软件动态展示学生操作过程，几何画板、微课视频突破难点。

五、教法与学法

（一）教法

1. 探究教学法

根据本节课内容及八年级学生的认知规律，采用探究教学法，以"问题串"的形式将学生领进精彩的问题空间。

2. 多媒体辅助教学法

多媒体课件直观展示，激发学生学习兴趣，充分调动学生积极性。

（二）学法

在教师的引导下，学生积极主动地提出问题、发现问题，合作交流解决问题，在思考交流合作中，感受数学的魅力，成为学习的主人。

六、课前准备

（一）学生准备

正三角形、正方形、正六边形、正八边形、正十边形各若干。

（二）教师准备

磁力正三角形、正方形、正六边形、正八边形、正十边形各若干。
多媒体课件、微视频、希沃软件。

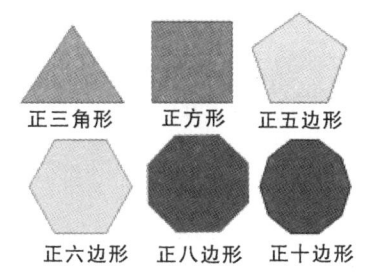

七、教学过程

（一）观察在线

播放以校歌为背景乐的校园录像。

师：录像中标识的图片有什么共同特征？

学生活动：学生独立思考回答，其他同学补充。

（1）全等；（2）无空隙；（3）不重叠。

引出课题：平面镶嵌（也叫密铺）。

【设计意图】通过对校园画面的展示，使学生从身边熟悉的现象中探求数学概念，易使学生产生亲切感，从而较快地进入角色。从实例中抽象出数学问题，激发探究兴趣，让学生体会到数学来源于生活，感受到生活中处处有数学，较快地从实例中抽象出数学问题，激发探究兴趣，进而寻求解决问题的方法，让学生经历从具体情境中发现方法的全过程。

（二）思考探究

1. 探究能单独进行平面镶嵌的正多边形。

本班学生会主席杨煜坤同学给大家带来一则通知：西安高新第二学校规划建造一所科技馆，就关于科技创意墙面的设计，面向全体师生征稿，请同学们积极参与。

师：研究问题从最简单的情况入手。哪些正多边形可以单独进行平面镶嵌？

小组活动：

（1）猜一猜

（2）拼一拼

（3）说一说

（4）展一展：小组代表在黑板上展示并说明正三角形、正方形、正六边形可以单独进行平面镶嵌。

师：正五边形可以单独进行平面镶嵌吗？

小组活动：

（1）想一想

（2）拼一拼

（3）说一说

（4）展一展：小组代表在黑板上展示并说明，正五边形不可以单独进行平面镶嵌。

【设计意图】 通过学生亲自操作实验，再次理解平面镶嵌的含义，并会产生探究的欲望，学生会思考：为什么正五边形不能进行平面镶嵌，而正三角形、正方形、正六边形却能进行平面镶嵌？这蕴含什么数学规律？从而引出探究的问题。

师：平面镶嵌时如何做到既无缝隙又不重叠？即平面镶嵌的条件是什么？

师生活动：学生独立思考，分享并互相补充，师生共同总结平面镶嵌的条件：

（1）边长相等。

（2）每个公共顶点处几个内角的和为360°。

师：仅限于同一种正多边形镶嵌，还能找到能镶嵌的其他正多边形吗？正七边形？正八边形？正二十边形？正一百边形呢？……

师生活动：学生猜想、计算、讨论，教师用多媒体课件直观演示，正七边形、正八边形、正二十边形均不能进行平面镶嵌。

师生活动：小组讨论，教师适时引导、点拨。

假设正多边形的边数为 n，由 k 个正多边形恰好可以镶嵌时，则 $k \cdot \dfrac{(n-2) \cdot 180°}{n} = 360°$，因为 k，n 为正整数，故 n 只能等于 3、4、6。

得出结论：只有正三角形，正方形和正六边形可以单独进行平面镶嵌，其余正多边形都不能进行平面镶嵌。

【设计意图】 在猜想、实验、计算、分析、讨论、说理，构建模型的过程中，重点得以突出，难点得以突破。通过具体的操作，培养学生的动手操作能力和观察能力，经过思考、交流，将感性认识上升为理性认识，培养学生数学建模的意识。

师生活动：学生观察思考，教师通过多媒体课件动态演示．揭示平面图形镶嵌的本质：整个图案可以由一个基本图形通过平移、旋转、对称得到。

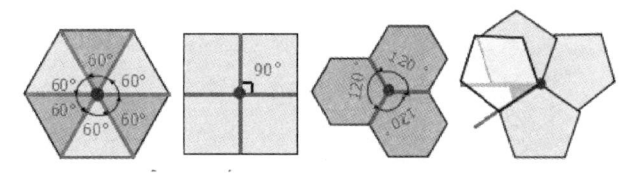

通过计算机动态演示，使学生经历由静态到动态认识平面镶嵌的本质的过程，体会新旧知识间环环相扣的联系，培养学生的观察能力及抽象概括的能力。

2. 两种边长相等的正多边形组合在一起能否进行平面镶嵌。

师：（1）两种边长相等的正多边形能进行平面镶嵌吗？

（2）同一拼接点（或公共点）处需要满足什么条件？

小组活动：

（1）学生动手操作，并通过计算，发现可以进行平面镶嵌的图形组合，设计美丽的图案。

（2）学生展示小组作品，并解释说明能够进行平面镶嵌的原因。

师：怎样判断两种边长相等的正多边形能否进行平面镶嵌？

小组活动：学生在前面学习经验的基础上，尝试总结两种边长相等的正多边形进行平面镶嵌的条件：所列二元一次方程若有正整数解，则可以进行平面镶嵌。否则，不可以。

若以正三角形和正方形（任意两种正多边形）为例，设每个顶点

周围有 x 个正三角形和 y 个正四边形，则：$60°x + 90°y = 360°$。因为 x、y 是正整数，故 $x = 3$，$y = 2$。即：每个拼接点处用三个正三角形的内角，两个正方形的两个内角可以进行平面镶嵌。

【设计意图】这是在前面的实践——认识的基础上，再实践——再认识的过程，这是一个不断探究、层层递进的学习过程，学生从动手实践和理性分析两方面得到两种边长相等的正多边形进行平面镶嵌的条件，并尝试用平面镶嵌的条件解决新的问题，学以致用，同时，培养了学生的知识运用能力和口头表达能力。

（三）展示自我

师生活动：学生观察思考，教师通过多媒体演示漂亮的平面镶嵌图案和埃舍尔作品。

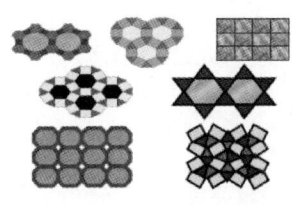

师：展示自己为科技馆的科技创意墙面的设计图。

师生活动：学生展示自己的设计，并为其作品命名，说明其表示的意义，教师用希沃软件实时上传分享。

【设计意图】意在展示平面镶嵌图案的丰富多彩性，同时，为学生研究多种多边形的镶嵌、不规则图案的镶嵌提供了范例，增强了学生对平面镶嵌含义的理解。平面图形的镶嵌设计，再次给学生一个交流探究的机会，也让学生体会到数学的价值，享受到成功的喜悦，同时，平面镶嵌是体现多边形在现实生活中应用价值的一个重要方面，也是开发、培养学生创造性思维的一个有效渠道。

（四）交流收获

【课堂小结】

1. 我的收获……

2. 我想进一步探究的是……

3. 你能对自己和小组成员在本节课的合作学习中的表现提出建议吗？

【设计意图】 教师引导学生归纳本节课的知识要点和学习方法，以及探究过程中所用的数学思想方法，使学生对平面镶嵌有一个较为整体、全面的认识。培养学生语言表达能力和归纳概括能力，同时使学生养成良好的数学学习习惯。

（五）课后拓展

作业布置：

1. 结合本节课写一篇关于平面镶嵌的实验报告或一篇小论文。
2. 根据自己的爱好，设计一个美丽的平面镶嵌图案。

【设计意图】 根据分层教学和尊重差异的原则，将作业分为 A、B 两层，是为了更好地促进每一位学生得到不同程度的发展，开放式的作业是为了培养学生的实践能力和创新能力。

（六）板书设计

平面图形的镶嵌

一：平面镶嵌（密铺）①全等 ②无空隙 ③不重叠

二：同种正多边形的镶嵌

正三角形

正四边形

正六边形

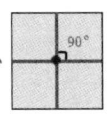

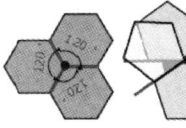

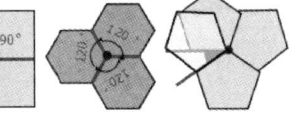

三：两种正多边形的组合镶嵌

(1) 正三角形与正方形　(2) 正三角形与正六边形

(3) 正四边形与正八边形

少年壮志在云天
——科技陕西 助力航天

■ 李春虎

一、设计理念

中国航天事业已跻身世界前列，陕西作为航天科技强省，为国家航天发展做出诸多贡献，设计本节课意在通过挖掘陕西航天科技中应用"力的作用是相互的"这一初中物理知识，让学生通过学习和物理知识的获得过程，提高学生的实验技能，并通过大量切近学生生活、符合学生的认知规律、易于激发学生兴趣、体现科学技术新进展的生活实例促进学生能将所学知识应用与实践中，真正地使学生能够从生活走向物理，从物理走向社会；同时，引导学生关注科技发展给社会进步带来的影响，关心家乡科技文化的发展，培养学生的家国情怀，并逐步树立正确的世界观。

二、学情分析

在学习本节课之前学生通过生活经验已经认识到力的作用是相互的，对航天科技和力学知识有了初步的认识和了解，也具有一定的实验观察能力和动手操作能力；另外，八年级学生好奇心强，求知欲强特别是对拥有高科技的航天器、航天器的飞行充满了无限的好奇和兴趣，这将为本节课的有效实施做好充分的保障。

三、教学目标

1. 通过观察和分析，认识到力的作用的相互性。
2. 通过讨论，认识到施力物体同时也是受力物体。

3. 通过实验探究，认识一对相互作用力的特点。

4. 通过活动"物体在施力的同时是否也受力"培养团队合作精神，并使社交和表达能力得到一定的提高。

5. 通过活动培养学生的家国情怀和民族自豪感，提高科学研究的兴趣。

四、教学重点

1. 通过观察和分析，认识到力的作用的相互性。
2. 通过观察和分析，认识一对相互作用力的特点。

五、教学难点

通过观察和分析，认识一对相互作用力的特点，并能分析相关现象。

六、教法学法

1. 教法：交流讨论、演示法、实验法。
2. 学法：归纳法、观察法、自主学习法。

七、教学准备

多媒体、气球、滑板、重物、风车、直升机、铅笔、回力车、试管，木板等

八、教学过程

（一）创设情境，导入新课

在刚刚过去的 2020 年里，中国在航天事业上发生了一件震撼全球的事情，同学们知道是什么事情吗？

（播放"嫦娥"五号发射、采样、返回地面的视频）

（学生活动）认真观看视频，了解"嫦娥"五号的发射、采样、返回过程，关注国家科技发展所取得的伟大成就。

【设计意图】创设航天知识学习的氛围，导入新课，通过观看视频提升民族自豪感。

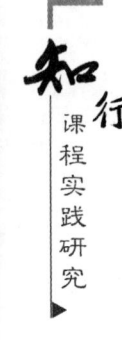

从视频中我们不难感受到探月工程的壮观、震撼、伟大。

陕西作为拥有国家级航天基地的科技强省，为此次航天探索做出了哪些贡献呢，同学有哪些了解？

（学生活动）交流课前查阅的资料，相互分享了解到的陕西科技为航天发展做出的贡献。

老师作为地地道道的陕西人，课前也整理了相关资料，下面我们一起看看（播放视频）

确实，航天六院为此次成功探月做出了巨大的贡献，下面我们一起通过视频了解。

从视频中我们了解到航天六院的任务是为各种航天器提供发动机，总共为此次任务提供了多少台发动机呢？（107台）结合同学们的分享不难看出陕西科技在此次发射采样返回任务中可谓是全面参与、全方位服务，贡献突出，真正履行了科技强省的义务。

（学生活动）认真观看视频，了解位于陕西的航天六院为航天科技发展提供动力发动机，为航天事业发展做出了突出贡献。

【设计意图】使学生了解陕西科技为航天科技发展所做出的突出贡献，培养学生的家国情怀；使学生认识到航天器飞行需要发动机，并对发动机是如何推动航天器运动产生疑惑。

（二）合作交流，探究新知

1. 探究力的作用是相互的。

航天六院通过发动机将如此庞大沉重的航天器，送入宇宙，它是应用了什么物理知识做到的呢？

（1）首先请同学们观察图片中的航天器在飞行时有什么共同特点？

（2）这与航天器的动力来源有什么关系吗？下面我们一起来探究一下。

（学生活动）激发学生对航天器如何升空产生疑惑，同时观察图片思考动力原理是什么？有什么神奇的物理奥秘？

【设计意图】通过观察图片使学生产生疑惑，形成猜想，进而激发学生的探知欲望，另外，潜移默化地培养学生科学探究基本步骤的意识。

下面我们通过一些活动一起来解决这个问题。

学生实验1：用手压铅笔尖，施力物体和受力物体分别是谁，你的手指有什么感觉，说明什么？

学生实验2：用气球A挤压气球B，施力物体和受力物体分别是谁，气球A发生了什么变化，说明什么？

学生实验3：磁铁能吸引铁钉，用铁钉能吸引铁块吗？请对磁铁受力分析，想一想有什么规律？

我们请2组同学向我们展示他们组完成实验后观察到的现象和分析的结论。一位同学演示，一位同学解释说明（重视评价）。

通过上述实验现象的分析，同学们能得到什么规律呢？

通过以上实验它们共同遵循这样一个规律：一个物体对另一个物体有力的作用时，另一个物体也同时对这个物体有力的作用，即力的作用是相互的。

（强调：一个物体对另一个物体产生力的作用时，这个物体也同时是受力物体）

（学生活动）根据实验单小组内合作探究，交流讨论实验现象，自主分析实验结论。

【设计意图】一是通过实验实践过程巩固之前学习的力学知识；二是通过学生亲自动手实验提高学生的实验操作能力和实验观察能力；三是通过合作交流的方式使学生相互评价，在交流中相互促进，提升实验分析能力和培养合作意识。

请同学们用力的示意图的方式分别画出手压铅笔的力和铅笔扎手的力，A挤压B的力和B挤压A的力，铁钉吸引磁铁的力和磁铁吸引铁钉的力，从力的三要素方面观察以上每一对力有什么特点？

（学生活动）学生动手画出以上力的示意图，同时观察讨论以上力在三要素上有什么特点。

【设计意图】通过学生亲自动手画图、观察、分析、讨论等方式使

学生认识一对相互作用力的特点：方向相反、作用在两个物体上、作用在同一直线上，使学生亲历知识探究的过程，培养学生科学探究的能力。

那一对相互作用的大小又有什么特点呢？下面请同学们注意观察实验，看看你有什么发现？

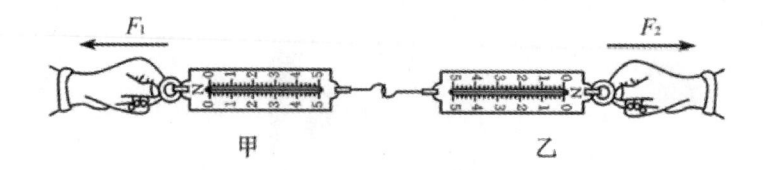

（学生活动）注意观察弹簧测力计的示数，根据现象思考相互作用力的大小特点。

【设计意图】通过实验分析，使学生突破教学难点，理解和掌握一对相互作用力大小相等。

两个物体之间的摩擦力是否也满足这一特点呢？首先把塑料棒在平桌面上平行放置，长木板置于木棒上，将回力车释放，请同学们注意观察回力车释放时的现象，能够说明什么呢？

（学生活动）注意观察实验现象，并结合初步形成的结论对物体间摩擦力作用的相互性进行分析。

【设计意图】应用初步形成的结论，分析物体间摩擦力的作用也是相互的，使学生意识到物体间力的作用是相互的，是自然界普遍规律之一。

在你的生活中还有哪些现象或实例也能说明或应用物体间力的作用是相互的来解释呢？

（学生活动）思考并交流，应用"力的作用是相互的"这一物理规律的生活实例或现象。

【设计意图】通过贴近生活的实例分析，使学生将物理知识应用于实践，培养学生的科学思维，提高学生知识应用能力。

2. 应用与创新，体验物理的魅力。

老师在生活中找到了两种现象，请同学们帮我分析它们是否能用今天我们所学习的知识进行解释。

小明和小华被困在一个结冰的池塘中，冰面非常光滑，由于没有摩擦他们无法推动小船，后来，小明想到一个奇妙的办法——把行李向后抛出去就可以使船前进，同学们认为可行吗？为什么？

小明在刚才的方法的启发下认为直升机的飞行原理也是力的作用是相互的，你们能帮他自圆其说吗？

学生实验4：坐在滑板上的学生将物体向前抛出去，观察滑板是否向后退。验证之前的方法是否可行。

学生实验5：在悬空的直升机下面，放上风车，观察风车是否转动，根据现象理解直升机的飞行原理。

（学生活动）思考、讨论、观察，尝试利用所学的知识理解力的作用，使相互的在生活中的应用，观察老师设计的实验，看看实际情况，验证观点是否正确。

【设计意图】通过学生的思考、解释，增强学生的知识应用能力、理解能力和培养学生的科学思维。通过设计的实验，验证学生的解释是

否合理，引导学生积极的动手探究解答问题，培养学生科学探究的意识。

学生实验6：课前让小组长组织大家利用积木小车、气球、吸管等器材制作了动力小车，我们一起来检验下效果如何？

我们请战车表现突出的一组谈一谈他们成功的经验？首先介绍小车的动力原理，其次谈一谈他们小组成功的经验。

（学生活动）以小组为单位，合作制作空气动力小车，亲自经历应用物理知识的过程，体验物理学习的快乐。

【设计意图】通过活动使学生亲历知识的应用过程，同时提高学生的动手能力、创新能力和合作交流的能力。

通过今天的学习知道航天器的动力原理是什么了吗？

对，今天我们从对航天器如何升空产生疑惑，再经历一个个实验探究，获取知识解答了我们的困惑，还学会了应用，这样的研究过程和知识应用其实是我们中国航天事业发展的一个缩影，真真切切地让我们感受到了小道理大科技。

陕西作为航天科技强省，我们更要继承和发扬陕西航天人的精神，在生活和学习中用心观察，乐于探究，积极实践，相信通过我们的努力将来也可以利用小道理推动科技的大发展，为祖国的航天事业发展做出贡献。

今天课后作业是：

（1）思考重力与哪一个力是一对相互作用力呢？

（2）查阅资料，了解陕西科技在航空事业中的贡献。

(三) 板书设计

8.4 力的作用是相互的

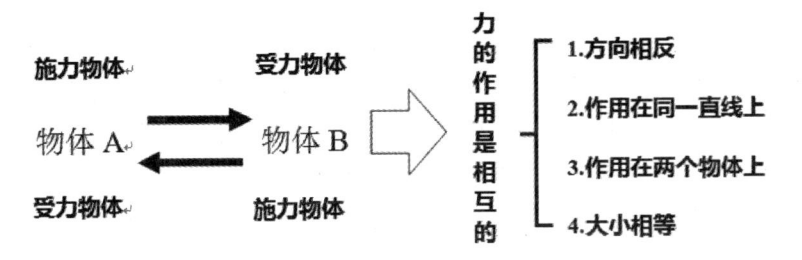

施力物体 → 受力物体
物体 A ⇄ 物体 B
受力物体 ← 施力物体

⇒ 力的作用是相互的
1. 方向相反
2. 作用在同一直线上
3. 作用在两个物体上
4. 大小相等

九、教学评价与反思

本节课的教学设计精心、立意新颖，将物理知识与陕西航天高科技紧密联系起来，引领学生积极探索。整节课没有知识的灌输，而是学生动态的探索，让学生亲自完成各种实验，在探索实践中得到发展，充分体现了物理以实验为基础的学科特点。

结合授课过程和学生的课后反馈，我认为以下几个方面应继续坚持和提升：一是将教材内容与地方文化融合，使课堂更具有生机和活力。物理课程内容是提炼出的生活、事物的自然规律，紧扣教材内容，理解教材并融入地方相关文化或生活实例，能够促进学生积极参与课堂，思考、理解物理知识，这样的理解也是对生活的感受，使课堂教学更具有生机和活力。二是重视课堂实验探究，促进核心素养的培养。物理是一门以实验为基础的自然学科，物理课堂中的实验无论是质疑产生问题，还是观察、分析得出总结都在提升学生实验探究能力，培养学生的科学思维，本节课中共设置了六个学生实验，学生通过充分的动手探究、观察讨论、分析交流，亲历了知识形成的过程，使学生既掌握了学科知识，也促进了学生实验探究、科学思维的学科素养培养。三是课堂是学生的舞台，相信学生能促进课堂效果提升。课堂中学生的参与和思考程度决定了学生的收获和课堂效果，将课堂交给学生，能调动学生积极思考，充分发挥学生的动手操作能力，使课堂更能体现和突出学生学的过程，使学有所获，提升课堂效果。

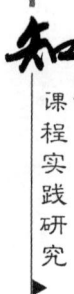

十、专家点评

本节课有幸邀请到西安市教育科学研究院副院长贾玲老师进行了专业的点评。

本节课的教学设计精心、立意新颖，将物理知识与陕西航天高科技紧密联系起来，引领学生积极探索、面向未来，真实地让学生感受到科技力量，报国之志在云天。授课教师教态自然、语言简练、逻辑清晰，整节课没有知识的灌输，而是学生动态的探索，让学生亲自完成各种实验，在探索实践中得到发展，充分体现了物理以实验为基础的学科特点。课堂教学立足于陕西航天科技力量，通过视频观看、交流讨论等多种方式全方位展示科技工作者默默无闻的奉献精神，唤醒学生的家国情怀，树立科学报国的志向，真正地将实现中国梦的责任融入学生的心中。

（**专家介绍**：贾玲，西安市教育科学研究院副院长、教育部基础教育语文教学指导委员会委员、全国中语会副理事长、陕西省特级教师。）

水果电池

■ 刘建虎

一、教材依据

在苏科版九年级上册《电压和电压表》的教学中，学生对课后第二题"水果电池"有极大的兴趣，为了拓宽学生的知识面，激发学生求知的欲望，我设计了这一节课，让学生进一步认识电池的能量转化以及电池正负极材料的要求，知道水果电池电压大小的影响因素，借此来激发学生的学习兴趣，培养学生的探究精神，掌握科学探究的方法，培养学生探究的能力。

二、设计思想

本节课依据物理课程标准的要求，结合学生实际情况，在对学生进行知识传承教育的同时，让学生经历科学探究过程，在探究过程中学习科学研究方法，培养学生的科学态度、探索精神、实践能力及创新意识。本节课注重培养从生活走向物理、从物理走向社会的意识，课程的设计力求贴近学生生活，通过让学生亲自动手实验、主动探究、自主学习、相互合作交流，对水果电池电压的影响因素进行探究，揭示电池中包含的物理知识，同时也希望达到激发学生的学习兴趣的目的。增强学生用所学知识解决生活中实际问题的能力。同时引导学生关注清洁能源，为国家实现能源清洁和能源发展做出贡献。

三、学情分析

学生已学习了电源、电压的定义和电压表的使用方法，并且会用控制变量法和转化法进行实验研究物理问题，通过化学的学习对金属活动

顺序了解，对水果电池有所了解，但认识不够深刻，本节课将通过实验的方式，激发学生的感受和认识，巩固学生所学的内容。

四、教学目标

知识目标：通过观察和实验，初步了解水果电池的规律，同时也巩固对电压表的使用。

过程与方法：通过探究学习活动，体验探究的全过程和初步研究问题的方法。应用多媒体辅助教学，让教学更生动、有效。

情感态度与价值观：通过教师和学生双边的教学活动，激发学生的学习兴趣和对科学的求知欲。

五、教学重难点

1. 影响水果电池的电压大小因素。
2. 水果电池的正、负极与什么因素有关。
3. 通过探究，了解研究问题的科学方法，同时激发学生学习的兴趣。

六、教学准备

器材：电压表、小灯泡、各种水果、导线、不同种类的金属片、刻度尺、剪刀等。

实验方法：控制变量法、转化法。

知识准备：电压表的使用方法、金属活动顺序表、串并联电路的电压规律。

七、教学过程

（一）导入

师：同学们，人类社会发展到今天手机，已经成为我们生活中信息通信不可或缺的一部分，手机确实给我们带来了太多的便利。我们在使用手机的过程中，最担心的事就是手机没电，如果手机没电了怎么办呢？

生：可以用充电器、充电宝给手机充电。

师：大家可以告诉我家庭电路的电源在哪里，他发电的原理又是什么呢？

生：发电厂（火力发电厂、水力发电站、核电站、太阳能、风力发电站等等）发电机的原理是电磁感应现象。除了常见的火力发电站外，还有比较清洁环保的水力发电站、风力发电站和太阳能发电站，以及核电站、垃圾发电站等。

师：如果我们在外出踏青的过程中，手机没电了怎么办呢？你随身携带的只有食品、水果、家里的钥匙、没电的充电宝。

学生思考：可以组装水果电池给手机充电。

师：水果电池真的可以给手机充电吗？让我们一起走进今天的探索之旅——水果电池。

【设计意图】以学生熟悉的手机引入，激发学生的兴趣，然后把手机没电的问题抛给学生，在野外无法充电，调动学生思维的积极性和探究的欲望。

（二）探究过程

1. 组装水果电池

（1）边出示材料，边介绍：

分别介绍发光小灯泡、导线、金属片。（课件出示）

金属片，银白色的这块是铝片，褐色的这块是铜片。使用时我们把两根导线分别接在小灯泡的两个接柱上，再把它们的另一头接在两块金属片上。这样我们的初步工作就完成了。

（2）教师往水果里插入铜片和铝片，这时，小灯泡能够亮吗？你们想不想试一试？

（3）学生尝试

温馨提示：①实验时要小心，注意安全；②要爱护实验器材。

观察小灯泡，发现什么情况？

（4）交流发生的情况

（没有亮）

师：小灯泡不能亮，可能与什么有关？（电压不够，电流不够大、小灯泡是坏的、接触不良等等）

师：电压表与两个导线去接触，有什么发现？

生：发现电压表指针偏转，说明水果电池可以发电。

师：还有什么发现呢？

2. 怎样区分水果电池正负极

生：还发现电压表指针向左偏，这又说明什么呢？

说明正负接线柱接反了，那么哪个材料是正极呢？

让我们把铝换成铁钉试试，又有什么发现呢？学生小组讨论，联系化学的金属活动顺序表，初步得出活波金属做负极的结论。

（板书：水果电池的正负极，活泼金属做负极）

师：现在，这个水果可以被称为"电池"了，只不过，电压太小了！你有什么办法可以增大电压，让我们的小灯泡亮起来呢？我们必须首先搞清楚水果电池的电压与哪些因素有关。

【设计意图】学生动手组装水果电池，并连接灯泡组成电路，灯泡不亮，学生利用所学知识找到灯泡不亮的原因。并证明水果电池可以发电只不过电压太小不足以让灯泡亮。学科渗透联系化学知识知道水果电池正负极的材料。

3. 小组讨论交流让水果电池电压与哪些因素有关。

学生：水果电池的电压可能与水果的种类有关；

水果电池的电压可能与金属片的种类有关；

水果电池的电压可能与插入的深浅程度有关；

水果电池的电压可能与金属片间的距离有关；

水果电池的电压可能与金属片的形状有关等。

互相交流：以课堂提问的方式展示同学们的猜想，并要求其说出猜想的理由，同时进行评估，这样通过交流来丰富同学们的猜想。我们今天一起来探究一下水果的种类、金属片插入的深浅程度、金属片间的距离与水果电池的电压的关系。

（板书：影响水果电池电压大小的因素：水果电池的电压可能与水果的种类、金属片的种类、插入的深浅程度、金属片间的距离、金属片的形状有关。）

【设计意图】应用小组讨论交流方式让学生联系所学知识和生活经验，大胆猜想水果电池电压与哪些因素有关。

4. 设计实验方案。

方案设计应采用_____方法。

你准备研究的是_____和_____的关系。

应控制_____，改变_____，选择什么器材？

观察_____，记录_____。

（1）设计方案和记录表格

先提出设计要求，各实验小组可从上述的猜想中选择某一个或几个因素进行探究，要求设计出方案和记录表格，然后分组讨论进行方案设计。

学生用平台展示设计思路和设计表格：边说思路（实验器材、实验步骤、控制变量方法、得出结论的依据等），边展示设计表格。

研究课题1：水果电池的电压与电极之间的距离是否有关？

水果电池种类：柠檬电池

实验次数	电　极		电极间距	水果电池电压
1	铜片和铝片			
2	铜片和铝片			
3	铜片和铝片			

研究课题2：水果电池的电压与水果的种类是否有关？

实验次数	电　极		水果种类	水果电池的电压
1	铜片和铝片			
2	铜片和铝片			
3	铜片和铝片			

研究课题3：水果电池的电压与电极插入的深度是否有关？

实验次数	电　极		插入水果的深度	水果电池的电压
1	铜片和铝片			
2	铜片和铝片			
3	铜片和铝片			

研究课题4：水果电池的电压与水果的电极材料是否有关？

实验次数	电 极		水果种类	水果电池的电压
1	铜片和铝片			
2	锌片和铜片			
3	铁片和铜片			

（2）评估和交流

选取部分小组的方案和记录表格进行投影，采取小组互评的方式，对其进行评估，使各小组互相交流，取长补短，帮助学生完善方案和记录表格。

巡回指导（教师）：实验中可能会出现很多的问题，解决学生实验中可能出现的电压表无示数、指针反转、指针的偏转幅度太小等问题，解决实验中出现的疑难问题。

【设计意图】让学生通过猜想、设计、实验、分析、归纳等环节，体会科学的探究过程，正确运用控制变量法、转化法进行实验探究，通过交流评价锻炼学生的分析能力、语言表达能力，倾听别组的结论能提出有价值的改进意见。

（三）手机充电

师：我们都学过电路了，当一节电池电压不够时，我们能怎么做？那么我们的水果电池如果一个一个串联起来，估计它的电压会怎么样？

师：通过大家的合作探究我们知道了水果电池两极距离越小、金属片插入得越深电压越大，让我们组装一个你认为电压最大的水果电池来看看能否是小灯泡发光。

那么究竟水果电池可以给手机充电吗？让我们拭目以待。

让学生把各组组装的水果电池串联起来连接手机的充电线，手机显示正在充电，通过实验探究成功地解决了手机没电的问题。

【设计意图】让学生运用实验得出的结论制作电压最大的水果电池，并应用串联电路电压的规律，串联水果电池成功完成手机充电，让学生体会成功的喜悦，知识的力量。进一步认识生活、物理、社会是密不可分的，提升学生的学习兴趣和乐趣。

（四）课堂小结

学生自主总结所学知识和培养相关的能力。

（五）作业布置

针对新发现和还想知道的问题，选择一个研究课题，设计一个探究方案进行课余探究，写出探究报告。

（六）板书设计

水果电池

1. 水果电池的正负极：活泼金属做负极
2. 影响水果电池电压大小的因素
3. 水果电池的电压可能与水果的种类、金属片的种类、插入的深浅程度、金属片间的距离、金属片的形状有关

八、教后反思

物理拓展课程是一种新的课程形式，它的有效实施是培养学生自主创新意识和实践能力的重要途径，有利于拓宽学生知识面。实施的关键在于改变以单纯地接受教师传授书本知识为主的学习方式，实现以教师为中心向以学生为中心的角色转变，为学生创造一个开放的学习平台，从多个渠道获取知识和综合应用知识的能力，培养学生发现和解决实际问题的能力，提高学生动手操作能力，促进他们形成积极的学习态度和良好的学习策略，构建良好的师生关系。

本节课从生活中常见的手机没电问题引入，激发学生的求知欲望，逐步引导学生认识水果电池的正负极、影响电压的相关因素，通过猜想、设计、实验、总结分享等环节，让学生体验自主科学探究的过程，充分调动了学生的学习积极性和探究欲望，通过实验学生加深了对水果电池的认识，并用水果电池解决了手机没电的问题，课堂注重让学生经历从生活到物理、从自然到物理的认识过程，经历基本的科学探究实验

和活动,从被动到主动,在锻炼能力的过程中掌握知识、技能,了解科技发展,从而融入现代社会中。所以本拓展课,在课堂教学模式的改革、注重全员参与、让学生主动探究等方面做了一些努力。

学生在探究过程中,由于时间有限,不能将所有因素一一探究,所以课后应安排学生再进一步探究,另外在实验中控制变量不好做到,对实验结果有一定的影响,应加以改进。

探秘五角星

■ 余周群

一、学校知行学科拓展课程介绍

我校知行学科拓展课程是在国家基础性课程之外，教师坚持以培育学生的主体意识、完善学生的认知结构、提高学生自我规划和自主选择能力为宗旨，着眼于培养、激发和发展学生的兴趣爱好，开发学生的潜能，促进学生个性的发展和学校办学特色的形成，是一门体现不同基础要求、具有一定开放性的课程。

二、数学拓展课研究背景与理论依据

（一）教育部全面深化课程改革、落实立德树人根本任务的要求

《教育部关于全面深化课程改革落实立德树人根本任务的意见》（教基二〔2014〕4号）指出，"课程是教育思想、教育目标和教育内容的主要载体，集中体现国家意志和社会主义核心价值观，是学校教育教学活动的基本依据，直接影响人才培养质量"。因此，学校要深化课程改革，整体构建符合教育规律、体现时代特征、具有学校特色的课程体系，建立健全综合协调、充满活力的育人机制。

（二）《中国学生发展核心素养》的落实需要多元化课程的支撑

学生核心素养综合表现为人文底蕴、科学精神、学会学习、健康生活、责任担当、实践创新六大素养，具体细化为国家认同等18个基本要点。核心素养的落实将直接推动学校课程建设等领域的变革，并需要借助学校的多元化、全方位的课程体系来发挥核心素养的导向作用。因

此，西安高新第二学校"知行课程"的构建紧紧围绕"快乐学习、自信生活、健康成长，成为综合素质高，具有国际视野的创新型人才"的育人目标展开，核心素养视野下的"知行课程"将使学生可能、可为、可发展，创造广泛的个体体验和参与，把全面发展作为师生的毕生价值追求。

（三）教师专业发展的需要

"从教学能力到课程能力，是新课程赋予中小学教师专业发展的新理念、新要求"。提高课程能力的过程，就是教师专业发展的过程。西安高新第二学校围绕"知行课程"开展行动研究，通过诊断—计划—实践—反思—再实践的课程开发路径，教师边学习、边研究、边实践，以研究引领实践，在实践中完善提升，提高教师的课程意识、课程设计力和执行力，在推动学校课程变革的过程中促进个人专业成长。

三、设计意图

"探秘五角星"是一节知行拓展课，本节课是在六年级学生学习了三角形、四边形、正五边形以及圆的相关知识之后的一节拓展课，以五角星为素材，沿着"数学"的路线不断探寻五角星的数学元素，去发现、了解五角星的特点。五角星只是一个载体，借助它来巩固已有的技能，当然这些技能也不是简单的重复，而是在综合应用中有了拓展。在整个活动中，孩子们经历了发现和提出问题、分析和解决问题的全过程，从而感悟数学各部分之间、数学与生活之间的联系。本节内容既是培养学生动手能力和实践能力的一个载体，又是对学生进行爱国主义教育和中国传统文化教育的极好素材，除此之外，它还是今后学习比例线段（黄金分割）、正多边形和圆等知识的基础，其在实际生活中也有广泛的应用。通过本节课的学习对培养学生用数学的眼光观察周围的世界、从数学的角度运用所学的知识和方法发现问题并解决问题以及培养学生的审美意识具有重要意义。

四、对学生的认识及教学对策

1. 六年级学生已经有了研究平面图形的经验和相关的知识储备，但对如何综合运用这些知识来解决新的问题有一定的困难。

教学对策：巧妙地将相应的知识进行回顾铺垫，以达到分散难点的作用。

2. 学生具备收集整理信息的能力，但对于信息的筛选、辨别存在一定的问题。

教学对策：对学生进行针对性的指导。

五、课程设计

（一）教学内容

探秘五角星。

（二）教学目标

1. 让学生在观察五角星的过程中，提出相关的数学问题，并能利用已学的知识技能解决问题，增强提问的能力。

2. 经历观察、操作、推理的活动了解五角星的形、边、角、顶点的特点，并尝试计算五角星中角的度数，探究五角星中线段的关系，积累数学活动经验，增强应用数学的能力。

3. 让学生体验发现和提出问题，分析和解决问题的过程，培养学生用数学眼光观察生活、发现美、创造美的能力，感受五角星的文化价值。

（三）教学重点

发现、了解五角星的特点。

（四）教学难点

推算五角星一个顶角的度数。

（五）教学准备

多媒体课件、学习单、五角星、铅笔、直尺、计算器。

（六）教学过程

1. 情境导入，发现美

（1）情境引入，多媒体课件呈现五角星，认识标准的五角星

（2）谈话揭题：五角星究竟蕴含了怎样的数学奥秘呢？这节课就让我们探秘五角星。

2. 自主探究，感受美

（1）提出问题

①观察图形

先请小数学家们认真观察，五角星上都有我们认识的哪些基本图形？

②提出数学问题

对于这样的一个特殊图形，你想研究哪些与数学有关的问题呢？

【设计意图】在这一环节，给予学生充足的独立思考的时间，引导学生从点、线段、图形的周长和面积等几个方面来提出问题，为下一步"实践探究"做好充分的准备，同时培养学生提出问题的能力。

（2）解决问题

探究五角星的对称性：

①集体判断五角星是不是轴对称图形，指一生验证。

②学生画出五角星所有的对称轴。

③认识五角星的中心点和奇妙的"五点共圆"。

探究五角星顶角的度数：

①出示活动任务：用推算的方法求出五角星顶角的度数。

②学生小组合作尝试推算，教师巡视指导。

③全班交流分享，学生展示不同的方法，并交流推算过程。

探究五角星线段之间的关系：

①学生观察寻找五角星里长度不同的线段。

②学生动手计算线段之间的比值，初步认识黄金比。

【设计意图】本环节，教师给予学生充足的时间和空间，充分去实践研究，鼓励学生动手操作计算，发现五角星的特点。

3. 开阔视野，欣赏美

交流分享五角星的知识，开阔学生视野。

【设计意图】本环节，通过彼此的交流与讨论，开阔学生的视野，全方位地了解五角星的知识。同时使学生获得数学审美能力，从中体会数学的奥妙，从而激发学生对数学的兴趣和爱好，增强创造发明的能力。

轴对称（一）

■ 王 佳

一、设计意图

结合教材以生活中常见的图形为背景，通过学生的动手实践活动，使学生在实践活动中认识轴对称图形的特征，理解轴对称图形概念的含义。在大自然和日常生活中具有对称特征的事物非常多，因此，学生对于对称现象并不陌生。例如，在许多植物叶片、剪纸艺术作品、民间戏曲脸谱、建筑设计等等中都体现了对称的特征，以此引导学生初步认识轴对称图形。

二、学情分析

学生已经认识了一些基本图形。这节课进一步提升学生对一些基本图形特征的认识，另一方面，可以拓展学生认识自然界和日常生活具有轴对称特征的认识，为以后进一步学习数学打下基础。

三、教学目标

1. 通过观察和操作活动，初步认识轴对称图形。
2. 能用折纸的方法找出对称轴；能直观判断出轴对称图形。
3. 发展学生的空间概念，培养学生的动手操作能力。

四、教学准备

教具准备：多媒体课件、轴对称图形纸片。

五、教学过程

(一) 创设情境，提出问题

1. 出示一些对称图形，引导学生欣赏观察。
你们看这些图形好看吗？
生：好看。
2. 观察这些图形有什么特点？
(1) 生：图形可以从中间分成左右两个图形。
(2) 生：图形可以从中间分成上下两个图形，同学动手指出。
3. 你能举出一些特点和上图一样的物体图形吗？
4. 从哪儿可以分为左边和右边？请同学到前边来指一指。
5. 你怎么知道图形的左边和右边相同？还有别的办法吗？
生：折一折。

【设计意图】从生活中常见的许多植物叶片、剪纸艺术作品、民间戏曲脸谱、建筑设计等照片的欣赏，引入寻找对称的共同特征。通过观察生活中常见的这些图形，初步感知轴对称图形的共同特点：从中间分开，左右或上下两边是一样的，为接下来进一步动手活动研究轴对称图形积累直观经验。

(二) 合作探究，解决问题

1. 体会对称图形的特征。
活动：用手中的几何图形动手试一试，同桌互相讨论。
(对折，图形左右两边完全合在一起，也就是完全重合。)
总结：以一条直线为界，如果物体具有左右两边或上下两边的形状和大小完全相同的这些特征，就说这种物体具有对称性。
2. 认识对称图形。
板贴展示学生已折过的图形。你们折过的这些图形都有什么特点？
生：左右两边或上下两边的形状和大小相同。
总结：像这样的图形就是对称图形。（板书课题）折痕所在的这条直线叫作对称轴（画在图上）。
生：（指）这条线就是对称轴。

问：现在你能说一说什么是对称图形？什么是对称轴吗？以小组为单位，说一说，自己刚才剪的图形叫作什么图形？为什么？

3. 在生活中你还见过哪些图形是对称的？

生：举例说明。

【设计意图】通过动手操作从对折纸、画一半、剪一剪、打开看这四步活动中，让学生通过实际操作，确认通过观察得到的结论是否"两边是一样的"，然后展示作品并交流。让学生初步体会轴对称图形的基本特征是：对折后图形两边能够完全重合，中间的折痕把图形分成一样的两部分，揭示轴对称图形并画出对称轴，使学生进一步明确对轴对称图形的认识。使每一个孩子都参与感受学习轴对称图形。

（三）巩固练习

1. 课件出示 24 页"折一折，看一看"题：判断下面的图形是不是对称图形？为什么？

2. 拿出自己课前准备的图形，折一折，看一看，哪些是对称图形？找一找它们的对称轴。

投影展示，让学生说明是否是对称图形，并指出对称轴在哪里。

【设计意图】从易到难，从"折一折"的方法来辨认轴对称图形。通过判断轴对称图形和找对称轴引出一个轴对称图形可能不止有一条对称轴。

（四）拓展练习

同学们，我们每天都要与数字、汉字和字母打交道，你们知道吗？在它们中有许多也是对称的，不信你找找看。（出示课件）

【设计意图】拓展练习从生活中的数字、字母、汉字等较复杂的图形辨认轴对称图形，加深对轴对称图形的理解。巩固、应用、加深学生对知识的掌握。

（五）总结

1. 这节课你有什么收获？

2. 你对这节课学习的内容还有什么想法吗？请同学们课下交流一下。

【设计意图】 感受本节课的学习收获，并总结轴对称图形的特征及正确辨认轴对称图形的方法。激发学生学习数学、爱数学的情感。

（六）课后作业

回家去剪一个自己喜欢的对称图形。

（七）板书设计

轴对称图形

对折　　完全重合

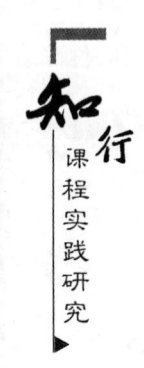

Unit 3 Look at me! Part B

■ 王 娜

【Teaching Contents】 <Look at me>　Grade Three

Teaching design concept: Based on Core Competencies and Values for Chinese Students' Development, New English Curriculum for Chinese Primary Schools and Junior Middle Schools and immersion teaching theory, English situation is created to enable students to acquire English easily. This lesson is from Part B of Unit 3 , PEP Primary English Book . The theme of this unit is body parts. This is a vocabulary teaching course. I will extract the key words including arm, hand, head, leg, foot and body and the main sentence is "This is the … ". I expand the plural sentence: These are the … .

【Teaching Goals】

Knowledge goals

By the end of this lesson, students will have been able to read, recognize and use these words and sentence patterns, they should pay attention to singular and plural. These are the 4-skilled words/ sentence patterns for them.

Abilities goals

After this class, students can put these words/ sentence patterns into their daily life. Besides, they can describe their body parts and read short passages, communicate or interview with others.

Emotion goals

1. Students can listen attentively and think positively in class.

2. Students can cooperate and communicate with others actively.

3. Each student can understand that we should protect our body.

Important language items

1. words: arm, hand, head, body, leg, foot

2. sentences: This is the/a/an…These are the…

3. Introduce body parts.

Difficult language items: The difficult point of this lesson is to make sure that they can distinguish singular and plural.

【Teaching Produces】

Part Ⅰ. Lead-in

1. Sing a song

2. Free talk

【Design intention】 Create a relaxed atmosphere for the students. It's cut to the chase.

Part Ⅱ. Presentation

1. Through the robot as the main line. Show the key words and main sentence patterns.

2. Finish the Robot's body parts.

3. Repeat after teacher.

4. Group work: make a colourful doll.

【Design intention】 At the beginning of the class, I should draw the students' whole attention to learn the main points of the class. And I will guide them to understand and practice the words with main sentence patterns.

Part Ⅲ. Practice

1. Try to make a new doll with sentence patterns.

2. Show time: describe their own dolls.

3. Dance with the robot.

【Design intention】 As a teacher, I try my best to create environment for the students to learn by doing.

Part Ⅳ. Production

Make new sentences and try to use the key words to describe body parts.

Part Ⅴ. Moral education and Sum-up

1. Enjoy a short movie

2. Read the sentence patterns

【Design intention】 There are 2 goals of this part. One is to make students understand that body parts are very important for us. The other is to review what we have learnt today.

Part Ⅵ. Homework

1. Draw a doll and write down the name of the body parts.

2. Sing the song: <Move the body>

【Blackboard Design】

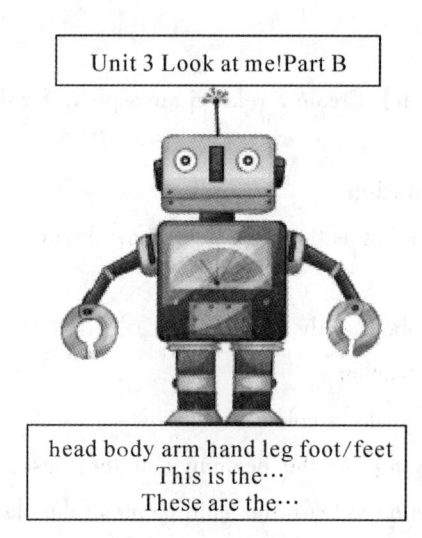

Unit 3 Look at me!Part B

head body arm hand leg foot/feet
This is the…
These are the…

Lesson 8 Traffic Safety

■ 王峥翔

【Teaching Contents】

Unit 1 My School Lesson 8 Traffic Safety Grade One

Teaching design concept

In this class, teachers should guide students to understand the traffic rulers, try to create a real forest situation to make the traffic rulers understood. In this lesson, students can fully understand the the words and expressions about traffic and can freely talk about the three traffic lights in our daily life.

【Teaching Goals】

Knowledge goals

1. Students are able to use the words and expressions:

light, red, yellow, green, stop, wait, go,

car, truck, bike, motorcycle, taxi, bus

How do you go to school?

2. Students are able to be a little policeman.

Abilities goals

1. Students are able to talk about the three traffic lights in our daily life.

2. Students are able to learn about the basic traffic rules around us.

Emotion goals

1. Students are able to be familiar with the traffic lights in the daily life.

2. Students are able to follow the traffic rules on the way home or to school.

Important language items

light, red, yellow, green, stop, wait, go, car, truck, bike, motorcycle, taxi, bus

How do you go to school?

Difficult language items

How do you go to school?

【Teaching Produces】

Part Ⅰ. Warm-up

1. greetings

2. a song

Part Ⅱ. Lead-in

1. Watch a video

2. Ask them to guess who is the king in the forest.

Part Ⅲ. Presentation

1. Show some animals and ask them how they go to school in the forest.

2. Ask them how they go to school.

3. Watch a video: a traffic accident.

4. Learn the traffic lights one by one and should know that what will they do when they see a traffic light.

5. Chat and do the action.

6. Play a game: I'm a little policeman.

7. Show Time.

Teacher asks some groups to act it out.

8. Show some common other traffic signs and answer the Yes/No questions.

Part Ⅳ. Sum up

Part Ⅴ. Homework

Talk about the traffic rules with your parents or friends in English.

【Blackboard Design】

Lesson 8 Traffic Safety

light

green ⇒ go

red ⇒ stop

yellow ⇒ wait

左 右

■ 邢婉红

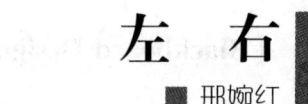

一、设计意图

"左右"是继"前后""上下"之后的学习内容。本课时的教学内容是根据学生已有的经验和兴趣特点,从学生最熟悉的左手和右手引入教学,让学生在具体的操作和探索中观察、感知"左、右"的含义及其相对性。在体验左右的位置关系和变换的过程之后,引导学生把左右的知识应用于生活,激发学生探索数学的兴趣。教学时要注意结合学生已有的生活经验,组织学生亲身经历各种生动有趣的活动,充分感知左右,从而体会左右的意义。

二、学情分析

《课标》指出:"数学教学活动必须建立在学生的认知发展水平和已有知识经验基础上。"一年级的孩子已经能区分自己的左手和右手,但由于没有经过刻意的培养和训练,所以对左、右的反应比较迟缓,大部分学生区分左右的方法是:先想想哪只手会写字,再判断哪边是右边,然后想另外一边是左边。并且,据了解他们以前学做操时,体育老师为了方便教学,与学生面对面站,但所讲解的左右位置与顺序却与学生是一致的,这给学生现在学习左右造成一种误导,左右的相对性在他们的思维上还是一片空白,"理解左右的相对性"是孩子们薄弱的学习点。

三、教学目标

1. 结合具体情境,体会前后、上下、左右的位置关系,会用前后、上下、左右描述物体的相对位置。

2. 通过探索活动，能比较准确地确定物体前后、上下、左右的位置，体会位置的相对性，发展学生的空间观念。

3. 逐步养成按一定顺序进行观察的习惯，体会到生活中有数学，初步感受数学的乐趣。

四、教学过程

(一) 谈话激趣，情境导入

今天有很多老师来我们班听课，让我们一起来鼓掌欢迎他们！
请同学们看看自己的小手，想想哪只手是左手、哪只手是右手？
这节课我们就一起来学习"左右"。（板书课题）

【设计意图】《课标》指出："数学教学活动必须建立在学生的认知发展水平和已有知识经验基础上。"鼓掌是学生熟悉的动作，在此简单的活动中，既调动了学生学习的积极性，又让学生把活动与将要学习的"左右"的知识很快地建立起联系，为后面理解新知积累经验。

(二) 游戏活动，感知左右

1. 感知左手和右手。

引导学生说说自己左手和右手会做些什么？举手发言的是哪只手？你会用右手做哪些事？你的左手又会做什么呢？

2. 体验自身的左和右。

左手、右手真是一对好朋友，配合起来力量可大了。同学们看看自己的身体，还有像这样的一对好朋友吗？找找看。同桌之间说一说。

3. 小游戏听口令做动作，感受左右。

我们一起来玩机器人的游戏。老师做遥控器，同学们来做机器人。遥控器发出指令后，看哪个机器人做得又对又准。机器人准备好了吗？开始！（由慢到快）

伸出你的左手，伸出你的右手；
拍拍你的左肩，拍拍你的右肩；
拍拍你的左腿，拍拍你的右腿；
左手摸左耳，右手摸右耳；

左手抓右耳，右手抓左耳。

4. 说一说身边的左右。

除了身体有左右之分外，你们的座位也有左右之分。同桌之间互相说说你的左边是谁？右边是谁？左边有几个同学？右边有几个同学？你在谁的左边？在谁的右边？

【设计意图】《课标》指出："数学教学应该以学生的认知发展水平和已有的经验为基础，引导学生独立思考、主动探索，获得基本的数学活动经验。"对于一年级学生来说，认识"左右"比认识"上下"与"前后"要困难一些，常常左右颠倒。对此，我把切入点放在了学生十分熟悉的左手、右手的位置、功能、动作等，因为学生已经有了这些生活的习惯动作，所以一旦与左右认识联系起来容易被学生所理解。加之机器人游戏的活动，更是极大地激发了学生学习的兴趣和热情。

（三）实践操作，理解左右

1. 摆一摆，说一说。同桌合作，根据老师口令摆放学具，正确识别左右位置关系。

（1）同桌合作完成，按照老师的口令摆放。

"请你在桌上摆一块橡皮，在橡皮的左边摆一支铅笔，在橡皮的右边摆一个铅笔盒，在铅笔盒的左边、橡皮的右边摆一把尺子，在铅笔盒的右边摆一把小刀。"

（2）屏幕出示摆放顺序：铅笔、橡皮、尺子、铅笔盒、小刀。

（3）教师提出问题：摆在最左边的是什么？摆在最右边的是什么？

2. 数一数，玩一玩。运用左右解决简单问题。

（1）教师根据大屏幕展示提出以下问题，让学生感受同样的物品，数的方向不同，顺序就不同。

从左边数，橡皮是第几个？从右边数，橡皮是第几个？

师：为什么同一块橡皮，排第几会不一样？

（2）看书填空，运用左右知识解决简单问题。

小猴带着一群可爱的动物也来向你们学习，大家看从左数小狗在第几个？谁会回答的请举手？小松鼠是第几个？从右数小猴子在第几个？小猫在第几个？

（3）先独立思考，再同桌合作完成，用铅笔在书上画一画小猫走的路线。

（4）用学具在格子上摆一摆，同桌说说，并运用"上下""左右"描述出小猫行走路线。

【设计意图】《课标》指出："学生学习应当是一个生动活泼的、主动的和富有个性的过程。学生应当有足够的时间和空间经历观察、实验，教师引导学生独立思考、主动探索、合作交流，体会和运用数学思想，发展学生空间观念。"为了让学生更好地感知左右，引导学生观察、动手操作、同桌合作等活动，帮助学生运用左右来正确识别其位置关系，在具体操作中进一步体会到左右的相对性。这些数学活动使学生获得直接经验的体验，让学生在实践中初步培养学生的观察能力、合作意识以此突破教学的重难点。

（四）联系生活实际，体验"相对"左右

1. 情境理解左右相对性。

课件出示，小明家的房间门牌，提出问题：小明家住在几号房？说出原因。

2. 师生互动，理解左右相对性。

（1）王老师跟大家面对面站着（教师举起右手），老师举起的是右手还是左手？请同学们把右手举起来，再想想老师举起的到底是哪只手呢？请同桌同学讨论一下。

（2）教师举着右手转身与学生同向，证实结论。

师：可是为什么看上去和同学们举的手是相反呢？

（3）同桌的同学都举起右手，面对面看看，发现了什么？

（4）老师想和同学们举手比赛，愿意吗？看谁举得又对又快。老师与最快的同学握手表示祝贺。

3. 及时文明礼仪渗透教育，强调我们同别人握手时，一定要用右手，请你和对面的同学握握手，用你的左手拉拉钩。

【设计意图】《课标》指出："教学活动是师生积极参与、交往互动、共同发展的过程。有效的教学活动是学生的学与教师的教的统一，学生是学习的主体，教师是学习的组织者、引导者与合作者。"本环节通过找小明家的房子、师生面对面举手、师生握手等活动，借助学生熟悉的肢体动作，唤起学生的生活经验，并借助生活经验让学生建立正确

的左右位置关系，逐步体会左右位置关系的相对性，发展初步的推理能力，感受到学习数学的乐趣，突出教学重点，突破教学难点。

（五）联系实际，运用提高

1. 出示停车场情境图，引导学生完成课本上第67页的第4题。

按照以下问题串引导：你看到了几辆车？树林后藏了几辆车？停车场一共有几辆车？

2. 出示第67页第5题，先通过大屏幕演示同学们上下楼梯的情景。

（1）老师还有个问题要请教聪明的同学，上楼梯应靠哪边走？下楼梯呢？

（2）组织学生表演，把教室中间走道当楼梯，女同学从后往前走为上楼梯，男同学从前往后走为下楼梯。指导学生举着右手表演：女同学上楼后又顺势下楼，男同学下楼后又上楼。

（3）教师小结，适时进行交通安全教育。

方向不同，左右不同，判断时应把自己当作走路的人为准。我们不仅上下楼梯时，而且平时在马路上行走时，都要像这些同学一样靠右走，一个接一个，不要拥挤，有秩序地走，以免发生事故。做一个讲文明、守秩序的好同学。

3. 开阔学生视野，了解世界交通规则的不同。通过课件展示，让学生了解不同国度的交通规则，培养学生的国际视野。

【设计意图】《课标》指出："数学教学活动，应该激发学生的学习兴趣，调动学生的学习积极性，引发学生的数学思考，鼓励学生的创造性思维。"在此环节通过情景再现、表演等形式进一步感知左右位置的相对性，培养学生的想象力和推理能力。最后课件展示世界各国不同的交通规则，开阔学生视野，体会左右在生活中的应用，发散学生思维。

（六）自主评价，拓展延伸

1. 你们认为自己这节课表现得怎样？认为自己表现得很出色的，在书本左页的左上角画上一面红旗，右页的右上角画上一颗五角星。

2. 运用所学知识组织下课。

准备下课，请每组同桌的左边的同学起来，再请右边的同学站起来，举起你们的右手向听课的老师挥挥手，说声"谢谢！再见！"

【设计意图】 多元评价可以帮助学生认识自我、建立信心。最后一个环节，让学生通过自评、互评，并在书上的左上角贴一面红旗，既培养学生学会客观认识自我、评价他人，又与本节课所学左右知识联系起来，一举两得。

OXFORD ENGLISH 2A
I Love Letters

■ 杨 艳

【Teaching Contents】 <I Love Letters>　Grade Two

【Teaching Goals】

Knowledge goals

By the end of the class, the Ss can master the letters: Aa, Bb, Cc, Dd, Ee, Ff

Abilities goals: By the end of the class, the Ss can make the plasticine letters.

Emotion goals: By the end of the class, we can help the Ss to understand and love the letters.

Important language items

1. Let the students listen, speak, read and make the letters.

2. Understand the meaning of the sentence " ⋯ is for ⋯".

Difficult language items: Let the students make the letter "Ee" and the letter "Ff".

【Teaching Produces】

Part Ⅰ. Greetings and warm-up

T: Class begins.

S: Good morning, Miss Yang.

T: Good morning, class. At the beginning, let's do the finger exercises together, OK?

S: OK! (Teacher and students do it together.)

Part Ⅱ. Presentation

1. Ask the Ss to choose the picture and show the letters. Read the letters and sing the letter song.

Aa Bb Cc Dd Ee Ff

2. Have the Ss try to say: *A/B/C/D/E/F is for* …

Eg: A is for apple.

B is for bag.

C is for cat.

D is for dog.

E is for elephant.

F is for face.

Part Ⅲ. Practice

1. Show the letter biscuits, and then ask the Ss to say the letters and make the chant: … is for …

Aa Bb Cc Dd Ee Ff

2. Ask the Ss to play the game: we are friends.

S1: I am d.

Are you my friend?

S2: Yes/No.

S3: I am C.

Are you my friend?

S4: Yes/No.

Part Ⅳ. Consolidation & Extension

1. Ask the Ss to make the plasticine letters (Ee/Ff) and say "This is the letter …" in pairs.

2. Make an assessment about the Ss' letters in groups.

知行 课程实践研究 ▶

【Blackboard Design】

I Love Letters

| Aa | Bb | Cc | Dd | Ee | Ff |

apple bird cat dog egg fish

... is for ...

一起来数"树"
——植树问题（一）

■ 韦 浩

一、设计意图

学生在练习中经常会遇见类似以"植树问题"为模型的题目，如路灯、楼梯、公交车站等。设计这节拓展课的目的是希望学生可以通过认识"植树模型"来进一步渗透数学学习的思想、方法，拓宽学生的数学学习思路，提高学生的数学思维水平，激发学习数学的兴趣，培养创新意识，加强综合运用知识的能力，逐步提高解决问题的能力。

二、学情分析

学生已经掌握了关于线段的相关知识，也具备一定的生活经验和分析思考能力与计算能力，小学五年级学生的思维仍以形象思维为主，但抽象思维能力也有了初步的发展，具备一定的分析综合、抽象概括、归类梳理的能力。

三、教学目标

1. 在摆一摆、画一画、想一想、说一说等实践活动中发现间隔数与植树棵数之间的关系。

2. 在小组合作、交流中，进一步理解间隔数与棵数之间的规律，并解决简单的植树问题。

3. 在学习活动中，体会数学与生活的密切联系，锻炼数学思维能力，体验数学思想方法在解决问题上的应用，感受日常生活中处处有数学，进一步激发学生学习和探索的兴趣。

四、教学重点

理解间隔数的含义、发现间隔数与植树棵数之间的关系，渗透化繁为简、一一对应等数学思想，运用植树问题的模型思想方法解决简单实际问题。

五、教学难点

理解"间隔数+1＝棵数，棵数-1＝间隔数"。

六、教学过程

（一）情境导入，初识规律

1. 站队：初步感知人数与间隔数。

我们在学校里要做操，还有上体育课，这些活动都要先做什么？（排队）对，都少不了要排队。下面请三位同学到前面按照要求排队，其他同学观察。

排队要求：面向老师排成一路纵队，每两位同学之间距离大约1米。

（1）根据他们排的队形提出一个数学问题。

（2）这路纵队大约有多长？

解释：第一个同学到最后一个同学之间的距离叫作队伍的长，相邻两个同学之间的距离叫作间隔。

（3）现在是几个同学在排队？有几个间隔？

（4）如果4个同学排队有几个间隔，队伍长几米？（验证）5个同学排队有几个间隔？6个同学排队有几个间隔？你有什么发现？你能举例说一说身边有关"间隔"的数学问题吗？

2. 小结：排队人数比间隔数多1，间隔数比人数少1。

3. 揭示课题：在生活中类似排队这样的数学问题还有很多很多，今天，让我们一起学习《一起来数"树"》，运用这些规律来解决生活中的实际问题！

【设计意图】通过生活中简单的排队这种学生每天都要经历的熟悉的情境，以排队类比植树问题，让学生更好地理解什么是总长与间隔的含义。在学生脑海中进行"植树问题"的初步建模。

(二) 解决问题、探究规律

1. 情境提问，猜测结果。

为了美化环境，我们经常要参加植树活动。（出示情境图）这是一所学校的师生在参加植树活动，不过，他们在植树活动中就遇到了一个数学问题，请同学们看：

（出示例1）同学们在全长100米的小路一边植树，每隔5米栽一棵（两端要栽）。你能猜测一下一共需要多少棵树苗吗？

2. 自主尝试：请你自己想办法尝试解决。（学生操作）

3. 感受方法：在操作的过程中，大家有什么感受？（感受模拟植树很麻烦，浪费时间）

有更好、更方便的方法吗？（可以缩短路的总长进行试验）

【设计意图】这里选取先出示全长100米的小路是想故意"为难"一下学生。通过引导，渗透化繁为简的数学方法，让学生能想到从简单的例子中得到方法从而去推理验证。

4. 你们想选择多长来尝试一下？50米、30米、20米……

5. 小组探究，发现规律。

提出要求：以同桌为小组，动手操作、讨论，完成表格。

（1）摆一摆，画一画，填一填。请同学们在纸上用线段图画一画，小棒摆一摆，然后依次完成表格。

（2）议一议，说一说。观察表格，你有什么发现，把你的结论在小组内说一说。

（3）小组汇报，引导发现规律。

①教师根据学生汇报，完成表格。

②师：请同学们仔细观察，看看你有什么发现？栽树的棵数与平均分成的份数或者说是段数、间隔数之间有什么关系？（板书：棵数=间隔数+1）

③小结：通过猜测、讨论、验证发现了植树问题中一个非常重要的规律，那就是在一条路上植树，如果两端都要栽的话，栽树的棵数比平均分的份数也就是间隔数多1。"间隔数+1"=棵数。

【设计意图】因为植树问题与日常生活联系比较紧密，学生应该能

在合作探究中发现出棵数与间隔数之间的规律，找到解决问题的方法。在学生经历思考、分析的过程中，使学生掌握植树问题的基本模型，并能够灵活运用、举一反三。

（三）应用规律，解决问题

在日常生活中，在我们的周围有很多类似于植树问题的例子。下面就请同学们应用我们今天发现的规律去解决身边的一些问题吧。

1. 算一算。（出示）

（1）在全长 2000 米的街道两旁安装路灯（两端都装），每隔 50 米安装一座。一共安装了多少座路灯？

（2）5 路公共汽车行驶路线全长 12 千米，相邻两站之间的路程都是 1 千米。一共设有多少个车站？

2. 楼梯问题。（出示）

学校教学楼每层楼梯有 24 个台阶，老师从一楼开始一共走了 72 个台阶。老师走到了第几层？

（四）总结回顾

通过这节课的学习，你们有什么收获？

师：今天我们学习的植树问题仅仅是两端都栽时的情况。在以后的学习中，我们还会学到两端都不栽、一端栽、封闭图形的植树问题。（那植树问题只在植树当中才有吗？学生说一说，植树只是其中的一个典型，"像……"等现象中都含有植树问题。）

（五）板书设计

一起来数"树"

棵数=间隔数+1　　　100÷5=20（段）　　20+1=21（棵）

间隔数=棵数-1

总长=间隔数×间隔距离

Cub in the Sun

■ 赵 洁

【Teaching Contents】 <Cub in the Sun> Grade Two

Teaching design concept

In reading class, teachers should guide students to understand the story, try to spell the phonics words and improve their reading ability. In this lesson, students can fully understand the content of the story through activities such as picture reading, story prediction and role playing. I'll try to strengthen students' phonics awareness and promote their reading ability.

【Teaching Goals】

Knowledge goals

Ss are willing to read English story. Ss are able to read the story.

Abilities goals

1. Ss are able to understand the meaning of the story, know the pronunciation of short "u" sound.

2. They are able to use the main sentence type, and read the short u words.

Emotion goals

The students can take part in the activities in the class activity.

1. They can study in an active way and cooperate with other students.

2. They can understand we should be brave, think the best way, try to ask for help, and learn to protect ourselves in real life.

Important language items

1. Phonics words: cub, sun, rub, tum, stuck, mum, run, tug, yum

2. Sight words: she, jump, they

Difficult language items

1. Lead Ss to understand the meaning of this story.

2. Lead Ss to read the short "u" words, and find out some new words about short "u" from the picture.

Teaching Preparation: PPT

【Teaching Produces】

Part Ⅰ. Pre-reading

1. T: What's this letter?

Ss: It's letter U.

T: What does letter U say here?

Ss: It says /ʌ/.

T: Great!

2. T: I have a friend for you, she is brown, she likes to eat honey. Who is she?

Ss: It's a bear.

T: Good! Is it big or little?

Ss: It's little.

T: Great! It's a little bear. And we call it Cub.

Ss: C-u-b, Cub.

T: Excellent! Where does she live? Does she live in the river?

Ss: No, she lives in the forest.

T: Good! Let's read a story about little Cub in the forest.

3. T: What can you see? Who is she?

What's the title?

Who's the author & illustrator?

Ss: Observe the cover and the title page, try to think and answer teacher's questions.

I can see Cub/Mum…   Cub in the sun.

Part Ⅱ. While-reading

1. T：—Where is the sun? —How is she? —What does Cub see?
—What does Cub want?

Ss：Read carefully and try to answer Qs.

—She is hungry. —Bees and a beehive. —She wants to eat honey.

T：Where is your tummy? Can you rub it?

Ss：Say and do the actions. (Rub, rub, rub your tummy.)

T：How can she get honey?

Ss：She can climb the tree.

2. T：Look, she is a little bear. Can she climb well?

Ss：No.

T：Let's cheer her up, Ok? Come on! Up! Up!

Ss：Come on! Up! Up! Come on! Up! Up! …

T：Look, she did it. Can she get honey now?

How is she now?

She needs help, who can help her?

Ss：Her mum.

T：How do you know that?

Ss；I can see her mum on the cover.

3. T：What does Cub say? What does mum do?

Ss : Mum! Mum! She jumps up …

T：Can you tug? (t-u-g, tug)

Ss：Say and do actions. T-u-g, tug…

4. T：—Where are they? —How are they now?

Ss：—They sit in the sun and each other. —They are happy.

T：Are they still hungry?

Ss：Yes! They want to eat honey.

T：Good! Let's have a look. How can they get honey this time?

Ss：They both look up.

T：Is it yum?

Ss: Yes! Yum! Yum!

Part Ⅲ. Post-reading

1. Listen and read the story together. Try to imitate the intonation.

2. Words about letter "u".

(1) Read the story again and find words about short "u" sound.

Ss: Read the story again, circle the short u words and try to stick on the blackboard.

(2) Find new words about letter u from the story, and try to read them.

T: Do you still remember which letter is this picture book about? Can you find more short "u" words from the story? And try to read out.

Ss: It's letter "u". B-u-g, bug. D-u-ck, duck …

T: Good job, everyone!

Part Ⅳ. After-class (Assignment):

1. Read and retell the story.

2. Read the short u words, try to find more.

【Blackboard Design】

教学实录

弟子规——信

■ 常 红

一、教材分析

《弟子规》是一本操作性很强的经典读物，它是我国古代历史文明送给每个中国人的礼物，短小精悍，三字一句，两字一韵，读起来朗朗上口。它蕴含着许多深刻的道理，脍炙人口，广为流传。它以独特的魅力深深地吸引我们，学生在兴趣盎然的诵读过程中，思想、行为、习惯在潜移默化中受到影响。《弟子规——信》是《弟子规》的第三部分，这部分内容告诉孩子们要做一个讲诚信、待人真诚的人才会赢得众人的信任、尊重。这一道德修养与道德智慧，体现出《弟子规》行为准则的道德素养与道德智慧的统一。

二、学情分析

一年级学生刚进入小学学习，对学校、环境、老师、同学、课堂、学习的要求都充满了新鲜感，同时他们年龄小，好动、易兴奋、易疲劳，注意力容易分散，尤其是刚入学时，40分钟的课堂学习对于他们来说真的很难！他们活泼好动、天真烂漫，大多数人思维活跃，学习的兴趣较浓，认知水平处于启蒙阶段，尚未形成完整的知识结构。由于学生所特有的年龄特点，学生的注意力占主要地位，以形象思维为主，教学中，教师要注重培养学生的学习习惯、阅读习惯、积累习惯，切实培养学生的语文素养。

三、教学目标

1. 指导朗读，引导学生字正腔圆地诵读韵文，对韵文做到熟读成诵，诵读成韵。

2. 读中感悟，结合释文与故事读中理解"信"的行为要求，从传统文明的行为准则中感悟传统道德行为对人的积极影响。

3. 学中反思，紧扣拓展，借助情境，学会以《信》的道德准则，反思自己的行为得失，并能自觉地运用韵文中待人处世的准则指导自己的生活实践，知行合一。

4. 学中陶冶，诵读中感受古代韵文的音韵之美、内涵之美，从而激发学生热爱祖国传统文化的情感和学习热情。

四、教学重点

1. 读中感悟，结合释文与故事读中理解"信"的行为要求，从传统文明的行为准则中感悟传统道德行为对人的积极影响。

2. 学中反思，紧扣拓展，借助情境，学会以《信》的道德准则，反思自己的行为得失，并能自觉地运用韵文中待人处世的准则指导自己的生活实践，知行合一。

五、教学难点

学中陶冶，诵读中感受古代韵文的音韵之美，内涵之美，从而激发学生热爱祖国传统文化的情感和学习热情。

六、教学准备

教学课件、生字卡片。

七、教学过程

（一）创设情境，话题揭义

师：同学们，今天有几位同学要给大家表演一个节目，让我们一起欣赏吧！

生：兴奋地欣赏快板表演。

师：他们表演的是——

生（回答）：《弟子规》。（课件：弟子规）

师：《弟子规》是古人要求学生遵守规矩的一本书，它是由清朝康

熙年间的秀才刘毓秀编写而成的。全书共八章,这节课我们继续学习《弟子规》。(板书:弟子规)

师:老师带来一个字,你们认识吗?(板书:信)谁会用"信"组词?

生:用"信"口头组词。

师:板书"信用",请大家认真看一看,这个字由哪两部分组成?猜一猜,它包含怎样的意思呢?

生:诚实,人说话要讲信用。

师:板书"人 言"

师:接下来,我们一起学习《弟子规》中"信"篇的部分内容,从古人对"信"的行为要求中,学习为人处世的真诚与智慧。

(二)字正腔圆,诵读成韵

1. 识字、读文、停顿。

师:请同学们借助拼音自由读韵文。

生:(出示生字)小老师领读。"我说×,我对×"。拿出生字卡片。

生:开小火车认读生字。(一组双规,两组单轨)(评价:认字准确,一个笑脸)

生:集体朗读韵文。

师:韵文要读得好听,就要注意轻重缓急,老师画出了停顿节奏,我想按节奏读一下韵文,可以吗?小耳朵,仔细听。

凡∣出言　信∣为先　诈∣与∣妄　奚∣可∣焉
话∣说多　不如∣少　惟∣其是　勿∣佞巧
奸巧∣语　秽污∣词　市∣井∣气　切∣戒∣之

生:同桌自由练习读。

生:两大组分组读。

师(评价):学会停顿,奖励一个笑脸。

2. 轻重缓急,读出韵味。

师:同学们,你们发现了什么?

生:红色的字是要求重读的。

师:谁想尝试读?指名读。

生：同桌拍手读韵文。

师（评价）：学会重音，奖励一个笑脸。

师：谁会背诵了呢？

生：举手试背。

师（评价）：学会背诵了，奖励一个笑脸。

（三）故事诠释，读文明意

师：同学们对韵文读得很熟练了，请大家对照韵文再读一下译文，想想古人对待"信是怎么要求的?"（课件译文）

生：男生读原文，女生读译文。

1. 故事引路，据文辨义。

师：下面，老师要送给你们一个《立木为信》的故事。（教师生动讲述）

生：听故事。

师：同学们，故事听完了，为什么商鞅赢得了百姓和官员的尊敬呢？商鞅的行为符合《弟子规》里的哪句话呢？（课件出示韵文）

生：因为商鞅遵守诺言，讲信用。

生：符合《弟子规》中的"凡｜出言，信为先"。

师小结：是啊！在这个故事中，商鞅做到了讲信用，从而赢得了百姓的信任，变法取得了成功。

2. 情境插入，依理明义。

师：同学们学得认真，老师奖励大家一个动画片《金斧头的故事》。

生：观看《金斧头的故事》。

凡｜出言　信｜为先　诈｜与｜妄　奚｜可｜焉

师：你认为故事中的两个小朋友谁做得对？谁做得不对？分别符合《弟子规》中的哪句话？（课件出示韵文）

生：第一个孩子做得对，第二个孩子做得不对。

生：第一个孩子诚实，第二个孩子撒谎了。

生：符合《弟子规》里"诈与妄，奚可焉"这句话。

（四）走进生活，明理导行

师：孟子说："吾日三省吾身"，意思是明白自己的行为得失，才是成功的开始。现在，请同学们联系实际，说说生活中自己守信用的事情。

生：我没按时完成作业，告诉老师情况，并按时补完作业。

生：我不小心把同桌的铅笔弄坏了，主动承认了错误。

生：我答应小兰的事一定尽力做到。

师：根据同学们的回答，老师整理了以下几道题目，请同学们加以判断，并说出你的想法。

出示题目：小小芝麻官（判断）：

1. 丁丁在学校和同学打架把头打破了，回到家里，爸爸问他怎么回事，他说不小心摔倒了。（×）

2. 冬冬没做家庭作业，老师检查时，她告诉老师作业放在家里了。（×）

3. 小明踢球时，不小心把王奶奶家的玻璃打破了，他连忙向王奶奶承认错误，并且赔礼道歉。（√）

4. 兰兰和东东约好周六一起去看儿童剧，可是家里临时有事，兰兰去不了。她赶快打电话告诉东东原因，并向东东表示歉意。（√）

生：判断。

师小结：同学们说得真不错，在生活中，我们也要学习商鞅和小男孩，做一个诚实守信的人；只有诚实的人，才能得到别人的帮助，才能赢得别人的尊重。

师（评价）：明白道理，奖励一个笑脸。

师：通过科学家的实验，证明水能够记忆，周围带有"善良、感谢、神圣"的美好信息，会让水结晶成美丽的图形；而带有"怨恨、痛苦、焦躁"的不良信息，会使水出现离散丑陋的形状。所以，语言会传达善念与恶念，而这些信念是可以被感受到的，尤其是我们人体70%都是由水所组成，所以一句好话对人的影响是很大的。

（五）升华感情，激励实践

师：又到了我们每日一言时间了，今天我们要收集的名言是：言必

信，行必果。（课件出示）同学们，请全体起立，进行诚信宣誓。

生：我诚信，我光荣；我诚信，我自尊；我诚信，我成功；我要争做——诚信的小明星！

（六）师总结

师：为什么要学习《弟子规》？因为它是我们行动的准则。《弟子规》的内容是教育小朋友在家懂得孝顺父母，兄弟姐妹友好相处。在外要敬师长、懂礼貌、讲信用。和别人平等相处，不自私，不傲慢，爱大众，爱国家，爱民族。在培养好了自己的品德后，再努力学习文化知识，能够做到这些你就是一个优秀的人。

（七）师生互动

师：同学们，《弟子规》中为人处世的准则是祖国传统文明的宝贵财富之一，我们不只是在课堂上诵读，更应在生活中严于律己、宽以待人，不断努力实践，在实践中传承与发扬祖国的文明，在实践中成就自己的学业与德行。老师要送给大家一份礼物，请接受礼物哦！（国学经典书目）

生：学生齐读。

师：最后请同学们起立，再次用心诵读，让《弟子规》的行为准则成为我们的实践指南。

（八）板书设计

弟子规——信（信用）

／　　＼

人　　　言

吃西瓜

■ 陈 玲

一、设计意图

《吃西瓜》是北师大版三年级下册第六单元《认识分数》第四节的教学内容，是学生刚认识了简单的分数及会比较简单分数的大小的基础上学习的。这部分内容为五年级学习异分母分数加减法打下基础。教材结合小熊吃西瓜的情境，利用直观图形，让学生在解决实际问题的过程中，逐步理解同分母分数加减法的算理，进而抽象出算法，达到熟练计算。

二、学情分析

在学习本课之前，学生已经掌握了整数的加减法的意义和计算方法，分数的意义也理解得较好，但三年级学生抽象思维能力不强，第一次接触分数计算，理解算理和抽象出算法都会比较困难，在教学中要创设生动的情境，借助对直观图形的操作，逐步帮助学生完成知识的建构。

三、教学目标

1. 能够进行同分母分数（分母10以内）相加减计算，以及解决一些简单的实际问题。

2. 通过解决问题的过程，探索同分母分数（分母10以内）相加减计算方法。

3. 在探索过程中，培养动手操作、合作交流的能力。

教学重点：同分母分数相加减计算方法。

教学难点：探索"1"减去一个分数的计算。

四、教学准备

教师：PPT、圆形卡片若干张、

课前游戏：一起学习，共同探讨；一起努力，分享成功！

五、教学过程

（一）复习巩固，导入新课

师：前面我们已经学过了分数，这节课，老师先来考考大家，你们有信心接受这个挑战吗？

师：读出分数，并说说其表示的意义（$\frac{1}{3}$）。

生：三分之一，表示把一个整体平均分成3份，取其中的1份。

师：第二个谁来试试？$\frac{3}{5}$。

生：五分之三，表示一个整体平均分成5份，取其中的3份。

师：说得清楚完整。那么这一个呢？全班一起说吧！

生：（齐）八分之四，表示把一个整体平均分成8份，取其中的4份。

师：看来啊，这些难不倒大家，那我们再接再厉，继续迎接挑战。（出示图片）

$1 = \frac{}{7}$，谁想到啦！

生：$1 = \frac{(7)}{7}$。

师：说说你是怎么想的。（你能跟大家分享下你是怎么想的吗？）

生：1表示一个整体，$\frac{(7)}{7}$表示把这个整体平均分成7份，再把7份全部取出来，还是这个整体。

预设：（1）谢谢你，你说得很准确、很清楚。

（2）虽然你说得不完全正确，但还是要感谢你的勇气。

(3) ××说得还不那么完整，谁再来补充。那么，1 = $\frac{\ }{9}$ 呢？大家一起来吧！

生：（齐）1 = $\frac{9}{9}$。

师：太棒了！看来同学们前面学习的分数知识掌握得很扎实了。

【设计意图】 通过复习，加深学生对分数意义的理解，同时复习1等于几分之几练习，为学生更好地学习简单的分数加减法和解决本节课重难点做铺垫。

（二）创设情境，探索新知

1. 创设情境，提出问题。

师：今天，我们继续学习关于分数的知识，这些知识啊，就藏在一个有趣的小故事里，请看大屏幕！（PPT出示动画展示，学生欣赏）同学们，今天老师给大家带来了熊妈妈分西瓜的故事，想听吗？

师：大熊和小熊是一对好兄弟，他俩既活泼又可爱，又乖巧懂事，经常帮妈妈做事情，一天两个好孩子又在帮妈妈打扫卫生了，不一会儿就累得满头大汗，熊妈妈说："孩子们歇会儿吧，妈妈给你们切西瓜。"我们一起来看看切西瓜的过程吧，如果把这个圆看成一个西瓜，熊妈妈把这个西瓜平均切成了8份，兄弟俩高兴地吃了起来，不一会儿，小熊就吃了其中的2块，大熊吃了其中的3块，那小朋友你们知道他们分别吃了这个西瓜的几分之几呢？

【设计意图】 创设学生熟悉的故事情境，激发学生学习的兴趣，活跃课堂气氛，同时借机对学生进行德育教育，培养尊敬长辈的意识。

师：现在小熊吃了2块，大熊吃了3块，谁来说说他们分别吃了这个西瓜的几分之几？

生：小熊吃了这个西瓜的 $\frac{2}{8}$，大熊吃了这个西瓜的 $\frac{3}{8}$。

师：反应真快！你们同意他的说法吗？

生：（齐）同意！

师：那么在这里 $\frac{2}{8}$、$\frac{3}{8}$ 又分别表示什么呢？

生：$\frac{2}{8}$ 表示，把西瓜平均分成 8 份，吃了其中的 2 份。

$\frac{3}{8}$ 表示，把西瓜平均分成 8 份，吃了其中的 3 份。

师：说得真不错！说得很清楚！同学们，看到图上这些信息，你想到了哪些有关分数的数学问题呢？（学生提问题）

预设：（1）唐僧和猪八戒一共吃了这个西瓜的几分之几？

（2）猪八戒比唐僧多吃了这个西瓜的几分之几？

（3）唐僧比猪八戒少吃了这个西瓜的几分之几？

（4）还剩下这个西瓜的几分之几？

师：还有有没有其他的数学问题？（孩子们都在认真地观察着、思考着）

师：同学们真棒！（爱因斯坦说过："提出一个问题，比解决一个问题更重要。"刚才老师就发现了，你们是爱动筋、善于思考的孩子！让我们给自己掌声鼓励下！这节课啊，我们就一起来解决吃西瓜遇到的一些问题？）

（板书：吃西瓜）

【设计意图】 新课标提出，完整的问题解决过程包括发现、提出、分析和解决问题四个方面，而发现和提出问题是这个过程的前提，课堂中，让学生从图中获取信息，并提出问题，培养学生准确分析和清楚表达思维的能力。

2. 探索同分母分数相加计算方法。

师：我们先解决同学们刚才提的这个问题！（PPT 出示题目）唐僧和猪八戒一共吃了这个西瓜的几分之几？大家把题目齐读一遍！谁能列出算式？

生：$\frac{2}{8}+\frac{3}{8}=$ （师板书）

师：同意吗？（同意）大家猜猜，这个算式的结果会是多少呢？

生：$\frac{5}{8}$、$\frac{5}{16}$……

师：那么 $\frac{2}{8}+\frac{3}{8}$ 到底等于多少，（是还是不是呢？）我们一起来动手验证一下。在验证之前老师有个要求，请一个同学朗读下！

【学生活动】折一折、涂一涂

活动要求：

(1) 先用纸片折一折、画一画。

(2) 再分别画出 $\frac{2}{8}$、$\frac{3}{8}$，验证相加等于多少。

(3) 把你的验证方法与同桌交流一下。

师：大家听清楚要求了吗？那就开始动手吧！（学生们热烈地动手操作起来）

【设计意图】本环节的设计是针对三年级学生擅长于直观形象思维的特点，启发学生充分借助直观学具给予充足的时间和空间，进行操作实践和交流探讨，学生借助直观图形和已有的对分数意义的理解，能够自主探索出算法，在交流汇报中进一步明确同分母分数加减法的算理。在此过程中，有效培养了学生的操作实践和自主探究能力。

师：大家都做好了吗？我们一起来交流一下！还没做好的同学请先停下！谁来展示自己的验证方法，边展示边说。实物展台展示：让学生说，教师引导，并组织学生进行评价及适当补充。（注意先引导将图形平均分，再说几分之几，最后合起来一共是多少）

【设计意图】发挥学生主体性的作用，让学生成为课堂的主人，多让学生说，表达自己的想法，发展学生数学思维，提高学生课堂参与的积极性，并让学生来评价，发挥学生互评的作用，提高学生在同伴中的认同感。

师：通过刚才的验证我们知道了 $\frac{2}{8}$ 加 $\frac{3}{8}$ 等于 $\frac{5}{8}$。接下来我们一起来看一下这个过程。

预设：（师生一起说，从几个几来引导这个计算过程）教师强调同一个西瓜（合多媒体讲解）唐僧吃了2份，也就是2个 $\frac{1}{8}$，猪八戒吃了3份，也就是3个 $\frac{1}{8}$，2个 $\frac{1}{8}$ 加3个 $\frac{1}{8}$ 等于5个 $\frac{1}{8}$，也就 $\frac{5}{8}$。

师：刚才的过程大家都明白了吗？谁能把这个过程再复述一遍呢？（两个学生说）

师：嗯！你是个认真听课的同学！嗯！你是个善于倾听的同学！（谢谢同学们听得这么专心。）那我们一起把这个计算过程补充完成。（师板书：$\frac{2+3}{8} = \frac{5}{8}$）

师：现在请同学们观察这两个分数，它们有什么共同点？

生：分母相同。

师：你观察得真仔细！分母相同的分数，我们把它们称为：同分母分数。那谁来说说我们刚才是如何计算同分母分数相加的呢？

生：分母没有变化、分母都一样。

生：分子相加。

师：是的，你们不但乐于思考，而且善于发现！同分母分数相加，分母不变，分子相加。（PPT投影）明白了吗？我们来比一比谁算得又快又准。

练习：计算：$\frac{2}{7} + \frac{5}{7}$ 写出计算过程，组织反馈。

生：$\frac{2}{7} + \frac{5}{7} = \frac{2+5}{7} = \frac{7}{7}$（点一下，$\frac{7}{7}$也就是等于1，同时引导下，计算的过程中，分母不变，分子相加）

师：同学们，刚才我们借助图形验证了 $\frac{3}{8} + \frac{2}{8} = \frac{5}{8}$，可见啊，图形可以帮助我们解决数学问题。所以，我们用图形好不好呢？

3. 探索同分母分数相减计算方法。

师：接下来我们继续解决下一个问题：猪八戒比唐僧多吃了这个西瓜的几分之几？请同学们把题目读一遍？

师：谁会列出这个问题的算式呢？（学生纷纷讨论起来主动说）

生：$\frac{3}{8} - \frac{2}{8} =$（师板书）

师：同意他的列式吗？那你们能自己计算出结果吗？在练习本上写出计算过程。有困难的同学可以借助图形帮助。

写出计算过程，师巡视指导，并请学生板演计算过程。（注意观察学生书写有无错误）

师：好！把手放下！你们同意他的算法吗？嗯！那我们先请他来分

享他的计算过程？

生：猪八戒吃了3份，也就是3个$\frac{1}{8}$，唐僧吃了2份，也就是2个$\frac{1}{8}$，3个$\frac{1}{8}$减去2个$\frac{1}{8}$等于1个$\frac{1}{8}$，也就$\frac{1}{8}$。

师：说得很好！你真是个小数学家！掌声送给他！

师：那我们把刚才的计算过程再看一下！（借助多媒体再次展示计算过程）看明白了吗？谁能把刚才的计算过程再复述一遍呢？

师：同学们请看这两个同分母分数，它们又是怎样相减的呢？

生：分母不变，分子相减。

师：你们可真厉害！是的，同分母分数相减，分母不变，分子相减。那刚才的这个计算过程清楚了没有？好！请把这道题计算出来吧！

练习：$\frac{7}{9} - \frac{5}{9}$

组织反馈。（齐答）（像刚才这个计算，等同学们计算熟练之后，可以省略不写）

【设计意图】通过课件的直观展示，让学生更加清楚地理解同分母分数相加（减）的计算方法，并能清楚地描述计算过程，提高学生的计算能力，培养学生的数学语言表达能力。

4.课堂小结，归纳算法。

师：同学们，数学思维的发展，需要我们不断地去发现和总结规律。刚才我们已经发现了同分母分数相加和相减的规律，你能用一句话把这个规律概括出来吗？

生：同分母分数相加减，分母不变，分子相加减。

师：大家很有数学思维！让我们一起把这个规律齐读一遍。

【设计意图】知识归纳总结，进一步理解同分母分数加减法的计算方法。

(三) 知识运用，拓展延伸

拓展1：1减去一个分数的计算

师：同学们，我们的问题还没有全部解决！现在我们知道了唐僧和猪八戒一共吃了这个西瓜的（$\frac{5}{8}$），唐僧跟八戒说，别吃了，别再吃

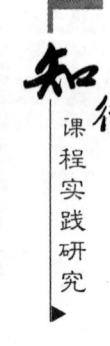

了,把剩下的西瓜留给孙悟空和沙和尚,请你们算一下,现在还剩下这个西瓜的几分之几?

(巡视指导,并请两个学生板演不同算式)

师:同学们真厉害!居然有两个不同的解决方法!我们请这两位同学把他们的计算方法和我们分享。

生:$1-\frac{5}{8}=\frac{3}{8}$。

师:能告诉大家,这个1表示什么吗?

生:表示整个西瓜。

师:嗯,你把这个西瓜看成一个整体了!这个方法很好!那,你们都是这样子计算的吗?

生:$\frac{8}{8}-\frac{5}{8}=\frac{3}{8}$。

师:这里的$\frac{8}{8}$又是什么意思呢?

师:你的思路很清晰!所以,1和$\frac{8}{8}$在这里都表示这个西瓜,因此这两个算式我们可以给他们画上等于号!

师:同学们,看来啊,当我们遇到1减去一个分数的时候,这个分数的分母是几,就把1转化成几分之几。那我们再把刚才的计算过程看一遍吧。

(PPT展示)把这个西瓜看成一个整体就是1,把它平均分成8份,这个西瓜也可以看成$\frac{8}{8}$,就是8个$\frac{1}{8}$,减去唐僧和猪八戒吃掉的5个$\frac{1}{8}$,就剩下3个,也就是$\frac{3}{8}$。那老师想考考大家,$1-\frac{2}{3}$=多少?

【设计意图】$1-\frac{5}{8}$是本节课难点,通过学生展示不同的计算方法,理解1和$\frac{8}{8}$都表示西瓜这个整体并进行计算,掌握当遇到1减去一个分数的时候,这个分数的分母是几,就把1转化成几分之几。

拓展2:错例订正

师:同学这节课的表现真棒!孙悟空有点不服气了,他也做了两道题,你们看一下他做得怎么样!哇!你的眼睛可真亮!那你认为应该等于多少呢？

生：$\frac{5}{8}$。

师：第二题呢？

生：孙悟空把减法看成加法了，应该是等于$\frac{3}{7}$。

师：其他同学同意吗？

【设计意图】练习的设计注重层次性，由易到难，由借助图形到脱离图形进行计算，让学生感悟到同分母分数加减法的计算法则。

（四）回顾课堂，总结收获

师：问渠那得清如许，为有源头活水来，这节课已经结束了，但是科学探究的脚步还没有停止，能谈谈这节课你有哪些收获吗？还有什么疑问吗？

【设计意图】一石激起千层浪，让同学们畅所欲言。帮助学生梳理知识，反思学习过程，领会学习方法，获得学习经验。

（五）课堂练习，加深理解

师：看来啊，同学们这节课的收获可真不小，下面我们就用这节课学到的知识来解决一些问题！吃西瓜是我们生活中最常见最普通的事情，但是我们却从中学会了很多知识，也发现了一些解决问题的好办法。看来只要我们善于细心观察生活，你会收获更多，会体验到更多学习数学的乐趣。

【设计意图】通过回顾、总结，使学生感受到现实生活中蕴含着大量的数学信息，数学在现实生活中有着广泛的应用，让学生获得愉悦的情感体验，数学的学习是有意义的。

（六）板书设计

$$\frac{2}{8}+\frac{3}{8}=\frac{2+3}{8}=\frac{5}{8}$$

$$\frac{3}{8}-\frac{2}{8}=\frac{3-2}{8}=\frac{1}{8}$$

$$1-\frac{5}{8}=\frac{8}{8}-\frac{5}{8}=\frac{3}{8}$$

同分母分数相加减：分母不变，分子相加减。

六、教学反思

本课以"小熊吃西瓜"的有趣情境为主线，学习同分母分数的加减法，这是在学生认识分数和理解其意义的基础上学习的。教材通过有趣的情境和直观的图形，揭示同分母分数加减法的规律，最终达到摆脱对直观图形的依赖，能够直接进行同分母分数加减法的运算。让学生体会到学习的愉悦和成功。

教学中，我首先创设数学情境，引导学生直接与数学情境对话，通过提出问题，明确学习目标，加强学习的自觉性与责任感。接下来让学生自己去猜测，猜测是数学理论的胚胎，许多伟大的数学家都是通过猜想发现了别人都不曾发现的真理。新的数学课程标准也认为：学生应经历"观察、实验、猜想、证明"等数学活动，发展合情推理能力和初步的演绎推理能力。由此可见，猜测是发展数学、学好数学的重要方式之一。进一步让学生动手操作、观察、交流，在观察中发现新知，在交流中归纳新知，验证猜测，把学习的主动权交给学生。（在验证活动中，我只提供了两种图形，要是能够让学生选择自己喜欢的图形验证，整个教学过程，学生的兴趣会更浓厚，学习的积极性会更高。）

本课学习的重点是探索同分母分数加减法的运算，其中探索用"1"减去一个分数的运算是学习的难点。突破重难点的关键是激发学生学习兴趣，调动学生主动参与的积极性，使学生在知识的产生和发展的过程中，探索、感悟出同分母分数加减法的运算规律。

在教学中学生首先拿出圆形纸，先独立探索然后同桌互相讨论，寻求答案。然后教师课件演示，这时要求学生带着自己的想法，仔细观察课件演示过程。最后老师耐心地引导学生说出同分母分数加减法的算理，并进一步让学生解释算理。被减数是"1"的减法算式是本节课的难点之一，教学时通过引导学生理解"1"表示的意义后，就能够很顺利地进行运算了。

我认为数学教学要关注学生的发展，关注学生学习数学的过程，才能实现数学教学的最大价值。动手实践、自主探索和合作交流是小学生学习数学的重要方式。因此，教学时要努力创建有利于学生主动探索的学习环境，关注学生的自主探索和合作学习。

穿在身上的历史
——从服饰变化看中国近现代历史的变迁

■ 李 李

一、设计意图

新课程的理念是倡导学生主动学习,在多样化、开放式的学习环境中,充分发挥学生的主体性、积极性与参与性,培养学生探究问题的能力和实事求是的态度,提高创新意识和实践能力。因此,在进行本主题的设计时,按照了解—理解—见解的认知程序,紧紧围绕"变"字展开,即"发现服饰变化"——运用多媒体,创设问题情境,让学生在活动中了解服饰随着时代的变迁发生变化;"探究服饰变化"——借助史料,师生合作,生生合作,引导学生探究中国近现代服饰变迁的主要原因;"感悟服饰变化"——创设情境,帮助学生正确认识服饰变化的内涵,以及正确看待西方文化和中国传统文化。通过这样的设计,建构由点到线、由线到面、由面到体的立体知识框架,符合学生由表及里、由感性到理性的认识规律。

二、学情分析

学生对贴近生活的历史兴趣较浓,经过一年历史的学习有一定的学习基础与能力,可以放手让学生自主学习,切身感受"活着的历史"。同时,受年龄阶段、思维能力发展的限制、学生较难理解一切历史客观因素之间相互作用的唯物史观。

三、教学目标

1. 了解中国近现代服饰变革的基本史实,理解服饰的变迁折射中

国近现代政治、经济和思想领域的变革。（素养目标：时空观念、历史解释）

2. 利用图片、史料和影像资料，设计学生活动，通过小组合作，分享交流等形式感受历史就在身边。（素养目标：史料实证、历史解释）

3. 学生认识到服饰的变化是社会发展的必然结果。理解"人类文明是在交流融汇中不断前进的"这一结论的深刻内涵；一定的思想文化是一定时期的社会政治经济的反映。（素养目标：唯物史观、家国情怀）

四、教学重点

了解近现代服饰变迁的史实。

五、教学难点

近代服饰演变的原因、影响。

六、教学准备

1. 搜集不同时期的服饰资料。
2. 打印不同时期的典型服饰图片资料。
3. 制作 PPT 课件。

七、教学过程

（一）导入新课

师：同学们，再过几天就是中国的传统节日春节，这个节日许多家庭都会拍张全家福以示团圆。那我们一起看一组全家福照片，请同学们猜一猜这组全家福可能拍于哪个朝代？（播放动态照片）

生：清朝。因为我看到照片中的男士穿着长袍马褂，还留着长辫子。

师：正确。那从清朝中期后，中国的服饰到底怎么变化的？为何会发生这些变化？又该如何认识这种变化？今天这节课我们就一同去探寻——穿在身上的历史。（板书课题）

过渡：我们学校八年级历史社团最近在编排历史剧目，下面就请同学们来担任服装师，为剧组挑选服装道具吧！

(二) 新授内容

活动一：了解中国近现代服饰变迁的表现。(播放幻灯片)

师：请同学们六人一小组，每组派一组员来抽选号码，每个号码后对应一个剧组。我们看看哪个组挑的服装又快又准确。

小组活动：每组抽取号码选定剧组，根据剧组所处的时代开始从服装图片中挑选服装，并将挑好的服装贴在黑板对应的位置。

师：现在同学们已经选好了服装，我们首先请1、3，2、4小组互相点评对方的挑选结果，注意判断所挑选服装是否符合时代背景？如果有错请帮助更换，并说明理由。

小组点评《马关条约》剧组：

生1：我首先肯定他们组挑选的服装是正确的。第一件衣服是清朝男子上朝时的官服；第二件是清朝男子平日所穿衣服叫长袍马褂，所选的男子服装符合清末时期男子的穿衣特点。

生2：第3、4件衣服是清朝女子所穿的衣服，是满族旗袍。服饰宽大，很长，体现封建社会女子思想的保守性。

生3：请问清朝的官服有没有等级差别呢？怎么区分？

生4：清朝的官服应该是有等级制度，好像是从胸前那个方形图案来区分。

师：这个同学的问题问得特别好。我补充一下，清朝的官服有文官服和武官服之分，主要区别在胸前的补子，一般来说是文禽武兽。也是成语"衣冠禽兽"的来源，不过这个词最早的词性是褒义词。

同学们，我们第一剧组挑选的正是鸦片战争前各阶层人们的普遍服饰。随着鸦片战争的一声炮响，除了给中国带来无穷无尽的灾难外，也给中国带来了很多新鲜的事物和思想观念。在服饰领域就出现了一道独特的风景线。"窄袖革履"的西式服装传入了中国，民间仿效之风悄然兴起，服饰变革的潮流开始萌动。

挑选组和点评组都非常认真，完全符合时代特征。有请第4组点评《中华民国剧组》。

生1：这一时期服装发生了很大的变化。表现在男装由长袍马褂到西服，出现了有政治特色的中山装，还有大敞式的燕尾礼服。

生2：女装发生了变化，旗袍开始变短，露出脚踝和手腕；同时也变窄，显露女子腰身之美。

生3：服饰受西方影响非常明显。

师：刚才三位同学的点评简洁又准确。西式服装传入了中国，但中国人并没有完全抛弃我们的传统服饰，而是将两者相结合，出现了中西合璧的改良旗袍和中山装。所以这一时期中国的服装特点就是"中西合璧"。服装的变化表面看是形式的变化，实质是中国从封建专制向民主共和、从生活封建化向生活近代化的反映；说明辛亥革命不仅推翻了清王朝的统治、改变了人们思想，而且使中国人的生活方式开始走向近代化。

有请第1组点评《文化大革命组》。

生1：这一组只挑选了一套绿军装，说明当时是非常特殊的年代，人们衣着款式和颜色都相对单一。

生2：据我课前搜集的资料来看，这时期人们的衣服除了绿军装，还有灰便装，衣服颜色是灰绿蓝色，样子也非常简单。

师：这一组同学们只挑选了绿军装服装，说明大家对"文革"这一特殊时期大概有所了解，两组表现都给点赞。"文革"正如刚才同学所说，是中国历史上一个特殊的年代，所以人们的着装就是当时的时代背景的体现。

有请第2组点评《改革开放组》。

生1：这一组的衣服挑选非常多，也是离我们生活最近的历史。服装体现了时尚性、个性化。

生2：在这一组的服装里，人们除了关注到服装的美感外，也关注了服装的舒适性。

生3，改革开放后，人们的思想获得了解放，表现在服装上就是衣服各种各样、五彩缤纷、非常有个性等特点。

师：对，同学点评得很棒。改革开放后人们的服饰特点就是"五彩缤纷"。

总结：通过刚才同学的活动我们可以了解人们的衣着服饰基本体现着一个国家或地区的经济发展状况和审美价值取向。首先是通商口岸洋布洋装逐渐进入城市居民生活；其次是辛亥革命期间，经过改制的中山装受到新派人士的欢迎；女性服装一改宽大直筒式的满装，依照西方的人体曲线美加以剪裁，演变成今的旗袍。个性解放的呼声与商品经济的发展，刺激了人们的生活欲望，在穿着打扮上追求新意，真正开始了服装自由穿着的时代。在剧烈的社会变迁中，服装的变化敏感地表现了文化气息的走向。

设问1：中国近现代的服饰变化分为几个阶段？

设问2：近现代服饰的变化呈现出怎样的特点？

一场服装展让我们感受到历史的变迁，现在请同桌间讨论来解决问题。（学生同伴互助解决问题）

引导学生总结，近代（1840—1949）：西式服装传入了中国，但中国人并没有完全抛弃我们的传统服饰，而是将两者相结合，出现了中西合璧的服饰（中山装；改良旗袍）。

现代1（1949—1978）：新中国成立后，受政治经济的影响，服装带有明显的时代印记，服饰款式相对单一朴素。

现代2（1978年至今）：受改革开放的影响，社会经济的发展，人们的思想观念的开放，服饰表现出个性化、多元化，呈现出五彩缤纷的特点。

师：我们一起了解了服饰的变化，接下来我们一起玩个游戏：穿越时空猜猜猜。

（播放幻灯片）爷爷：生于1954年；爸爸：生于1979年。

活动二：猜猜他们13岁时可能会穿什么样的衣服？13岁的你有哪些款式和颜色的衣服呢？假如收到一封来自2050届两校同学的E-mail，那时他们的服饰与我们相比可能有什么变化呢？

生1：爷爷可能会穿绿军装，因为爷爷13岁是1967年，正处于"文革"时期。

生2：爷爷也可能穿灰便服。

生3：爸爸可能穿西装，因为爸爸13岁是1992年，中国正处于改革开放时期。

生4：爷爷也可能穿中山装。

生5：爸爸还可能穿喇叭裤。

生6：25年后的校友可能会穿着更加环保的服装。

生7：25年后也可能穿着更加轻便的服装。

生8：25年后也可能穿着更具高科技的服装，比如隐形衣……

师：短短的几分钟时间，我们就一起穿越了历史，感受了过去，也畅想了未来。尤其是同学们都特别关注到了"环保""舒适""高科技"等理念，这都是非常具有时代感的理念。那么你们有没有想想服饰为什么会发生这么大的变化呢？下面我们一起进入下个活动。

活动三：请同学们阅读黑板上的三则材料，根据材料，思考服饰发生变化的原因。

材料一："今则万国交通，一切趋于尚同，而吾以一国衣服独异……今为机器之世，多机器则强，少机器则弱，辫发与机器不相容也。""中国宽衣博带，长裙雅步而施万国竞争之世……诚非所宜。"

——康有为《请断发易服改元折》

材料二：1850年，上海的洋货进口总值为390.8万元，1860年达到3667.9万元。西方商品几乎渗入了中国城市生活的各个方面，从日常必需的米、面、衣料等基本生存所需的商品到罐头、饮料等享受方面的商品内容丰富。

——谯珊《近代城市消费生活变迁的原因及其特点》

材料三：他们（先进知识分子）认为，传统婚姻的种种陋习"害国计、弱种族"，主张"欲革政治之命者，必先革家族之命"，提出实行恋爱自由、婚姻自由，禁止一夫多妻等。

——严昌洪《中国近代社会风俗史》

师：同学们注意每则材料的关键词。下面我们来尝试说说你读到的信息，概括原因。

生1：材料一中的信息是"今为机器之世，多机器则强，少机器则弱，辫发与机器不相容也。"说明中国长袍马褂不适合机器生产。

生2："中国宽衣博带，长裙雅步而施万国竞争之世……诚非所宜。"这些信息说明中国服饰的改变是为了适应工业革命后经济发展的需要。

生3：材料二中信息说明中国的社会生活受到了外国的影响。服饰同样如此。

生4：近代社会风俗变迁受了政治变革的影响。

生5：服饰变化受了平等自由思想的影响。

师总结：同学们都表现很好，基本读出了信息。纵观中国百年，受西方工业文明和民主思潮的影响，中西文化不断碰撞与交融，使人们的服饰发生了很大变化，这就说明服饰变化的原因主要受外来因素（工业革命的影响），政治变革的作用（维新变法、辛亥革命、新中国的成立等等）；经济发展（改革开放、科技进步）；文明平等等思想的促进。这种变化是必然的，是时代造就的。反映着社会物质文明的进步，折射出人文精神和民主意识。下来我们一起来感悟服饰怎样折射政治和经济以及外交等。

（三）感悟服饰与历史

1. 服饰与政治：

师：（播放中山装视频）请同学们仔细观看视频，并说一说中山装的含义？

生1：中山装的立领体现以文治国，严谨治身。

生2：中山装的五个扣子体现五权分立。

生3：中山装袖口的三个颗纽扣体现三民主义思想……

师：刚才同学们说的正是中山装的含义。中山装1912年定型，历经百年，却依然是国家领导人在正式场合里的首选服饰，可见中山装并不仅仅是一件普通款式的衣服，它所蕴含的政治寓意有着中国的民族特色，是我们民族的代表服装，代表着崛起的中国、发展的中国、文明的中国。

2. 服饰与思想文化：

师：（过渡）说起民族服装，那除了中山装，还有什么服装呢？

生：旗袍。

师：好，我们接着看看旗袍的变迁。思考旗袍的变迁能说明人们的思想观念发生了怎样的变化？（播放旗袍变迁的照片）

生：由封建思想到自由平等思想的转变。

师：同学们总结得非常好。这正印证了郭沫若的话，他说衣裳是思想的形象，衣裳是文化的表征。也就让我们懂得服饰是一定时期思想文化的表征。我们再浏览一组亚太经合组织会议时的照片（播放照片）。

设问：在国际会议中各国的领导人穿着举办国的民族服装，这体现了各国对不同民族文化的什么态度？（生：尊重民族文化）。

师：大家回答简洁明了，准确无误。通过上面这一组图片和视频的观看，我们可以说服饰变化是受政治变革、经济发展、思想解放等因素

的影响，反之，服饰也是一定时期政治、经济、思想、文化的反映。

（四）思维拓展

服饰是一定时期政治、经济、思想、文化的反映。那么看看我们身边的服饰文化。

（播放西安铁一中汉服运动）

学生活动：请同学小组互助，谈谈如何正确对待传统文化和外来文化？

生1：西方的文化有其先进性，我们可以学习，但同时也要保留自己的特色。比如中山装就借鉴了西装的优点。

生2：我们要学西方的文化，学它的长处，但同时也不能丢弃自己的传统文化。因为中国的传统文化源远流长，我们坚守一个原则就是——取其精华，去其糟粕。

生3：我们既要学习外来的先进文化，也要注意保护自己的传统文化……

师总结点评：服饰的变迁也是中西文明碰撞、交融的结果。在当前经济全球化的浪潮中，我们更应该既吸收外来的先进文化，又应该保护好自己的民族文化，用敬畏之心挖掘传统文化的内涵，并且能够以创新的精神发展传统文化。因为只有民族的，才是世界的！

师：今天我和大家共同探讨了近现代服饰的变化，学习了这段历史，你有何认识或感想？

（五）知识巩固

（投影显示）学习了中国近现代服饰的变化，你有何认识或感想？

生1：服饰的变化反映了人们观念的变化、生活方式改变了，生活比清朝时好了。

生2：我认为辛亥革命不仅推翻了清朝，而且还改变了中国人的穿衣习惯。

生3：这些服饰的变化，反映了中国人观念的改变，说明了社会的发展进步，中国开始走向了世界。

生4：封建社会妇女的地位低下，思想太保守，一定要改革。

生5：说明中国文明了，表明中国人走入了世界，与世界接轨。

生6：辛亥革命、新中国的成立以及改革开放等深深影响到服饰的变化，所以说政治政策会影响到生活，生活中也能体现政治。

师：好，哪一位同学来总结下这节课的主要内容？（点名让几个学生起来说）

（六）课堂小结

（播放动画总结）近代以来，随着西方的文明大踏步进入了中国，中国人由最初的抗拒、排斥、被迫接受，到主动吸收西方文化的精髓，为我所用，这种变化表现在服饰方面最为明显，中西文化水乳交融的服饰出现，并且一直延续至今。改革开放以后，随着经济的发展，中国的服饰更加多元化，并且中外交流的范围越来越广，中国人正以一种海纳百川的博大胸怀，从一个民族的中国走向一个世界的中国。

八、专家或同行点评

拓展课的展示，体现了二校的办学理念，也是教师风格的展示。下面我就针对李李老师的这节"穿在身上的历史"拓展课，谈点意见和看法。

（一）总体性评价

拓展课可分为活动类、科目类，自主类等类型，很明显这节历史拓展课属于科目类，题目就明确限定了拓展课课型。

教学目标强调一节课要有核心观念来体现教育价值。这一点这节课表现突出，教学过程流畅，史料教学以及问题教学都很充分。

从内容角度来说，本节课关注了历史时序的纵向发展；同时也关注了科目的综合性思维；从教学环节方面来看，这节课突破了传统课的思维。

（二）具体环节评价

第一环节：以知识现象为主，形成本节课拓展前提，活动的设计以学生为主体，并通过服饰的变化的小角度来窥视近代中国社会的大变迁这个角度切入很好。

第二环节：强调能力探究和知识的迁移，讲述与讨论相结合，效果很好，尤其是不断激励、不断评价地推进学习，极大地调动了学生的积极性。

第三环节：这一环节视频的引入效果很好。建议可将视频声音消除让学生配音，这样就更能让学生理解中山装的含义。

（点评老师：杨宗年）

Customs and Manners

■ 王晓霞

【Design Idea】

The title of this unit is "You are supposed to shake hands". It aims to teach students to use infinitive to express customs and manners. It's related to students' daily life. I'm sure students are interested in it. We have finished this unit. So this class we change the 2 passages and tapescripts into 3 dramas. Then help them know more customs and manners.

【Students Analysis】

Students in Grade 9 have already learned about some vocabularies, sentences and language structures. And they are interested in customs and manners. So it's easier and more exciting for them to learn and act.

【Teaching Aims】

Knowledge aims

1. Students can read, spell and use the key words and phrases: greet, relaxed, mad, make an effort, manner, go out of one's way, make…feel at home, behave, get used to…

2. Students are able to use　You are supposed to …
　　　　　　　　　　　　You are not supposed to …
　　　　　　　　　　　　They are expected to …
　　　　　　　　　　　　It's +adj. to do …
　　　　　　　　　　　　be /get used to

Ability aims

1. They can use the target language to talk about customs.

2. They should know what they are/ aren't supposed to do in other countries.

3. Improve their listening and speaking skills by acting.

4. They can finish their hand-out.

Moral aims

Students can know and respect different customs and learn "When in Rome, do as Romans do".

Strategic aims

Improve their memory skills and learning efficiency by taking notes and preparing the dramas.

【Teaching Procedures】

Internet, Content-based instruction teaching method.

Step 1 Warming up and leading-in

T: Hello my dear kids. What did we learn this week?

S: We learned customs and manners.

T: At the beginning of the class, let's enjoy a short video. After watching it, you are supposed to tell me the different customs in it.

(Watch a video about customs for 3 minutes)

T: Yes, it's a very interesting video. Try to talk about the customs by using the following:

1. You are supposed to ⋯

2. You are not supposed to ⋯

3. They are expected to ⋯

4. It's +adj. to do ⋯

5. be /get used to

(Students talk for 3 minutes)

T: The customs are very important, if we don't know them, maybe we'll make mistakes, just like the following dramas. Let' welcome our excellent actors.

Step 2 Dramas

Drama 1 Rebecca's mistakes

Scene 1

Actor 1: (男生) B   Actor 2: (女生) G   Narrator: P

P: Have you seen the following scene in your life?

B: Hello, I'm Bob. Nice to meet you!

G: Hi! Bob, nice to meet you, too. I'm Mary. [The girl reaches out to shake hands, but the boy kisses her hand.]

G: What are you doing?   (Throw water on the boy.)
Are you crazy? [The girl left angrily, and the boy stood there alone.]

P: What an interesting scene! That girl was angry, but the boy didn't know what had happened. Do you know why the girl was angry? Haha, take it easy. Let's enjoy a little story together!

Scene 2

Mao Wenhui: R   Han Xiao: H   He Lan: L   Figurant: A

R: Hello! I am coming!

H: Oh, Rebecca, I think you will be absent.

R: Why do you think so? I am very glad to take part in your party.

H: You are supposed to arrive at 7:00, but you arrived at 8:00.

R: Sorry, I am late. But in my country, when you are invited for 7:00, you are expected to come later! It is considered strange to arrive on time.

H: It doesn't matter. Don't mind. And remember, in American, you are supposed to arrive on time. If you arrive late, the host will be angry, because it is impolite.

R: I see. I hope I didn't disturb your party.

H: It's not your fault. Don't be guilty. Oh! Look, this is my sister.

L: Hello! Nice to meet you! (伸出手)

R: Nice to meet you, too! (亲了她) (全场哗然)

R: Err…, what's the matter?

H: Haha… Rebecca, you are supposed to shake hands instead. I know you only want to greet her.

R: I…I am so sorry! You know … in my country, when you greet each other, you are supposed to kiss. But I'm in America now! How stupid I am. It's really embarrassing. I… I don't know what I should do.

H: Don't worry. And don't be embarrassed. I love your kiss.

R: Thank you!! I'm so happy that you are not angry.

A: Rebecca, let's play volleyball! Why are you wearing a dress?

R: Uh-huh. Isn't it beautiful? I bought this dress for the party. Emm… Why are you in a T-shirt and jeans? And you? And you…

H: Oh, dear! It is an outdoor party! We will play many interesting games, such as having a running race, flying kites, riding bikes and so on. We hold this party to exercise and relaxed ourselves.

R: Oh, my god! Nobody told me about it! I'm very sorry! This party is destroyed by me!

L: Don't worry. We can play some other games. We will have a good time together!

A: Yes! Everybody, desserts are ready! Come and enjoy them together!

H: Yeah! Let's go!

R: Ok! Thank you very much!

—End

R: Hello, everyone! I'm Rebecca, the girl who made so many mistakes. Do you still love me?

Ss: Yes.

R: Thank you! Now I need someone to point out my mistakes. Who can help me?

(Some students point out the mistakes: arrived late, greeted the girl the wrong way, wore the wrong clothes)

R: Thank you! I have a good friend. She has a boyfriend online. They are from different countries. Last weekend they had a terrible date, let's see what happened.

Drama 2 A terrible date

A girl from Colombia and a boy from Switzerland are studying in Xi'an now. They met online and fell in love with each other day by day. One day, the girl calls the boy …

(G: Girl   B: Boy)

G: What a good day! I miss you so much! Can I go to visit you?

B: Amazing! It's just what I want! We have never met before. How about five o' clock? Let's meet at Bell Tower.

G: OK, it's four o'clock now. I'll meet you on time.

B: It is the first time we meet. Don't be late.

G: Sure!

(When the girl went out, she dropped by her friend's house and bought a cake and ice-cream on the way. It's 5:15pm now.)

G: Hi, have you been waiting for long? How beautiful the flowers are! Are they for me?

B: Here you are!

G: Oh, what's the matter?

B: You're finally here. It's the first time we meet. You're late!

G: Hey, don't mind. In our country, we can enjoy our time slowly.

B: But in Switzerland, we are very strict about time. After all, we are the country of watches.

G: Don't be angry, we like to live a slow life and not like to be in a hurry. If we invite someone else, we won't mind if they are a little late.

B: Oh, I didn't expect you to live like this, my god! I think if someone invites you to meet them at noon, you must arrive at noon. If you're 15 minutes late, your friend may be angry. So when I meet my friends, I try to get there on time. But you…

G: Well, I said I often drop by my friend's home, and I just dropped by Amber's.

B: What? You visit Amber without calling first? I can't believe! I think it's really impolite. And ice-cream , you even spent time buying ice-cream (Very helpless, Very angry).

G: What's wrong? It's just ice-cream!

B: You just come to date with me, do you know?

G: OK! If you still care , we have nothing to say. After all, we have a lot of differences.

B: Well, maybe, but we can be common friends and often plan to do something interesting, or find some people to go somewhere .

G: OK , common friends. All right. That's OK. Bye!

B: Bye!

G: Hey, my handsome boy, your flowers! (Throw the flowers at the boy angrily)

——End

G: Hi, my dear friends, I'm the girl from Colombia. We miss each other but we had a terrible date. Do you know why?

(The students talk about the differences between these two countries)

Drama3 Table manners

C: Cai Yuchao   S: Che Yuke   F: Yue Pengpeng   L: Fu Sirui
Figurant: Boss & Waiter

Scene 1 In front of the restaurant

C: Hello, everybody ! I'm a Chinese student. It's Sunday today, so I invite some of my classmates to have dinner. But they come from different countries. Oh, look, Susan is coming. She is from France. She is a beautiful girl. Hi, Susan. Good evening! (Reach out right hand to shake hands.)

S: Shake hands? But in our country we are supposed to kiss.

C: Kiss? Oh my god! (Very shy) It's so embarrassed.

L: Hi, Cola, what are you talking about?

C: Oh, Lorry, this is Susan. She is from France. Susan, this is Lorry. She is from India. (S & L say "Nice to meet you" to each other.)

S: Hi, Cola, where is the Japanese friend?

C: Look, he is coming.

F: (Greet in Japanese and bow)

L: Speak in English, please! Take it easy!

C: Hi, Frank! Do in Rome as Romes do. You're supposed to shake hands. Everybody is coming, let's go . (四人一起进入了餐厅)

Scene 2 Before eating

C: This restaurant is famous for its delicious Chinese food.

S: Sounds good, I think it must be wonderful.

L: Yes, I am so hungry now! I want to eat a cow.

C: What? A cow? OK, help yourself!

W: Can I help you?

L: Yes, I need a bowl of rice.

S: A piece of bread and some fruit, that's enough for me.

C: I'd like a bowl of dumplings.

F: A bowl of noodles, please.

W: Anything else?

C: No, thanks.

(Waiting for the meals, C & S are talking, F is reading a book, L feels bored, so she is hitting the empty bowl with chopsticks.)

W: Excuse me, what can I do for you?

L: Nothing much!

C: Thank you. (Turn to L) Lorry, don't hit the bowl with your chopsticks. It's very impolite.

L: I'm sorry.

Scene 3 While eating

W: Your food is ready!

C: Thank you!

L: Oh, it's so delicious. (Eat with her hands, everyone looks embarrassed.)

C: Lorry, you're not supposed to eat food with your hands, it's dirty.

S: Yes, why?

L: But in our country, we're supposed to eat with hands.

S: I see.

(Frank is eating noodles, and he makes loud noise, everyone looks at him.)

C: Hi, Frank, you're not supposed to make noise when you are eating noodles.

F: But it's delicious. I just want to show it's delicious.

C: Oh, my god. Different customs again.

(Lorry can't use the chopsticks freely. She sticks them into the rice. Cola notices it.)

C: Lorry, you can't do like this. It's so rude.

L: What's wrong again? (She becomes a little angry.)

(At this time, Susan puts a piece of bread on the table, and begins to put some apple jam on it.)

C: Hi Susan, the table is not clean.

L: You can put it on the plate.

S: But in France, we are expected to put it on the table.

C: It' too strange.

S: Don't just complain about us. Look at your elbows. Don't put your elbows on the table.

C: But we are in China now.

S: OK, you are always right.

W: Excuse me, this is our special soup.

L: Thank you. Hamm, Yummy! What's the meal made of?

W: It is made of pork.

L: What? Pork? Oh, no, I can't eat it. (All the customers are shocked and surprised.)

W: Are you OK?

L: No, I'm angry. Go out!

W: Hey, Why?

L: I know··· I can't explain it! (She is so nervous that she can't say a word.)

C: I know, because she is a Muslim, she thinks we can't eat pork.

L: Yes, yes.

B: What happened?

Waiter: Sir, she is a Muslim, so···.

B: Hmm, I see. First, I must say "sorry" to you, then we'll make a board and then write "special menu for Muslim". The last one: All the things you ordered is free.

W: Yes, sir.

B: I am so sorry, and I promise we will pay attention to this problem.

L: Okay, thank you. I'm sure you can solve this problem.

Scene 4 After eating

L: Susan, do you know there is a famous singer in China named ⋯. (She points at Susan with chopsticks.)

(Cola can't stand it. He stands up, pat the table and says)

C: Don't point at others with your chopsticks, it's so impolite.

L: Why can't I do anything?

C: Different countries have different customs. In China you're not supposed to do like this, this and this. (He does what Lorry had done.)

S: Keep calm, please. Although there are some mistakes, I still feel happy, because you made me feel at home.

L: Yes, I made so many mistakes. There are lots of table manners in China. It's really difficult to remember, but I still love China.

C: I'm sorry, I was not friendly just now.

L: That's all right.

S: We also learned so much today. In India, we can eat with hands. In Japanese we must make noise to show the noodles are delicious.

F: Yes, I know in France we are supposed to put bread on the table.

C: OK, in fact the dinner is interesting. How about going shopping together?

L & F & S: Great, let's go.

—End

Step 3 Chinese table manners

Talk about the dramas, some students talk about the customs and manners in these countries.

T: Wonderful my honeys. Now let's talk more about table manners in great China. First, look at the pictures and talk about table manners according to them, then ask some of you to share them.

(Students talk for 2 minutes then share many kinds of table manners in China)

Step 4 Exercise

Read a passage about customs in Japan, then finish some exercises about it.

Step 5 Summary

Ask students to sum up what they learned in this class.

Step 6 Homework

Write a letter to your friend to tell him/her about our table manners.

【Blackboard Design】

Customs and Manners

You are supposed to ⋯

You are not supposed to ⋯

They are expected to ⋯

It's +adj. to do ⋯

be /get used to

Robots

■ 肖春燕

【Design Intention】

This class is related to the topic of *Unit 7 Will people have robots?* (Volume two, Grade 8, Go For It) and the key sentences are about future tense by talking about future life. Nowadays, robots are used in some ways. With the development of science and technology, they will sure play a more and more important role in more fields bringing more convenience to our lives.

In order to arouse students' interest and develop their confidence in using English, the teacher designs a class and carry it out in the form of a drama. Students are supposed to write the play by themselves and act it out by using the target language to communicate in different situations.

【Learning Situation Analysis】

According to the curriculum standards, students from grade eight are supposed to not only master several tenses, such as simple present tense, simple past tense, present progressive tense and past progressive tense, but also learn how to see a doctor, order food, go shopping orally. And they also should be able to write some simple pieces of articles. Some students are very poor in English, so it is very important to divide the students carefully in order that group members can help each other and every student can take part and gain what they are expected to.

【Teaching Aims】

Knowledge objectives

1. Students can use the sentence structures to greet others, ask about others' problems, comfort others and so on properly and freely, like "How are you?", "What's the matter?" and "I'm sorry to hear that, but I believe…".

2. Students can use the sentence structures to make polite requests, like "Can you tell us…?, Would you mind us asking you some questions?"

3. Students can use some sentences to make comments, give opinions or express thanks.

4. Students can use different tenses freely.

Ability objectives

1. Students practice their written English by writing the play.

2. Students can open their mouths to practice their oral English by acting the drama.

3. Students can learn some acting skills, such as intonation, speed, facial expressions and body languages in different jobs.

Moral objectives

1. Students can improve their confidence to express themselves by practicing again and again.

2. Students can learn that robots may offer help to humans in many ways, but we can't not depend on them to do everything, and then we won't be replaced by them.

3. Students should study hard to develop science and technology.

【Teaching Preparation】

1. The teacher divides the students into five groups and they need to cooperate to finish some tasks.

2. Students need to write the play by themselves and practice before class.

3. Students need to prepare the props ahead of time.

Difficult Points

1. Students try to write the play properly and correctly by themselves.

2. Students try to act the characters well as actors or actresses and at the same time they need to be directors to direct and help each other.

3. It is rather difficult for the main character Snow to memorize the lines because there is too much for him.

Lead in

In our daily life, we usually see robots in films. In the future, maybe every family will have a robot. Do you think so? Today, let's come to robot times with our teachers. (Play music and set the scene.)

Drama

Scene 1   A doctor invented a robot that can help do many things (at the doctor's home).

Characters: Joe — a doctor   Tom — his brother   Tobby — a robot servant and driver

(The robot invented by Joe makes a mess of the house, with the rubbish on the floor. And when doing the dishes, it drops some plates and bowls on the floor and they break. Thus, Dr. Joe is very frustrated and upset on the chair.)

Tom: Hi, Joe. What happened? You look so upset.

Joe: Tom, you know, I have been so busy with the robot these years, but it doesn't work as I expected. I fail (in a sad voice).

Tom: I am sorry to hear that. I see. You have devoted to it for so long. Come on, Joe. I believe you will invent the robot you want (pat his shoulder slightly).

Joe: Thank you, Tom.

(After a long time, Dr. Joe invents a robot as he expects. On a sunny morning, Joe gets up in a good mood.)

Tobby: (Go forward quickly) Good morning, doctor. Your breakfast has been served on the table. What else can I do for you?

Joe: Thank you. I will leave for the airport in half an hour. Can you prepare the car for me?

Tobby: No problem, doctor… (half an hour later, at the gate) Please, doctor (On the way to the airport, music is being played. Joe looks at his watch, surprised.)

Joe: Oh, I'm afraid I will be a little late for my flight to HongKong.

Tobby: Don't worry, doctor. I will speed up. Please sit well, sir.

(Finally, they arrive at the airport on time.)

Scene 2 Some students want to buy a robot (at a shopping center).

Characters: Some middle school students (Chen and Yong), a shop keeper

Chen: (On the way to school, Chen thinks to himself, "I have so much homework to do every day. I don't want to do it, and I just want to play. Robots can help my mom do all kinds of housework, and in my father's factory, robots can also do many things. Why can't I have a robot to help me do my homework?" At this time at the school, he meets his classmate Yong.)

Hi, Yong, how are you?

Yong: I am so tired. I stayed up late last night to do my homework.

Chen: Me too. I want to buy a robot to help me do homework. Nowadays, robots can do anything for us humans. Would you like to go with me this Saturday?

Yong: Sure. I think Cindy will go with us.

(On Saturday morning, they three meet at a shopping center. And they go into a shop to buy a robot.)

Shop keeper: Can I help you:

Students: We want a robot.

Shop keeper: What kind of robot do you like? We have all kinds of robots. This one can babysit and play chess, and that one can help with housework…

Yong: I want a robot that can do my homework instead of me.

Shop keeper: Sorry, we don't have a robot that can do such things. Robots can do many things for us and they help to make our lives more convenient, but they can't replace our humans to study and we can't let them take the place of us. It is we that invent robots and develop technology. We can't lose the ability to learn.

(On hearing this, the students feel very ashamed, and they leave the shop and decide to study hard.)

Scene 3 A robot dentist (at a hospital).

Characters: A patient and a robot dentist

(An old man has a bad toothache and goes to a robot dentist. (A knock on the door.)

Dentist robot: Come in, please…What's the matter, sir?

Old man: Ouch, I have a bad toothache.

Dentist robot: How long have you been like this?

Old man: Since last night, after I ate hot-pot.

Dentist: Please lie down and let me have a look…. Maybe the hot-pot is too hot, and you had too much pepper in it. Don't worry. There is nothing serious. I will give you some medicine, and please take it twice a day. Drink more hot water and don't have hot food these days. You will be better soon.

Old man: Thank you.

Scene 4 Robot cooks and waiters (at a restaurant).

Characters: Two persons, a robot waiter and a robot cook

(Two men come to the restaurant, and a robot waiter comes over.)

Robot waiter: May I take your order, sir?

Customer A: Yes, I'd like a bowl of noodles.

Robot waiter: What kind of noodles would you like?

Customer A: I'd like a bowl of beef and potato noodles.

Robot waiter: What size would you like?

Customer A: Medium.

Robot waiter: OK. How about you, sir? (Turn to customer B)

Customer B: The same, please.

Robot waiter: What would you like to drink?

Customer B: A juice.

Customer A: Me too.

Robot waiter: OK. Two bowls of beef and potato noodles and two juices. Wait for a moment.

Customers A and B: Thank you.

Scene 5 A robot policeman (on the street).

Characters: A rich lady, a robber, a policeman and a robot policeman

(A well-dressed lady is walking on the street when a young man runs over and robs her bag.)

Lady: (Running after the man) Help, help!

(A policeman nearby hears it, and he also chases the robber, but the robber runs too fast for them to catch. At this time, a robot policeman comes to help. He changes his shape into a car, and in a second he catches the young man. Then the man is sent to the police station.)

A policeman: You are so young, but why do you do such a thing like robbing?

Robber: (Ashamed with his head down.) I'm so sorry. My father is badly ill, and I need plenty of money to treat his illness. But I don't have enough money, so I… I'm so sorry.

(On hearing this, both the police and the lady decide to forgive the man and help the young man by offering him some money.)

The police: Here is some money for you. Go back to your father. Remember, you need to think twice before making a decision. Anyway, we need to do right things. We can't do anything illegal, young man!

Robber: (Moved and thankful.) Yes, you're right. Thank you so much. Thank you, lady. Thank you, sir.

Summary

With the development of technology, robots will help us humans a lot in many ways in the future. Can we depend on robots completely to do all the things?

学弈

■ 谢小虎

一、设计意图

古文教学应引领学生最大限度地走进这种文化，潜心会文，虚心涵泳，熟读精思，切己体察，使这种文化滋养学生心智成长。六年级的学生思维活跃，自主合作学习的能力较强，我确定了以小组合作、探究的形式开展学习活动，确定下"坚持以自读为主，重在感悟、积累"这一基调，让学生自己质疑、释疑，教师适当点拨、扶助，必要时精当讲解。激发学生对文言文的兴趣，通过学习，让学生感受古文的韵律美，提高审美情趣，掌握学习古文的方法，把语言训练和人文精神的熏陶结合在一起。

二、教学目标

1. 教师引导学生整理文言文学习方法，根据学法疏通全文，了解故事内容，并用自己的话讲讲。
2. 学生能有感情地朗读课文、背诵课文，做到节奏停顿得当、抑扬顿挫，从反复诵读中初步感悟文言文中特殊的语言现象。
3. 学生能从课文中体会到做事必须专心致志、不可三心二意的道理。

三、教学重点

学生有感情地朗读课文，熟读成诵。

四、教学难点

学生根据学法读懂课文内容，并用自己的话讲讲，体悟其中道理。

五、教学过程

（一）导入

师：现在我们一起来看一则新闻报道。

师：这则新闻报道了什么？

生：柯洁与阿尔法狗人机大战。

师：人机大战的是哪一项体育赛事？

生：围棋。

师：是的，那你们了解围棋吗？

生：1. 围棋是我国的传统棋种，早在春秋战国时期就已经广为流传了。2. 是一项竞技运动，也是一门艺术、一种文化。3. 是我国古代四大艺术琴棋书画中的一种。4. 还有一种美妙的传说说围棋源于尧舜时期。

师：同学们真是博闻强识啊，围棋可是我们的宝贵的传统文化，希望大家可以将我们的国粹继续发扬光大。那你们知道围棋在古代被称为什么吗？

生：弈。（板书"弈"）

师：对，弈在古代专指围棋。可是，要是不会围棋怎么办呢？

生：学。（板书"学"）

师：所以，学弈的意思就是？

生：学习下围棋。

（二）交流、整理资料

师：这就是今天我们要学习的寓言故事。那你们知道《学弈》是谁的哪一部作品中的文章吗？

生：《孟子》。

师：那我要检查一下大家预习的效果如何了？谁来说说你对孟子的认识？学生交流（1~3人）。

师：大家对孟子的了解真多。

师：其实我们五年级的时候就积累过《孟子·告子》中的一句话，谁还记得？

生："生，亦我所欲也；义，亦我所欲也；二者不可得兼，舍生而取义者也。"（师顺势课件出示此句）

师：孟子生活的年代虽然离我们很遥远，但是关于孟子的一些典故我们却是耳熟能详的。比如孟子小时候，母亲非常疼爱他，曾经为了替孟子找一个舒适的学习环境而三次搬家，这就是我们熟知的三字经中的一句——

生："昔孟母，择邻处。"

（师顺势课件出示此句）

师：还有，孟子小时候很贪玩，有一次逃学回家，孟母便剪断织机上未织完的布，以此来告诫孟子学习要持之以恒，半途而废就会像那匹布般变成一团废物。这个故事后来就演变成——"子不学，断机杼。"

（师顺势课件出示此句）

（三）探究文言文学习方法

师：在这之前，我们已经学过了一些文言文，也掌握了一些学习文言文的好方法，现在请大家说说你知道的学习文言文的方法。

师：老师把大家的学习方法加工整理出来了，我们一起来看（PPT出示），齐声朗读。

（四）自学《学弈》

师：请同学们运用四步学习法小组合作学习《学弈》。用时五分钟，请同学们先对照译文，把不理解的字或词弄懂，然后再试着说说字和词连成句子的意思。最后再把句子连成篇说说整篇文章的意思，同桌之间互相说。把不懂的记下来，然后一起探讨解决。

师巡视并相机指导。

师：老师看到同学们刚才学习得非常投入，那么谁愿意先来试着读读这个故事。

生1：读。

师：你们感觉他读得怎么样？（生评）再指名读。

师：大家的热情感染了我，能不能也给我一个机会，我也想试一下。你们注意听我读得有什么特点。（教师范读）

生：老师读得很慢。

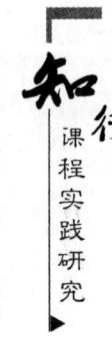

生：老师那句"为是/其智/弗若与？曰：非/然也。"读得很有古文的味道。

生：老师读得很有韵味，有气质。

师：还夸我有气质，真好，谢谢你。

师：我们来总结一下，读文言文第一要读得慢一些，第二，要注意句中的停顿。这样才能读出韵味，多读是我们学习文言文的又一种方法。

师：按照我们刚才悟出的读文言文的方法，你们在下面也试一试。（生自由读）

师：看来大家读得挺起劲儿，谁找到感觉了？个别读。

师：还有谁想读？好，现在同桌之间彼此读给对方听。（生读）

师：男生女生谁读得好？（学生争说）

师：孰好孰差，口说无凭，让我们拭目以待，男生女生各找一个代表赛读。

师：女生的清脆，男生的厚重，各有千秋，让我们一起朗读一遍，齐读。

师：还有想读的同学吗？别急，等理解了课文的内容以后，你们会读得更好，到了那时，我们再来比一比。我来考几个问题。通过刚才的学习，谁来说说课文主要讲了一件什么事？

生：课文讲的是弈秋教导两个人学下围棋的事。

师：弈秋，是何许人也？

生：弈秋，通国之善弈者也。所以我认为弈秋是全国最擅长下围棋的人。

师：你从哪个词看出弈秋是全国下围棋最厉害的？

生：通国，是全国的意思，我认为他一定是经过各类比赛才脱颖而出的。

师：相当于全国的围棋冠军啊，多么受人尊敬啊！该怎么读呢？

生：要带着敬佩。

师：指导朗读，读出感情。

师：能背吗？（能！）你看古文并不难懂吧！

师：就是这样（课件出示）把意思、语气结合起来，把自悟、自得结合起来，熟读成诵——就这样读古文，知道了吗？

师：课文里的人让弈秋干什么？（教两个下围棋）弈秋的棋艺是这样的高超，那么跟他学下棋会学得怎么样呢？

生：名师出高徒。

师：是啊，我们来看一下他这两个高徒的上课表现怎么样？这句比较长、比较难，请大家用线分别画出两个人上课表现的句子，一个一个地说说。同桌之间互相合作，一人读一个小分句，并解释一个小分句，一人读句子，一人解释这句。

生：一人读，一人解释，合作学习。

师：我们先来说第一个人。

生：其一人专心致志，"惟弈秋之为听"；其中一个人听课的时候专心致志，只听弈秋师傅的教导。

师：能不能说一下"惟"的意思？

生：只。

师：你很聪明，巧妙地调换了一个词的位置，就把这句话的意思解释通了。

课件演示："惟弈秋之为听"一句的语言现象。告诉学生以后会进一步进行学习。

师：再来说说第二个人。

（生先读，后解释）

师：你觉得这一句中，哪些词要提醒大家注意的？你注意到一人虽听之中的"之"和"思援弓缴而射之中"的"之"是一个意思吗？

生：不是，一人虽听之中的"之"是弈秋的教导，而"思援弓缴而射之中"的"之"是指第二个人。

生：老师，不对，"思援弓缴而射之中"的"之"是指鸿鹄，不是，是天鹅。

师：那它们和通国之善弈者也中的"之"一样吗？

生：不一样，那个"之"是"的"的意思。

师：你看看这个"之"，神行百变啊，一会儿出现在句中，一会儿出现在句尾，不同的位置，甚至一句话中，意思都不一样，接下来的学习中你还要关注它，它还会发生变化。

师：大家把一、二两句连起来读读。指导读、背。

师：到现在为止，弈秋的两个学生各是怎么学习的弄清了吧？能不能用两个成语分别来概括一下两个人的上课表现？

生："其一人全神贯注，其一人心不在焉；其一人聚精会神，其一人三心二意；其一人目不转睛，其一人心猿意马；其一人一丝不苟，其一人东张西望……"

师：猜一猜，这样学习的两个人，他们的学习结果会一样吗？（不会）孟子对这件事又是怎么认为的呢？学习文章最后三句话，你读懂了哪一句就来说哪一句。

生："虽与之俱学，弗若之矣。"学生解释，教师随机指导生字"俱、矣、曰"。

师："虽与之"的"之"解释是指前一个人。"弗若之"的"之"书上没有注释，怎么解释呢？

生：也是代指前一个人。

师：又是这个"之"字，它又有变化了，我们这回来总结一下（课件出示）这是在这篇文章中所有出现"之"字的句子，你看它有时表示人，有时表示事，有时表示物，还有时是特殊用法，这在文言文中是一种特殊的语言现象，大家今后学习古文的时候要多留心这样的字，比如这篇文章中还有几个多次出现的字，你发现了吗？

生：有"为、其、与"。

师：有进步。谁再来说。

生：为是其智弗若与？（并解释）

师：你解释得很好，我们来做一个大胆的尝试："说的是他的智力不如前一个人吗？"为了使语言精练，作者在"弗若"和"与"之间进行了省略，你能补充吗？把意思说完整？课件出示：为是其智弗若……与？

生：可以填"之"。

师：（相机标添加）老师太激动了，我再来问一下，你知道你填的这个"之"是什么意思吗？

生：前一个人。（掌声）

师：太棒了！你不光了解了"之"的用法，而且还能学以致用，将来一定可以写文言文了。

师：作者认为是不是智力的问题？

生："曰：非然也。"（学生解释）

师：你们同意这个观点吗？（同意）大家都很聪明，我们和孟子的观点是一样的。不是后一个人的智力不如前一个人啊，那么是什么原因"虽与之俱学弗若之矣"呢？

生：因为后一个人没能做到专心致志地学习。

师：对了，学习应专心致志。（板书"专心致志"）

师：三句话连起来读，读出感情，能背的就背。（读出反问的语气和回答时肯定的语气）

师：再给大家一个更大的挑战，用自己的话说说全文。（生串讲）

师：谁能背诵全文，能背的一起来背。（生看图背全文）

师：学得不错，今天我们学得好，也是专心致志的结果啊！

（五）学文明理

师：学史可以明智，精彩的学弈，就像一面镜子，故事里折射出的每一个角色都给我们留下了深刻的印象。除了专心致志以外，你还从哪个角色、哪个角度有所感悟和收获呢？今天课上我们就来召开一个《学弈》经验总结会。今天的总结会上，我们还荣幸地请来了全国围棋冠军弈秋师傅，弈秋师傅的大徒弟、二徒弟和众多的学者嘉宾。大家表示欢迎。（生疑惑鼓掌）

师：弈秋在哪儿啊？就在你们中间啊，大家可以选择一个角色。弈秋，或是大徒弟，或是二徒弟，或者是孟子，以他们的身份来说些什么，也可以作为嘉宾联系实际说说。

生：我是弈秋，通过这第一次教学，我知道了，不光在课堂上要教他们下棋，还要注意他们听课的效果，如果我能及时地发现二徒弟的情况，可能他就不会溜号了。

生：我是大徒弟，我认为上课注意听讲是我的本分，只有这样才能学到弈秋师傅身上的真本领，大家可千万别学我那个小师弟啊。

生：我是二徒弟，上课不注意听讲是我不对，可是我根本就不喜欢学围棋，为什么偏要我学下棋啊？

师：是啊，不喜欢又怎么能专心致志地学啊？

生：不管喜欢不喜欢，做事就得专心致志。

师：同学们，想一想，和弈秋师傅这样的围棋一流高手学习，机会多么难得啊，如果好好把握，坚持到底，说不定就会在围棋上有大成

就，这一开始的投入有多么重要啊，是不是？

生：我也觉得是态度决定一切！

师：是啊，态度决定一切，连《学弈》这篇课文的作者孟子都这样说（课件出示：）"不专心致志，则不得也。"这句话你们读懂了吗？

生：不专心，就没有收获。

师：是啊，不专心一无所得，反过来说，专心则得，小专小得，大专大得，恒专则可成大器。孩子们，这节课我们专心致志地学习了课文《学弈》，明白了许多道理，希望同学们以后能做事能一直这样专心，取得更大的成功。

（六）自学《鹬蚌相争》

师：我们运用学习文言文的四步法成功地学会了《学弈》这则寓言故事，接下来，请同学们前后四人小组运用学习方法合作探究学习另一篇寓言故事《鹬蚌相争》，现在开始。

1. 学生自学。

2. 成果汇报：

师：同学们学习得很认真，也很积极，那么大家学习的成果如何呢，让我们一起来看看。首先，哪位同学可以自告奋勇地来读读原文？

生2：读。

师：及时正音、帮助。

师：让我们一起来通顺地朗读一遍。

师：你们的学习能力真强，在这么短的时间内就可以学会这么多文言词语，表扬你们，谁又能根据自己的理解来讲讲这则寓言故事的内容呢？

生：讲故事。

师：最后的难题来了，你们通过学习，从这篇寓言故事中明白了什么呢？

生：畅谈自己理解的寓意。

（七）布置作业

子在川上曰：逝者如斯夫，不舍昼夜。时光飞逝，转眼间，我们的这节课已经接近了尾声，最后，老师还有一个设想想让同学们帮助完

成。(PPT出示作业内容)

(八) 板书设计

学弈

其一人　　专心致志
　　　　态度
一　人　　三心二意

爱心树

■ 杨 培

一、设计意图

　　这是一本文字与图画线条都非常简单的书，因此，在教学中，我尽可能地让每一个画面和每一个文字都能深深地烙进同学们的心田。为了让同学们在体会爱与被爱幸福的同时，激发他们对身边人的关爱，从小学会感恩，在阅读中，我关注同学们的真实世界，配上音乐，出示爸爸妈妈和孩子一起生活时的点滴照片，让他们在书的世界和生活的世界中获得情感的润泽、精神的滋养和成长的拔节，因此，特设计本次活动。

二、学情分析

　　一年级学生认知水平处于启蒙阶段，尚未形成完整的知识结构体系。由于学生所特有的年龄特点，学生有意注意力占主要地位，以形象思维为主。

三、教学目标

　　1. 了解故事内容，培养学生的想象、理解能力和语言表达能力。
　　2. 激发学生的阅读兴趣，培养学生边读边思的阅读习惯。
　　3. 在阅读中，理解"给予"的崇高含义，让学生感受到无私而伟大的爱，感受爱与被爱，懂得感恩。

四、教学重点

　　理解"给予"的含义，让学生感受到无私而伟大的爱，懂得感恩。

五、教学难点

学生能够独立地分角色朗读大树与男孩之间的对话，使自己融入到故事之中。

六、教学准备

多媒体、小书签、爱心纸片。

七、教学过程

（一）谈话导入

师：同学们，你们最近都在读什么课外书呢？
生 1：我最近在读《安徒生童话》。
生 2：我最近在读《小猪唏哩呼噜》。
生 3：我在读《小王子》。
生 4：我最近在读《一年级的小豌豆》。
师：今天，老师给大家带来一本书，一本感动我的书，这本书就是——《爱心树》。（出示封面）请同学们小手伸出来，和老师一起来写课题。
生：齐读课题。
师：用你的眼睛去观察封面，从封面中你能获得哪些信息？
生 1：我看到了爱心树上长着一个果子。
生 2：我看到了爱心树在给一个小孩递苹果。
生 3：我从封面中知道了这本书的作者是美国人，他的名字是谢尔·希尔弗斯坦。
生 4：我知道这是小男孩和苹果树的故事。
师：今天，我们就去看看这棵爱心树和一个小男孩的故事，一起走进这本童话书。

（二）走进绘本

师：请同学们用自己喜欢的方式读一读绘本，读到和老师大屏幕一样的地方就停下来，看看谁的读书能力和自学能力强！（出示图片、音

乐）

生：用自己喜欢的方式读文。

师：小男孩和大树都有哪些快乐的时光？

生1：小男孩采集大树的树叶。

生2：小男孩拿大树的树叶编王冠。

生3：小男孩在树上荡秋千，还吃大树上的苹果。

生4：小男孩和大树玩捉迷藏的游戏。

师：是呀！他们的快乐时光真多呀！请同学们展开想象：想想他（它）们还会有哪些快乐呢？大树爱孩子吗？

生1：他们会玩讲故事的游戏。

生2：他们会玩抓人的游戏。

生3：他们还会抱在一起睡觉。

生4：他们还会围着大树比赛跑步。

师：那你们觉得大树爱孩子吗？

生集体回答：爱！

师：作者把大树对孩子的爱都藏在了图画里，你们发现了吗？老师在"快乐时光"这一部分选了四幅图，请你们四人小组合作说一说，你喜欢哪一幅图？为什么？

生1：我喜欢第三幅图，因为我喜欢吃水果，大树有苹果。

生2：我喜欢第一幅图，因为我喜欢树叶，用树叶可以做成不同的画。

生3：我喜欢第二幅图，因为我喜欢做王冠，夏天的王冠更漂亮，可以是小花做的。

生4：我喜欢第四幅图，因为我喜欢玩。

师：大树和小男孩的确有一个快乐的美好时光，老师也很羡慕他（它）们，但是……时光流逝，小男孩长大了，大树觉得孤单寂寞，小男孩还会去看望大树吗？他和大树会发生什么事情呢？（播放PPT图片）

师：配乐读第一部分。

生：学生看图猜第二部分的对话，指名学生读一读。

生：分角色朗读第三部分。

师：故事讲到这里，谁能说一说（1）长大后的男孩遇到了哪些困难？（2）大树是怎么帮助他的呢？（3）为什么男孩要什么大树就给什么呢？说说你的想法、理解。

生1：小男孩没有钱，没有房子。

生2：小男孩还要出去旅游。

生3：没钱了大树就把树上的苹果给小男孩，让他卖掉换钱。

生4：小男孩没房子就砍下了大树的树枝。

生5：小男孩要去远方，大树就把树干给了小男孩。

生6：因为大树是妈妈。

生7：因为大树和小男孩是好朋友，互相帮助。

生8：因为大树喜欢小男孩，所以什么都给他。

生9：因为大树是爱心树，它有爱心。

师：大树不断地帮助小男孩，没有了果实、树枝、树干，现在的大树，它怎么样？（光秃秃的老树墩）那小男孩还会再回来吗？让我们继续把故事听完（播放录音）紧接着播放音乐"爱心树"和小男孩回忆的图片，故事讲完了，你现在心里有什么感受？你喜欢大树吗？为什么？

生1：心里有点难受。

生2：我喜欢大树，因为大树很大方。

生3：很感动，大树很有爱心。

生4：又感动又喜欢。

生5：大树很爱帮助别人，所以我喜欢它。

师：同学们，在这本书的书腰上，有这样一句话（出示课件）"看了这本书，孩子会更爱妈妈！"你是怎样理解这句话的？

生1：这棵大树就像自己的妈妈一样。

生2：爱心树就是妈妈，很有爱心。

师：同学们，接下来老师就要把爸爸妈妈为你们准备的惊喜拿出来了，请看大屏幕——学生和父母在一起的快乐时光照片。

生：观看多媒体。

师：收到了这样的惊喜，请同学们想想除了妈妈外，你身边还有谁像大树一样爱着你？他们为你做了什么？你为他们做了什么呢？

生1：爸爸像大树一样爱我，他每天送我上学。

生2：姐姐、哥哥、弟弟、妹妹，很多人都爱我。

生3：爷爷奶奶爱我，他们每天都给我做好吃的，陪我玩，给我讲故事。

生4：我爱妈妈，妈妈也爱我，我帮妈妈拖地、洗碗。

生5：我爱姥姥姥爷，我好好学习，给他们买好吃的。

（三）感情升华

师：同学们，或许，我们的妈妈、我们的家人真的就像这一棵大树，默默无闻地给予我们许许多多的关怀，让我们感受到了家的幸福和温暖，也让我们感受到了成长的快乐，但是，在我们享受爱的同时却忘记了也给妈妈一份爱！所以，当我们在得到爱的同时也不要忘记了回报一份爱给妈妈，给关心你、爱护你的每一个人，好吗？

全体学生：好！

师：请同学们用老师发的爱心纸，写一句短短的话送给你的妈妈！

生1：妈妈，我爱你！

生2：妈妈，你辛苦了！

生3：妈妈，我希望你每天都开心！

生4：妈妈，我祝你身体健康！

师：送出阅读绘本的金钥匙和图书推荐。

（四）爱心礼物

1. 把这个故事讲给你们的妈妈听。
2. 为爸爸妈妈做一件力所能及的事情。

（五）板书设计

爱心树

钱　　拿走苹果
房子　　砍下树枝
船　　砍断树干

八、专家或同行点评

1. 谈话激趣导入，调动起学生的积极性，教学伊始从观察封面开始，交给学生读一本书要从封面开始阅读的学习方法；

2. 教学中，不仅能引导学生读绘本中的文字，更是指导他们读懂插图、发挥图画的张力让学生的想象插上翅膀，同时，也通过仔细观察插图，使学生读懂了文字没有表达出来的内容，使绘本的内涵更丰富了；

3. 在互动中交流情感，让学生在理解大树的同时，也在回顾自己的生活，从而使绘本与生活相联系，指导学生的生活，教师和学生的情感也在流淌；

4. 由《爱心树》引出其他的绘本阅读，由课内延伸到课外，做到课内外阅读有效衔接。

（点评老师：常红）

认识五角星

■ 余周群

一、设计意图

人们发现五角星在自然界几乎无所不在，世界上有 50 多个国家的国旗中都有五角星，更有趣的是，古希腊的毕达哥拉斯学派用五角星形作为他们的徽章或标志，称之为"健康"，五角星中还有很多的奥秘。从五角星中发现数学知识，能够帮助学生在进一步了解五角星，并且引导学生在探究五角星的过程中积累数学应用的能力。

二、学情分析

对于高段学生来说，更重要的是培养其提问和解决问题的能力，引导学生在巩固已有知识的基础上拓展思维，从五角星中探究数学知识，可以很好地引领学生进行数学欣赏，拓展数学思维，让学生在活动中感悟数学的"好玩"和"有味"，从而让学生产生对数学的热爱。

三、教学目标

1. 让学生在观察五角星的过程中，提出相关的数学问题，并能利用已学的知识技能解决问题，增强提问的能力。

2. 经历观察、操作、推理的活动了解五角星的形、边、角、顶点的特点，并尝试计算五角星中一个角的度数，五角星的周长和面积，积累数学活动经验，增强应用数学的能力。

3. 让学生体验发现和提出问题，分析和解决问题的过程，培养学生用数学眼光观察生活、发现美、创造美的能力，体悟五角星的文化价值。

四、教学重点

经历观察、操作、推理的活动了解五角星的形、边、角、顶点的特点，并尝试计算五角星中一个角的度数，五角星的周长和面积，积累数学活动经验，增强应用数学的能力。

五、教学难点

让学生体验发现和提出问题，分析和解决问题的过程，培养学生用数学眼光观察生活、发现美、创造美的能力，体悟五角星的文化价值。

六、教学准备

多媒体课件、尺子、圆规、量角器、计算器。

七、教学过程

（一）情境导入

课前播放《小星星》视频儿歌。

师：同学们，刚才我们听到的是幼小时代的一首儿歌，你们脑海里的星星是什么样的呢？

生：有五个尖尖的角。

生：就像国旗上的五角星那样的！

师：老师脑海里浮现了这样的星！（课件演示）好看吗？你最喜欢哪个？

生：我喜欢最后一个。平时拍照时就爱摆这样的造型。

师：哦，你是从生活的角度去欣赏的。

生：我喜欢第一个。它每个角都是用小娃娃一层一层堆起来的，像金字塔一样！

师：嗯，你真有艺术家的眼光！

师：你们知道数学家喜欢哪个？为什么？

生：第三个。因为这个图形的每条边都是直直的，很规范。

师：是啊，数学讲究的就是标准、规范！就是这样一个看似简单的五角星，无论从艺术的、生活的，还是数学的角度，都备受人们的青

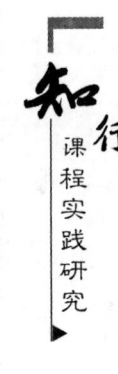

睐，那么它究竟蕴藏了怎样的奥秘呢？这节课就让我们走进五角星，从数学的角度去探寻答案。（板书"认识五角星"）

（二）提出问题

1. 观察图形。

师：先请小数学家们认真观察，五角星上都有我们认识的哪些图形？

生：三角形。

生：正五边形。

师：你怎么知道它是正五边形？

生：我看着应该是正五边形。

师：这只是你的想法，或者是猜想，还得经过验证。怎么验证？（课件演示）

师：看来的确是正五边形。那五角星上还有没有其他的基本图形呢？

师：同学们总是善于从大处着眼，其实从小处看我们会发现点、角、线段这些都是基本图形。

2. 提出数学问题。

师：同学们在五角星上找到了我们认识的图形，对于五角星，你又能提出哪些数学问题呢？

生：五角星是轴对称图形吗？

师：这是个关于形状的问题。（板书"形状"）真会提问！

生：五角星每个角的度数是多少？

师：嗯，度数的问题要好好研究一下。（板书"度数"）

生：五角星的周长怎么算？（板书"周长"）

生：五角星的面积怎么算？有公式吗？（板书"面积"）

师：同学们提的这些问题都很有价值，老师想让大家先从这个问题开始研究。（师指"形状"）

（三）解决问题

1. 探究五角星的轴对称性。

师：是不是轴对称图形呢？想一想！认为是的请举手——生全部

举手。

师：看来大家都认为是，这只是你们的猜想，有办法验证一下吗？请你来帮大家验证。指一生验证。

生：大家看，我通过对折，两边图形完全重合，说明是轴对称图形。

师：验证了我们的想法，既然是轴对称图形，你还能不能提出新的问题让我们对这个问题的研究更深入一些？

生：它有几条对称轴？

师：多会提问呀！某种程度上说，提出问题比解决问题更重要，因为有了问题才有研究的方向。好，他又给我们提出了下一步的研究方向，赶快动手画一画吧。

师：画好了吗？一共有几条？

生：（齐）5条。

师：不仅发现有5条，还有没有别的发现？

生：它们都相交于一点。

师：是这样吗？

生：是！

师：我们把这一点叫五角星的中心点。对于这个新名词——"中心点"，大家有什么想问的没有？

生：为什么叫中心点呢？

生：中心点有什么特点？

师：想一想，之前我们也学过一个图形有中心点，是哪个图形？

生：圆。圆的中心点就是圆心。

师：圆心有什么特点呢？

生：圆心到圆上任意一点的距离都相等，也就是圆的半径。

师：谁能大胆地猜想一下，五角星的中心点会有什么样的特点呢？

生：如果从中心点到五个顶点连线，这些线段应该是相等的吧？

师：究竟是不是呢？见证奇迹的时候到了！（课件演示五点共圆）。

生：哇！五个顶点围成了一个圆！

师：是的，这就是奇妙的"五点共圆"。同学们，刚刚我们在解决是不是轴对称图形时，经历了"猜想——验证"这样一个过程，学习就要敢于大胆地猜想，因为一切伟大的发现都源于猜想！当然，光想不干也不行，学习数学我们还应该具备一种能力，那就是独立探求知识的能力。

2. 探究五角星顶角的度数。

师：在一个人所学的知识中，独立探求的比例越大，知识掌握得就越好！下面我们就来看谁的这种能力强，有信心接受挑战吗？请看挑战任务！用推算的方法求出五角星一个顶角的度数。（课件出示）

师：对于这个任务，有什么疑问吗？知道哪个是顶角吗？

生：就是五个尖尖的角。（生上台指）

师：对，下面就请大家开始推算吧。

师：（巡视发现有同学用量角器在量）孩子，别量了，老师昨天晚上已经量过了，我就想看看你们推算的跟我一样不一样！

师：好了，都算好了吗？谁愿意把你的方法与大家分享一下？

生：我先把五角星里面的正五边形分成三个三角形，求出正五边形的内角和是540°，因为五个角是相等的，所以用540除以5算出每个角都是108°。我们再看与正五边形的一个角相邻的角，它们组成了一个平角是180°，因此用180°减108°就可以算出三角形的一个底角的度数是72°。用同样的方法算出另一个底角也是72°。最后用三角形的内角和180°减两个72°就能得出一个顶角的度数等于36°。

师：这位同学语言之流畅，思维之缜密，都值得我们学习，让我们把掌声送给他！

师：同学们还有没有不一样的方法呢？（生迟疑）

师：同学们能不能把眼光放大一点，再大一点，想一想还能怎样推算？

生：我想到了！我们可以用刚才的方法算出五角星一个内角的度数是108°，再看它所在的等腰三角形，五角星的顶角就是等腰三角形的底角，就可以用三角形的内角和180°减去108°等于72°，72除以2等于36°，就是五角星的一个顶角的度数！

师：太厉害了！第一位同学想到了与正五边形一个内角相邻的角，而受第一个同学的启发，这位孩子想到的是正五边形一个内角所在的三角形。回想整个推理过程，其实都是运用已学的知识，加上联想，使问题得以解决！看来，对于一个问题，可以从不同的角度去观察、去分析、去解决。那同学们还有没有不同的方法呢？

生：我可以在五角星的外面画一个正五边形，这个大的正五边形的每个内角也是108°，而每个内角又分成三个大小相等的角，所以求五角星一个顶角可以用108除以3也等于36°。

师：此刻应该有掌声！（师带头鼓掌）在学习中，我们就要具备这种"不唯一"的意识和精神，尽可能寻求更多解决问题的途径，从而训练我们思维的灵活性和变通性。在数学上，我们还把这种顶角是36°的等腰三角形叫"黄金三角形"。

3. 探究五角星线段之间的关系。

师：我们发现五角星里有几种不同度数的角？

生：36°，72°，108°三种角。

师：那它们之间有什么关系？

生：72°是36°的2倍，108°是36°的3倍。

师：我们学过比，如果写成比的形式是怎样的？

生：1∶2∶3。

师：原来度数之间还存在这样一个关系，同学们研究了五角星上三种不同角的度数比。运用这种思路，你还能研究什么？

生：可以研究线段比。

师：好的，就请大家拿出学习单，按老师提供的思路研究五角星的线段之间有怎样的关系？

师：谁来说说你的结果？

生：我求出的比值都大约是0.617。

生：我算的比值大约是0.618。

生：我的比值约等于0.62。

师：看来比值各不相同啊！这是什么原因呢？

生：应该是测量的误差吧？

师：是啊，同学们手里的五角星大小是各不相同的，这些比值虽各不相等，但却都非常地接近0.618！这个比值就是数学上大名鼎鼎的黄金分割比。

师：看来无论是大一点的五角星，还是小一点的五角星，都隐藏着这个大名鼎鼎的黄金比，而用黄金比画出的五角星又具有庄严雄健之美，这也是许多国家的国旗上使用五角星的原因。据统计，目前就有50多个国家的国旗上有五角星，看，我国的国旗就有5颗，你知道它

们象征着什么吗？

生：大星代表中国共产党，小星就是人民。

师：是的，小星环绕大星，每个小星的一个角都对着五角星的中心点，象征着各族人民大团结以及人民对党的拥护。

师：这是美国国旗。知道有多少颗五角星吗？

生：50颗。

师：知道它们代表什么吗？

生：代表美国的50个州。

师：你的课外知识真丰富！如果你们想了解更多国旗上的五角星的知识，就上网搜索吧！

4. 师生共同欣赏，感受美。

师：五角星是怎么起源的呢？让我们一起走进数学百花园（配音课件）

师：就是这样，五角星在不同时期、不同国度、不同学派被赋予了不同的意义，在毕派它称之为健康，并用作徽章，在伊斯兰教中象征着光明美好，在天主教中象征着吉祥，而在中国的阴阳五行里，五行相生相克的连线正好是五角星。随着亚历山大的征服，五角星又被广泛用于旗帜、军衔、公章了。更为神奇的是，自然界竟有一种植物形状像极了五角星，人们叫它五角星花，又名游龙草。五角星，从日常眼光看，简单得不能再简单了，而从数学的眼光看，却是美妙得不能再美妙了！还有更多关于五角星的美妙问题等着我们去发现！比如，我们研究了五角星的轴对称性，那么，五角星可不可以旋转？旋转多少度就可以与自身重合？再比如五角星的面积怎么算？有没有像长方形、正方形一样的计算公式？等等。有兴趣的同学可以继续研究。

八、专家或同行点评

拓展课应该是源于教材、基于学情、融入文化的，"拓"是起点，"展"是目的，通过拓展能够激发学生的学习兴趣，能够培养学生的思维能力，能帮助学生积累活动经验，提升学生的数学素养，让他们成长得更舒展。余老师执教的这节课成功之处主要表现在：

(一) 两种味道

开课时以学生喜爱的儿歌《小星星》引入,激活了学生的生活经验,唤起他们的学习热情,特别是五角星的对称性、五点共圆、黄金比等都使学生感到神奇和有趣。教学中处处体现了数学的思维和研究方法,如:提出数学问题、研究顶角的度数、测量不同的线段等这些都是数学的内容。这是一节充满趣味和数学味的课堂。

(二) 三个特性

这节拓展课很好地体现了学科性、综合性和探究性的特点。教学中为学生提供了大量的观察、猜测、思考、操作、验证的时空,使学生在自主探索、合作交流中真正理解和掌握数学知识和技能、数学思想和方法、获得广泛的数学活动经验。我们能看到课堂上学生实实在在的探索过程,也能看到老师一步步引导学生探索的路径,使学生在潜移默化中学到了从数学的角度研究问题的方法。

(三) 四个发展

这节课老师还非常重视让学生自己提出问题,如:对于五角星,你能提出什么数学问题?对于这个新名词——"中心点",大家有什么想问的没有?运用这种思路,你还能研究什么?用这种思路引导学生提出自己想研究的问题,促使学生积极主动地观察、思考和想象,学生始终保持着活跃的思维,想要继续探索,很好地发展了学生发现问题、提出问题、分析问题、解决问题的能力。

(点评老师:陕西省西安市教科所 马俊华)

雾霾知多少

■ 张 敏

一、设计意图

随着冬季的来临，全国多地被雾霾包围，对人们的出行和健康造成严重的危害。西安在这个冬天更是成为一座雾都。置身雾霾如此严重的城市，中学生应该了解在这种极端天气下如何保护自己，了解雾霾的来源，知道雾霾的组成和危害，理解雾霾是人类活动对环境的巨大影响的结果，然后从我做起，约束自己行为，为保护家园、保护环境贡献自己的力量。

二、学情分析

冬天来临，学生在生活中实际感受到了雾霾，体会到雾霾对出行、健康的危害。但是学生不知道雾霾的来源，不能够区分雾和霾，不能够从生物角度解释雾霾对人体呼吸系统的具体危害。作为中学生，他们有必要学会在雾霾中进行自我保护，也有必要为解决雾霾问题提出解决方法。

三、教学目标

（一）知识与能力目标

1. 区分雾和霾的概念。
2. 了解雾霾的来源与危害，掌握自我保护措施和解决方法。

（二）过程与方法目标

1. 建立发现问题、分析问题和解决问题的逻辑思维。

2. 在发现问题的过程中，提高对生活实际问题的关注度。

（三）情感态度价值观目标

在学习过程中树立保护环境、与大自然和谐相处的观念。

四、教学重点

1. 掌握自我保护措施和解决雾霾问题的方法。
2. 掌握雾霾对人体呼吸系统的危害。

五、教学准备

1. 任务单。
2. 10名学生进行角色表演准备活动。

六、教学过程

（一）导入

师：（展示处于雾霾中的建筑物图片）

师：作为十三朝古都，西安有很多名胜古迹，同学们能根据图片判断它们的位置吗？

生：看不清。

师：（展示正常天气下相同建筑物）

师：现在能判断了吗？

生：大雁塔、钟楼和学校。

师：是什么原因让建筑物们开启了"隐身模式"？

生：是因为雾霾。

师：雾霾，我们中了十面"霾"伏。

（二）雾霾的危害

师：在我们和雾霾的埋伏战里面，我们看不见战火的硝烟，但是雾霾已经悄无声息地来到我们身边，从各方各面影响着我们的生活，同学们能不能举出几个例子呢？

生：影响我们的交通；影响身体健康。

师：飞机延误，影响出行；马拉松等户外活动；情绪低落；影响儿童健康。

师：我们最关注身体健康，雾霾对人类的身体健康有什么危害？北大有一个实验室调查人体在日常生活中的反应，记者柴静参加了这个实验，以下是她的实验结果。

师：展示柴静的实验报告。

师：同学们理解这份实验报告吗？让我们一起来了解。在观看之前，请同学们仔细阅读任务单上的问题，一边观看一边思考。

（10名学生角色扮演，表演雾霾对人体呼吸系统的各个器官的伤害，其他学生观看"角色表演"，思考问题。）

师：感谢同学们的精彩表演！同学们看懂了吗？那么刚才的问题有答案了吗？

生：看懂了。

教师根据任务单提问：$PM_{2.5}$最先伤害人体的哪个系统？

生：呼吸系统。

教师根据任务单提问：该系统中和$PM_{2.5}$进行斗争的结构有哪些？它们是如何抵抗雾霾的？

生：第一关是鼻孔，它通过鼻毛和鼻涕来挡住外来异物，但挡不住$PM_{2.5}$；第二关是咽喉，它通过上呼吸道纤毛和咳嗽来排除异物，但是还是挡不住$PM_{2.5}$；第三关是下呼吸道、巨噬细胞、白细胞和淋巴细胞会抵抗$PM_{2.5}$，引发人类的炎症；第四关是肺泡，$PM_{2.5}$会堵住肺泡，阻止氧气和二氧化碳的交换，让人类喘不过气来。

师：（依次展示鼻孔、咽喉、下呼吸道、肺泡图片）

师补充：除了影响呼吸系统之外，$PM_{2.5}$还会来到人体的中枢——心脏，让心肌缺血损伤、心率失常、引发心梗。

（三）认识雾霾

师过渡：雾霾确实给人体带来了巨大的伤害，面对如此强大的敌人，我们要做哪些准备工作才能打败它们呢？《孙子兵法》上有一句话："知己知彼，百战不殆。"只有认识了雾霾，我们才有机会打败它。

教师展示视频1：请同学们阅读任务单上的问题，带着问题来了解雾霾。

教师根据任务单提问：构成雾霾的微粒有多大？如何称呼这些微粒？

生：直径小于2.5微米，我们把它叫做$PM_{2.5}$。

师：很好，PM指的是微粒，2.5指的是微粒直径是2.5微米，那如果直径再大一点呢，假设是10微米，我们如何称呼这些微粒。

生：PM_{10}。

师：那么2.5微米究竟有多小呢？我们把它和一根头发丝来比一比，它的直径不足头发丝直径的1/20，就连平时的沙粒和它相比也非常巨大。

师（根据任务单提问）：这些微粒对人体有什么伤害？

生：含有致癌物质。

师：自从知道雾霾中含有致癌物质以后，有一名同学每天都会看天气预报，大家帮他看看星期四和星期五分别是什么天气呢？

生：雾转小到中雨；雾转霾。

师：你是如何来判断的呢？

生：天气符号。

师：真厉害！雾和霾是两种不同的天气状况，我们用不同的天气符号来表示，但是我们总说雾霾雾霾，那么到底什么是雾什么是霾呢？我们看一下雾的定义：由空中的小水滴遇冷凝结形成的现象，这种现象在冬天最常见了，戴眼镜的同学可能体会得比较明显，谁愿意和大家分享一下呢？

生：冬天戴口罩，呼出的热气遇到冰冷的眼镜，然后眼镜上就形成了一层雾。

师：不仅仅是戴眼镜的同学，就是其他同学在冬天的教室里也能看到这个现象，大家知道在哪里吗？

生：冬天教室外面冷、里面热，教室里的我们呼出的水蒸气遇到冰冷的玻璃会形成雾。

师（过渡）：同学们对雾的了解已经很到位了，那么什么是霾呢？霾是指大量烟尘微粒悬浮在空中形成的浑浊现象，一般能见度低于10千米，而雾的能见度一般低于1千米。

师（过渡）：雾和霾的主要成分不同，但是因为雾和霾是相伴相生的，所以我国大部分地区把阴霾天气归入到雾称为雾霾来作为灾害天气预警预报。但是形成雾霾的这些烟尘从哪里来呢？

生：可能是汽车尾气、工厂废气、工地扬尘、扫地的扬尘。

师展示视频2：大家的猜测对不对呢？带着这个问题，我们看一段视频。

师（提问）：现在大家能总结一下，告诉我形成雾霾的烟尘从哪里来吗？

生：化石能源的燃烧（60%）和人类的活动（40%）。

（四）解决方法

师（过渡）：现在我们认识了雾霾的组成，掌握了它的来源，那么我们怎么做才能打败雾霾呢？请同学们四人为一个小组进行讨论，并且把你们的讨论结果写到准备好的A4纸上。

（教师巡视和指导各个小组）

师：请已经完成讨论的小组上台进行展示和解说。

生（展示）：因为视频中介绍说人类活动会产生雾霾，所以我们可以：1. 绿色出行，减少汽车尾气的排放；2. 如果我们生活的环境很脏的话会产生大量扬尘，所以我们要保护环境，少制造垃圾；3. 我们家里做菜会产生烟尘但是我们用油烟机来进行处理，所以也可以对工厂产生的废气进行相关的处理；4. 最后，我们也要保护自己，戴口罩出行，多吃蔬菜和水果。

师（点评）：王怡雯同学讲得非常全面，她从减少雾霾和自我保护两个方面介绍了打败雾霾的方法，请大家掌声鼓励！那其他同学有没有补充？

生（补充）：我们可以使用新能源减少化石能源的燃烧；提高保护环境的意识，比如减少农村秸秆的燃烧，拉土机和拉沙子的车做好防漏措施来减少扬尘；我们也可以研究出新型物质能够中和雾霾，让它沉降下来。

师（点评）：这位同学补充得特别好，她从新能源和抗雾霾物质的角度提出了自己的观点，非常新颖！老师也希望同学们能认真学习，积极探索，为抗雾霾贡献出自己的力量，也希望有兴趣的同学能够在将来研制出新型抗雾霾物质，老师拭目以待！

（五）总结

师（总结）：同学们刚刚提出了很多很好的措施来解决雾霾问题，但是除了雾霾之外，还有很多的环境问题，比如白色污染、水污染、水土流失等等，那么面对这么多问题，我们该如何与环境相处？

生：保护环境、与大自然和谐相处！

师（总结）：保护环境，应该从我做起，从现在做起。让我们携手共进，为保护我们赖以生存的环境而共同努力。

七、课后反思

经过理化生科学组老师们的组内评课，我认为本节课有以下亮点：

1. 主题明确，教学思路清晰；

2. 课堂引导充分把握了学生的知识积累和学习能力的实际情况，从而在探究问题的引导过程中流畅自然，水到渠成；

3. 课堂参与度较高，能运用讲述法、课堂表演法、小组讨论等多种教学方法来吸引学生，提高学生的学习兴趣；

4. 教学使用的PPT非常精美。无论是排版、色彩、图片和文字的搭配都非常用心和值得学习。

同时也有需要改进的地方：

1. 在指导学生完成任务单时，应该要求更加明确。例如在学生分组讨论治理雾霾的措施的时候，教师应该强调："根据雾霾的来源和成分，如何采取相应的措施？"

2. 课堂节奏把握不够，学生分角色表演前太快，表演后后面慢了下来，感觉课堂气氛有落差，同时最后的讨论时间太长，学生展示得太少，应该多增加几组来展示和分享；

3. 板书的左右位置对调会更符合逻辑关系，在展示教学设计的色彩美和对仗美的同时一定体现课堂所讲的重点和难点。

经历本次拓展课的课前准备、课堂授课、组内评课和自己课后的反思，我学到了很多知识、方法和技能，受益匪浅，在此也非常感谢理化生科学组全体老师的帮助和大力支持。我会认真听取大家给的意见和建议，不断改正，积极进取，希望能在下一次拓展课中有更好的表现，谢谢！

教学论文

"爱注九年 知行一生"教育思想下的"知行课程"建构

■ 高杨杰

习近平总书记指出,"青少年阶段是人生的'拔节孕穗期',最需要精心引导和栽培"。西安高新第二学校是一所九年一贯制公办学校,见证和影响着处于"拔节孕穗期"青少年的成长,学校在发展中始终坚持"爱注九年、知行一生"的教育思想,在认真落实国家课程的基础上,构建系统的校本"知行课程",为学生未来能够知行一生奠定坚实基础。

一、"爱注九年、知行一生"的理性思考

坚持"爱注九年、知行一生"的教育思想,需要对人的发展阶段和规律、教师的育人方式、学校的理念和文化展开理性思考。

(一)奠定学生成长的关键之期:从童年到少年

对于每个生命而言,童年所涌动的原始的、纯真的儿童精神反映着生命之处的本能、欲望、激情和冲动,童年构筑了一个人最初的精神起点和原始动力。[①] 少年时期则是人生的第二个生长发育高峰期,伴随着对成长的渴望、无尽的遐想,经历着心理发展的新奇变化和烦恼,展现着思维的独立性、批判性、创造性。

因此,九年一贯制学校应重视在小学阶段尊重童心、呵护童年,初中阶段展现少年活力,关注身心健康成长,关注知识创获与独立性、批判性、创造性思维培养,坚持"爱注九年、知行一生"的思想,提高

---

① 丁海东. 童年:一种精神与文化的价值 [J]. 中国教师,2012 (11):25.

学段的衔接性和办学的整体性，为学生搭建成长、成人、成才的阶梯。

（二）培育共同成长的教师之魂：从爱到榜样

教师以爱育爱，从情感走向理性。教师需要拥有情感之爱，如父母般的慈爱和悉心，能够呵护童心，陪伴成长，既细致入微又小心翼翼；需要拥有理性之爱，超越父母之爱的智慧引导，能够平等地热爱尊重每一个学生，并满怀期待和鼓励，能够关注学生德智体美劳全面发展和未来发展潜能的培养；需要逐渐走向"有情感之爱作为基础的理性之爱"①，以理性之爱改变人和教育人。

教师以身示范，让孩子向身边的成年人学习。学校要求老师用言语传递智慧、用行为引导行为、用人格感染人格：做到对真善美执着追求，向学生施以爱的教育；做到爱岗敬业，向学生施以态度教育；做到坚持刻苦钻研的终身学习精神，向学生施以终身教育。

（三）建设美好学校的价值之矢：从使命到文化

使命指导行动方向。作为高新区的第一所九年义务教育学校，学校诞生于追求教育普惠、教育公平的初心。因此，办好老百姓家门口的好学校，让每个孩子都享有公平而有质量的教育是学校使命。

情怀孕育守正出新。学校坚持"教育之道无他，唯爱与榜样"的情怀，以爱育爱、以身示范、以德育德，用智慧启迪学生、用品德浸润学生、用行动引导学生，实现"爱注九年"；坚持"知行合一"的情怀，把"知行合一"的中华文化应用当今的教育实践，通过校本"知行课程"构建，凝练"知行合一"的课程文化和教育哲学，促进学生"知行一生"。

文化确立学校品质。学校不断提升场域文化，优化了走廊文化布置，为每一个年级和班级建设了文化墙；以"桃李不言，下自成蹊"为灵感源，以"知行合一、全面发展"作为"桃蹊"的核心理念，以"传统文化、书香校园"作为"李径"的特色文化，以德智体真善美作为"六个功能区"的主题文化。学校不断涵养精神文化，将"三育并举 全面育人"的建校思想发展为"知行合一、全面发展"的办学思想，

---

① 李政涛. 教育常识 [M]. 上海：华东师范大学出版社，2012：182.

提出"快乐学习、健康成长、自信生活，成为综合素质高，具有家国情怀和国际视野的创新型人才"的育人目标，并坚持"爱注九年、知行合一"，培育"知行合一"的课程文化。

二、"爱注九年、知行一生"的课程实践

《中国教育现代化2035》中指出推进教育现代化的八大基本理念，其中包括"更加注重全面发展""更加注重知行合一"。这要求学校充分发挥课程在人才培养中的核心作用，把"爱注九年、知行一生"的教育思想课程化，并与办学思想和育人目标紧密结合，积极构建了连贯性、系统性的"知行课程"体系。

（一）知行课程内涵

"知行课程"是在全面落实国家课程、地方课程的基础上，坚持立德树人，从九年一贯制学校实际出发，立足"知行合一、全面发展"的办学思想和"快乐学习、健康成长、自信生活，成为综合素质高，具有家国情怀和国际视野的创新型人才"的育人目标，汲取地方文化和中华优秀传统文化的精华，在九年多实践中形成的，以知行德育课程、知行学科课程、知行活动课程为内容的校本课程体系。

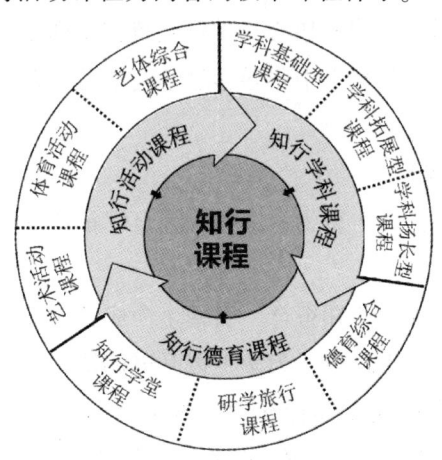

知行课程体系图

（二）知行课程设计

"知行课程"的定位：一项追求学校办学思想、育人目标与教育方针的高度融合的校本课程。

"知行课程"的理念：坚持"知行合一、全面发展"。学校将生发于"知行学堂"的"知行合一"文化，上升为课程理念，将"知行合一"贯穿于学校育人的始终。

"知行课程"的总目标："落实立德树人的根本任务，坚持学生从童年到少年的一贯成长，践行知行合一，促进学生全面发展。"这里的总目标着眼于教育的根本任务、知与行的辩证统一、人的全面发展这三个核心问题。

"知行课程"的具体目标："创新课程理念，培育课程生态文化，构建促进学生个性成长、全面发展的知行课程体系，提高教师的课程领导力，促进学校内涵发展。"这里的具体目标将学生成长、课程创新、教师提升和学校发展看作一项系统工程。

（三）知行课程实践

实践是知行课程建构的核心，学校坚持在系列化的课程中探索德育创新之路，在夯实课堂教学中引导学生学会学习，在社团活动中创导自主、走向知行合一。

1. 知行德育课程。

立德树人，德为先、德为本、德为魂。学校德育要坚持道德认知与道德实践并重。

知行学堂课程——让知行合一引领生命成长方式。学校德育汲取知行合一的中国传统哲学思想，为学生提升道德认知和落实道德实践创造机会。2011年，学校成立知行学堂，落实"知行合一"的理念，大力整合家庭、学校和社会资源，促进综合育人实践，采用六大开办形式、九大内容，促进"知"的积累；借助高新企业、社会资源和国际资源，促进"行"的落实。当前，知行学堂已举办125期，它培育了"知行合一"的生态文化，引领了知行合一的生命成长方式，成为"知行课程"的基石。

研学旅行课程——让学生在行走中认识世界。学生发展不仅需要相对独立的学校环境，也需要在行走中体验生活、认识社会、理解世界，从而完善自我。知行研学旅行课程以日常开展省内研学为主，寒假和暑假组织国内和国外研学为辅。为此，学校精心规划了一至九年级的省内研学主题和线路，例如古都长安、航空航天、革命圣地、素质拓展等主题，保证每名学生在每学期最少参与一次研学旅行，并且在九年里走遍所有的省内研学线路。

德育综合课程——让教育回归育人本真。德育教育回归育人本真，应当习惯教育、人格教育，这二者是德育工作的轴心和常态。知行德育综合课注重内容整合和创新，一方面整合建校时的"三育教育"①，另一方面积极引入生涯规划、JA中国等内容，总体构建了以"明德修身""终身发展""家国情怀"为三方面主题的课程内容，充分考虑不同学生的先天禀赋、成长环境和学习能力，建成知行德育综合课程。

2. 知行学科课程。

学科教学是智育的基本途径，学校不仅坚持施行国家课程教学改革，而且积极建设符合学情、源自学科、基于教师、着眼学校的学科补充课程。

学科基础型课程——让教学改革推动学习方式转变。学校在实施国家课程时，摒弃"满堂灌""唯分数论"等教学方式，致力于营造民主、和谐、合作、探究和实践的教学氛围。在学科基础型课程实践中，教师从学生持久学习、九年成长出发，注重学生在课堂上知识、方法和情感态度价值观的全面发展，尤其是知行合一的落地生根，组织学生积极开展协同学习、探究学习、主题化学习和实践性学习。

学科拓展型课程——让学科拓展驱动兴趣、视野和思维提升。当今学生的个性特征、价值选择和成长期望日益多元化，这使得学科教学应该更加关注学生在兴趣、视野和思维方面的成长需求。学校构建的学科

---

① "三育教育"是西安高新第二学校建校时提出的书香教育、养成教育、感恩教育的简称。

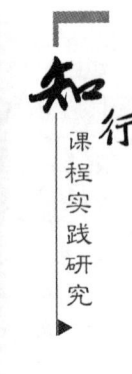

拓展型课程主要聚焦两个方向：一是聚焦拓展学生的兴趣和视野，这类拓展课坚持从本学科出发，发展学科兴趣，拓宽学科视野，提升学科素养。10个学科教研组发挥学科特色、认真研讨论证，从一年级到九年级确定了20个拓展课主题，全体教师参与拓展课的开发；二是聚焦拓展学生的综合思维，这类拓展课以陕西地域文化、中华优秀传统文化、国外先进文化作为人文主题，以自然科学技术发展为科学主题，倡导教师开展多学科协同教学，提升综合思维品质，形成了"秦文化"系列课程、"走进西藏"等优质课例。

学科扬长型课程——让特长铸就人生长板。学校不仅关注合格与全面的基础性目标，而且重视学生学科特长的打造。学校在学科扬长型课程构建中，从辅助学生发现兴趣，到指导学生发展兴趣，再到努力把兴趣打造成特长，始终坚持尊重兴趣、砥砺成长、铸就长板。这类课程把探究精神和实践能力作为重点培养目标，基于学生不同的兴趣和发展水平，开办走班制学科社团，目前建成学科社团50余个。

3. 知行活动课程。

"活动即课程"，基于经验和儿童的活动课程，重视学生的需要与兴趣，尊重学生的主体性。

艺术活动课程——让地方艺术和传统艺术提升艺术情怀。学校艺术教育积极担负起传承、发展和创新地方艺术和中华传统艺术的使命。学校构建艺术活动课程是为了提升学生对地方艺术和传统艺术理解和创作能力，进一步涵养艺术情怀，目前已经形成秦筝、安塞腰鼓、彩绘马勺、剪纸、书法等40多个分层艺术社团，同时积极践行"互联网+美育"，开展美育微课研修。

体育活动课程——让健全的人格寓于健康的身体。学校构建体育活动课程是为了促进体育兴趣发展，尤其是体育特长的培养，每位老师培养一个体育特色、开办一个体育社团，目前建成足球、篮球、田径、中国象棋等20余个梯队化的体育社团，进一步提升学生的健体意识、培养体育特长、发扬体育精神。

艺体综合课程——让力与美的融合提升艺体素养。学校构建艺体活动课程是为了不断超越学科自身，促进美育与体育向着更高的课程形式发展，目前开办了功夫扇、健美操、绳操、空竹等十余项特色化的艺体综合活动，使学生感受力与美的有机融合，提高艺体素养。

（四）知行课程评价

九年一贯制学校应该坚持教育评价从考试导向，向关注个体发展的全程性、差异性、成长性，体现评价主体的多元性、评价方式的多样性、评价内容的丰富性发展。学校积极探索建立学生九年成长记录袋和知行课程评价体系。

学校在建立九年一贯制学校学生成长记录袋过程中，坚持以全面评价取代教与学的局部评价，以长效评价取代间断性评价，以多元评价主体取代单一评价主体。不但倡导过程性评价方式的运用，而且让评价见证学生成长的过程，激发学生发展的内驱力。成长记录袋的内容由学生、教师、家长和社会组织（他人）共同参与补充、完善，其中包括各类成绩单、各类获奖证书、各类得意之作、读过的书、各类校内外活动；评价的方式有自评、互评、老师评、家长评、社会组织评等；评价中突出质性评价、体现量化评价，重视记录、反思和成长，轻视对比、等级。

学校在建立知行课程评价体系过程中，坚持以学习者为本，追求"知行合一"理念的落实，引导学生和教师确立知行合一的价值观。学校探索形成了"主体多元、方式多样"的课程评价体系——"四表监测"评价体系，即知行课程学生学习评价表、知行课程学生活动评价表、知行课程教师教学评价表、知行课程效果调查问卷，注重学生在学习中培养广阔视野、探究能力、创新思维和自信进取的品质，在活动中培养责任担当、团队协作、有效理解、实践创新等能力，实行学生、教师、家长、管理者、专家多元主体参与，采取自评、生评、师评和家长评等多种方式。

（五）知行课程成果

在实践基础上，学校集中提炼了完整"知行课程"理论框架。该理论把中华优秀传统文化的传承与学校内涵发展相结合，促进学生全面发展，凝练出学校的课程文化和教育哲学。

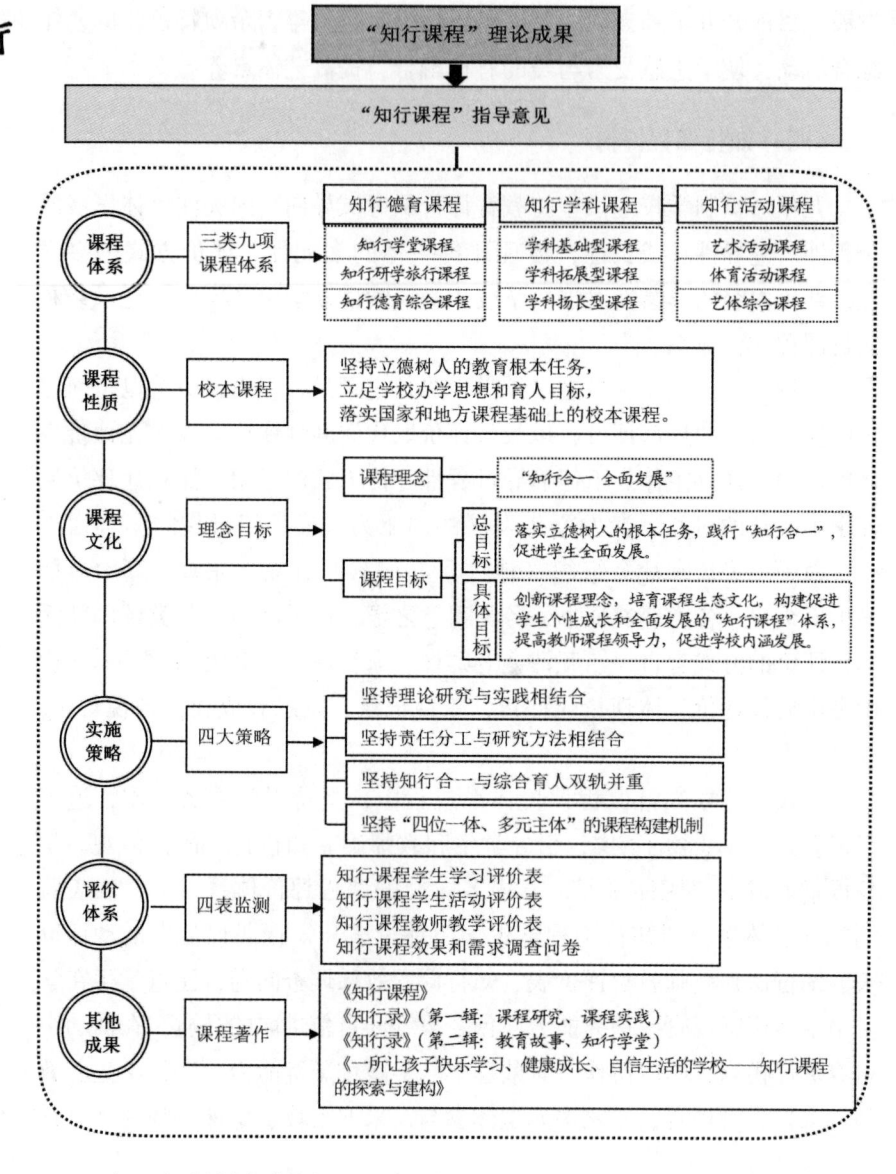

```
                    ┌─────────────────────────┐
                    │   "知行课程"理论成果    │
                    └────────────┬────────────┘
                                 ↓
         ┌───────────────────────────────────────────────┐
         │           "知行课程"指导意见                  │
         └───────────────────────────────────────────────┘
```

		知行德育课程	知行学科课程	知行活动课程
课程体系	三类九项课程体系	知行学堂课程	学科基础型课程	艺术活动课程
		知行研学旅行课程	学科拓展型课程	体育活动课程
		知行德育综合课程	学科扬长型课程	艺体综合课程

课程性质	校本课程	坚持立德树人的教育根本任务，立足学校办学思想和育人目标，落实国家和地方课程基础上的校本课程。

课程文化	理念目标	课程理念	"知行合一 全面发展"
		课程目标（总目标）	落实立德树人的根本任务，践行"知行合一"，促进学生全面发展。
		课程目标（具体目标）	创新课程理念，培育课程生态文化，构建促进学生个性成长和全面发展的"知行课程"体系，提高教师课程领导力，促进学校内涵发展。

实施策略	四大策略	坚持理论研究与实践相结合
		坚持责任分工与研究方法相结合
		坚持知行合一与综合育人双轨并重
		坚持"四位一体、多元主体"的课程构建机制

评价体系	四表监测	知行课程学生学习评价表
		知行课程学生活动评价表
		知行课程教师教学评价表
		知行课程效果和需求调查问卷

其他成果	课程著作	《知行课程》 《知行录》（第一辑：课程研究、课程实践） 《知行录》（第二辑：教育故事、知行学堂） 《一所让孩子快乐学习、健康成长、自信生活的学校——知行课程的探索与建构》

（六）知行课程创新

聚焦"知行合一、全面发展"的"知行课程"理论创新。首创了"三类九项"知行课程体系，形成了完整的课程理论；将"知行合一"理念付诸教育实践，把王守仁的"知行合一"哲学思想和陶行知的生活教育理论转化为破解学生、教师和学校发展问题的策略，从而提炼了学校的课程文化和教育哲学。

施行"综合育人、文化育人"的立德树人实践创新。知行课程有效统整了学校德育、学科和艺体三个育人领域，推动了综合育人的实践创新；同时促进了各模块内部的高度综合，探索了学生综合思维培养的实践创新。此外，课程实现了校园文化、地域文化和中华优秀传统文化的融通，促进了文化育人的实践创新。

打造"四位一体、多元主体"的课程建构机制创新。在课程实践中建成了包括学生、家长、学校、社会的"四位一体"的课程共同体，多元主体统整家庭、学校、社会的课程资源，真正打造学校、家庭、社会合作育人的新机制。

三、"爱注九年 知行一生"的未来展望

格物鼎新，永无止境。学校将继续落实立德树人根本任务，始终秉承"爱注九年，知行一生"的教育思想，提升"知行课程"的品质，通过促进模块均衡发展、探索课程群建设、优化评价方案等方式提质增效，不断夯实课程建设的薄弱环节，使"知行课程"再上一个台阶；强化"知行课程"的辐射引领作用，借助教育行政部门推动、媒体宣传、建立课程建设共同体等方式，加大课程成果对区域课程建设的辐射引领，使成果更好地服务于区域教育共生发展；促进"知行课程"与国家课程、地方课程整合，坚持立德树人为初心，采取主题教学模式和活动形式，打通"知行课程"与国家课程、地方课程的内在关系，围绕特定主题形成从国家、地方到学校不同层面的序列化课程设置。

参考文献

[1] 钟启泉. 现代课程论（新版）[M]. 上海：上海教育出版社，2009.

[2] 钟启泉，汪霞，王文静. 课程与教学论[M]. 上海：华东师范大学出版社，2008.

[3] 崔允漷. 校本课程开发：理论与实践[M]. 北京：教育科学出版社，2000.

[4] 丁海东. 童年：一种精神与文化的价值[J]. 中国教师，2012（11）：25-28

[5] 李政涛. 教育常识[M]. 上海：华东师范大学出版社，2012.

学校治理视角下提升教师课程领导力的行动研究

■ 王 颖

【摘 要】 学校的发展在于课程的开发，学校深化义务教育课程改革，重点也在于课程的开发。学校围绕课程规划与拓展型课程的建设、拓展型课程的实施过程和管理、与基础课程的融合实施、课程结构有效调整等问题，都是作为教育管理者的我们需要深入思考和研究的。本文从学校治理视角下的教师课程领导力提升的角度出发，剖析了传统课程管理模式的局限，阐释了治理理论对提升教师课程领导力的意义，通过我校拓展课程的开展与实施，分析提升教师课程开发能力与领导能力的方式与途径。

【关键词】 治理学校；治理教师；课程领导力；知行课程

党的十八届三中全会把"推进国家治理体系和治理能力现代化"作为全面深化改革的总目标，这是我们党的重大理论创新，也是我们党新时期领导社会主义现代化建设的重大部署。随着改革步伐的深入，教育领域已启动了深化教育领域综合改革，加快推进教育治理体系和治理能力现代化的发展转型，以回应时代对教育的诉求、提升教育改革的效能。作为教育治理体系中的重要组成部分，学校应当站在治理理论的视角下，开发适合学生发展的课程，不断提升教师的课程领导力，这才是教育转型的重要保障和学校发展的内在动力。

一、核心概念界定

（一）学校治理

治理（govemance），源自古典拉丁文或古希腊语"引领导航"

（steeing）一词。20世纪90年代后，"治理"逐渐引起了人们的关注，对其给予多种界定。其中，全球治理委员会（Commission on Global Govemance）的表述具有很大的代表性和权威性：治理是或公或私的个人和机构经营管理相同事务的诸多方式的总和（1995年）。它是使相互冲突或不同的利益得以调和，并且采取联合行动的持续的过程。本文的"学校治理"建立在上述含义的基础上，将学校治理视为一个具有过程持续性、价值包容性、主体多元性的复杂活动，而非简单的管理活动；是以调和为主要手段来满足学校教育领域不同主体的价值诉求，而非支配。

（二）教师课程领导力

教师课程领导力是指在课程活动中，教师为实现组群和个人的课程目标，对这两者产生影响的一种综合能力。它主要包括教师的课程意识、课程设计能力、课程实施能力、课程诊治能力。

（三）行动研究

结合研究主题，本文中的行动研究更侧重于课程行动研究，是用以诊治课程宏观问题、特定课程情境问题，或在某种程度上改善特定课程实施、教学实践环境的一种研究方法。在这里，它既是教师自我研修的一种方式，也是课程和教学改革的一种途径。

二、问题缘起

长期以来，我国政府推行自上而下的强势管理模式，该模式在扫除文盲、普及基础教育、提高国民文化程度、扩大教育规模等方面发挥了重要作用，展现其很大的优势。但是，随着我国改革进入攻坚期和深水区，教育发展也步入新阶段，该模式也暴露出局限性，难以更好地解决更多的复杂问题。诸如，提升教育质量的问题、"钱学森之问"、满足个体日益多样的教育文化需求的问题等。如今，怎样才能让人们享受优质教育、提供更加切合个性化发展的教育、关注教育公平，就需要深化教育领域综合改革，加快推进教育治理体系和治理能力现代化的发展转型。

学校治理是教育治理的重要阵地，学校需要改变过去单一的国家课程或者国家和地方相结合的课程体系，克服过去课程领导主体的单一性，建立多元主体参与的课程领导体系，激活课程的活力，满足学生的课程需求。在学校治理视角下，发挥教师在课程领导方面的个性、优势、潜能，将会是学校治理的重要突破口和学校办学质量新飞跃的保证。

三、治理理论对提升教师课程领导力的意义

党的十八大提出"到2020年率先基本实现教育现代化"，教育治理现代化既是教育现代化的重要内容，又是教育现代化得以实现的重要保障。教育现代化需要充分发挥治理理论的作用。教育大计，教师为本。教师是教育活动重要的直接参与者，对学生知识习得、人格培养产生重要影响，同时，教师教学又具有持续性、迟效性等特点。治理理论强调过程持续、价值包容、主体多元的观点，为教师开发符合学生个性特点的课程，秉承尊重差异的胸怀，关注学生的主体参与等教学实践提供了理论指导。课程是一个学校的"生命"所在。个性化的课程设置，教师过硬的课程领导能力是学校发展的重要保障，这些都依赖于学校治理中是否能够打破传统教育教学管理模式的局限性。学校在治理中坚持过程持续、价值包容、主体多元的观点，以教师和学生为本，开放课程领导权限，赋予教师更多课程权利，强调课程多元参与，有利于为提升教师课程领导力提供支持。

四、以"知行课程"为例提升教师课程领导力的行动研究

西安高新第二学校在学校治理中，结合自身实际，开展了"知行课程"计划，依托教师课程领导力，提高学校办学品质。

（一）前期诊断

自2006年建校以来，学校师生和衷共济，打开了学校教育教学的局面，在教学质量、科研等多领域上获得了从国家到地方各级教育行政部门的肯定，学校办学质量也得到社会认可，形成了初具学校特色的校园文化。2012年开始，学校进入发展的关键期、瓶颈期，课程发展遇到了新问题，集中表现在课程需求上，远远满足不了学生需要，没有形成紧紧围绕办学理念、育人目标的完整的学校课程文化。虽然当时已具

备了国家课程、个别校本课程、地方课程、零散的艺术体育课程，但都不够系统。其中，重要原因是相关课程理念不集中，学科课程发展不均衡，课程系统性不强，课程时间不确定。

（二）"知行课程"计划

2012年开始，学校在落实"三育并举，全面育人"（感恩教育、养成教育和书香教育）的办学理念的同时，积极践行"知行合一"，倡导以"国学经典进校园"为特色的校园文化建设，在结合"知行学堂"综合课程实践经验的基础上，发挥教师在课程领导中的主体地位，引入"知行课程"，从而使校本课程具体化，拓展课程生活化，综合课程实践化，德育活动课程化，学校办学理念和育人目标具体化。学校现已开始探索多元的课程设置，包括基础型课程和知行型课程。基础型课程是指根据国家课程要求设有：语文、数学、英语、物理、化学、思品、历史、地理、生物、音乐、体育、美术、信息、健康、方法、环境保护等，强调促进学生基本素质的形成和发展，体现国家对公民素质的最基本要求。知行型课程是"知行课程"计划的重点，也是在学校治理中发挥教师课程领导力的试验田。"知行型课程"简称"知行课程"。"知"，是指科学知识，思想求知，即知觉、知识、良知；"行"，是指人的实践、行为方式。教师坚持知行合一的理念，把"让学生快乐学习，健康成长，自信生活，努力成为综合素质高、具有国际视野的新型人才"的学校育人目标作为课程开发的初衷，逐步建设成以知行学科课程、艺体活动课程、"知行学堂"综合课程三位一体的课程体系。在这里，以知行学科课程为例做简单介绍，知行学科课程又细化为：知行学科拓展课程、知行学科社团课程、知行学科综合课程。

1. 知行学科拓展课程

在知行学科拓展课程的开发过程中，教师坚持以培养学生的主体意识、完善学生的认知结构、提高学生的自我规划和自主选择能力为宗旨，着眼于培养、激发和发展学生的兴趣爱好，开发学生的潜能，促进学生个性的发展和学校办学特色的形成，是一种体现不同基础要求、具有一定开放性的课程。教师在国家规定的课程计划中每周拿出一节课，对所教学科进行拓展性教学。我们中学的知行学科拓展课程有：精细语文阅读、生活中的智慧数学、全"浸入式"英语和英语课本剧、综合

实践物理、生物手工坊、思品系列拓展课、体育专业课、美术特长课、音乐欣赏……

目前，教师自主开发的拓展课如下（表1）：

表1　知行学科拓展课程（部分）

知行学科拓展课程	语文："姓名中汉字的美""姓名中的文化密码""你的月亮我的心""此花开尽更无花"
	数学："杨辉三角的应用""神奇的幻方""生活中的数学""找规律"
	英语："英语课本剧""花语"
	思品："我的青春我做主""绽放你的思维之花"
	历史："历史课本剧""陕西民俗"系列课程
	地理："影响中美关系的地理因素"
	生物："验证淀粉的变化""维护野生动物"

2. 知行学科社团课程

知行学科社团课程着眼于学生朝着有利于进一步深造和融入社会的方向发展；着眼于有利于学生身心健康，能够传承中华优秀传统文化、塑造高尚情操的方向发展。同时，在知行学科拓展课程的基础上，教师根据学生的兴趣和特长，自由选择，自由组班，实行走班授课制。每周三下午，初中部的知行学科社团同时开课，所设社团有：国学诵读社团、英语课本剧社团、模拟联合国社团、魅力数学社团、鹰扬诗社社团、素描社团、国画社团、书法社团、声乐社团、管乐社团、篮球社团、足球社团、田径社团、健美操社团。

3. 知行学科综合课程

知行学科综合课程是综合知识的整合，依托于我们的知行学堂，挖掘地方文化资源，发挥教师个性优势，授课时长相对自由。经过教师三年多的探索，整合出了一个系列的《秦文化》知行综合课程（表2）。

表2 "秦文化"知行综合课程

	科目	课程名称	授课教师
"秦文化"知行综合课程	语文	陕西名人	高杨杰
	语文	传统经典解读	王秦香
	数学	陕西古建筑中的数学	安吉建
	英语	陕西一日游	肖明珍
	物理	陕西航空、航天	王颖
	地理	陕西地形、地貌	赵显军
	生物	秦岭动植物	席春焕
	历史	陕西饮食	寇江南
	历史	陕西名人	陈斌
	音乐	古筝	王明媛
		腰鼓	刘小玲
		陕北民歌	杨振德
	其他	书法讲座	高雍君

(三) 实施成效

1. 学习态度

95%以上的学生都对知行课程有认同感，学习认真，自信大方，善于表达，敢于实践。

2. 参与程度

七、八年级全班学生参与"知行课程"之"学科拓展课程""知行社团课程"，选择性地参与"知行综合"课程的学习；九年级全员重点参与"知行课程"之"知行综合"课程学习，重在音乐、美术欣赏和生涯教育的学习上。

3. 掌握要点

超过90%的学生有所收获，50%的学生在参加"知行课程"之"知行拓展课程"时主动学习，敢于质疑，实践活动成绩优异。

4. 能力达标

通过三年课程的学习，学生在学业、思维、综合实践能力等方面均

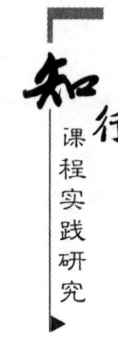

有不同程度的提高；90%的学生都能够快乐学习，健康成长，自信生活，综合素质有所提高，视野更加开阔。

5. 教师领导力

通过教学观摩、评课、教研活动，以及教师对知行课程的切身感受反映，教师从被动接受知行课程任务，到自主开展知行课程，领导课程的积极性大大提高；多数教师在知行课程，尤其是学科拓展课程中，感受到自己拥有了教学自主权，在将自身教育资源运用到课程建设的过程中感受到了职业幸福感；教师从相对盲目开展知行课程，到学会运用课程行动研究的方法，逐步形成了从学情、教育资源预测到课程设计，再到授课、教学反思，尤其部分教师将课程进行理论提升，申报相关课题，开展系列课程和课例的研究；教师创新能力得到了提高，新的教学方法、新课改的理念应用程度大有提高。

（四）反思改进

1. 知行课程需要逐步向系列化、主题化转变

目前，经过两年的探索，形成了许多知行课程课例，但部分学科的知行课程整合力度不够，显得比较零碎，没有形成系列和主题。

2. 课程内容深度仍需加强

知行课程因其形式多样、内容新颖、突出趣味等特点受到学生喜爱，课堂氛围活跃，使学生能够快乐学习，但部分课例缺乏活力，学生受益较少，课程深度挖掘还不够。

3. 课程与先进理念还需更好地结合

少数课程在形式上突破了基础课程的模式，收到了良好的教学效果，但是，课程理念却未能与时俱进。知行课程只有与先进课程理念和教育发展趋势相结合，才能有更强的生命力。西安高新第二学校教师经过研讨后，又提出了新的设想：运用后现代课程观"超越传统的科层制课程，以跨学科整合"（interdisiplinany）的组型打破学科界限，课程被视为一种整体的和动态辩证的过程，是不能予以肢解和割裂的，开发"无边际课程"，尝试围绕同一主题开展多门课程、多位教师混合式教学。

五、影响教师课程领导力提升的主要因素

在研究过程中发现，诸多内外部因素都对提升教师课程领导力产生影响。

（一）对治理理论的理解程度

教师能否对治理理论有深入理解，是影响教师课程领导力的重要因素。教师需要认识从"国家管理"到"国家治理"、从"教育管理"到"教育治理"、从"学校管理"到"学校治理"、从"课程管理"到"课程治理"或"课程领导"的过程中所蕴含的逻辑，才能开拓课程领导的思维，形成开放、包容、多元的课程领导策略。

（二）家庭、学校、社会环境

教师教学都是在特定的环境中进行的，甚至依托家庭、学校、社会的教育资源来开发课程。学生家长对课程的认同度和支持力度、学校教师参与课程开发的积极性、社会教育资源的多少和社会对课程的认可度、针对本研究的外部指导力度等，都对提升教师课程领导力产生影响。

（三）教师自身课程领导能力

教师课程领导力的提升，既是一次提升自我学习的机会，也是教师对教育资源的挖掘和整合。教师自身是否具备相应的课程理论知识、是否掌握一定的教育教学理念和智慧、是否具备高度的课程意识等，都是内在影响因素。内在因素是影响课程领导力提升的根本所在。

六、在学校治理视角下提升教师课程领导力的对策

针对研究中遇到的问题和影响提升教师课程领导力的主要因素，在这里提出以下几点对策。

（一）教师加强课程领导力的自主学习

教师最强的能力是学习的能力，提升课程领导力需要教师自身积极地开展自主学习，做一名怀揣理想信念、道德情操、仁爱之心，掌握扎

实学识的"四有"好教师，储备丰富的教育知识、学科知识、学科教学知识、通识性知识，转变课程观念，将课程看作资源，而不再是学科知识的总和；明确课程设置取向，从"控制"转向"关心学生需要"，坚持过程持续、价值包容、主体多元的观点。

(二) 创造提升教师课程领导力的外部环境

提升教师课程领导力需要以良好的外部环境为依托。立足于学校治理的视角下，学校层面积极为教师创造良好的外部条件，如设备支持、专家支持、学区支持等等。可以尝试组建由学科教师、教研人员、专家组成的课程领导力研究团队，作为专业指导；积极做好家长、社会的宣传，做好引导和监督工作，创造良好的社会支持。

(三) 秉承反思的心态投身教学实践

"只有实践者才能获得和承担作为反思性实践的特定行动的观点和义务，因此，反思性实践只能由行动者自己来研究。行动的逻辑和对行动的理解是个人理性建构和重构的独特过程"。行动研究本身就是一个由"设计—检验—判断—再设计"四个环节构成的回路，教师应当在不断地实践和反思中享受成长。

参考文献

[1] 袁贵仁. 深化教育领域综合改革加快推进教育治理体系和治理能力现代化——在2014年全国教育工作会议上的讲话 [E].

[2] 钟启泉, 汪霞, 王文静. 课程与教学论 [M]. 上海：华东师范大学出版社, 2009.

[3] 钟启泉. 现代课程论：新版 [M]. 上海：上海教育出版社, 2009.

[4] 威廉·F. 派纳, 威廉·M. 雷诺兹, 帕特里克. 斯莱特里, 等. 张华等译. 理解课程——历史与当代课程话语研究导论 [M]. 北京：教育科学出版社, 2003.

[5] 王湛. 教育治理现代化与教育家办学 [N]. 江苏教育报, 2014, 23 (4).

[6] 陈小丽. 我国中小学教师课程领导研究 [D]. 重庆师范大学, 2009.

[7] 吕星宇.上海市课程建设思路分析 [J].教育理论与实践,2014,34 (14):39-41.
[8] 李臣之.校本转化中教师课程领导 [J].课程.教材.教法,2014,34 (8):79-85.

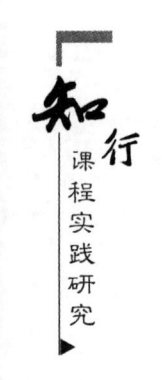

初中生涯教育融入知行课程体系的探索与实践

■ 陈 晨

【摘 要】 新高考制度将中学生涯教育推到了前所未有的重要位置，因此，架构生涯教育课程体系及实施体系的任务摆在每一所中学的面前。西安高新第二学校通过几年的实践，将生涯教育融入学校的课程体系中，整体上规划学校的生涯教育课程。通过知行德育课程、知行学科课程、知行艺体课程，使学校的生涯教育与原有的知行课程有机地衔接，在抓住课程的核心素养的前提下，进行整合和融合，建构起具有学校特色的生涯教育课程。同时以"融入式"生涯教育的"大课程观"，整合各类资源构成教育合力，为学生幸福人生助力。本文阐述了西安高新第二学校生涯教育的实践探索，同时陈述其创新与优化措施。

【关键词】 初中生涯教育；知行课程体系；探索与实践

随着各省市高考改革方案出台，中学生涯教育被推到了教育改革的前台，特别是中学生涯教育既要着眼于当下，帮助学生发展学科兴趣与个性特长，培养学生以选择能力为核心的人生规划能力，又要放眼未来，培养学生适应将来社会与职业变化所需要的核心技能与重要品格。因此，架构生涯教育课程体系及实施体系的任务摆在我们每一所中学的面前。西安高新第二学校在这两年里也做了一些探索和实践。

一、在拓展型课程中，以知行生涯综合课、主题班会课为载体，开设专门的生涯导向课程

在学校的知行课程体系中，根据课程体系分为知行德育课程、知行学科课程、知行艺体课程。学科综合课程以培育学生的主体意识、完善

学生的认知结构、提高学生自我规划和自主选择能力为宗旨，着眼于培养、激发和发展学生的兴趣爱好，开发学生的潜能，促进学生个性的发展和学校办学特色的形成，是一种体现不同基础要求、具有一定开放性的课程。

（一）知行生涯综合课加入生涯导向的课程内容

西安高新第二学校地理和生物教师除了在原有的学科综合课程上加入具有生涯导向的课程内容外，如"自主研究西双版纳的知行生涯课程"等。基于对学生的喜好进行观摩与研讨的形式，与积极心理辅导相融合，为学生开启了解自我、了解世界的生涯选修课程，受到学生的欢迎并让他们从中获益匪浅。

（二）主题班会课开展系列生涯导向课

主题班会课也属于比较重要的初中拓展型课程。2017年底开始，西安高新第二学校的部分教师和班主任赴上海学习生涯规划课程体系，就一起参与设计及开展系列生涯导向的主题班会课。远播教育研究院的常雪亮讲师和张惠老师就生涯教育问题展开了详细生动的阐释。其中，常雪亮以视频和自己工作中遇到的个案向各位老师生动阐释了生涯教育中的三大任务、四大指标和五大内容。她针对目前我们国家教育改革方向分析了它带给学生生涯规划的影响，让各位老师从政治大方向认识了生涯教育的重要性。两位老师还讲解了生涯评估的价值与意义、使用方法、评估报告结果的使用，并从评估的四个方面：兴趣类型、智能结构、学习生活适应性、性格类型进行了分析，特别是2017年以来，西安高新第二学校八年级平均每个班级开展生涯教育主题班会10次有余。通过这些生涯主题班会课，充分发挥心理教师专业指导作用和班主任具体落实作用，这既调动每位教师在生涯教育中的优势作用，又激发学生自主参与的热情。

（三）在学科课程中，以探索型学习为载体，指导学生开展各类生涯规划课题研究和实践探索体验

学科课程，培养学生具有永不满足、追求卓越的态度，培养学生发现问题、提出问题，从而解决问题的能力。以学生从学习生活和社会生

活中获得的各种课题或项目设计、作品的设计与制作等为基本的学习载体；以在提出问题和解决问题的全过程中学习到的科学研究方法、获得的丰富且多方面的体验和获得的科学文化知识为基本内容，以在教师指导下，以学生自主采用研究性学习方式开展研究为基本的教学形式的课程。

在学科课程中，以学科课程为载体，使学科教学与生涯教育融为一体。西安高新第二学校的生物教师研究及实践在初中生物教学中，通过讲解职业专栏、扩展教材内容、创设教学情境、关注科学前沿等方式，在课堂上帮助学生了解与生物学相关的职业，培养职业兴趣、进行职业体验、塑造职业品质并展望职业前景，达到开展生涯教育的目的。

二、西安高新第二学校生涯教育应着力课程与教学创新

（一）"互联网+"下的多媒体的使用

在课本资源的整合下，以职业生涯为单位，结合多媒体的使用，增添丰富多彩的课外知识，重视知识的拓展与延伸。

（二）以学生为主体的传统教学与职业体验相结合

在课程探索实践中，教学内容除了模仿经典外，还可以进行情景创作，创作出贴近生活实际的职业情景。

（三）设置多角度的评价体系

评价注重过程性评价，把评价渗透到职业生涯规划评价的各个环节之中，使评价过程变为教育过程。

三、西安高新第二学校生涯教育的优化

（一）多利用家长资源开展各类生涯教育活动

西安高新第二学校对家长开展了大量的生涯规划普及讲座，进一步帮助家长认识生涯教育的重要性，以此开发家长资源，发挥家庭教育潜移默化的作用，形成生涯教育合力。

（二）以生涯档案袋记录学生的生涯成长发展过程

在生涯教育的过程中，我们觉得学生成长过程中的每一步都是值得记录的，一方面，可以帮助他不断回顾和反思自我，同时也是自我的肯定和激励。因此我们请每个学生为自己建立一份生涯成长记录袋，汇编一份自己的生涯成长记录册，同时也将为学生建立生涯成长电子档案，帮助学生把成长中的方方面面的信息和资料进行收集和整理汇编。这既是作为学生成长过程中的珍贵礼物，也是作为学校生涯课程的一种评价。

西安高新第二学校将生涯教育融入学校的课程体系中，整体上规划学校的生涯教育课程，使学校的生涯教育与原有的知行课程有机地衔接，在抓住课程的核心素养的前提下，进行整合和融合，建构起具有学校特色的生涯教育课程，使之既满足于全体又服务于个体，从而使学生的综合素质及创新能力得以全面提高。

参考文献

[1] 许雪梅．研究性学习与基础型课程及其相互关系的研究［D］．华东师范大学，2003．

[2] 沈建民，谢利民．试论研究型课程生命活力的焕发——兼论研究型课程与基础型课程、拓展型课程的关系［J］．课程．教材．教法，2001（10）：1-5．

小学中段 PEP 英语对话和故事绘本整合教学探究

■ 樊晓霞

【摘　要】 小学中段 PEP 英语教材内容单一匮乏，不能满足学生的发展需求。针对这一现象，提出了对话教学和故事绘本教学的有机整合，通过故事绘本的介入深化内容，拓展知识。在故事绘本选择时教师要把握对话内容，分析学生情况；在设计整合教学时，教师要考虑课前、课中、课后的活动，还要考虑故事性和人文性的结合；在故事绘本使用时，教师要勤思多想，提炼精华，合理使用，思不足求发展。

【关键词】 小学英语；对话；故事；绘本；整合教学

《义务教育英语课程标准》（2011 年版）指出：在学生的语言学习和实践活动中，教师的作用十分重要。教师应注意处理好知识学习与能力发展的关系、语言操练与语言运用的关系以及常规教学与考试的关系，使教学活动更加有效。由此可见，教师要科学分析学情和教材，正确预估教学效果，不可机械操练，也不可评价单一。那么，小学英语教师在中段乃至整个小学阶段的对话教学中是怎么做的呢？

一、小学中段英语课堂对话教学的现状与探索

（一）教学内容简单，深度和广度皆不能满足学生的需求

目前，西安市雁塔区小学中段学生使用的英语教材是人民教育出版社《PEP 英语》，三年级起点。可现实中，以三年级的学生为例，他们已经学习英语至少两年了，有的学生甚至在幼儿园阶段已经开始学习英语。经过多年的积累，学生已经具备基础的英语表达能力。因此，从小

学中段开始学习 PEP 英语教材就相当于重新从零基础开始学习，对学生来说内容太简单了。教材的深度和广度已经不能满足学生的发展需求，无法为学生提供更加广阔的思维空间和自主发展空间。学习的主体情况发生变化，学习的内容和方式就要相应进行改变，所谓"因材施教"是也。

（二）教学形式单一，操练和活动都无法激发学生的兴趣

在对话教学中，教师基本采用情境教学法，创设真实的交际环境，采用多种活动形式，操练主体对话句型。学生的学习效果是值得肯定的，但是由于对话语境只是一个单一的断点环境，无法形成一个连贯的大语言环境，因此创设情境上有些杯水车薪的感觉。此外，长期的低水准操练反而让学生学习上表现出了了无兴趣、枯燥乏味的情绪。例如：PEP 三上第二单元 B 部分的对话内容为：—Hi, Mum. This is Wu Yifan. —Good afternoon, Wu Yifan. —Good afternoon. —Nice to meet you. —Nice to meet you, too. 这些内容学生已经在一年级的时候熟练掌握，而且平时的生活学习中也能自如运用。课堂上，即便老师创设了情境，变化了对话内容，采用各种评价手段，都无法从内心激发学生学习的积极性，无法让学生学有所获思有所得。

（三）着手改进教材，语言和语境双管齐下解决教学的困境

新课标指出：教材是实现教学目标的重要材料和手段。在教学中，教师要善于根据教学的需要，对教材加以适当的取舍和调整。众所周知，对话教与学都需要语境。而故事和绘本是在讲述真实的或虚构的事情，具有连贯性，富有吸引力，还能感染人。语境，就是一个契合点，连接了对话和故事、绘本。如果我们将 PEP 英语教材中的对话内容视为一个点，那么故事、绘本就是由一个个点串联的面，由点到面打开了对话教学的广度。而故事、绘本不仅仅是讲述事情，更是让学生在听故事中学知识，同时还可以全面帮助孩子建构精神世界，培养多元智能，这就加大了教学的深度。因此，故事、绘本教学引入课堂为我们更加有效地进行对话教学解决了困境。

二、对话和故事绘本整合教学的实践与策略

打破困顿之局，积极开展对话教学和故事绘本的整合探究过程，教师面临的问题再次转移到了教学之中，主要体现在教学内容的建构、教学活动的设计、教学效果的完善和教学目标的实现。

（一）明确主题，建构科学的教学内容

上海师范大学教授、博士生导师王荣生提出："教什么远比怎么教更重要。"在实施对话教学和故事、绘本教学整合时教师要明确教什么，即教学主题，建构科学的合理的整合内容。在这里两个主要参考内容：一是 PEP 教材的单元主题，二是 PEP 教材对话教学的主要句型。对话主要句型和故事绘本的有效建构不是随意的，而是要相互靠拢。课堂教学中，教师选择的故事、绘本内容应与对话句型切合。教师要根据故事绘本有效建构对话情境，理解课标要求，分析教材教学目标，进行教学内容的有机整合和有效建构。与此同时，故事绘本还应向单元主题倾向，趋于完美重合。

通过对小学 PEP 英语对话教学和故事、绘本教学的整合实践研究，在选择合适的故事绘本方面形成了三点策略。

1. 直接使用，提炼主要句型。

故事绘本的选择是一个特别费时费力的过程。单元主题切合的情况下，尤其是对话内容特别简单时，教师往往会直接使用故事绘本来辅助对话教学。故事绘本中的文字非常少，也正因此，语言必须精练，更有利于教师提炼主要句型，加以设计来提高教学效率，更好地完成教学目标。例如：PEP 英语四年级上册第三单元 My Friends 的对话句型是 He/ She is… He/ She has …，目标是教会学生用恰当的形容词描述人物特征。在教学时，教师可以选用经典绘本 *My Dad*，可提炼的主要句型有：My dad can … like a/ an … My dad is as … as … 再如：PEP 英语四年级下册第二单元 What time is it? 中对话主要句型是 It's … o'clock. It's time for/ to …. 教授这个内容时，教师可以直接选用故事 *What Time Is It*，句型和课本完全切合，是特别理想的选择。

2. 改编着用，创设对话情境。

有的故事绘本是情景呈现式的，有很多对话内容；有的故事绘本则

是情节叙述式的，只叙述故事流程。而对话教学需要的是情景呈现式的，这样才能更好地进行语言操练。这时，如果单元主题与故事绘本贴合，而没有对话操练的故事内容时，教师要根据自己的专业知识对故事绘本进行改编。例如：《小猪变形记》整个故事中，小猪只是看到了很多种不同的动物，想要成为别人的样子。绘本从始至终都没有对话内容。我就参考对话句型对故事进行了改编，将小猪每次看到不同的动物，改编为遇到，将心理活动改编为对话内容。同时，将对话句型设置为单元主要句型的不断重复。这样，故事的呈现活灵活现，故事的讲述、教学活动更有带入感。

3. 玩转素材，整合复习旧知。

小学英语知识呈螺旋式上升，很多知识在低段、中段、高段都有，但是深度在逐步加深。因此，教师在教学过程中要根据学生的年龄特点有效建构知识。例如：同样是形容词的表达，三年级时我们选择《小猪变形记》来引导学生学会使用主要句型表达，而四年级时我们选择 *My Dad* 来提炼主要句型进行拓展补充。而五年级时我们选择了 *My Mum*，却不仅仅是学会用主要句型了。通过对故事绘本的反复研读，结合 PEP 教材的目标设计，我提出了四个问题：What is my Mum? What can my Mum do? What could my Mum be? What is my Mum like? 这四个问题是 PEP 五年级上册第一、二、四单元的主要内容，也是整个绘本的主体内容。一节课的学习，孩子们会在丰富多彩的活动中对三个单元进行整合复习。

(二) 以生为本，设计合理的教学活动

解决了教学内容的建构问题，教师紧接着就要思考如何设计合理的教学活动。教学内容已经从课本的对话变更为故事绘本，课堂容量变得更多，因此，教与学的方式都将随之发生变化。但是，万变不离其宗，学生必须是教学活动的主体，学生的发展是一个活动设计的根本。这就要求教师在课前必须深刻剖析教学内容，将其进行加工和再加工，最终确立的教学活动都要以学生的发展为首要目标。以对话和故事的整合教学为例，一节课、一个故事的讲述过程也是所有教学活动的串接过程。教师根据学生的实际学情，将故事的开端、发展、结尾设计成对话句型的呈现、操练、展示环节。同理，在进行对话教学和绘本教学整合的实践时，教师要将主要句型和绘本句型结合，利用绘本句式高频度重复的特点操练句型。同时，整合教学不仅仅是讲述一个故事或者绘本，在轻松愉悦的过程中操练英语对话，更是要让学生学会用英语思维，将语言知识的学习转化为用语言表达自己的情感和观点。

1. 巩固提升，拓展丰富的课后作业。

通常情况下，课前、课中的各项活动，教师都特别在意，全面考虑学生的学习效果。但是，学习却不局限在课堂，活动也不仅限于课堂，还要延伸到课堂之外。教师要调动学生的积极性，发挥其学习自主性，对学生给予恰当的引导，有计划、有创造性地开展形式多样的课后英语作业活动。学练结合，从而更好地服务于课堂教学，巩固提升教学效果。英语课后巩固练习及故事绘本复述等都是对课堂学习内容的巩固和再次认识，是有效保障教学效果必要的手段和形式。此外，英语课外活动也是学生英语学习的重要组成部分。丰富多彩的课外活动更能将故事绘本融入学生的内心深处。例如大声朗读故事绘本（《朗读者》）、表演最喜欢的情节（《我型我秀》）、我为故事绘本来配音（《"声"临其境》）、我是绘本制作高手（《非凡匠心》）等都是非常受学生欢迎的课外活动。

2. 情感主线，培养多元的精神世界。

英语，既是语言又是工具。然而，掌握语言、学会表达不是教学的终极目标，关键是在教与学中都要抓住精神蕴涵。帮助孩子建构精神世界，培养多元智能是我们进行对话和故事、绘本整合教学的意义所在。新课标指出，教师应根据学生的语言水平、认知能力和生活经验，创设尽可能真实的跨文化交际情境，让学生在体验跨文化交际的过程中，逐步形成跨文化交际能力。目前，多数的英文故事绘本都是舶来品，其中蕴含的思维、审美都具有西方特色。教师在进行整合教学的同时也是对学生进行跨文化意识的熏陶，促进学生认知能力、思维能力、审美情趣、想象力和创造力的综合发展。

三、对话和故事绘本整合教学的反思与困惑

在对话和故事绘本整合教学实践探究过程中，形成了行之有效的指导策略，也整理了针对小学中段 PEP 英语的故事、绘本资源库，通过尝试多种形式的课堂教学实践，形成了故事教学模式和绘本教学模式，

但是，研究仍在继续，实践还在跟进，反思常在心头，困惑也在脑中。

新课标指出，在英语教学中，教师要有意识地帮助学生形成适合自己的学习策略，并不断调整自己的学习策略。但是，对话和故事绘本整合教学中存在一个突出的问题，那就是学习能力强的学生终于满足了自己的学习需求，然而学习能力较弱的学生却是越来越弱。学生的差异性依旧没有改善，两极分化的现象也没有因此而改变。

另外，经过实践发现故事绘本对对话教学有很大的促进作用，但是在课时紧张的情况下，后期的复习巩固跟进犹如横在前进路上的巨石，让教师着急，让学生无措。

以上两个方面都特别考量教师对教材的整体把握和对学生能力发展的预期规划。本着问题既是课题的理念，小学中段 PEP 英语对话和故事绘本整合教学实践探究将会进入下一阶段的探索之旅。

四、结语

总之，通过对小学 PEP 英语中段对话和故事绘本的整合实践探索，有效解决了原对话教学内容和形式的单一性，充分拓宽了课堂的容量，提升了课堂的质量。学生在学习语言的同时认识了自我，形成了跨文化意识。常思不足，以求进取。我将继续通过实践研究完善对话和故事绘本的整合探究，努力改进英语对话课堂的教学效果，推广项目研究成果，帮助一线教师教得惬意，学生们学得轻松。

参考文献

[1] 义务教育英语课程标准［M］.北京：北京师范大学出版社，2012.

[2] 易仁荣，朱立，杨年仲，赵国强.试论真实交际在英语教学中的运用［J］.华中师范大学学报，2000 年增刊.

[3] 马利娟.着眼"真实交际"的英语校本教材开发［J］.上海教育科研，2009（10）.

[4] 何自然.语用学探索［M］.广州：暨南大学出版社，2012.

[5] 张帆，许颖.真实交际源于精心设计——感知小学英语中交际的真实性［J］.新课程研究，2011（9）.

"放生"阅读
——例谈初中语文部编新教材自读课文

■ 王丽娜

【摘　要】 自读课文教学是指让学生自己去解读课文的教学活动，是一种能够充分发挥学生学习能动性与阅读能力的教学活动，有利于让初中生真正成为语文学习的主人公。本文将从充分利用课后阅读提示；加强师生、生生讨论；总结自读课文学习重点三个角度来分析初中语文组织自读课文教学的有效对策。

【关键词】 初中语文；自读课文；教学对策

自读课文是初中语文教材的一个重要组成部分，几乎每一个单元中都有一到两篇，它对讲读课文中的语文知识有一定的巩固、拓展和迁移的作用。初中语文自读文本教学的目的是使初中生充分发挥自己的阅读能力，锻炼自己的思维，表达自己的观点，形成良好的阅读素养，特别是新部编教材对自读课文有了更进一步的要求，不仅自读课文的篇章有增加，而且还出现了例如新八年级下册中第四单元，整个单元是一次活动探究。自读课文的增加有助于改变传统教学中"教师说、学生听"的被动教学模式。引领学生自主阅读这些篇目，对帮助学生掌握语文知识，培养学生的理解、感悟能力和创新能力有着重要的意义。所以在课堂上教师放手、"放生"，让学生在特定的范围内自由阅读，真正做到"自读"，是笔者在教学过程中一直努力追求的。

一、充分利用课文中的阅读提示

一般来说，每篇课文后面都会有一定的阅读提示，设置这些提示本身的目的是指导初中生的自主阅读学习活动，引导学生在自读活动中有效提取文本信息，分析文本内涵。课后阅读提示相当于是课文阅读导学目标，是教材编写者对学生阅读效果的期待与要求。

就如在《雨的四季》这篇课文的自读教学中，学生应该学习利用朗读来品味每篇文章的精彩之处，感受我国汉语文字的美。在课文后，有相应的阅读提示，让学生根据课文选段来回答问题。教师在备课时便以"贯穿全文的感情线索""四季雨的不同特点"等问题来引导学生。在阅读时，让学生自由在教材空白处写下自己的总结与感悟，以阅读批注来提取关键词，最终深度解析文本。把阅读角度、阅读结果交给学生，放手让学生自己从不同角度来批注。课堂上就有学生从内容、修辞、情感、结构等等方面对文本有了属于自己的解读。既达到了备课时教师的设想，又有很多课堂上现时生成的内容，学生们妙语连珠，让笔者收获到了意外的惊喜。

在教授《窃读记》这篇文章时，笔者就抓住阅读提示中的两个重点：一是文本中悬念设置的作用，对结局揭示的效果；二是文中"我"的动作、心理描写，来进行教学的设计安排。让学生选择自己感兴趣的一个角度细读文本，圈点勾画，进行批注，与其他同学探讨交流，让学生畅谈自己的感受。这样既有对文本整体的感知，又有语句字词的解读，有文本宏观掌握也有字词微观细读。

二、加强师生、生生讨论

不同的读者在语文阅读中会结合个人经历与个人思考对文本产生不同的解读效果，而这些解读效果不仅是阅读者与作者思想的碰撞与结合，也是读者个人对文本的认识与感受。在初中语文自读课文教学中，教师也应尊重每个学生的个人思考成果，并据此展开师生、生生讨论的阅读形式，让学生在不同的思维碰撞中实现个人成长与集体进步，在合作中丰富每个学生的认知。因此，在自读课文教学中，笔者让学生在阅读文本之前，先通过阅读提示，找出阅读的方向和重点，在阅读文本之前心中有谱，带着自己的目的、问题进行个性化阅读。结果不必相同，也不会相同。

第七课《大雁归来》显然是一篇非典型性说明文，知识性、抒情性的结合是本文的重要特色。浓郁的抒情色彩是本文的一大特色，字里行间注满爱鸟之情。学习本文抒情的语言，重在朗读，体会本文浓郁的抒情色彩。了解大雁的生活习性，体会作者对大雁的喜爱之情。培养学

生热爱自然、珍爱野生动物的感情。学习使用最合适得体的词句表达自己的情感。

笔者在确定教学内容的时候就从这两个方面入手，简化内容。整堂课抓住"知识性"和"抒情性"，设置两个问题：一、读完文章你了解到了关于大雁的哪些知识？二、字里行间你读出了作者对大雁有着什么样的感情？从哪里看出来的？因为学生对文本的感受与解读能力不同，所以笔者先让学生在组内交流。在交流开始之前，学生自读课文，形成个人见解，然后在组内探讨自己的感受。在学生解读中，笔者会补充自然科学资料，根据阅读情况适时利用几个问题来引导学生深入思考。如文本中对大雁的称呼，文本中具有抒情性的、哲理性的语句理解赏析。当然学生还可以就自己的阅读感受提出新的问题，和老师交流或者请同学来思考、谈论。让学生带着问题阅读，读后产生新的问题，不论问题是否严密，是否有合理的答案，但是只要问题符合文本内容，笔者都会肯定与鼓励。

让学生带着问题阅读，读后产生新的问题，培养学生在阅读中的"问题"意识，其意义远远大于阅读本身。

当然要想到达这样的目标，教师就要把学习的主动权交还给学生，给学生充分的时间和空间，让学生自由地设身处地地感受文本，自行探究问题、寻求答案，这样才能有"自读"的收获。

三、总结自读课文学习重点

总结自读课文学习重点这一个策略是为了优化初中生的阅读思维结构，使学生们对文本内容的把握更加清晰、透彻。如果初中生能够学会总结自读课文的学习重点，那么便说明学生们能够把握自读课文的方向与脉络，已经形成了一定的阅读能力。所以，教师应引导学生做好自读课文总结，让学生们在总结中获得发展与进步。

在总结的同时，要培养学生合作学习的意识。采用小组形式，同组同学协同努力，充分发挥自身及同伴的学习优势，来帮助自己有所提高。明代学者顾炎武说："独学无友，则孤陋难成。"

就如在《学习演讲词》活动探究单元中，可以看出整个单元的设置就是一次活动探究，四篇课文是学生学习演讲词的材料，只是三个学习任务之一，是后续任务的基础，所以教学的重点应该放在任务二撰写演讲稿、任务三举办演讲比赛上。所以笔者在设置本单元的教学目标时就和其他的单元不同。笔者便要求学生自己总结几篇演讲词的重点。通过对四篇演讲的阅读、总结，有的学生认为本单元的自读重点应放在分析演讲词文体特点之上，有的学生认为本单元的自读重点应放在演讲稿的阅读方法与写作方法之上，有的学生认为本单元的自读重点应放在解析演讲稿的基本内容之上，等等。每个学生所认为的自读重点都是有价值的，而这也能够从侧面表明初中生对自读课文的重点把握是不一样的。笔者会尊重每一个想法，希望学生们能够全方位地根据课后阅读提示，充分利用每一篇演讲稿来开阔自己的阅读视野。

待学生自读学习结束之后，笔者鼓励学生总结自己的阅读成果，将自己的阅读成果以小论文的形式展现出来，学生完成了《让演讲更加打动人心》的小文章，检查自己是否达到了预期目标。之后结合单元的实践活动，让学生把自己的阅读成果在班级内做演讲交流，既锻炼了演讲能力又考查了他们的归纳总结能力，形式新颖，深受学生的喜爱，真正学以致用，知行合一。

初中生自读课文需要教师适当、适时放手，既要给初中生提供充足的阅读自由，还要充分发挥教师的指导与点拨作用，让初中生在自读课文过程中养成自主阅读的好习惯，使初中生具有可持续性的阅读能力。

参考文献

[1] 范玉.如何做好初中语文自读课文教学[J].考试周刊，2017（62）：53.

[2] 刘荣先.初中语文"自读课文"的教学现状及应对策略[J].课程教材教学研究（中教研究），2015（Z6）：42-43.

《诗经》作为中华优秀传统文化经典与初中语文综合性实践活动课堂有机结合的研究

■ 许 瑶

【摘 要】 本文重点讨论国学经典与初中语文课堂的有机结合，将《诗经》作为中学国学教学起步教材，结合灵活多样的课堂表现形式，总结已经完成的——"《诗经》诵读"和"《诗经》中的爱情故事"两节语文拓展课的经验，反思并研究《诗经》作为国学经典与中学语文综合性实践活动结合时的内容展现及形式表达。

【关键词】 中华优秀传统文化；国学经典《诗经》；教学实践反思

一、中华优秀传统文化与中学语文综合性实践活动的有机结合

综观全球文化现状，结合当下时代要求，在课本之外课堂之内复兴传统文化已不再是口号。落实到学校集体和教师个人，从学校对国学经典进课堂的理念倡导以及教师个人专业及能力爱好出发，每位中学语文教师都有责任和义务将传统文化介绍并传递到课堂中让学生在课本之外感受传统文化的魅力，在潜移默化、耳濡目染的环境浸透中，教导学生知其意、遵其行、懂其理、悟其情。

在初中语文课堂中一味讲述课本已不能满足当代学生对于庞大、繁杂知识的需求，要实现目标与结构，内容与形式上的多元化，将国学经典定为初中语文课堂的拓展内容，思考其表现形式，以学生为主体，最大限度发挥学生在课堂中的参与度，将国学经典知识在拓展课堂的平台下巧妙地展示发挥，有利于学生了解、认识、参与、体会课堂中的丰富

内涵。

综合性实践课程要求教师应该根据一个体系的知识内容循序渐进，我的拓展课从带领学生探索《诗经》这本国学经典开始，教学目标最先是要求学生了解《诗经》，了解《国风》篇目记叙的内容。但在和学生们不断共同研读《国风》的过程中，学校提出应该系统化《诗经》教学的方案，于是便形成了之后的《诗经》系列拓展课。在学校系统地帮助指导和支持下，我逐步开发了"《诗经》概说""什么是'诗经六义'""'十五国风'诵读"以及"《诗经》中的爱情故事"等系列综合实践课，由点构线，由线及面，为学生平铺出在中学阶段接触到的第一本国学经典框架，以学生研讨学习，全面参与为主，构建传统经典内容与创新课堂形式相结合的综合性实践课程。

二、《诗经》作为国学经典的地位及现实意义

经典以其精确化、简洁化、优美化的语言千年不朽，魅力无穷。"四书"中第一部《诗经》便是唤醒人性的著作，《诗经》是我国第一部诗歌总集，它曾是孔子教育弟子的教材，收录了西周初年至春秋中叶共311篇诗歌，反映了周初至周晚期约500年间的社会面貌。古今中外的大家都是伴随着经典成长的，《诗经》在大家接受教育的过程中更是扮演着举足轻重的作用。坚持读《诗经》可以涵养性情、增长智慧、提升眼界、增进道德勇气。对今天的孩子来讲，学《诗》、读《诗》更多是在于培养一种文化意蕴和审美内涵。

在学习《诗经》时，由于时代久远，学生对诗歌的理解感到比较困难，这就需要教师为他们讲解诗歌所产生的时代背景。若是简单地告诉学生《诗经》中某一篇可能的发生年代和地理方位，根据翻译还原原诗，帮助学生背诵记忆，这实在是对教育资源的极大浪费。例如对《国风》的篇目教学，可以重点突出它的民歌性，"国风"是《诗经》中的精华部分，有对爱情、劳动等美好事物的吟唱，也有怀故土、思征人及反压迫、反欺凌的怨叹与愤怒。这部分内容与百姓生活最近，是先民对自己生活的记录，虽然时代在变，但人类的情感却在延续，在延续中发展，在延续中丰富。学生甚至是教师都已不可能走进那几千年前的时空去感受生活，但文字并不是冰冷的，它记录的、传播的是几千年前先民们个人情感的温度。教师在教学进行时把文化教育和审美教育作为

课堂教学的重点，可以让孩子们感受到人类情感的延续和传承以及对美好生活的盼望和亘古不变的情怀。教师在此引导学生在理解文字的基础上去想象，去同理，学生的思想情感就会升华，对美的认识也会日益提高。

三、关于《诗经》综合性实践活动的具体操作

（一）"《诗经》诵读"综合实践活动课总结

本课选取《诗经·国风（篇）》作为指导诵读的模本，旨在让学生走近《诗经》，了解《国风》中记叙的内容；亦要通过诵读技巧指导，让学生掌握学习国学经典的一种可行性方法——诵读，从而发挥主动性以便于理解更多的《诗经》篇目。教学目标设置为：（1）通过诵读引导学生，置身文本，感受国学经典魅力；（2）通过"情景教学法"，拉近学生与古诗文的心理距离，感受诗篇之美；（3）调动学生诵读积极性，指导学生通过提升自我感情去体会不同时空下的情感。

配合翻转课堂的先进教学手段，教师在课前做了大量的工作准备，制作"了解'十五国风'"课前视频，帮助学生在从未接触过《诗经》的情况下，走进《诗经》，打破对作品的陌生感。在实际操作过程中，教师先将全班同学分成了15组，《国风》160多篇多是由采诗官辗转步移15个地区后收集来的，全班学生分为15组后每组选举一位组长，带领组员熟悉本地区最脍炙人口的一首诗，由此我们从《国风》160多篇中让学生自主筛选，选出了15首既便于学生理解又朗朗上口的诗歌。学生根据自己分组地区所处的具体位置，搜集当时可能产生此首诗歌的时代及地理背景，每人根据资料写出自己对本组代表诗歌的理解。

活动课前期的准备多在教师的指导下鼓励学生以组为单位进行讨论学习。课堂环节中教师先引导学生通过诵读的方法表现诗歌形式（教师通过自我展示，以《子衿》为例，让学生身临其境感受诵读之美，诵读并不是生硬地读书，而是在朗读的基础上，熟读成诵，做到有所好奇，主动理解，最好能够利用工具书主动诠释文本）。进而指导学生还原时空，发挥情境教学优势（通过四幕话剧，演绎"国风"形成过程，学生变成课堂的主人翁，自己表演；四幕剧中逐一展示周天子期望通过采诗的方式了解和普查民情——采诗官辗转各地收录民歌——民歌内容

丰富，采诗官收获颇丰，整理上呈周天子览阅——孔子在春秋时期编纂民歌成册，史称《诗经》）。学生通过参与四幕剧，无论是表演者还是观看者，都能一目了然，清晰了解《诗经》的来源和作品所涉及的地区之广泛。帮助学生在活动中真正了解《诗经》，并激发学生对《诗经》内容进行探索的进一步兴趣。课堂环节最后通过各组组长带读的方法结合集体诵读的形式，让课堂升华在对《诗经》的体悟中。学生通过诵读大概掌握了诗歌的内容及情感方向，小组内先讨论总结，教师汇总结果，培养学生在收集整理资料、感悟内化文本后的精确表达能力。最后大家一起总结出这 15 首诗歌大概记述的内容，其中有爱情、有战争、有家庭生活、有生产收割，学生读到了那个年代妇女表达情感的自由，读到了战争之中因思念出征亲人的焦急情感，读到了家庭生活中男子的感情变化，都到了一年四季农民耕作的辛苦及田间的乐趣。这所有的内容都是学生自己表达完成的，在这一堂课中学生不仅收获了《国风》中的许多"故事"内容，也收获了学习国学经典的第一个方法——诵读（熟读成诵，内化于心）。

（二）"《诗经》中的爱情故事"综合实践活动课总结

本课仍选取《诗经·国风（篇）》作为模本，以"爱情故事"为主线，展开在《国风》中的诗歌搜集，教师帮助学生厘清课堂主脉络，组织学生活动，具体演绎及课堂环节操作由学生自己完成。教学目标设置为：（1）通过分组撰写剧本，将《国风》中所选取的诗歌还原成一个个鲜活的故事；（2）通过教师指导表演，帮助学生回归先秦时空，身临其境感受主人公情感变化；（3）在青春期真正接触爱情，感受爱情的美好，探讨爱情发展的历程，帮助自己的人生道路上感受美、寻找美、珍惜美好感情。

《诗经》中描写爱情的诗篇很多，从不同角度理解，爱情在各个层面都能展现它生机勃勃的一面。本课我们选了六首诗歌，由邂逅（《诗经·郑风·野有蔓草》）—相思（《诗经·陈风·月出》）—美女如云，匪我思存（《诗经·郑风·出其东门》）—相见（《诗经·邶风·静女》）—互赠礼物（《诗经·郑风·溱洧》）—幸福长久（《诗经·周南·桃夭》），展现了一段完整的爱情历程。

活动课前教师要做的准备是帮助学生分组，学生在组内自行分配角色，剧本由学生组长和老师共同完成，在这个过程中教师主要起辅助指导的作用。待剧本基本定型后，教师根据自己对诗歌的把握增加一些可以帮助学生进行知识再拓展的指导，例如在《桃夭》组加入古代"嫁娶"六礼的知识，在旁白中提示一段——《礼记》载"昏礼者，将合二姓之好，上以事宗庙，而下以继后世也，故男子重之，是以昏礼纳采、问名、纳吉、纳征、请期、亲迎，昏礼者，礼之本也"。若是在课堂上单独讲授此类未必能有学生表演出来效果显著。学生先熟悉嫁娶六礼，组内成员会自行搜集相关知识丰富剧本，不仅进行了剧本的结构修改，还在二次创作的基础上完成了对传统文化的了解。

剧本定型后，教师根据每组的故事情节和人物设定，指导学生制作道具。例如邂逅组将演绎《野有蔓草》，特定的故事发生在郊外，为了更好地帮助观众进入场景了解故事内容，邂逅组制作了桃花树、郊外的小草背板以及主人公上场所持的折扇。学生对于"话剧式课堂"非常感兴趣，所有人参与其中，把握自己的角色用来配合故事的起承转合，不仅在剧情中揣摩着人物的情绪而且通过表情、单词锻炼着自己的个人表现力。

本课的课堂环节时间仍设置40分钟，一节完整的活动课，目的不在于延长课程时间只为学生活动服务，还是在学生活动的基础上在规定的时间内达到相应的教学目的。课堂环节的第一步，教师配合制作精美的PPT，以集体观看PPT为主，教师台后讲解为辅，声情并茂地导入"《诗经》中的爱情故事"主题，引出六幕爱情剧（邂逅—相思—美女如云，匪我思存—相见—互赠礼物—幸福长久，步入婚姻）。学生在演绎的过程中投入了很大的热情，对于台词的熟悉度，对于承上启下的动作或走位的衔接都把握得恰到好处。

课堂演绎环节之后是教师引导学生总结环节，爱情不仅仅停止在《诗经》的文字中，她还跟随的时间来到了我们当下的这个时代，每个时代歌颂和追求爱情的标准不同，但是爱情的历程却又大致相似。学生最后根据教师提示谈谈《诗经》中爱情带给自己的感受并且书写简短的"我身边的爱情故事"。收录了其中几个学生现场书写的爱情故事，例如"我爸妈在每次吵架后几天不理对方，要等到他们中间的一方开口道歉才会和好。有一天，我妈妈病了，我爸就说：没有我，你该怎么办啊"；"我爷爷去世后，奶奶经常看着爷爷的照片发呆，偷偷流泪不让我们察觉"等。孩子们的真情流露，以及用他们的眼睛记录下的爱情故事是真真实实打动人的，一节以"爱情故事"为主线的综合实践活动课不仅在于教会孩子们认识爱情、珍惜爱情，还在于他们对待今后自己人生中感情的态度和方法是否收到了经典的指引和影响。

2500多年前的祖先，在追求爱情的道路上所经历的酸甜苦辣、喜怒哀乐，一点也不比今天的你我少。学生在了解时空虽变、情感依旧的基础上会对自己及家庭的情感进行全新的审视，那么这样一节短短40分钟的课堂容量就大过了教授文本本身的收获。毕竟，情感教育是最高层次的，我们希望学生能在课堂中真情流露，认识自己，丰富自己。

四、《诗经》作为中华优秀传统文化经典与中学综合性实践活动相结合的教学实践反思

作为中国文学发展史上第一部诗歌总集，《诗经》以它古朴自然的风格、生动优美的语言对后世文学产生着深远的影响，同时奠定了我国诗歌现实主义走向的传统。作为中华文化的"宝典"，它蕴含着丰富的传统文化精神，在国学经典的库藏中熠熠生辉，在我们今天构建和谐社会的文化建设中，仍具有重要的借鉴作用。《诗经》充满了浓郁的人情味，使诗成为表现自我、抒写自我、表达宗族伦理情感和乡土情韵的最好形式，凡是思念亲人、爱国、思故人、怀乡等各种喜怒哀乐之情，都可以在这里得到最好的表达；凡是农事劳作、燕飨之乐、战争、徭役、恋爱、游乐等各种社会生活，都成为诗中的主要内容。

将《诗经》定位为国学经典与中学语文综合性实践活动相结合的教学内容是一次对传统文化的重新审视，是对综合性实践活动的一次有意义有价值的利用。基础型课程对课堂主体的最高要求是"少教多学"，而综合课可以做到"课外指导课内探索""课后辅导课内展示"，不仅大大加强了学生在课堂中的主体意识，而且丰富了学生活动，在"活动中学习"是专家一致强调认可的学习方式。学生通过相互配合能够拓展人际关系，协调合作，更重要的是促进彼此进步，变成课堂中真正的主角。对于教师来说活动课结合国学经典的内容教学不仅强化了教师对传统文化理解的深化，促进教师在个人专业、在国学经典道路上的不断学习、不断提升，而且能够培养教师胸怀理想，实践古人的智慧，完成经典的传承与传播。中学语文教学综合性实践活动关于国学经典的

开发和探索也是学校和教师个人对中华优秀传统文化的最高敬意。

参考文献

[1] 李逢五,孙群英.拓展课程实施方案与科目开发设计的研究[J].新课程·综合,2008(6).

[2] 陈新楠.个性化较预策略 激发学生潜能[J].新课程,2014(2).

[3] 夏兆省.新课程下初中科学课堂拓展教学的探讨[J].新课程研究,2008.

[4] 曲黎敏.诗经:越古老,越美好[M].南京:江苏凤凰文艺出版社,2016.

[5] 程俊英.诗经译注[M].上海:上海古籍出版社,2012.

[6] 段天舒.最美不过《诗经》[M].北京:中国经济出版社,2015.

[7] 曹木静.国学经典进课堂的现实意义[J].阳江日报,2015(4).

诵读《弟子规》培养学生良好品德

■ 常 红

【摘 要】 引导学生遵守道德规范，使学生形成对事物的是非、好坏、美丑、善恶的辨别和评价能力，是当代教育的使命。《弟子规》是我国传统文化中儒家经典启蒙读本，它延续了儒家学派的道德观，继承和发扬了古代圣贤的智慧和美德，其孝悌、谨信、泛爱众、亲仁、学文的德育思想及教育理念，非常适合当前学校的德育实践，能够对学生良好德行的形成发挥导向性作用。它帮助小学生树立科学的世界观、人生观，可以培养一个人优良的品德和形成良好的生活习惯，在小学生思想品德中具有更为深远的影响。

【关键词】 弟子规；良好品德；小学生

俗话说："十年树木，百年树人。"品德影响着人的一生，陪伴人的一生，一个人将来发展如何，将取决于他做人的原则。因此，品德教育非常重要，引导学生掌握思想、道德规范，形成学生对事物的是非、好坏、美丑、善恶的辨别和评价能力是当代教育的使命。《弟子规》作为中华民族传统文化的一个标志符号，全文1080字，具体讲述113件事，看似简单但它延续了儒家学派的道德观，继承和发扬了古代圣贤的智慧和美德，把孝亲尊长、诚实守信、举止文明、认真学习、人际交往等道德行为规范具体化、生活化，包含了大量的做人的道德基本准则，能够使思想品德课真正走入学生内心，贴近学生身心发展的动态，切合学生生活实际，对于现代学生的思想品德和行为规范的养成教育，有着积极借鉴意义。

中国青少年研究中心副主任孙云晓研究员认为，教育的核心是学会做人，培养孩子健康的人格。让孩子拥有健康的人格，最好的办法就是从培养良好品德和习惯入手。而《弟子规》教导的"对人、对事，为人、处世"的态度和规范，恰好能非常有效地让学生运用到日常学习和生活中。

一、营造氛围，让经典随境而鸣

著名教育家陶行知说过："知是行之始，行是知之成。"为了能够将《弟子规》的经典教育与现代学校教育有机结合，要充分利用学校一切文化教育资源，让学生时处处感受《弟子规》文化的熏陶。氛围融入经典，经典触动心灵，心灵随境和鸣。

（一）环境文化，儒香校园

"与善人居，如入芝兰之室，久而不闻其香，则与之化矣；与恶人居，如入鲍鱼之肆，久而不闻其臭，亦与之化矣。"孔子的话道出了环境熏陶及良好的心理环境的形成，对人的深远影响问题。我们可以把《弟子规》的内容摘录和诠释，配上一幅幅展现行为规范的彩画搬上教室墙面，将校园环境"浓妆淡抹"一把。在校园环境文化的视觉氛围中，让"文化墙"成为《弟子规》教育的"使者"，形成学习《弟子规》倡导文明德行的良好氛围。

（二）诵读活动，陶冶心灵

利用网络资源开设《弟子规》学习课程，开展诵读活动。学习《弟子规》讲解，让学生从思想上领会《弟子规》的精髓；诵读《弟子规》，让朗朗上口的经典篇章植入学生心灵，潜移默化地规范学生言行，成为学生未来人生中健活、为人处世的准则。

1. 入学时树理念，知其文。

在学生刚进入小学的时候，教师适当地对学生进行《弟子规》方面的教育。例如，对于一年级的学生，教师可以通过对话的形式引导学生明白一些道理，如："父母生养了我们，那么我们就要听父母的话，孝敬父母；答应了别人的事，我们就要努力做到，做一个诚信的人……"如此一来，学生从小就把这些观念存于脑海中，强化了对优良品质的认识，再加上平时教师不时地指点，学生对《弟子规》的理解就会更为深刻。

2. 熟读《弟子规》，强化认知。

教师可以以《弟子规》中的经典语句为载体，让学生在品味这些语句的过程中提升自身的道德素养，强化自身对《弟子规》中哲理的认知。对于中、高年级学生每个星期背诵《弟子规》中的一小段，并随机进行背诵的抽查，在全篇背诵完毕之后，让学生与其他同学讨论，理解《弟子规》中每一句话的意思，并且说出自己的理解。这样能让学生沉浸于良好的学习氛围当中，相互影响，不断规范自身言行。

二、创建机制，让经典随情润心

得其道，明其理，润其心，助其行。"知行合一，全面发展"是我校德育追求的教育效果，将《弟子规》经典教育与现代学校教育规则有机结合，创新机制，让学生在熟诵的基础上，理解了基本要义，随情润心，转化为个人品德与行为的有效提升。

（一）依托节日，丰富教育形式

传统节日和现代新节日都有相应的内涵，更有相应的时代意义，这给我们教育学生提供了很好的机会。结合《弟子规》内容，组织主题朗诵、演讲、征文等比赛活动，丰盈孩子们当下的生命，给学生创造学习、理解和应用《弟子规》的环境和平台。

（二）主题教育，深化教育效果

心理学家认为，人的习惯一般要经过30天左右重复强化才能形成。用"每月一事"的主题教育形式，形成学校的主题月活动，可以强化和培养学生的品德与习惯。从文明礼貌、卫生安全、节能环保、学习生活习惯、热爱集体、爱护公物等方面设置主题，通过不同年级的重复组织开展，螺旋式上升，经过小学六年的巩固强化，可以收到良好的教育效果。

（三）评量手册，构建评价机制

行为主义心理学家斯金纳提出："行为之后紧接着刺激，则该行为会被强化。"学习践行《弟子规》，利用"评价"这根指挥棒，才能促进学生有"君子厚积而薄发"的态势。结合《小学生守则》，形成《践行评量手册》，作为学生素质综合评价的一个外延和有益补充。内容将《弟子规》和学生常规管理相结合，通过学校、家庭、学生个人三级评价，尊重学生的主体地位，体现评价的发展性、激励性和综合性。把《弟子规》的学习诵读与德行养成和评价结合起来，达到知识的内化和吸收，实现"知书"与"达礼"的递进因果，有效促进学生思想品德素质的提高，丰富学生的德育评价体系。

三、创新思路，让经典随文明同行

"父母是孩子的第一任老师。"父母的德行直接影响着每个孩子。如果家长自己没有良好的思想品质、生活行为习惯，这种家庭教育影响下的孩子，在学校的学习和生活也就成了断线的风筝、失根的兰花、逐浪的浮萍、飞舞的秋蓬。为了从更大意义上培养学生良好的品德和行为习惯，将《弟子规》经典教育和家庭教育有机融合，让家长也加入我们学习《弟子规》的行列中来。

（一）家长学校，接受熏陶

在家长学校课堂上，组织家长认真学习《弟子规》的良训。通过鲜明的事例，引导家长树立和孩子一起诵读、学习、践行《弟子规》的决心。通过学习，反思自己的生活、行为习惯，认识"身教"的重要作用，进而在德行上做孩子的榜样，影响孩子形成良好的品德和行为习惯。

（二）情景模拟，加强体验

采用情景模拟的方式，把学生引入与实际相对应或相符的情景当中，让他们明白在某种情景下应如何做。我在指导一年级学生学习《弟子规》中"出则悌"这一小节的内容之后，特意设置了一个"尊敬老人懂礼貌"的情景式表演活动。我先用多媒体向学生播放《弟子规》对应片段的学习视频，然后与学生一起商讨如何进行角色扮演，让全班学生都有表演的机会，轮流表演。这样学生就有亲自体验的机会，获得深刻的体会。

（三）亲身体验，言行一致

任何方面的理论学习都不能脱离实际，在对学生进行《弟子规》教育的过程中，我们更要理论结合实际，引导学生遵守《弟子规》中所讲述的道理，并在这种道德理论的指引下，在自己的日常生活中加以运用，做一名真正道德高尚的小学生。我在指导学生学习《弟子规》中"入则孝"这一小节的内容之后，给学生布置了一个课后任务：帮母亲洗一次脚。之后，再让学生针对这次活动说出自己的感受，根据个人的意愿，可以与班上的同学进行情感交流与分享，也可以通过文字记录自己当时的感受。此外，我鼓励学生把所学的道理有效地运用到自己的实际生活当中，引导他们规范自身的言行，努力成为一名身心健康、道德高尚的好学生。

（四）创新平台，学习交流

将《弟子规》视频学习资料放在班级交流平台上，便于学生和家长进行学习。定期搜集学生、家长、教师在学习践行《弟子规》中的图片、文章等资料，汇编展示。让学生和家长方便看到《弟子规》专题讲座，看到不同的孩子及家庭中发生的鲜活教育事例，就这样一点一滴渗透和影响着每一个学生的家庭，一步步转变家长的教育观念和方法，以身教代替言传，达到教育效果的进一步升华。

《弟子规》作为一部蕴藏着深厚道德哲理的著作，在德育方面具有重大的实践意义，其引导的方式主要通过各种学习活动来实现，关键在于引导小学生以此为行动指导，不断规范自身的言行，养成良好的心理素质和道德品质。

儿童天真未泯之时，最容易教导，也最需要教导。利用这一段黄金时期，借由先哲的风范，熏习我们的子弟，利用圣贤的智慧，教导秉性淳良的儿童，帮他们树立科学的世界观、人生观，日积月累，必将奠定他一生为人处世、成家立业、幸福成功的基础。

浅谈培养学生口算能力的方法

■ 陈 玲

【摘 要】 口算教学过程中，教师应该学会尊重学生、理解学生，给他们创造自主分析、口算练习、解决问题的机会，配合语言鼓励以及行为指导，进一步提高教学质量；应该组织形式多样的课堂活动，让学生在知识的海洋中尽情遨游，小组交流、主动探索后发现数学课程的魅力所在，将来，有能力去创造属于自己的美好明天；还应做到因材施教，树立学生口算信心，来促进基础教育事业可持续发展进程的不断加快。本文主要研究了小学数学的口算教学。

【关键词】 小学数学；口算教学；口算能力；培养策略；研究；思考

引言：口算的重要性不言而喻，提高小学生的口算能力无法一蹴而就，就需要教师们付出更多努力。传统模式下，教师一直占据着主导地位，不考虑实际情况，进行教学资源的整合、教学内容的补充、有效策略的实施，导致了教学质量越来越差，师生矛盾随之增多。新课程背景下，数学教师放弃灌输指导，让学生自由选择口算练习，然后提高学习能力，更符合他们个性化的发展需求。对此，笔者简单介绍了几点不同看法，希望能为其他教师提供帮助。

一、帮助学生理解算理

小学生对于老师是有依赖性的，他们遇到各种选择、复杂问题时常常表现得十分迷茫，还会出现注意力不集中、思维不够活跃、自学热情不足等情况。彻底脱离教师引导后，他们的口算能力才会提高，为了实现这一目标，我们应该坚持"以生为本"和"因材施教"的原则，帮助学生理解算理，逐步提升认知水平；帮助学生掌握方法，从而形成核心素养；启发学生主动参与、主动探究、主动练习，使他们顺利地走在全面发展道路上，足够重视口算学习，最终爱上数学课程[1]。如一年级小学生用凑十法计算9+2时，初学需要详细说出计算过程：因为9和1组成10，先把2分成1和1，9加1得10，10再加1得11，这是计算9+2的具体过程。通过实际操作和找出规律后，可以简化思维过程，只要思考先把2分出1和9凑成10后，剩几就是十几。最后省略计算过程，直接算出9+2=11，然后又从抽象到具体，即按规律计算。此外，有些计算题虽不能直接口算，但可以引导学生根据运算规律、运算符号等进行"变形"。如85−37+15=85+15−37 或者 7.863+2.79−7.863=7.863−7.863+2.79，又如5×17×2=5×2×17 等达到化繁为简的目的，熟练掌握口算规律及技巧。

二、课堂训练的常规化

第一，时间固定化。口算是计算的基础，要天天练习。口算时间固定下来，有助于学生养成每天练习口算的好习惯，长期坚持不懈，必能达到提高口算正确率和速度的目的。第二，内容科学化。口算训练时，要特别注意目的性和针对性。要在具体分析的基础上，合理科学地选择训练的内容。还如，进行"20以内退位减法"教学时，可用方法包括：平十法、破十法、点数法等，我出示：（1）6+5=？ 7+8=？ 4+8=？（2）11−5=？ 15−7=？ 12−8=？ 例题，提问学生："你发现了什么特点？"……又让他们在：8+（ ）=11；8+（ ）=16；6+（ ）=15；16−（ ）=7；15−6=？ 中填上合适的数字，一边加深学生的口算意识，一边培养他们良好的口算习惯。有效渗透了思想方法后，可以让他们一起解决身边的数学问题。第三，习惯放大化。良好的习惯有助于提高学生的学习能力，而不良的答题习惯经常会引发学生计算错误。如学生练习口算时，听题、读题、抄写答数往往不够仔细，经常把1写出7、把6看成9、把5写成3等，或者看错运算符号，忘记进位和退位等等。我们不能把这些错误简单归咎于"粗心"或"马虎"，而应该重视学生学习习惯的养成，把良好的口算习惯"放大化"。

三、游戏操作增加乐趣

口算练习相对于语文、英语等学科来说是枯燥乏味的。对于低年级孩子来说更是如此，其对于自己不感兴趣的东西很难全身心投入。而将游戏融入口算练习中，不仅增加了口算练习的趣味性，一定程度上实现了寓教于乐。现在的小学生都比较喜欢看动画片，教师可以充分利用这一点，将动画片引入课堂，为课堂注入活力，如"虹猫和你比口算""谁和蓝兔比一比"等。这些游戏都是低年级学生比较爱玩的，如果将口算练习融入其中，定能起到意想不到的效果。

四、培养学生辨析能力

有些口算题思考难度并不大，但是学生很容易混淆，如学生口算450÷50一类题总会出错，这种错并不完全是学生不理解，而是他们总是搞乱，特别是有些学生做惯了商是两位数的除法后，总是错成90，这说明他们可能对整十数乘除法的口算掌握并不牢固，需要反复学习，于是在口算过程中，我有意出示了下列题组：400÷50＝；400÷5＝；80×5＝；80×50＝；8×5＝。学生在口算第一、二题时可能出现错误，但是通过后面乘法题组的比较、暗示，很快就有学生发现了自己的错误，于是就有学生对前面的口算题进行改正，这时我有意放慢速度，给足时间让他们自己去发现并改正错误。当然也有学生并没有发现自己的错误或是暂时发现不了，我记在心中并没有着急，而是在评讲这些口算题时对他们特别关注，有意识让他们身边做得对的同学对这组题进行比较，总结算法，从而促使这些学生逐步理解。类似问题的比较，完全可以促进学生辨析能力、比较能力、计算能力的提高，让他们的数学思维充分活跃起来，更好地优化学习效果。

五、积极开展竞赛活动

口算竞赛的形式具有引导教学的作用。如通过有奖竞赛的形式来培养和促进小学生口算能力的提升[2]。具体来说，就是将学生分成四个小组，然后将准备好的四组算式分发给每个小组，每组算式六道题，每个小组派六名学生参加比赛。教师发令的同时开始计时，一个成员完成一道口算题后，下个成员开始口算下一个练习题，以此类推，最后看哪个小组完成得最快、最准确，就给予该小组成员一定的奖励或礼物。通过这样的口算训练，不仅可以培养小学生的口算能力，而且还可以提高学生口算速度与思维的敏捷性。

结 语

总而言之，应该采用学生喜闻乐见的口算形式，丰富课堂的教学内容，激发他们主动口算、主动参与、主动发展的兴趣。数学口算常练常新，教师发挥指导作用，估算教学、简便运算教学的基础已经打好，还能够促进小学生们想象力、记忆力、逻辑思维、数学思想的综合发展。

参考文献

[1] 张佩瑢. 小学数学口算教学有效策略 [J]. 学周刊，2019（11）：119-120.

[2] 林华. 如何培养小学生的口算能力 [J]. 教师博览（科研版），2018（3）：77-78.

初中英语课本剧教学中课型与课例的研究与反思

■ 王 敏

【摘 要】 2011版《英语课程标准》中明确指出义务教育阶段的英语课程具有工具性和人文性双重性质。其主要目的是为学生发展综合语言运用能力打基础，语言既是交流的工具也是思维的工具。而英语课本剧正是依据《英语课程标准》指导下英语课程改革的有效尝试。本文将介绍我校初中英语课本剧课程改革中在"课型—课例"方面所做出的尝试与探索。

【关键词】 初中英语；课本剧教学；课型；课例

所谓的课本剧，是指以教材为范本，以某个交际主题为中心，活用教材的语言材料进行编导，让学生以表演的方式，展开情境交际的语言实践活动。在整个课本剧活动过程中，小组是合作单位，教师可以是导演、编剧、顾问，甚至是演员，学生既是演员又是编剧和导演。以教室为舞台，通过编、导、演、评四个步骤，师生合力创作出一个较好的课本剧或者课本剧课。它是师生合作、生生合作及学生良好综合素质的综合体现。

初中英语课本剧在我校开展已有近七年的时间。这期间，对于课本剧的教学模式的探索与研究获得了一定的经验。贯穿英语课程开展期间，我校初中英语教师在新的课型与课例的开发方面有了很多探索，并形成了以下五类主要课型。

一、基于单元章节的话题课本剧复习课

传统英语教学的听、说、读、写课堂，贯穿着信息的输入—加工—

输出的过程。尽管在听说课的 mini-talk 环节有课本剧的雏形，但是内容单一，语境单薄，学生不感兴趣成了课堂听说训练环节的软肋。课本剧要求学生不但要掌握目标语言知识的含义与用法，还需要学生精准的语言输出，并以表演的方式来呈现。这样，课本剧的第一个课型我们聚焦在了单元话题复习课课型上，在学习完一个单元的话题及语言知识之后，就本单元话题及语言知识，师生共同编写故事，并排演出来。在整个编演过程中，就相应要求必须有一定的英语基本功。如果学生基本功不扎实，就不能顺利完成课本剧的编演，就要不断地查阅相关的资料，或者请教他人，而基础知识较好的同学给予帮助与指导，在互相帮助的过程中，学生们进一步提升了英语语言知识。如我校陈晨老师所授课 Where is my school bag? 及王蕊老师所授课 How much are these socks? 都是基于一个单元的话题及语言知识为我们呈现的话题复习课。

二、基于单一语篇的课本剧阅读课

传统的阅读课，在课堂上阅读语篇，通过活动与任务解决理解问题，再通过写作课达到语言应用的目的。而课本剧阅读课将阅读以及理解前置到了课前。把课文的内容变成可以表演的剧本，并且当堂表演，这种形式本身就给学生一种新奇感，所以学生就会变得精神抖擞，兴趣自然也就提高了。剩下的问题就是要选择哪种课文、选了课文后要怎么改编、改编后要怎么表演，表演要选择哪些角色等等一系列问题。这些问题都由学生认真读课文才能做出选择，这在无形中增加了学生的阅读量。编演课本中的课本剧，要应用到很多有关语法、词汇及戏剧中的知识，为了获取这些知识，学生可能就会查阅更多的资料，去主动地学习，这样学生的积极性和主动性就被提升起来。通过这种方式来处理课文，能最大限度地调动学生的学习兴趣，激发学习热情。如我校张莉老师执教的课本剧 Strange Noise 就是这样的基于单一语篇的课本剧阅读课课型。

三、基于课本语法教学的课本剧语法课

教育部在 2001 年下发的《关于积极推进小学开设英语课程的指导意见》中就已经明确指出："要防止和纠正以教授语音和语法等语言知识为主的做法，把教学重点放在培养学生用英语交流的能力和兴趣上。"

这对于初中英语语法教学也具有指导意义。在英语学习活动中，实践就是进行听、说、读、写的活动，而理论则是语法、语音和词汇等知识的掌握。前者是第一位，后者是第二位。知识的掌握来源于语言活动的实践，但它继而又发挥其对进一步实践的指导作用，使实践达到更高一个层次。如此循环往复，直到学生的听、说、读、写能力达到一个更高的境界。而相对抽象的语法、语音等语言理论学习，对于初中生而言，效果有限。我校王晓霞老师设计并执教的 A Talent Show 这节课就是针对九年级所学的定语从句知识，结合课本第九单元谈论喜好的话题，借助才艺展示、达人秀的形式让参演的学生通过导师、达人与观众的角色，用定语从句的形式表达喜好与评价，收到了很好的教学效果，学生对于定语从句这一知识点的掌握特别是运用能力得到了锻炼与提升。

四、基于课本的综合课本剧表演课

为丰富校园文化生活，我校每年新年前一周定为英语文化周。在活动中，全体初中师生会以班级为单位，全员参与编演一部基于课本所学知识且又高于课本的具有完整故事情节的剧目，由师生自己编排并演出的完整的表演课。这节课所涉及的内容打破了课本中篇、章，甚至册的界限，综合以往所学内容为故事情节服务。突出课本剧中剧的特点，在表演的过程中，要尽最大努力让学生展现每个人物的情感，进而展现课本剧的高潮，让观看表演的学生也受到启发。我校陈晨老师所执教的 A Birthday Party 正是这样一节以一位同学的生日聚会为线索整合并串起了人物介绍、物主关系、失物招领、方位表达、购物、时间与生日、家庭成员、能力等七年级上册 10 个单元内容的一节综合课本剧表演课。还有以王蕊老师执教的 New School Life，王晓霞老师执教的 Rules 和 Customs and Manners，纪力文老师的 Who's Got Talent? 等都是这一类基于课本的综合课本剧表演课。

五、基于陕西西安地方特色文化的课本剧文化交流拓展课

英语作为全球使用最广泛的语言之一，已经成为国际交往和科技、文化交流的重要工具。学习和使用英语对于汲取人类文明成果、借鉴外国先进技术、增进中国和世界相互理解具有重要的作用。也有利于学生更好地了解世界；传播中国文化，增进他们与各国青少年的相互沟通和

理解；帮助他们形成开放包容的性格，发展跨文化意识与能力，培养良好的人文素养。在我校对外交流活动中，初中英语剧目表演结合学校文化，介绍陕西和西安的民俗文化知识，形成了超越课本内容的有地方特色的校本教学课程。这里笔者所执教的《陕西西安历史文化》，张莉老师所执教的《陕西八大怪》及邢凤莉老师的 Travel in Xi'an 等都属于文化交流拓展课课型。

　　回顾我校开展英语课本剧教学一路走过的历程，不仅仅是为了促进英语教学改革的尝试与探索，更是为了丰富我校课程资源，拓展英语学习的渠道，这对于英语学习尤其重要。积极和创造性地利用生活中鲜活的英语教学资源是参与教研的每位教师的目标，英语课本剧在我校的开展过程中仍旧面临着挑战，还有必须面对的问题及必须解决的实践困惑。例如，课本剧学生参与编写的指导，课本剧编演的时间管理，以及课本剧在常态化教学中的应用与推广等方面还需要进一步研究。努力寻找一条符合学校发展的高效的教学模式才是我们的最终目标。我们有充分的理由相信英语课本剧一定会在我校未来英语学科课程改革与开发方面做出更大的成绩，为学生未来参与知识创新和科技创新储备能力，也能够为他们未来更好地适应世界多极化、经济全球化以及信息化奠定基础。

参考文献

[1] 教育部. 义务教育国家英语课程标准（2011）[M]. 北京：北京师范大学出版社，2012.

[2] 张广友. 英语教学理论与实践[C]. 从课堂走向世界. 西安：西安交通大学出版社，2016.

[3] 樊慧. 课本剧在英语教学中的应用研究[J]. 教育与管理，2013（3）.

知行课程实践研究 ▶

当古典诗词遇上流行歌曲
——《经典咏流传》与中学语文拓展课的实践思考

■ 毕敏丽

【摘 要】时代在飞速发展,学生的生活环境和审美趣味都与以往有了很大不同,这就需要我们的语文教学也要与时俱进。古典诗词进入流行歌曲是当代歌坛上的一道特殊景观,也为我们研究文学史上诗与歌的关系提供了一个很好的切入点。中华文化的瑰宝——古典诗词越来越难以吸引学生的兴趣,教师如果在语文拓展课上大胆尝试,使用他们喜闻乐见的流行元素,有意识地创设情境,给学生提供更多的感受、思索、发现和创造的机会,体现学生的主体性与创造性,一定能够点燃学生的学习热情。

【关键词】古典诗词;流行歌曲;激发兴趣

改革开放以来,我国电视综艺节目发展千姿百态,各种不同类型的优秀综艺节目层出不穷。《经典咏流传》作为大型诗词文化音乐节目,开播于2018年春节期间,以传统诗词为载体,以音乐为形式,有着非常独特的文化价值与审美价值。将古诗词和部分近代诗词改编成现代流行音乐,通过经典传唱人的演绎,以及现场经典鉴赏团的解读,带领观众领略诗词之美、传统经典文化之蕴意。借由流行音乐赋予经典诗词活力和生机,让更多人传承经典,使之"咏流传"。

古典诗歌在现代的语文教材中所占的比例越来越高了,传统文化的教育受到越来越多的重视。教师按部就班地讲解诗人生平简介、成长历程、思想倾向以及诗歌的主题思想、表现手法,而学生们往往昏昏沉沉,如对古董,如听天书,诗歌的意象、诗人的形象都无法在他们的心中鲜活起来。其实，古典诗歌也并不是人们想象的那么严肃古板，不可亲近，它们也曾经是当时的流行时尚，唐代诗人高适、王昌龄听歌伎演唱自己得意之作的文坛佳话，即可证明；"凡有水井处皆能歌柳词"，更是最好例证。古典诗歌与现代流行元素的结合，也许正可以恢复诗歌的时尚特色吧。于是，在近几年的语文拓展课中我试着用现代流行元素帮助学生们理解古典诗歌，做了些有益的尝试。

第一次听到《荷塘月色》，清新脱俗的曲风不是脱胎于朱自清的《荷塘月色》吗？突然意识到我们熟悉的许多歌曲像王菲的《但愿人长久》、周传雄的《寂寞沙洲冷》、周杰伦的《青花瓷》和《本草纲目》、李宇春的《蜀绣》和《倾国倾城》、许嵩的《庐州月》都与古典诗词有着千丝万缕的联系。既然学生能够记住周杰伦那么绕口的歌词，怎能背不下来几首唐诗宋词呢？既然学生那么爱听具有古典因素的流行歌曲，怎么会不欣赏传承了几千年的古典诗词呢？语文教师可以借助流行歌曲来激发、引导学生学习古典诗词的兴趣。

古典诗词进入流行歌曲是当代歌坛上一道亮丽的风景。中国风流行歌曲，也为广大学生所追捧、传唱。然而中国风流行歌曲能否勾起学生对古诗词学习的兴趣，如何让这股强劲的中国风吹进语文课堂，促进课堂上古典诗词的教学？

一、利用流行歌曲帮助学生理解古典诗歌

（一）直接引用

流行歌曲中有很多的歌词都直接取自古典诗歌，随着歌曲的流行，诗歌自然也深深地印在学生的脑海里，像《月满西楼》《水调歌头·明月几时有》等都是学生耳熟能详的作品。这里背诵已不在话下，怎样适时增进学生对诗之情感的理解，才是重点所在。这时，引导学生体会歌曲的旋律、演唱者的唱腔会是比较好的方式。王菲空灵飘逸的声音，如怨如慕的音乐与原作中忧伤而旷达的意蕴相得益彰，学生正是在这感性的、自己喜欢的氛围中增强了对原诗的认识。

（二）间接引用

流行歌曲还常常引用古典诗歌的语意，重新加以创作，既保留了古

诗的意味，又注入了现代思想。这也为教学提供了很好的素材。我们曾探讨过，《还珠格格》的主题曲《当山峰没有棱角的时候》和古诗《上邪》的异同。当他们得知这也是改编自古诗歌时，惊讶、兴奋之情溢于言表，接下来的讨论自然意兴盎然。正是在这些争论之中，学生对古典诗歌的兴趣浓了，理解更深了。也许，让他们发现现代时尚来源于古典文化，让他们保有对古典文化的好奇和鲜活感，比学习几首诗来得更重要。

（三）用诗配曲

流行歌曲来自古典诗歌，让学生惊奇而意兴盎然。这时，我要求他们把自己最喜欢的流行歌曲的歌词换成古典诗歌，或者为自己最欣赏的古典诗歌配上流行歌曲的曲调，还强调要注意情感的吻合、节奏的和谐。他们以出乎意料的热情和辨别力配出了不少现代流行的诗歌歌曲。学生把风靡一时的《蓝色生死恋》主题曲居然配上陆游的《钗头凤》，乐曲的忧伤倒也跟陆游作品很相似。还有学生把江美琪的《夜的诗人》配上了几首《蝶恋花》词，把王杰的《英雄泪》配上苏轼的《念奴娇》，更有人试图想为周杰伦专辑中的《青花瓷》配上诗词（他们认为这首歌很有古意）……在这些或成功或失败的尝试中，古诗自然而然地植根于学生的心中。学诗就像玩，学诗变成有趣的娱乐形式。[1]

二、利用相关的现代读本加强学生对古典诗歌的理解

（一）现代诗歌与古典诗歌的比较性阅读

人类的情感是相通的，"诗言志，歌缘情"，古今诗歌都在抒发着相同的情感。他们用或古典或现代的语言，营造着相同的意境，正是在现代诗歌中体现着古典诗歌长久的生命力。比如学习温庭筠《忆江南》"过尽千帆皆不是，斜晖脉脉水悠悠，肠断白蘋洲"时，就引用了席慕蓉的《悲喜剧》。"长久的等待又算得了什么呢/假如过尽千帆之后/你终会出现/当千帆过尽/ 你翩然来临/斜晖中你的笑容 那样真实/又那样不可置信/白蘋洲啊，白蘋洲/我只剩下一颗悲喜不分的心/……那如云雾般依旧漂浮着的/是我一丝淡淡的哀伤。"原诗中思妇等待亲人回归却一再失望的相思痛苦与琼瑶诗中相见后也难抚平的忧伤互相印证、互相补

充，让学生更深切地理解了作品的情感，激发了阅读兴趣。

（二）现代小说与古典诗歌的比较性阅读

现代小说作为当代学生们最喜爱的文本之一，在学生中有着无可替代的影响力，尤其是港台的言情小说、武侠小说更是深深地影响了他们。在古诗教学中，完全可以利用他们最熟知喜爱的现代小说来拉近阅读心理上的距离，培养他们对古典文学的兴趣和鉴赏力。比如我曾上过一堂"言情小说与古典诗歌"这样的专题课，课前让学生分组分工查找琼瑶作品书名、人名的来源，作品中对古典诗歌的化用等等。他们以惊人的速度、兴奋的心情寻找到很多资料，比如小说《在水一方》与《诗经·蒹葭》、小说《庭院深深》与欧阳修《蝶恋花·庭院深深深几许》、《才下眉头，却上心头》与李清照的《一剪梅·红藕香残玉簟秋》的关联，甚至小说的环境也与词境惊人的相似。看着他们热情洋溢、滔滔不绝的样子，我笑了。也许，这以后，他们读这些小说时会有全新的体会，也许，今夜，就会有几人悄悄带回古典诗歌方面的作品。学生的兴趣被激发了，眼界也更开阔了。

（三）利用动漫促进学生对古典诗歌的理解

动漫也许称得上是中学生的至爱了。学生的课桌上、课本边，常常是他们创作的漫画作品，而动画片更是初中生的必看之作。他们几乎是在动漫的陪伴中成长起来的，动漫安慰了独生子女寂寞的心灵，甚至成为他们最好的伙伴。动漫在他们的心底流行，甚至催生了东方电视台的节目《动漫情报》以及《闪动巅峰》。其实，我们也完全可以利用这一学生喜闻乐见的形式，把它渗入到古典诗歌的教学中去。首先，向学生介绍些优秀的与诗歌有关的动漫作品。他们对台湾漫画家蔡志忠都很熟悉，于是我就推荐他的《漫画唐诗》。同学们开始也许更多地关注漫画中人物的造型、夸张的动作，但旁边那一行行小字总会引起他们的注意，这时就适时地切入漫画中，就人物描摹、情感的体现、意境的再现，让他们品评一番，他们当然情绪高涨。此时，再异军突起，问："诗用文字表现好还是漫画表现好？"然后引导他们明白文字诗是"言有尽而意无穷"，漫画诗很直观、可爱，但单一平板。正是在各种艺术样式的相互印证与碰撞中，他们加深了对诗的理解和鉴赏。[2]

(四) 利用网络强化学生对古典诗歌的理解

1. 资讯获取的快捷

因特网的全面迅猛发展，搜索引擎的强大功能，为查询资料提供了方便、快捷、全面的资讯平台，只要简单输入，轻点鼠标，所要信息就尽收眼底，可谓"得来全不费工夫"。古典诗歌的时代隔膜，意境的复杂多解，情感的委婉含蓄等方面给学生造成的阅读障碍，就可以借助网络加以克服。

2. 交流的多样化

学生不仅可以利用网络查询资料，更重要的，可以利用网络进行及时的、真诚的、多样的交流。在网上，他们可以随时畅所欲言，可以与各种类型的人交谈，其丰富性肯定是课堂无法比拟的。

当然，声情并茂的吟诵，深入细致的讲解，全心投入的情感，都是理解诗歌的有效方法。在此基础上，能适当加入些现代流行元素，引起学生的好奇和兴趣，运用最贴近他们，也最吸引他们的方式来学习古典诗歌，从而进行语文课的拓展延伸，也是一条值得探索的途径。

结束语

新课标指出，语文教学是大语文活动，应突出语文实践能力和综合能力的功能，所以，语文教学应实现三个走向：一是走向生活，二是走向实践，三是走向综合。课堂所获得的各项语文能力、语文知识，只有在综合实践中整合起来，并加以积淀，才能成为一种综合素养。

所以学生喜学、乐学才有可能学好。让流行歌曲进入中学诗词教学的拓展课堂，必然激起学生学习古诗词的兴趣，帮助他们走进诗歌、感受诗歌、欣赏诗歌。既能实现古典诗词的现代转换，是对古典诗词换一种形式的包装；又能推动流行歌曲向新的方向发展，使流行歌曲的地位和品位得到提升。将古典诗词的精华融入当代流行歌曲中，让流行歌曲通俗中不失含蓄隽永，又朗朗上口。古典诗词犹如阳光一般，给予了流行歌曲以无限的光芒，让流行歌曲可以从中汲取营养成分，真正地实现优秀传统文化的"旧曲新唱"，将一代又一代的诗词文学艺术，发扬光大。让古典诗词在流行歌曲里飞扬，让流行歌曲在古典诗词里成长。让"经典咏流传"。诗歌唱经典，中国正流行。

参考文献

［1］张学文. 古典诗词教学启思录［J］. 语文教学通讯，2008（5）.

［2］王红. 古典诗词对流行歌曲的影响［J］. 语文建设，2009（8）.

小学低段语文拓展课浅谈
——树叶趣谈

■ 高 杨

一花一世界，一叶一菩提。

一片菩提叶虽然不能和整个菩提树相比，但它所蕴含的菩提智慧与一棵菩提树所具有的智慧是没有区别的。花虽然小，但它涵盖了整个世界的体性，叶虽然只是一片，但它代表着整个菩提树所具有的菩提智慧。

树叶，大自然中极其微小的一部分，又是不可或缺的一部分，如何通过它将自然与课堂联系，我想到了拓展课。在这种"非正式课堂"中，我想带领学生走进树叶的世界、了解树叶的形状、发现树叶的用途，通过美文朗读树叶儿歌、创造并欣赏树叶的贴画，让学生与树叶近距离接触。其实我们的生活正如罗丹所说的那样，"生活中不是缺少美，而是缺少发现美的眼睛"。

在《语文新课程标准》一书中对"语文课程"是这样定义的：语文课程应该是开放而富有创新活力的。应当密切关注学生的发展和社会现实生活的变化，尽可能满足不同地区、不同学校、不同学生的需求，确立适应时代需要的课程目标，开发与之相适应的课程资源，形成相对稳定而又灵活的实施机制，不断地自我调节、更新发展。这就要求我们教师要依据小学生的认知特点，充分利用教材的优势，抓住课堂教学这一主阵地，设计出面向全体学生，激发全员参与热情的教学方法。把握《新课标》要点，针对本次语文拓展课，有以下几点值得一谈：

一、创设"有趣"的氛围

（一）激趣导入，图片展示

好的开始等于成功了一半，我由学生最感兴趣的谜语揭示课题，让学生在初步获得成功中开始新课,这样学生学习兴趣更加浓厚。接着,通过各种方法刺激他们的感官,激发他们表达的欲望。课前准备时,我精选了各种树叶和树叶拼图的图片,这些图片颜色鲜艳、形状各异、拼图精美,从视觉上给学生以强烈的刺激,学生被丰富多彩的图片所吸引,从而迫不及待地想把心中的感受说出来。图片包括原始的树叶,也有生活中一些有趣的树叶图画,例如书架、拖鞋、高楼、戒指、饼干等,拉近师生以及生本的距离。

(二)创设情境,双向互动

拓展课不同于以往常态课之处,在于它的实践性、交互性和拓展性。在这堂课中,我设计了四处交际互动环节。第一次是创设树叶飘飘的情境,在这个情境中,指导学生学会朗读,做到第一个有:"有声音"。让学生插上想象的翅膀,变成树叶去飞翔,去做有意义的事情,旨在培养学生的想象能力及口头表达能力。第二次是押韵调十分浓厚的《树叶》儿歌,学生一边拍手一边听范读,之后自拍读、男女生互拍合作读,活跃了课堂气氛,也引出了我的第二个有:"有节奏"。此外在无形中还渗透了比喻拟人等修辞手法,也让学生明确了读儿歌的好方法。第三次是课堂的高潮,也是三有的最高层,即"有感情"。教学生有感情朗读绝不仅仅是空话,教师的示范非常重要。为了创设情境,也为了调整自己的状态,每个学生课前均动手制作了动物头饰,课上再结合图片和音乐的渲染,感情朗读这一难关便自然攻破了。第四次交际活动是为了融会贯通前三个有而设计的,唱出来的儿歌再结合一定的动作设计让课堂变得更加可爱。

二、提供"有趣"的内容

(一)精选话题,拓得轻松

树叶是生活中非常常见的事物,学生有话可说也有话想说。从课堂效果来看,学生对贴近生活的树叶非常亲密,一下子就打开了话匣子,而且儿歌内容简单,朗读要求有层次性,兼顾全班学生,消除了他们的畏难情绪,课程内容拓得轻松。

（二）内容丰富，拓得实在

首先，我让学生描述常见的树叶形状，有椭圆、爱心、三角、圆形、扇形还有掌形等等，再延伸到现实生活中见过的树叶物品，如树叶碟子、戒指、项链、书架、点心、拖鞋等，从说事物到展开想象。后来，创作树叶贴画，把树叶贴成一幅幅美丽的拼图再让学生说，这个时候呈现出来的结果更是精彩纷呈的，有小舞女、海绵宝宝、蝴蝶、小鱼、轮船、小鸡、大象等，由单一的树叶到丰富的拼图，由形象到抽象，由口头描述到动手操作，学生参与其中有话可说，而且说得非常实在。

（三）激发想象，拓得有趣

课标指出，在对学生进行思维培育时要注重想象能力的培养，多种方式激发学生兴趣。通过演一演、讲一讲，引导学生对儿歌的空白部分进行想象填补，或对言犹未尽的语段进行想象延续。此外，指导学生观察形式多样的树叶图画，展开丰富想象，发展形象思维，使学生在潜移默化中习得儿歌技巧，体会树叶儿歌的灵巧与生动。有趣的图画和内容层层推动学生的想象，教会学生听说读写的能力，挖掘学生的潜力，发展学生的智力。

三、培养"朗读"的技巧

（一）教师示范

教师的言语层次直接影响着学生的说话质量。为了让学生把话说好，首先教师的语言应成为学生模仿的对象。抑扬顿挫、轻重缓急、感情朗读、肢体语言都应该得到重视。上课时做到口齿清楚、用词准确、条理清晰、语句精练，同时恰当运用眼神、表情、手势等体态用语，做到自然和谐、不生硬，让学生在潜移默化中提高说话技巧。

（二）渗透要点

本节课我的朗读技巧和朗读内容环环相扣，有声音——有节奏——有感情，循循善诱，层层递进，培养学生的语感并进行感情的熏陶。看清内容、读准字音、声音洪亮，语速适中、注意停顿、流畅连贯，抑扬顿挫、走进文本、体会共鸣。这样方法论与实际朗读相辅相成，学生由会读一首儿歌到会读其他儿歌。

（三）发言范式

由于小学生生活经历少，口语表达能力较弱，经常会出现说话颠三倒四或漫无边际的情况。很多学生想说，但不知道怎么去说，针对这个问题，我给学生提供了说话的基本范式。首先是看树叶图形说树叶形状，符合学生形象性思维特征。其次是表演唱，带动作的表演深受一年级小学生的喜爱，同时也锻炼了学生眼脑手肢体协调能力。第三，给出基本范式，如"＿＿＿＿＿＿说，这是我的＿＿＿＿＿＿"，其实就是我们常说的比喻句，从一年级开始给他们灌输类似的概念，对以后的写话练习也有帮助。

总之，我觉得拓展课要给学生这样一种感觉：轻松、自主、愉悦，同时也能学到知识。完成拓展作业的形式也是多样的，可以独立完成，可以几人完成，还可以全班共同完成；可以书面、口头，甚至网上作业；可以生生合作完成，也可以师生合作完成。

当然语文拓展课的开展目前还在探索之中，并没有设定的固有模式，但任何一门学科都必须有内在的内涵，我想语文拓展课就要体现一些"人文"的东西，以文化与精神为核心，课堂氛围应该是温文尔雅、谦恭明礼的，一些古老而珍贵的民族文化应该得到复苏，上下五千年，天文地理、人间万象，这都是延伸点，将常规课堂与拓展课堂相结合，寻找"工具性"与"人文性"的和谐统一，二者缺一不可。有内涵，有引力，有发展，有共鸣，有生活，有活动，充满诗意，充满人文味，我想这才是一堂课所折射出来的更为深刻的文化内涵。

初中道德与法治拓展型课程开发探析

■ 王义丹

摘　要：全面深化课程改革，落实立德树人根本任务是教育发展的重要议题。西安高新第二学校大力推行了校本"知行课程"改革实践，开发拓展型课程。本文阐述了"知行课程"中初中道德与法治拓展课的实践情况，提出了影响道德与法治拓展型课程开发的三个问题，并就更好地进行课程开发提出了对策。

【关键词】 道德与法治；拓展型课程；开发

初中道德与法治拓展型课程是一门校本课程，是在落实国家课程的前提下，遵循思想品德课程标准，基于学情、学科、教师和学校实际，发挥教师能动性，通过大量实践而形成的系列化课程。

一、道德与法治拓展型课程开发的意义

（一）有利于促进学生个性发展

当前，道德与法治课程资源供给与学生个性发展需求仍存在不协调的现状。道德与法治课程拓展型课程将极大地尊重学生的个体差异、课程选择和个性发展需求，发展学生本学科学习的兴趣爱好，开发学生的潜能，完善学生的认知结构，培育学生的主体意识和必备品格，掌握适应终身发展和社会发展的关键能力。

（二）有利于提升教师课程领导力

教师课程领导力是对教师战略思维能力、组织协调能力、课程开发

与教学能力、课程现状评价与诊断能力以及争取社会支持的能力的总称①，简言之即思维力、设计力、执行力、评价力等能力。作为一名一线教师，在从事道德与法治课程拓展型课程开发的研究过程中，将经历从教学能力向课程能力的飞跃，这是提升课程领导力的一次机遇，教师既是课程的设计者、组织者，又是实施者、改进者，将通过统整资源、创新形式、优化内容、完善评价等方式来研究课程开发。

（三）有利于推动学科课程建设

道德与法治拓展型课程是对国家课程的延伸和补充，它的出现将打破本学科中国家课程唱"独角戏"的局面，丰富学科课程体系的内容。在课程开发中，一方面，将对零散、不成体系的学科活动、学科社团等进行整合或改编，探讨课程开发的一般过程，形成课程建设的路径；另一方面，通过对国家课程与道德与法治拓展型课程的双重考量，实现两种课程相互补充、相互促进，推动学科课程建设。因此，道德与法治拓展型课程开发的研究将推动学科课程建设。

二、道德与法治拓展型课程的建构

（一）设定适切的课程目标

道德与法治拓展型课程目标是为了增强学生主体意识和公民意识、完善学生认知结构、发展学生学习兴趣、培养学生的创新精神、社会责任感和正确人生观、价值观、世界观，提高学生观察、分析现实问题和参与社会生活的实践能力。

（二）运用合理的课程开发策略

通过学习和借鉴崔允漷综合凯利、埃格尔斯顿、布雷迪和马什等人提出从校本课程开发活动的类型结构模型——"谁在开发"（开发主体）与"开发多少"（开发范围）、"怎样开发"（活动方式）三个维

---

① 上海市教育委员会教学研究室. 为了学校的可持续发展——普通高中提升课程领导力的探索 [M]. 上海：上海华东师范大学出版社，2013：137.

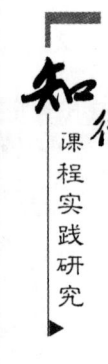

度[①]，笔者根据道德与法治拓展型课程开发实际，对崔允漷的三个维度模型进行了改编（见下图）：从开发活动方式维度，主张通过拓展课程、整合课程和新编课程来开发道德与法治拓展型课程；从课程类型维度，主张开发学科类、活动类、专题类三类道德与法治拓展型课程；从主体参与来看，主张学生、教师、家长、社会机构或者多人协同开发道德与法治拓展型课程。这样来看，道德与法治拓展型课程开发活动是多侧面、多层次、协同的。

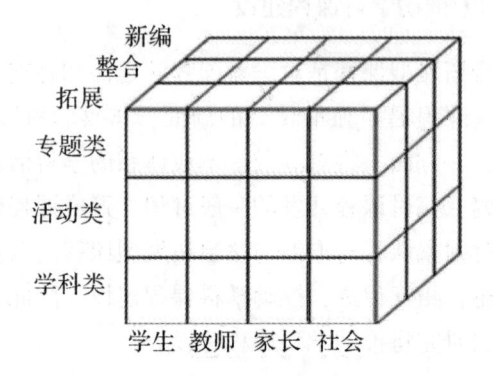

道德与法治拓展型课程开发的三维度策略[②]

（三）选择科学的课程主题和内容

课程的主题和内容是思想品德拓展型课程的"骨架"和"肌肉"。本研究中，以思想品德课程标准、课程理论、课程诊断结果、学校实际、教师课程能力、学生课程需求等为依据，确定了课程的六大主题架构，同时以七年级为例，进行了课程内容的具体设计。

1. 课程主题的架构

准确把握课程主题架构的依据，是保障道德与法治拓展型课程主题合理性的前提。在道德与法治拓展型课程主题架构时，主要依据：（1）思想品德课程标准（2011年版）对课程性质、定位和课程资源开发的要求；（2）后现代课程论、课程开发的"过程模式"和"罗生门方法"

---

① 钟启泉. 现代课程论（新版）[M]. 上海：上海教育出版社，2009：370.
② 改编自崔允漷. 校本课程开发：理论与实践 [M]. 北京：教育科学出版社，2000：81.

等课程开发理论和《课程与教学论》（钟启泉等）、《现代课程论》（钟启泉）、《校本课程开发：理论和实践》（崔允漷）等课程专著对课程主题选择的指导；（3）道德与法治课程及其拓展型课程开发的现状；（4）学生道德与法治拓展型课程主题调查结果；（5）教师自身的课程能力、课程资源和兴趣爱好；（6）学校硬件设备、校园文化和课程改革的发展情况；（7）社会组织机构和个人所拥有的有价值的课程资源。其中，思想品德课程标准（2011年版）和学生课程主题的需求是最重要的两个依据。

根据以上主题架构依据，选择了青春思维、生涯教育、人际交往、政治法律、社会特点、经济生活六个课程主题（见下图）。

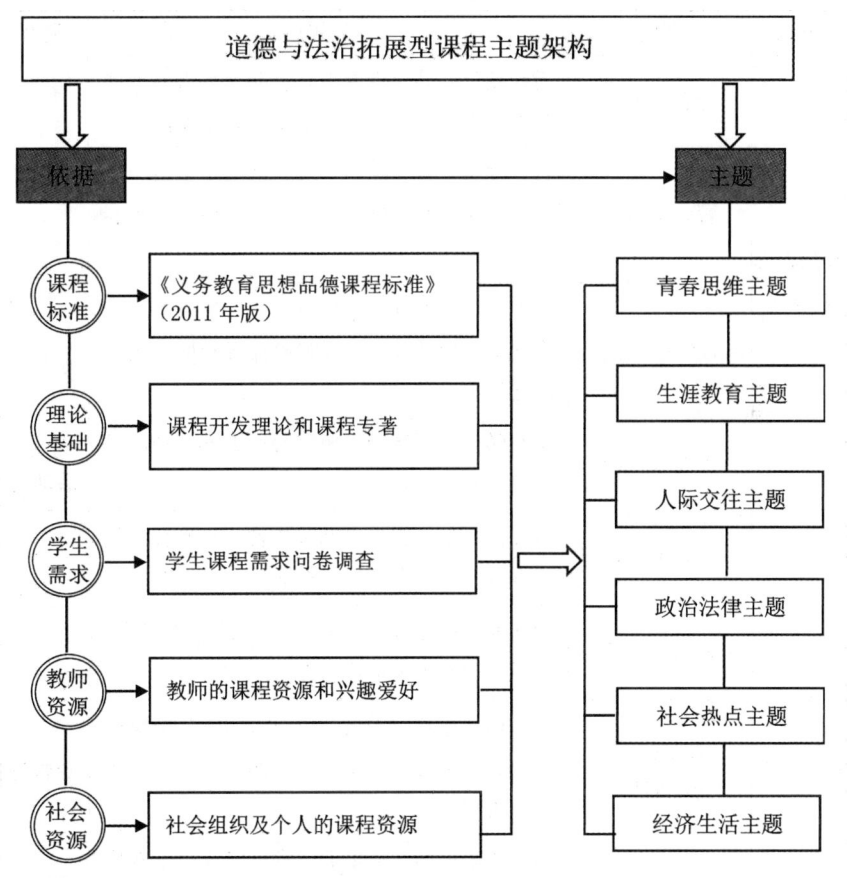

道德与法治拓展型课程主题架构

依据 → 主题

依据		主题
课程标准	《义务教育思想品德课程标准》（2011年版）	青春思维主题
理论基础	课程开发理论和课程专著	生涯教育主题
学生需求	学生课程需求问卷调查	人际交往主题
教师资源	教师的课程资源和兴趣爱好	政治法律主题
社会资源	社会组织及个人的课程资源	社会热点主题
		经济生活主题

道德与法治拓展型课程主题建构

2. 课程内容的设计

课程内容是依附于课程主题的"肌肉"。根据既定课程主题，精选符合学科特点和适合学生的内容，是道德与法治拓展型课程开发的重中之重。在道德与法治拓展型课程内容设计中，要将学生的认知和需求作为出发点，以思想品德课程标准为科学依据，以促进学生知识、能力、情感态度价值观的培养为落脚点；要将学科类、活动类、专题类三类课程融入其中，体现拓展型课程内容设计的广域性、层次性、开放性、实践性特点，并从学校课程管理的实际出发，做好课程量的把握。以七年级第一学期"青春思维主题"课程内容设计为例（见下表）：

"青春思维主题"道德与法治拓展型课程内容设计（七年级第一学期）

单元	课题	内容说明	类型
我的青春我做主	青春无限好	旨在使学生感悟青春美好，并理解青春与挫折的关系，在自强不息中创造美好青春。	学科类
	青春不虚度	旨在体会青春梦想的意义，激励学生敢于有梦、用于追梦、勤于圆梦，用梦想砥砺青春成长。	
	谁的青春不迷茫？	旨在了解青春期心理特点、社会环境等与青春迷茫现象的关系，寻找解决青春期"迷茫问题"的方法。	专题类
	青春舞台剧	组织学生开展青春主题舞台剧大赛，加深对青春的理解。	活动类
我"思"故我在	青春思维成长记	旨在使学生了解青春期独立性、批判性、创造性等思维特点，把握思维成长的方法。	学科类
	未来思维我培养	旨在使学生了解未来社会需要的思维能力，并掌握这些思维培养的方法。	
	谁是我的"思维明星"？	旨在使学生通过寻找"思维明星"，了解思维培养的过程和方法，并在课堂上分享"明星故事"。	专题类
	我是小创客	运用创客思维，从生活出发，完成一个有价值的创客设计，体会实践是思维培养的源泉。	活动类

续表

单元	课题	内容说明	类型
思维着的青春	青春调研员	选择一个与青春关系密切的主题，进行一次调查研究，完成一份调研报告。	专题类
	思维交响力	组织来自道德与法治、音乐、计算机三个学科的老师进行跨学科教学，以交响乐为切入点，讲述思维的"交响"现象，以"互联网+"发展为实例，引出思维交响力的运用和培养。	学科类
	青春&思维代言人	自主设计一个"青春&思维代言人"的特色活动方案，通过投票产生最佳方案，然后在七年级实施此方案，最后确定"青春&思维代言人"。	活动类

三、道德与法治拓展型课程开发的问题

道德与法治拓展课开发蕴含着教师的智慧和心血，但拓展型课程开发也受到诸多因素的影响，也存在一些问题，诸如课程开发缺乏科学的顶层设计，教师尚在自主探索阶段，对课程理念、文化、内容的把握有待提高；当前课程学习以行政班为单位，主要采取必修方式，课程的选择性和学生的自主性不足。

四、道德与法治拓展型课程开发的对策

（一）加强课程开发共同体建设

教师课程领导力不应局限为个人的课程能力，随着建立课程共同体已经成为课程开发的共识，教师课程领导力往往需要在集体中提升和彰显。在道德与法治拓展型课程开发中，加强课程共同体建设将为课程开发提供更加强大的牵引力。为此，要强化成员的主体意识，各尽所能，发挥所长；需要精选共同体成员，力求优势互补、强强联合，不宜贪图规模；还需要发挥扁平化管理的优势，建立共商共议、善于合作、积极

担当的组织氛围。

(二) 创新课程实施方式

为了丰富课程实施方式，在实施的环境选择方面，不妨借助学校场馆和社会中的场馆进行课程教学；在学科课程统整方面，不妨打通不同学科的界限，开展无边界教学；在"活动中学"上，不妨大胆使用节日活动、仪式活动、服务活动等来替代一部分的班级教学；在修读方式方面，将课程分为必修课和选修课，实行学分制，开展走班制学习，使课程的通识性和选择性兼备。

(三) 探索拓展型 课程群建设

近年来，随着课程变革越来越关注学生身心发展的全面性与完整性，课程群建设在我国东部沿海省市率先开展。课程群建设的最大特征是关联性和整合性，它强调以学生培养为主线，将围绕同一学科或主题的相关的知识、方法、问题进行重新规划、整合、建构而形成课程系统。未来如果想把已经主题化的拓展型课程进一步推向纵深，除了进行课程体系构建外，另一种思路就是探索课程群建设，可以形成知识型课程群、方法型课程群、问题型课程群。

参考文献

[1] 钟启泉，汪霞，王文静. 课程与教学论 [M]. 上海：上海华东师范大学出版社，2009.

[2] 钟启泉. 现代课程论（新版）[M]. 上海：上海教育出版社，2009.

[3] 崔允漷. 校本课程开发：理论与实践 [M]. 北京：教育科学出版社，2000.

[4] 上海市教育委员会教学研究室. 为了学校的可持续发展——普通高中提升课程领导力的探索 [M]. 上海：上海华东师范大学出版社，2013.

[5] 孙兴娟. 中学拓展型课程开发策略研究 [D]. 吉林：东北师范大学，2005.

试析 phonics 在小学英语单词记忆和口语表达中的应用

■ 李蕊

【摘　要】 在小学英语教学中提高学生的单词记忆和口语表达能力是一个缓慢而复杂的过程，需要老师和学生的不断努力，因此不要着急。兴趣是动力，在平时教育、教学过程中，注重培养学生学习兴趣并培养他们的良好阅读习惯，逐步提高学生阅读理解能力。有鉴于此，本文就 phonics 在小学英语单词记忆和口语表达中的应用展开分析探讨。

【关键词】 phonics；小学英语；单词记忆；口语表达

引言

小学生学习英语单词完全靠模仿和机械记忆，导致单词遗忘率居高不下，让英语教师非常头疼。如果把 phonics 理念应用于英语教学，就可以教给学生自主识读单词的"法宝"，解决学生"读不准、记不牢"的教学难题，从而大大提高英语课堂的教学效率。

一、采用多元化教学，倍增学生记忆效率，由量变达到质变

首先，作为老师不能急功近利，必须清楚 phonics 只是使单词的记忆有了规律可循。单词的有效性是不能脱离句子、文章、情境孤立去教的。只有学生对单词的音—形—义建立连接，单词的记忆才算是真正的有效。每个阶段的学习都要通过图片、实物、视频、歌曲、韵律、字母卡片游戏等直观教学的方式，极大并持久地调动学生学习英语的兴趣。Phonics 阶段（二）主要是对五个元音字母：Aa，Ee，Ii，Oo，Uu 的短

音及一系列相关字母组合音的学习。这个阶段我们先进行字母组合的拼读练习。例如，在学习元音字母 Ee 的发音/e/时，先复习阶段学习的对应单词：elephant, egg，帮助学生回忆字母 Ee 的发音/e/，再在发音/e/基础上借助思维导图，建构字母组合 ell, eg, en, ed, et, ess, ent, end, est, eck 等一系列相关组合音。学生在阶段一的基础上，看到简单的字母组合就可以自主地进行发音，从而顺利过渡到字母组合的拼读。如 ell，要先交给学生拼读 e·ll-ell, b·ell-bell, w·ell-well, s·ell-sell, t·ell-tell 等，这样学生就加深了组合音 ell 的音—形联系。首先进入听音辨识字母组合音环节，教师先播放所学音/e/，学生快速找出字母卡片 e；紧接着播放组合音 ell，学生同样要找出对应字母，这时有些学生可能只拿出了字母 e 和字母 l，因为在复习环节中 elephant 就只有一个 el，这时教师要告诉学生 ell 是一个组合音，一般要放在一个单词的末尾，ell 不能分离，同时我们要让学生给他们的字母卡片中加进去一个字母组合卡片 ell，鼓励学生用心发现规律，解答学生在发现中的困惑；之后进入单词拼读记忆环节，教师依次读出所学单词 bell, well, sell, tell，学生利用单词卡片，开始组合出教师读的单词。也可以让学生读音，学生组合单词。辨音与单词拼读可以加强学生的音素意识，让学生明确单词是由字母和字母组合的发音构成的，并不是一个个字母孤立地排在一起。

二、增强口语表达的自信心

（一）整合内容创设真实情境，调动积极表达的兴趣

英语学习的最终目的就是要发展学生会用英语进行交流的能力。如果肚子里没有一定单词量的积累，或者是有了单词量的积累，但仅停留在单词和简单句的孤立记忆上，在一定程度上也就造成了学生的"哑巴"英语或者说英语学习只停留在书面上，没有真正进入实践中。例如，在三年级（上）牛津英语深圳版教材 Unit 6 Listen and Say 教学中，这篇文章的单词量是 32 个单词，如果没有 phonics 的学习，学生就会等待教师给出读音，那几乎多半的单词都是一知半解。除了影响整体课文的理解外，学生还会丧失学习课文的兴趣，教师的教授也会费时费力，教师教学效率低。而通过 phonics 的学习，有三个单词不能准确拼读：

me，are，hair，但是学生在之前学过 Nice to meet you. 句子中通过 meet 也会拆分出 me 的发音，提高了教学效率。教师让学生摸摸自己的 hair 来感知单词的意思。通过模仿视频发音，让学生在语音、语调、语流、语意等方面自然系统地学会说英语。然而，不能局限于书本上的这篇课文，教师要通过提问创设情境：How about your nose/ head/teeth/face/eyebrows/hands/legs/feet…？How about your mother/father/sister/brother/teacher/dog/cat's hair/…？让学生有真实生活的代入感。让每个学生都有话想说，让学生说一说家人的情况或者自己感兴趣的事物，用英语写一写，并用英语介绍给大家听，促使学生敢于开口说英语，乐于用英语表达自己。

（二）利用网络资源，突破学习空间与时间的限制

教师可以为家长提供一些英语软件的下载，如少儿英语趣配音、流利说、磨耳朵等 App，让学生不论是在课堂上还是在生活中都能接受到最有效的学习资源，教师也要对资源加以整合，结合学生的实际情况，在课堂上进行有针对性的教学设计。如 phonics 阶段（四）是对双元音、特殊分离元音组合以及特殊元音与 r 的组合音的学习。课后可以让学生进行 phonics 的配音练习，通过指定软件或微信分享进行检查。学生还可以根据自己的需求选择自己喜欢的内容进行配音，让学生在配音中激发自我学习的内驱力，发展学生的听说能力，提高学生英语表达的自信心。

（三）抓准关键时期，遵循规律灵活运用，助推学生自信心

Phonics 贯穿于字母发音、单词拼读、句型表达以及文章阅读，在实践中开始得越早越好，它以听音辨音为始，以英语表达为终。四个阶段的划分是作者对 Phonics Kids 蒲公英·英语拼读王（全 12 册）的整合。在实际教学中，我们还可以对四个阶段的内容进行具体调整和补充，牢牢抓住语言技能中的听和说，在输入和输出上做到有效积累，达到质的突破。

三、结语

总之，英语教学不是照搬照抄前人的路径。我们要不断更新英语教

学方法和策略，在使用 phonics 过程中，循序渐进地将 phonics 融入于我们的教学中，使学生的学习从被动变主动，帮助学生逐渐找回自信心，在体验中获得成就感。为今后学习英语和用英语学习其他相关科学文化知识奠定基础，切实有效地提高小学阶段学生的英语整体水平。

参考文献

［1］吉桂凤．思维导图与小学英语教学［M］．北京：教育科学出版社，2015．

［2］肖琳珊．小学低年级英语趣学单词教学研究［J］．中国教育学刊，2016（S2）：106-107．

［3］杨晓娟，卜玉华．开发小学英语故事教学的独特育人价值［J］．中国教育学刊，2018（04）：66-70．

［4］教育部．义务教育英语课程标准 2011 年版［M］．北京：北京师范大学出版社，2012．

利用数学日记构建小学数学作业模式

■ 周 华

【摘 要】 数学知识来源于生活，生活中也处处有数学的影子，要让学生把数学学习和实际生活紧密联系起来，要让学生清楚地知道数学学习的重要意义。在优化数学课堂的基础上，我们也要把功夫下在作业布置这部分，使作业更加多元化，生活化。这样，我们就提出了利用数学日记构建小学数学的作业模式。学生的经验确实会影响学生对于数学日记在数学学习上的看法，数学日记的撰写有助于学生反思个人的数学学习经验和学习策略，让学生看到自己的成长，同时也让学生学到写作在数学学习中所扮演的角色。

【关键词】 数学日记；生活；作业；思考；兴趣

一次偶然间听见一名初中学生抱怨："数学学得那么复杂，有什么用？"作为一名多年坚守在教学一线的数学老师，我有点着急，立马回答："数学的学习非常有用，小到商品买卖，大到全球金融经济的变化，我们的生活离不开数字，离不开数学！"学生也做出了反驳："我们学会计算，有一定的计算能力就行了，干吗还要学习一元二次方程、二元一次方程组等这些复杂的数学问题？难道去超市买东西还需要列方程吗？"听到这里，我意识到这名学生应该从小就对学习数学没有正确的认识，没有把数学和实际生活联系起来。后来我在班里问了几个小学生，他们似乎除了说出了买卖商品会用到数学外，没有说出太多别的答案。我内心有些不安，一直在思索：如果学生们对学习数学的意义并没有很清楚，一直稀里糊涂地只是学习、做题、考试，不在实际生活中运用，那么学习到的这些知识就是纸上谈兵，毫无意义，最终都会被遗忘。

要让学生把数学学习和实际生活紧密联系起来，要让学生清楚地知道数学学习的重要意义，只有这样，学生才会认为数学的学习是至关重要的，数学——是一个人在现代化的社会中必须掌握的学科。那么我们就必须关注核心素养的形成，关注数学思维的发展，这也是当前数学教育的共识。早在1960年，美国教育协会就在《美国教育的中心目的》一文中声明："强化并贯穿所有教育目的的中心目的——教育的基本思路——就是要培养思维能力"[1]。在常规的教学中，不但要重视知识的传授，还要重视学生的思维发展，如果每次课后只是布置传统的作业和练习题，那么就会极易出现前面我所阐述的现象——学生认为学习数学没有什么太大的用处。针对这一问题，我和我们教研组的老师展开了深入地讨论，决定从课程设计和作业设计上实行同步改革。

首先，优化数学课堂，情境导入更加生活化，更加注重发挥学生地主观能动性，充分体现学生是课堂的主体，教师做贯穿课堂的引导者，大力发展学生探究性学习和创新的能力。

其次，布置数学作业时，尽量使作业形式多元化。很多教师都在尝试布置探究性作业，如绘制数学思维导图、做数学专题的手抄报、数学专题微视频创拍等作业形式。数学探究性作业是三至六年级的小学生在探究问题引领下，基于自身知识经验、思维方式展开探究，以培养解决问题、探究、推理、传意、构思等数学高阶思维为着眼点，呈现整个探究过程的数学作业，有助于学生在呈现个性化思考的过程中获得高阶思维的发展。

《数学课程标准》指出："学会运用数学的思维方式去观察、分析现实社会，去解决日常生活中和其他学科学习中的问题，增强应用数学的意识。""教师应该充分利用学生已有的生活经验，引导学生把所学的数学知识应用到现实中去，以体会数学在现实生活中的应用价值。"因此，新课标实验教材十分强调数学与现实生活的联系。而我们在实践中发现，借鉴国内外许多学校让学生写数学日记的经验，提出在小学生数学学习中引入写作学习，即记数学日记，能很好架起一座生活与数学联系的桥梁。[2]所以我们采用"数学日记"这种作业形式，不但可以记录生活中的数学，学习上的重、难点，课堂上的收获或体会等，还具有自主性、交互性、创造性。可以有一写一、实事求是、不拘格式、三言两语。同时增加了学生学习的兴趣，展示学生的个性，同时也是教与学的桥梁。[3]

我们刚刚学完"什么是周长"时，我就尝试着让学生们捡三片树叶，并想办法测量它们的周长，将测量方法和结果记录下来，写一篇数学日记，将这三片树叶贴在日记上作为插图，日记中可以加上对这节课内容的反思、感想。学生们听到我布置这样的作业似乎有点兴奋，但他们对捡树叶测周长又产生了极大的兴趣，有几个学生问我怎么测树叶的周长，我就卖关子："那你想想咱们课上小蚂蚁是怎么运动的呢？那你怎么测量它走过的路程呢？你可以把你是怎么思考的、怎么解决这个问题的过程都写在日记里。"学生回去捡了不同的树叶，有人把普通的树叶都描写得有声有色，什么树的叶子、颜色、形状，怎么得来的，学生用生动的语言描写他们是怎么测量树叶周长的，记忆特别深刻，一个小女生写道："测量树叶周长时，可以先用一条绳子围着树叶绕一圈，在起点和终点做上记号，再拉直用尺子量，就知道树叶的周长了！测量不规则封闭图形的周长和多边形的周长时，都用绳子帮助测量比较简单；量规则图形可以用直尺直接测量，再把每边的长度加起来就得出了图形的周长，也是非常简单的方法！"我看到这个女生的日记，觉得她写得很详细，而且思考了很多，不但对课堂上的内容掌握了，而且思考了更多图形周长的测量方法，还总结出了规律方法。像这样的数学日记班里有好几个都能举一反三，我感到很欣慰。除此之外，还有几个学生描写了他们和家长一起来解决问题，把家庭教育也写得十分精彩，其中一个学生日记的开头写道："今天老师让我们测量树叶的周长，我就想到了家里阳台上爸爸养的花草，其实就只有草和叶子，没有花，因为能开花的植物爸爸都养不活！……"既风趣又幽默，后面介绍了他是怎么和家人一起测量得出结论的，可见一个和谐友爱的家庭环境对孩子的教育也是至关重要的！从学生们的数学日记里，我看到了学生对这种探究性作业的新奇，激发了孩子学习数学的兴趣和热情，另外也训练了他们思考探索总结问题的能力，虽然是数学作业，但让孩子动脑、动手，巧妙构思，合理排版，最终体现了把简单的数学知识和生活实际相结合，一方面加深记忆，另一方面训练了学生创新能力！

后续，我们又布置了几次数学日记，如"有趣的二十四点游戏""学完运算律的感受"，学生们把学到的数学计算描写得有趣又简便，也提到了生活中数学计算的重要作用。学生的经验确实会影响学生对于数学日记在数学学习上的看法，数学日记的撰写有助于学生反思个人的数学学习经验和学习策略，让学生看到自己的成长，同时也让学生学到写作在数学学习中所扮演的角色。[4]

综合这几次的数学日记，孩子们逐渐感受到生活中处处都有数学的影子，表述数学知识也离不开好的语言表达。数学日记里有生活的影子，有学科的内涵，有智慧的结晶，也有家的温暖！我想这样的探究性作业，带给学生的不仅仅是知识，更重要的是对数学的思考！我们要给予学生充分展示的舞台，发挥他们的主观能动性，那么数学日记就是一个很好的方式！

参考文献

[1] 刘善娜. 探究性作业：发展高阶思维的途径 [C].//小学数学教师，2018. 2：9-16.

[2] 廖德琴. 浅谈小学数学日记的作用及写作指导和教学运用 [J]. 读写算（教育教学研究），2015（28）：185-185.

[3] 刘丽. 小学生记数学日记的研究浅谈 [C].//第五届沈阳科学学术年会论文集，2008：649-653.

[4] 谢闿如. 师资培育生对于数学教育课程使用数学日记反思之研究 [C].//全国数学教育研究会2014年国际学术年会论文集，2014：86-86.

基于教育信息化的初中物理教学实践探究

■ 刘建虎

【摘　要】 随着信息技术的不断发展，其在教育教学中的应用变得更加广泛。初中物理教学是注重理论与实践相结合的科目，内容涉及方面较多。信息化教学是现代教育事业下的产物，主要指的是以计算机网络作为基础的新型教学活动，将其应用于初中物理教学改革之中，就是借助于多媒体计算机、教室网络等多方面的有效结合来辅助物理教学，为学生构建出一个全新的物理教学课堂。在实验环节，通过直播或者录播的形式，帮助学生理解实验过程，掌握实验原理，同时提高学生的动手操作能力。

【关键词】 信息化、初中、物理教学

引言

物理是注重实验和理论相结合的学科，物理的科学探究方式对培养学生对未来知识的好奇心和学习力具有较强的引导作用。然而，由于目前依旧是以考试成绩作为衡量教学效果的重要标准之一，且物理成绩在中招考试中并没有占据很大的分值比例，导致我国的物理教育还是处于照本宣科的"填鸭式"教学中，不注重在学习过程中用趣味性、现代化的方式进行课程讲述，造成学生对物理学习兴趣不足。那么，如何通过信息化教学手段来提高整个初中物理课堂的趣味性，激发学生的学习主动性，真正发挥初中物理教育教学对学生好奇心和学习力应有的引导作用，是我们应该思考的问题。

一、信息技术辅助教学中存在的问题

信息技术辅助教学,实践证明是一种有效的优化教学手段。但在具体教学中,还需要教师结合具体教学灵活、合理地运用。从初中物理运用信息技术辅助教学的实践来看,还存在一些不足,需要教师客观看待信息技术的作用,并在教学中注意从以下几方面加以规避:

(一)信息技术在教学中运用要适当避免滥用

信息技术对于教学而言,只是一种辅助手段,而不能作为主要教学形式。部分教师由于夸大信息技术的作用并在教学中过度依赖信息技术,导致信息技术在教学中出现滥用现象。不仅无益于促进教学,反而会阻碍教学,分散学生的注意力。需要教师根据教学实际情况选择性辅助教学。

(二)物理教学要明晰目标不要过度追求形式

为了突出课堂教学内容,使学生在有限的课堂时间内掌握教学重难点,需要教师对教学环节进行科学设计。并在教学中根据需要选择性使用信息技术,以达到预期的教学目标。同时,要求教师围绕新课标合理设定教学目标,并在教学适当时机借助多媒体生动而直观地呈现、解析教学重难点,促进学生快速掌握知识点。而不能不分情况地加以运用,导致信息技术在教学中的应用流于形式,这样会过度干扰学生对教学内容的吸收。

(三)通过运用信息技术实现视听思考相结合

信息技术辅助教学其优势在于其集视听于一体的功能,能够有效调动学生感官,激发学生的学习兴趣和探究积极性。因此,在教学中运用信息技术,需要采取视听结合的方式。一方面激发学生的求知欲。另一方面,要找准信息技术呈现的内容与学生的思考重点相结合。在教学中给学生留出思考、探讨的时间,促使学生对知识点的认知不断深入。同时,要关注学生的需求,要边讲解边借助多媒体进行展示,以使学生在观察中展开分析和思考,不断优化学生的物理思维。

二、基于教育信息化的初中物理教学实践

（一）提高教师信息化教学水平

基于信息化的初中物理教学改革要想得以有效实施，首先教师一定要具备较为良好的信息化教学水平。教师作为教学活动的组织者与引导者，其自身信息化素养、教学能力会直接影响信息化初中物理教学课堂的实施效果，所以教师在教学之前一定要对信息化教学形成正确的认识，借助多种途径来学习信息化教学内容，让自身教学技能以及手段得到有效提升，逐渐形成较强的信息教学素养。在这一过程中，教师可以借助于教学成果建设、精品课程以及学校安排的培训教育来进行专业能力提升，这样教师信息化教学水平自然能够在课堂之上得到发展与提升。除此之外，教师还可以组建信息化交流平台，相互之间进行教学经验分享，这样也能进一步提高自身信息化教学水平，为信息化初中物理教学活动的顺利实施奠定良好的基础与保障。

（二）借助多媒体教学，增加师生互动

随着现代信息技术的不断发展，互联网技术在现代教育中的应用越来越广泛，在物理教学中可以借助多媒体信息技术的教学方式，拓展学生的知识面，提升学生的学习兴趣。在课堂预习阶段，教师可以播放网络上搜索的相关图片和视频等。播放完毕之后，根据课堂内容设置一定的引导性问题，通过这些问题激发学生的好奇心，鼓励学生之间讨论，活跃课堂气氛，增进师生沟通。

（三）运用信息技术展示趣味性物理实验

借助信息技术，教师可以通过录播、直播等形式，更加直观地展示物理实验的整个过程，提高学生对实验仪器、实验操作和实验结论的掌握程度，进而提高学生对知识点的理解性记忆，培养学生对周围事物的观察能力、对事物内在关系的探索分析能力。

（四）合理运用信息技术辅助教学激发兴趣

兴趣是支撑学生努力学习的内在动力，作为教师就要善于在教学中

激发学生的学习兴趣。表现在教学实践中，要充分借助多种教学辅助手段，让教学变得更加直观、更富于趣味、更易于理解。在这方面，信息技术具有其独特的优势，需要教师在教学中，找准教学内容与信息技术的良好结合点，利用信息的视听功能形象生动地呈现教学内容。充分调动学生的学习积极性，激发其学科想象力，推动学生展开自主探究。并在实践活动中深入理解掌握教学知识点。

（五）借信息技术优化课堂练习以提高效率

课堂练习是针对课堂教学内容的一次梳理，也是对学生知识掌握和运用情况的有效检测。通过练习，教师得以了解学生的疑难点，发现薄弱环节，从而展开有针对性的查漏补缺，进一步巩固教学成果。在设计课堂练习中，教师要考虑到学生间的能力差异，借助多媒体图文并茂的特点，针对不同层次的学生设计相应的练习题，使各层次学生都能在自己的能力范围内完成练习并得到能力的拓展提升。通过这种分层练习的模式，一方面保证物理学习能力强的学生能够得到进一步的提升，另一方面，也能使物理基础较弱的学生顺利完成练习，并巩固对基础知识点的掌握，促进全体学生的整体提升。

结束语

综上所述，基于信息技术视野的初中物理教学，突破了传统物理教学的局限性，让抽象复杂的物理知识得以生动直观且富于趣味的形式呈现给学生。这种模式既提高了学生的学习兴趣，消除其对物理学习的畏难心理，让学习变得更轻松。同时，增强了学生的自主学习能力和探究意识，使学生在探索式学习中不断增强自己的创新意识和创造精神，对于提高学生物理学科素养有着积极的促进作用。

参考文献

[1] 黄小利. 信息化手段下微课在初中物理教学中的新应用 [J]. 数理化解题研究，2020（29）：72-73.

[2] 姚志红. 基于信息化的初中物理教学改革 [J]. 教育界，2020（18）：55-56.

[3] 刘延平. 信息化背景下探究式实验教学在初中物理教学中的运用策略 [J]. 教育信息化论坛，2019，3（8）：231.

浅议提高语文课堂教学效益的方法

■ 刘乃琳

【摘　要】 课堂教学是学校教学工作的基本形式，是在课堂这一特定情境中教师与学生构成的"教与学"的双边活动。课堂教学是学生收获知识、提升能力的关键阵地，是学校进行素质教育的重要场所。课堂教学效益是教师通过一定时间的教学后，学生所获得的具体进步和发展。提高课堂效益落实新课程理念的要求，有利于提升教学质量，关乎工作减负和素质教育的成败。本文将从"研读课标，找准方向；结合学情，精心备课；优化形式，激发兴趣；立足本位，学科渗透"四个方面探讨提高语文课堂教学效益的方法。

【关键词】 语文教学；课堂效益；教学质量；素质教育；有效方法

一、研读课标，确立目标

新课程标准是国家课程的基本纲领性文件，蕴含着素质教育的理念，是国家对基础教育课程的基本规范和质量要求，体现着鲜明的时代气息。是教材编写、教学、评估和考试命题的依据，是国家管理和评价课程的基础。新课标对教材、教学和评价具有重要指导意义，是教材、教学和评价的出发点与归宿，是国家对学生接受一定教育阶段之后的结果做出的具体描述。课程标准作为教师教学行为的一个指南，是一线教师了解国家相关学科教学的要求，明确教育教学方向，展开教学活动和评价学生学习成果的重要依据。是国家教育质量在特定教育阶段应达到的具体指标，是国民素质的目标要求和各学科应达到的基本标准。

《语文课程标准》明确提出了四个基本理念："全面提高学生的语文素质；正确把握语文教育的特点；倡导自主、合作、探究的语文学习方式；建设开放而有活力的语文课程。"这四个基本理念就是新课标对初中语文课程的总的目标要求,教师备课时,必须先反复研读这四个理念,以这四个理念为指引,明确每节课的教学目标,教学时就会有的放矢,大幅度提高效益。

例如,新课标更加注重人文性,指出:"教学应在师生平等对话的过程中进行。"那么,教师必须转变角色,在备课的过程中换位思考,以学生的角度去研究教材、确立目标。教学目标必须充分体现学生的主体地位,时时关注,以人为本。着力于学生语文素养的提高,为学生的终身发展奠定基础。

再如,新课标强调:"语文课程还应以弘扬民族文化,培育民族精神,增强民族创造力和凝聚力。"我们在备课时就要充分考虑总目标的要求。在备课过程中要善于挖掘教材中的情感教育点,围绕这些教育点,确立教学目标,以点带线,以线带面,让学生在文本中获得情感体验,提升精神境界,达到师育乃至自育的良好效果。

《黄河颂》是七年级下册第二单元中的一篇课文。这个单元所选五篇不同体裁的文学作品都是以家国情怀为主题的,一样的感情,不一样的表达。学习这个单元,既要反复朗读,整体感知课文的思想内容,培养崇高的爱国主义情操,又要揣摩精彩段落和关键词句,学习语言运用的技巧。诗歌热情地歌颂赞美黄河,充满了强烈的冲击力和震撼力,展示了黄河桀骜不驯的血性和中华民族伟大坚强的英雄气概。它潜藏着一定的民族文化内涵,读来情绪慷慨激昂,是七年级学生接受诗歌教育、领略新诗艺术的好材料,更是他们接受爱国主义教育、强化爱国热情的好文章。

新课标更突出了学生的心灵品悟和个性解读。这样的课文更容易唤起学生的心灵共鸣,因此把教学目标设定为:"有感情地朗读诗歌,理解诗歌内容;结合时代背景,学习黄河精神;激发学生爱国情感,培养爱国情怀。"学习这篇课文时,学生与文本、学生与学生、学生与老师之间的思想在爱国主义这条主线碰撞,大大激发学生胸中的澎湃激昂的民族感情,强化爱国热情,深深地打动学生的心灵。同学们课堂参与度特别高,很好地完成了既定目标,大大提高了课堂教学效益。

二、结合学情,精心备课

学情分析又称"教学对象分析"或"学生分析",是教与学的桥梁。研究学情能及时准确了解学生的实际情况、最近发展区、能力水平和认知倾向。是教学方法选择和教学设计确定的依据，是"教师为主导，学生为主体""以学定教"的教学理念的集中体现。教师不仅要研读课标，熟读教材，更重要的还要了解学生已有的知识构成、认知水平、心理特点，精准设置教学目标，确定教学重点、难点，优化教学设计、教学过程，提高教学效率。

如《海燕》一文，运用了大量的象征手法，要想很好地解读各意象的象征意义，必须要了解当时的时代背景。在授课前通过与学生沟通和调查问卷，我们发现由于创作年代较远，学生对这段历史较为陌生。为了帮助学生理解课文内容，提高教学效益，我们在原有备课基础上，增设"历史背景我来讲"环节，要求全体同学在预习课文时，加入对时代背景的查阅整理，在课堂上以小小讲解员的形式，为大家讲述。这大大激发了学生们的学习兴趣，调动了同学们学习的积极性，因为有了这个环节的铺垫，同学们在学习的过程中轻松掌握了重点，解决了难点，完成了教学目标，从而提高了教学效益。

《智取生辰纲》一文，本来在教学设计中应对《水浒传》和相关人物关系进行介绍和梳理。但是，我们一直利用午餐时间，为学生们播放单田芳先生的长篇评书《水浒传》，学生们对《水浒传》的背景时代、基本内容、主旨中心以及相关人物的经历和关系，掌握得比较清楚。因此《智取生辰纲》这一课，在教学设计中，将此一部分内容省略。节省出的时间，带领学生们做了《智取二龙山》的对比阅读。这样调整，节省了学生们的时间，拓展了阅读篇目，巩固了知识点，一举三得，重复性工作的减少，大大提高了课堂效益。

由此可见，认真了解学生的已知、未知、想知、能知、如何知，并根据这些有针对性地精细化备课，对提高教学效益有非常重要的作用。总之，新课标下的备课，应该是一种开放、合作、探究的备课，关注点应该由知识点输出到综合素养的提高上来。

三、优化形式，激发兴趣

"知之者不如好之者，好之者不如乐之者。"苏霍姆林斯基也曾说："所谓课上得有趣，这就是说学生带着一种高涨的、激动的情绪从事学习和思考，对面前展示的真理感到惊奇甚至震惊，学生在学习中意识和

感觉到自己的智慧力量，体验到创造的欢乐，为人类的智慧和意志的伟大而感到骄傲。"可见，兴趣是最好的老师。

　　传统的语文课形式较为单一，往往以讲授课为主，学生被动学习，热情不高，课堂参与度低，从而导致课堂效益不高。那么如何才能激发学生的学习兴趣，提高课堂效益呢？苏霍姆林斯基说："教育和教学的技巧和艺术就在于，要使每一个儿童的力量和可能性发挥出来，使他享受到脑力劳动的成功乐趣。"这句话的意思就是，肯定学生的主体地位，明确学生是课堂的主人，只有积极主动地参与课堂，才能享受快乐，提高效益。

　　要想让学生积极广泛地参与课堂，最直接的办法就是在明确主体地位的前提下，优化课堂形式，丰富课堂内容，时刻去引导、去督促学生自主学习，通过丰富多彩的活动，调动其积极性，突出学生的自主实践性，培养学生合作探究的能力。变"要我学"为"我要学"。瑞士心理学家皮亚杰指出："动作是思维的基础，认知从动作开始。"由此可见，在平时的教学设计中，我们应精心设置学生参与活动的环节，让活动成为语文课堂教学的主线，以活动激发兴趣，提高参与度，提高课堂效益。《春》一文，在预习环节，设置"我笔画我心"环节，要求学生用自己的笔画下心中那个万紫千红的春天。学生因为观察的角度不同、经历不同，所以对春天有自己的欣赏和理解。上课时，我们将学生的作品分类，与文中的画面相比较，发现原来每个人的心中都有一个不一样的春天，从而引导学生理解王国维先生的"以我观物，物皆我色"，进而引导学生理解写景与抒情的关系。此环节的设置，丰富了课堂形式，提高了课堂参与度，学生们变被动为主动，在活动中收获知识，获得情感体验，课堂效益显著提高。

　　《皇帝的新装》一文，安排"剧中人物我来演"环节，学生们以小组为单位，分工合作。根据课文内容编写剧本，分角色编排课本剧。服装（纸质）和道具都是学生们利用课余时间亲手制作的。在排练和演出的过程中，学生们根据主题，反复研讨，加深了对人物形象的把握、对文章内容和主旨的理解。热情参与，积极互动，课堂效益显著提高。

四、立足本位，学科渗透

　　新课改重点强调"发展学生的核心素养"。学科融合的方式对学生核心素养的培养有着重要的作用。学科融合是指在承认学科差异的基础上不断打破学科边界，促进学科间相互渗透、交叉的活动。学科融合既是学科发展的趋势，也是产生创新性成果的重要途径。各学科均有其对应的"核心素养"，学科融合不是简单的学科素养和目标的叠加，而是学科间的相互"补充"，围绕本课程的教学核心，立足本位，渗透相关学科的内容，在很好地完成本学科教学目标的基础上，融合学科知识，为学生的全面发展奠定基础。

苏霍姆林斯基曾说过：人的内心里有一种根深蒂固的需求——总是感到自己是发现者、研究者、探索者。融合课这种全新的学习形式，可以说很好地迎合了学生的这一心理需求，通过小组合作的方式，加强了学生创新精神和实践能力的培养，提高了学生的社会责任感。教学中，基于教材，不拘泥于教材，重视学科间的融合，从学生的生活实际和真实需要出发创造性地开展教学，给学生创新思维与实践能力的发展提供更广阔的天地，切实提高了课堂教学效益。

《诗韵三峡》是我在融合课上一次大胆的尝试，以古诗词为研究对象，结合相关的地理知识，通过"畅游三峡""开发三峡""赞美三峡"三个环节，帮助学生充分认识三峡"雄、秀、险"的特点，帮助学生了解古诗词中蕴含的地理知识，认识到学科之间的相互作用、相互影响，从而激发学生学习综合课的兴趣，培养学生对祖国大好河山的热爱之情。

在上课之前我查阅了大量的资料并与地理老师多次交流。本节课从内容到环节都是基于帮助学生树立学科无边界的意识，打通知识通道，开阔学生的视野，培养兼容并蓄的思想。融合课教学的出发点和归属感，都是"以学生为本"，发展学生的核心素养。在教学过程中既要尊重学生的个性，又要注意正面引导，让学生形成正确的人生观和世界观，努力促进学生社会性和个性的和谐发展。

因为课型比较特殊，学生们兴趣很高，学生以组为单位，将各组重点收集的资料进行班级交流，这样的活动，所有的资源都是共享的，本节课，打破学科间的界限，培养学生查阅资料、整合资料，运用资料解决综合问题的能力。让学生体会到了团队合作的重要性，以及与人分享的快乐，同学们收获了知识，收获了品质，树立了学科无边界的意识。学科融合对于学生的核心素养培养有着重要的作用，无论从文化基础方

面、自主发展方面以及社会参与方面，学科融合均有着其他教学方式不能比拟的优点，大大提高了课堂效益。

参考文献

［1］倪文锦.初中语文新课程教学法［M］.北京：高等教育出版社，2003.

［2］秦训刚.语文课程标准［M］.上海：华东中华师范大学出版社，2003.

［3］刘旭东.基础教育课程改革读本［M］.兰州：兰州大学出版社，2006.

提高小学生语文课堂注意力的策略

■ 刘秦剑

【摘　要】伴随着社会的不断发展与壮大，人民的生活水平得到了相应的提高，素质教育越来越受到社会的广泛关注，但是小学语文教学课堂上出现了诸多教育教学问题，其中同学们在课堂上的注意力不集中，是当前小学语文教学上的重点问题，目前小学语文老师应当注重提高同学们的课堂注意力，如果同学们在语文课堂上的注意力不能集中，那么也不利于同学们对该科目的学习，同时很难养成良好的学习习惯，所以教师应当注重同学们在课堂上的注意力。

【关键词】小学语文；注意力；教学策略

引言

所谓注意力就是人们对一件事情的集中关注度，它是人重要的心理素质之一，注意力水平，对于同学们养成良好的学习习惯，发挥着重要作用，同时还可以提高学习效率，针对小学阶段的学生来说，他们的年龄小，对外界事物的好奇心较强，所以注意力容易分散，学生在课堂上注意力分散，不仅仅因为他们的年龄小，还有可能是老师在教育教学方式上不受同学们的喜爱，吸引不了学生的注意力，这也让学生在课堂上容易分散精力。因此，为了调整这些情况，小学语文老师应当采取针对性的措施，提高学生课堂上的注意力，养成良好的学习习惯，为提高小学语文教学效率奠定基础。

一、将学生的兴趣爱好与教学内容相结合

正所谓兴趣是最好的老师，小学语文老师在讲解教材内容的知识点时，应当结合学生日常生活的兴趣爱好，老师要在日常生活中细心观察

学生的兴趣爱好，这样对于提高课堂教学效率会有很好的帮助。针对小学阶段的学生来说，老师在设置教育教学方案时，不仅要体现小学语文的学科特点，还要根据学生的生长环境，身心发展等来选择恰当的教学方式。由于小学生的年龄小，对事物的控制力不强，在课堂上容易分散注意力，对于教材内容的理解程度不够深，导致有些学生可能会认为语文这门学科很难学，降低了学生学习语文的积极主动性。所以小学语文教师在选择教育教学方案时，应当多采用主观直接的教学方法，让语文课堂变得更加生动有趣，同时，学生还可以集中精力在课堂上，提高小学语文的教学效率，达到小学语文的教学目标，推动素质教育的教学理念。为了让学生能够在课堂上集中精力，老师应该引用现代互联网技术，运用多媒体电子设备形象生动地在课堂上展示所需要表达的教学内容，偶尔还可以插入悦耳的音乐，提高学生的课堂注意力，把多媒体电子设备的趣味性、多样性、形象性、生动性充分表现出来，也让学生在课堂上能够学到更多知识，提高课堂的教学效果。例如，部编版三年级《海底世界》这篇课文，在进行内容讲解之前，老师可以利用多媒体电子设备向学生播放有关海底世界的录像片或者幻灯片或图片，吸引学生的眼球，让学生能够迅速进入课堂进行学习，这样学生的注意力就能够集中在语文课堂上。通过《海底世界》这篇课文的学习，可以让学生了解到海底是个景象奇异、物产丰富的世界，激发学生的自然科学精神，热爱自然科学，并且激发学生探索海洋的奥秘。

二、转变教育教学理念，调整教学方案

随着年龄的增长，学生到了中高年级阶段，注意力更稳定，并且他们已经具有一定的生活阅历。语文老师在进行教学时，就不需要再把学生捧到手心一点一滴地教学，可以采取导读的形式，让学生在课堂上自行探索语文知识，让学生充分发挥课堂的主体作用。老师可以作为指导人，引导学生正确的语文学习，指引正确的学习方向，当然，老师要根据学生的实际学习水平，适当地调整教育教学方案。针对语文基础较薄弱的学生，需要重点辅导，这是提高学生在语文课堂上的注意力的重要方法。这种教学方法是创新有趣有效的教学方法，所以语文教师应当打破传统的教育教学模式，不要固守传统的教学流程，积极转变教育教学观念，让学生在学习语文的过程中，发自内心地喜欢语文这门学科，激

发他们探索语文知识的奥秘，不断提高逻辑思维能力，增强语文核心素养，从而提高小学语文的教学效率。比如说语文教学课堂的时间是有限的，在这有限的时间内，学生大部分都是在听小学语文教师的课文内容讲解，在听课的过程中，很多同学就容易分散注意力，不能养成良好的倾听习惯，也不能有效地吸取课堂上的知识点。所以小学语文老师要注重培养学生的倾听能力，老师要给学生树立一个正确的价值观念，就是要善于倾听别人讲话，倾听是对他人尊重的表现，也是自身修养的表现。所以在语文教学课堂上培养学生的倾听能力不仅有利于语文教学课堂上的学习，还有利于提高学生的阅读理解能力和语言交际能力。

结束语

总而言之，要想让小学生在语文课堂上能够集中精力，让他们养成良好的语文学习习惯，就需要从学生的角度入手，在教育教学方案上加入学生的兴趣爱好，让他们在语文课堂上能够集中精力。老师还需要转变教育教学观念，根据学生的学习实际水平调整教育教学方案，设计有趣、新颖的教学方法，从而提高学生在课堂上的注意力，增强语文核心素养，达到小学语文的教学效果。

参考文献

[1] 周媛.小学语文教师课堂教学语言现状研究［D］.上海师范大学，2019.

[2] 何静娴.语文核心素养视野下小学语文课堂拓展阅读教学模式的建构［D］.苏州大学，2018.

[3] 付超.小学语文智慧课堂建构策略研究［D］.重庆师范大学，2017.

论优化小学英语游戏教学的路径

■ 齐 茹

【摘 要】 随着信息现代化时代的来临,"以人为本"的教育理念逐步落实,各方面都在积极探索更高效且适合学生的教学方法。将游戏加入课堂教学中,激发学生的兴趣,提高学生的自主能动性,增加课堂趣味性,学生能在快乐中获得知识,使"寓教于乐"的观念渗透于教学的方方面面。目前我国一些学校已经在课堂中进行游戏教学实践,取得一些成绩,同时也出现了一些问题,本文对这些问题进行了研究并提出相应的对策。

【关键词】 高效;游戏教学;问题;对策分析

根据皮亚杰的认知发展阶段理论,小学阶段属于具体运算阶段,儿童已经开始能够凭借具体事物或从具体事物中获得的表象进行逻辑思维,随着语言的发展,促使儿童日益频繁地使用形象符号来代替外界事物。虽然儿童已经学会凭借表象思维进行各种象征性的活动或游戏,但这一阶段儿童的思维仍需要具体事物的支持,所以对儿童进行的教育应当通过游戏、讲故事等生动形象的活动来进行。因此,从幼儿园开始到小学阶段,把游戏与课堂教学结合起来,特别有利于小学生抽象概念的学习。

一、游戏教学在小学英语课堂中存在的问题

小学阶段是学生学习知识和发展能力的基础阶段,这一阶段学生认知结构已发生转变,但很多学生注意力不能持续集中,对事物的兴趣不够持久,在小学英语课堂中教师为提高课堂教学效率将游戏教学法融于课堂,但部分教师因为缺乏相关知识与经验,无法完全将游戏与课堂相结合,通过对课堂观察结果的分析,我发现小学英语游戏教学中存在的

问题有以下两点：

（一）游戏形式单一

在小学阶段的孩子，注意力很难持久，当某一事物或游戏以多频率出现到他们面前时，便会失去探究的兴趣。面对这样一群注意力有时效性的学生群体，教师如果自始至终以相同的游戏贯穿始终，那不仅会使学生失去对游戏的兴趣，甚至会失去对英语学习的兴趣。如听话传话的游戏，教师先轻声对第一个学生说一句话，这个学生再轻声传给下一个学生，以此类推。起初学生感到新奇会集中注意力玩游戏，次数多了，学生会觉得无聊，听不清楚就乱说，导致游戏失去它原有的价值。游戏教学的意义在于增添课堂的趣味性与新鲜感，辅助教师更好地完成教学目标，让学生在快乐中接受知识，而不是一成不变的游戏让教学效果大打折扣。

（二）课堂秩序混乱

在课堂观察中发现，一般情况下，小学生在英语教学活动伊始还是能够遵守活动秩序使教学活动顺利进行，但当活动进行一段时间，部分小学生便不由自主开始交头接耳，大声喧哗，扰乱课堂秩序导致课堂乱成一团，不仅达不到预期的效果，而且也导致本节课的教学目标没有完成。例如：在学习有关动物的单词，老师就想通过"我来比画你来猜"的游戏来进行，老师先讲清楚游戏规则，跟一个同学做个简单示范，接着让几组同学在讲台上比赛来玩游戏，看哪组在有限的时间能猜更多的动物，猜的最多的组有奖励。几组同学为了争第一，会发生一些小摩擦，下面的学生则会觉得跟自己无关而讲话，导致整个课堂乱哄哄一片。

二、游戏教学存在问题的归因分析

游戏教学作为一个辅助媒介，本可以使课堂教学达到事半功倍的效果，但由于运用不当以及没有因材施教等原因，使得游戏并没有起到正向作用甚至适得其反。所以我们应该从理论层面去研究，探究如何将学与做、知与行有机地结合起来，将活动与教学内容相联系，促使学生可持续地发展。

（一）教师缺乏游戏创新意识

维果茨基的"最近发展区"为教师进行教学活动提供了方向，要想取得预期的教学效果，必须考虑儿童已有的水平。教师在确定儿童的发展水平及其教学时，必须考虑儿童的两种发展水平：一种是儿童现有的发展水平；另一种是在成人指导的情况下可以达到的较高的解决问题的水平，这两者之间的差距，是教师教学必须要关注的重点。

目前小学英语游戏教学出现的游戏形式单一的问题，也是因为没有遵循维果斯基的"最近发展区"，没有考虑一成不变的游戏教学只适用于学生之前的发展水平，频繁地使用一种游戏模式，已不能满足学生想向更高水平的发展需求。学生对一贯的活动感到厌倦，学生对游戏不感兴趣，很难集中精力投入游戏，因此更不会在游戏中体验到乐趣。

（二）教师课堂管理能力不足

杜威教学理论的重点就是"做中学"，杜威把教学过程看成是"做"的过程，认为儿童对于自己亲身体验的事物的理解和认识会更深刻。这为小学英语课堂教学中采用游戏奠定了理论基础，游戏化教学的目的就在于使学生通过游戏环节，亲身体验，在实践中理解、掌握和运用知识，达到真正的"寓教于乐""知行合一"。

由于游戏教学的诸多好处，许多教师都试图在英语课堂中加入游戏环节来促进学生对知识的理解与掌握，但是会出现纪律混乱的现象。主要是因为老师课堂管理能力的缺乏，没有能够及时调整游戏方案和正确引导学生遵守游戏规则和课堂纪律。好的课堂纪律是在英语课堂中顺利开展游戏和帮助学生快速掌握与运用知识的基础，如果出现课堂纪律混乱的现象，教师又不能恰当处理和调控，那学生在一个混乱的氛围中学习英语的效果就可想而知了。

因此，在小学英语课堂中运用游戏教学，教师的课堂管理能力是非常重要的。教师一定要把握好整堂课的节奏，在帮助和引导学生积极进行游戏的同时，也要注意维持课堂纪律，使学生们在一个轻松愉快的环境中学习知识，真正达到开展游戏的目的。

三、游戏教学存在问题的优化策略

针对以上我们发现在课堂教学中加入游戏环节所出现的问题，进行分析研究，提出了以下解决措施：

（一）创新多种游戏形式

第一，寓游戏于生活中，教师应该在日常生活中注意观察学生感兴趣的事物，抓住教育时机，精心设计游戏，从而激发学生探究的欲望。在设计 Season 这堂课时，老师可以让学生在课前捡树叶，拼成自己喜欢的形状带到课堂上展示，让全班学生猜这个形状的英文名称以及哪个季节，这样既可以让学生在课下主动搜集素材，查找资料，同时也能积累到很多单词。

第二，寓游戏于情境中，教师应该进行头脑风暴，开展创新型活动，教师要引导学生在游戏中主动思考、敢于创新、大胆实践，这样不仅有利于激发学生思维的"火花"，而且学生活动能力也能得到提高与拓展。

（二）提高教师管理能力

首先，教师一定要在课前精心做好备课工作，要满怀激情，用自己的工作热情去感染学生，使课堂教学组织变得事半功倍，尤其对英语老师来说，热情饱满的工作心态会给课堂增添活力，也能充分调动学生积极性能动性，学生就会在课堂中积极配合老师，而不是捣乱了。

其次，教师要提高自己各方面的综合素质。（1）洞察以及兼顾的能力。教师在上课的时候一定要注意学生的言行举止，观察学生的听讲状态，从他们的表情动作判断他们对知识的理解以及掌握程度，再来决定接下来的讲授内容和下一步该实施的计划。（2）合理安排和统筹兼顾的能力。在教学过程中教师要做到尽量使全班同学都能参与学习活动，在教学过程中，教师要采用一些教学组织形式，比如分组进行游戏，创设生动活泼的教学情境，使得每个小组的每一个成员都有机会参与到活动中来，能有效避免学生在课上走神的情况出现。

最后，教师要不断培养自己的教育智慧，针对突发状况随机应变。课堂教学的应变能力是教师主动运用教育学和心理学知识管理课堂教

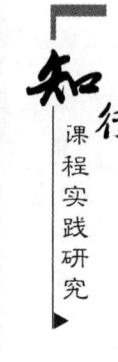

学，教学应变能力的高低也反映教师管理课堂教学水平的高低。面对课堂中的突发事件，教师应该及时冷静处理，避免把事情扩大化，以免影响课堂活动的正常开展。对于那些"调皮"的学生，教师应先对他们进行教育，同时也要注意方式方法，言语不能过激，要循循善诱，才能达到良好的效果。

参考文献

［1］吴也显.小学英语教学论［M］.南昌：江西教育出版社，1996.

［2］祝海燕.小学英语游戏教学［M］.天津：南开大学出版社，2006.

［3］阚维.绿色教育小学英语课堂：给孩子成长的空间［M］.北京：北京师范大学出版社，2014.

［4］莫雷.教育心理学［M］.北京：教育科学出版社，2007.

［5］李媛.谈小学英语游戏教学法［J］.宝鸡教育，2008（4）：53-55.

［6］谈笑.小学英语趣味游戏化课程的初探［J］.教学导刊，2017（6）：36-37.

［7］朱俊杰.小学三年级英语游戏教学的行动研究［D］.天津师范大学，2011.

［8］曹莹燕.小学英语课堂游戏教学中的问题及对策［D］.华东师范大学，2011.

［9］霍莹.游戏化教学在小学英语教学中的应用［D］.云南师范大学，2013.

［10］彭雪梅.吉安市小学英语游戏教学实验研究［D］.华东师范大学，2003.

［11］冯玉婷.双语小学英语教学中游戏教学的行动研究［D］.新疆师范大学，2017.

［12］宋青.小学英语游戏教学存在的问题及对策研究［D］.河南师范大学，2017.

浅谈语文学科拓展课

■ 王秦香

【摘 要】语文学科拓展课是西安高新第二学校知行课程的分支，是在大语文观视野下的新的语文课堂教学门类。其选题的原则是关联性、对接性、知识性和趣味性；其呈现方式，则体现为随机性与多样性。目前此课程类型处于探索阶段，应有很大的成长空间。

【关键词】 开放大语文知行课程学科拓展课探索发展

语文教育始终是基础教育不可撼动的基石，语文教育质量的优与否，往往能更加直观地反映教育的优劣。因此，《义务教育语文课程标准》明确要求，要"努力建设开放而有活力的语文课程"。我校自2012年以来建构、完善并推广的知行拓展课程体系，正是对《义务教育语文课程标准》这一要求的具体落实。作为拓展课程体系中不可或缺的"学科拓展课"里的一个重要科目，语文拓展课的实践和推行，显得尤为重要。

工具性与人文性的统一，是语文课程的基本特点。我国著名语文特级教师、"大语文教育思想"的创始人张孝纯老师认为：语文教育应当"以语文课堂教学为轴心，向学生生活的各个领域开拓、延展，全方位地把学生的语文学习同他们的学校生活、家庭生活和社会生活有机结合起来……"我校的语文学科拓展课，是以课堂教学为轴心、以社会生活为素材对学生进行的基于课本而又超越课本、提炼生活而又忠于生活的在大语文观视野下的新的语文课堂教学门类。

一、语文学科拓展课名称的界定

语文学科拓展课是西安高新第二学校校本课程"知行课程"体系中的一个分支。我校现行的课程分为国家课程和知行课程两大类。国家课程，包括教育行政部门统一规定开设的语文、数学、英语、物理、化学、思品、历史、地理、生物、体育、美术、信息、健康、方法、环境保护等。知行课程，则是学校根据自身发展需要及本校学生的实际情况而开设的校本课程体系。知行课程包括知行德育课程、知行学科课程、知行艺术课程。其中，知行学科课程又包括知行学科拓展课程、知行学科社团课程、知行学科综合课程。语文学科拓展课就属于知行学科拓展课程中的学科拓展课程。

二、语文学科拓展课的选题原则

语文学科拓展课要求教师在语文教学过程中，结合教材教学及学生语文学习的实际程度、兴趣、需要等因素，对教材或教材所涉及的语文知识进行适度拓宽和延展。拓宽和延展的方向可以是学生生活中接触而又知之不详的知识，可以是教材教学中接触到而又没有深入介绍的知识，可以是与课本知识相关的同类知识，也可以是某一知识的线性延伸。总之，拓展课课题的确定具有很大的随机性。但是，无论拓展课的课题如何确定，都必须遵循以下原则：

（一）与教材的关联性

由于语文拓展课的课题一般都产生于教材教学的过程中，依据教材走向与教学实际需要或学生的阶段性兴趣而定，因此，具有很强的随机性。这种随机性是随"教材教学"之机，而不是天马行空或教师的一时心血来潮。也就是说，语文拓展课的课题须有一个原点，而这个原点一般应该是教材教学中的某一个知识点，即拓展是基于教材中的某一点去进行延伸，而不是凭空产生的。如张瑾老师的语文拓展课《荷风莲韵——莲文化的魅力》就是在学了《爱莲说》之后确定的课题，是对莲的文化内涵的进一步探知。

需要说明的是，语文学科拓展课的选题虽有一定的随机性，但是，在某一年级或某一阶段，选题应尽量集中或相关，最好以系列的方式呈现。目前，渐成系列的有党金红老师的对联系列、王秦香老师的生肖系列，任亚梦老师的节气系列，王丽娜老师的姓名系列等。

（二）与生活的对接性

语文的外延与生活的外延相等。语文课程是一门学习语言文字运用的综合性、实践性课程。基于教材内容的拓展课，虽然不是课本教学，但也不能是专业性的学术研究，语文课的工具性特点也正体现于此。把书本知识与实际生活对接，才是拓展课的正确方向。如学习现代诗《秋天》时，诗中优美的语言让学生赞叹不已，应学生的要求，杨维老师确定了《走近网络语言》的拓展课题，使学生在传统书面用语和流行网络用语的辨析中感受到语言的魅力。

（三）有明显的知识性

拓展课不是活动课，更不是放松课。设置拓展课的目的是开阔学生的知识视野，延伸学生的学习触角。因此，拓展课在一定程度上更注重知识性，要让学生经过拓展获得更多的知识，或者对原有的知识有更为深刻的理解，否则，拓展的意义将不复存在。党金红老师的语文拓展课对联系列，就是在学生现有知识水平的基础上，带领学生了解对联的基本知识，练习对联的基本创作方法，探讨优秀对联的赏析角度等，使学生对对联这一喜闻乐见的中国传统文化形式有了更加深刻的了解。

（四）有足够的趣味性

拓展课教学毕竟不同于教材教学，并不直接指向考试。由于拓展课内容相对灵活，形式也相对自由，而且，它所承担的教学任务也不是那么明显，因此，必须突出它的趣味性。同时，在升学压力不断蚕食学生学习时间的现实条件下，一节拓展课能否受到学生的欢迎，在很大程度上也取决于它的趣味性。如语文拓展课《十二生肖之"羊"》，从生肖故事入手，安排了分析生肖中的文化密码、认识并讲解自己的生肖、给生肖配组等环节，让学生了解了中国特有的生肖文化，引导他们剔除其中的封建文化糟粕，并从生肖文化中汲取积极的人生态度。整个课堂始终充满了趣味性，学生的积极性空前高涨。

三、语文拓展课的呈现方式

与常规的语文课堂教学不同，语文拓展课的课堂呈现方式可以多种多样。可以是讲座，可以是表演，可以是师生辩论，也可以是资料共享；场地可以是教室，也可以是操场，可以是会议室，也可以是舞台。总之，采取什么样的形式来呈现，完全取决于拓展内容的需要，这也是由拓展课自身的特点所决定的。例如：许瑶老师的《诗经中的爱情故事》采用了表演的形式，场地选用的是舞台。由学生以舞台剧的形式再现了《诗经》中的经典爱情故事，既把学生对《诗经》的学习导向更深入，又对学生进行了一场正确婚恋观的引导。

王丽娜老师的《姓名中的文化密码》，则布置学生在课前搜集整理了大量相关资料，课堂上主要采用资料交流的方式，让学生从对古人姓、名、字、号等的探究中发现秘密，从而了解中国人在名字中所寄寓的高雅情怀。

语文学科拓展课是我们西安高新第二学校的校本课程"知行课程"体系中的一个分支，也是一个新生的课程种类，没有现成的模式规范和可供借鉴的操作方法，也没有相对成熟的理论作为依据。这给每一位教师都提出了全新的更高的教学要求。但正因为如此，它也给我们提供了一个广阔的专业发展空间，一个全新的业务展示平台。相信我们能够在拓展课程的不断完善中提升自我，也能在拓展教育空间的同时不断追逐美丽的教育梦想。

浅谈小学生诚信教育问题及对策

■ 王 佳

【摘 要】自古以来，诚信一直是取得他人信任的基础，是做人的根本和道德的要求。不管各行各业或是男女老少，都应遵守"诚信"二字。一个小学生只有正确认识诚信，他才会养成诚实守信的好习惯，所以我们必须重提诚信，正确合理指导儿童的道德行为，使之成为一个诚实而有信用的人。

【关键词】小学生；诚信教育；育人；道德评价

诚信，是中华民族的一种传统美德，这种美德的核心是真诚。诚则实，不会弄虚作假、吹牛奉承；诚则信，不会出尔反尔、撒谎骗人；诚则顺，为人真诚而办事顺利。中国人从古代便流传下来一个"狼来了"的故事，它告诫人们：一个不诚实爱骗人的人，最后会失去援救而被狼吃掉。

一、小学生诚信教育的重要性

自古以来，诚信一直是取得他人信任的基础，是做人的根本和道德的要求，不管各行各业或是男女老少，都应遵守"诚信"二字。事实证明，一个人在官场上不讲诚信，他便难以立足；一个小学生不守诚信，他将养成不诚实的坏习惯。总之"诚信"二字非常重要，不得忽视，它几乎渗透每个人日常生活的方方面面，小到诚实不说谎，遵守时间，大到对祖国、事业的忠诚。"人无信不立"，正如"自食其言"的故事，一个说话不算数、不守信用的人，必然会引起大家强烈的反感，失去别人对他的信任，损害自己的名誉，最终吃亏的还是自己；相反诚实守信的人，会使人对你产生敬意。北宋时期著名的文学家、政治家晏殊，因为他的诚实，而受到皇上的赏识和重用；学者宋濂，虽然家境贫寒，但由于他的守信，人们都乐意帮助他。

小学生的诚信教育应是一个综合的工程。英国作家萨克雷说过，播种行为可以收获习惯，可以收获性格；播种性格，可以收获命运。对于我们来说，这种播种就是诚信教育。在我们的每一件大小事情上、每一个行为举止上、每一个脸色上，都让孩子去感受诚信，这是一种身教，身教固然重要，但千万不能忽视言教。打造孩子的诚信品德还是一个社会工程。"近朱者赤，近墨者黑。"交什么样的朋友，对小学生来说，是一件十分重要的事。这事父母要管，做老师的也要管。另外，学生接触社会，当然也会接触社会上的一些恶习，如人际关系中的背信弃义、唯利是图、尔虞我诈。因此，必须教育小学生正确认识和对待这些恶德败行，自觉抵制精神污染，提高孩子的免疫能力，使孩子获得一张人生的通行证——诚信。

二、小学生诚信教育问题

(一) 小学生中的不诚信现象令人心忧

一位当老师的母亲在一个偶然的机会批阅了自己孩子的作文：《我的家庭》，没想到刚看几行就气晕过去了，作文劈头就写："3岁时死了妈妈"。当她责问孩子时，孩子还理直气壮地说，这是从一本优秀作文集上抄来的。这种抄袭、胡乱编造的不诚信现象，不仅小学生有，在高考作文中也时有所见，正是因为他们在小学里就不重视这种抄袭、胡乱编造的现象，在高考中自然也习以为常。应试教育逼得孩子们写假话，更有甚者干脆背上几篇范文，到考场上"灵活运用"，高考阅卷老师再博览群书，也很难发现这些"克隆作文"。

此外，有冒充家长的笔迹在试卷上签名的，有撒谎骗老师家长的，凡此种种，令人心忧。我曾做了一份调查问卷，共调查了小学生中高年级110名学生，有效问卷100份，"你去小店里买一根棒棒糖，可是老板正好不在，你会怎么办？"其中有80%的小学生选择大声喊老板，但还有17.5%的选择边等边吃棒棒糖，甚至还有2.5%选择了拿了先走吧。"班上同学问你借心爱的玩具，你答应了后又觉得舍不得，你会再找理由反悔吗？"77.5%的小学生答不会，22.5%的小学生答有时会，0%的小学生答会。这些不诚实不守信的调查足以让我们深思。

（二）学校在小学生诚信教育方面暴露的问题

素质教育的口号在小学校园里愈喊愈烈，作为素质教育之根本的诚信教育也不甘示弱，成为一个具有时代性的话题。据诚信内涵和意义的阐述来审视小学校园的诚信现象，会发现其中存在诸多诚信阻滞的问题，在某种程度上有些问题甚至表现得相当突出。

小学生诚信在我们的生活中究竟存在哪些问题？经过查阅多方面资料总结发现，其问题比较集中地表现为经常性地迟到、旷课、向师长撒谎、抄袭同学作业等，而且像雇人代做作业、考试作弊等"伪学"现象屡见不鲜。校园中存在的诚信问题使得部分小学生整日无所事事、不思进取，在不知不觉中迷失了自己，与诚信对小学生的基本要求背道而驰，最终堕落为所谓的"问题"学生。

不可否认，现在社会上"造假"成风，且"随风潜入夜"般地侵蚀到了教育领域。有的学校得知领导要来视察，便全员出动大扫除；领导要来参观阅读室，便让学生将家长的书籍悉数带到学校充数；得知领导要召开学生座谈会，各年级各班更是细致而周到地面授机宜，一遍遍地教育学生当着领导的面说假话。即使是公开课、评优课，也是充分准备、精心彩排，什么问题由谁回答、如何回答都安排妥当，乃至为了体现课堂教育渗透现代教育理念而让某学生何时向老师提问及生生争论、师生互动等细节都安排得面面俱到，以确保课堂教学的顺畅、高效、无差错。殊不知，这样的教育教会学生的只能是虚假、伪善、阳奉阴违、远离诚信。

扪心自问，在我们的许多学校里，类似的现象还少吗？这样的教育能培养出诚信的孩子吗？诚信是一种美德。长期以来，我们的学校在进行诚信教育的同时，又以自己的实际行动把"诚信"踩得粉碎，不同程度地导致了许多学生校内文明守纪，校外犯法违纪；在校劳动，从不怕苦怕脏，回到家里连自己的床铺都不想整理一下。这样的诚信教育如同一纸空文。为此，我们真切地呼唤教育与行动要一致，教育的内容要真实。

（三）家庭教育涉及的小学生诚信问题

1. 小学生家庭诚信教育观念的薄弱。

家庭诚信教育观念薄弱是导致小学生诚信出现问题的主要因素。由于小学生的年龄特征，知识经验储备少，认识能力还处于发展时期，是非判断力低、意志品德不坚，遇到实际问题时，难以做出正确的判断。随着核心家庭的激增，孩子在家中常处于中心地位，容易造成很强的虚荣心。当孩子虚荣心遭到挑战时，也会出现不诚实的现象。

2. 父母的品行"有失楷模"。

中国有句老话"不知其人观其子"，这说明以父母品行为标榜营造和谐诚信的家风，对孩子的成长是至关重要的。然而，在一项调查中，只有42.7%的孩子认为家长是诚信的！家庭中存在的诸多问题，会为小学生的学习和生活带来严重的负面影响。

三、小学生诚信教育的对策

党中央强调公民道德建设要从娃娃抓起，小学阶段是孩子生理、心理生长发育的重要阶段，更是道德品质形成的关键期。为了让学生将来能够与社会、与他人和谐友好相处并得到充分发展，我们应该让学生从小懂得要做一个诚信的人，在小学中开展诚信教育，采取相应的对策是至关重要、刻不容缓的。诚信教育要取得实效，还要通过多种活动形式，将学校诚信教育与社会道德和家庭道德建设结合起来。学校要主动与家庭、社区紧密配合，扩大社会和家庭教育的影响，充分发挥道德评价的导向、激励作用抓好诚信教育，促进学生诚信素养的提高。

（一）形成小学生诚信观念的摇篮：家庭

父母是孩子的第一任老师，在孩子刚懂事甚至刚出生时，就要深入浅出地进行诚信教育，引导孩子实事求是、分清是非、辨别善恶、诚实守信。

1. 家长要具有诚信的品德，做一个诚信的人。

不对孩子说谎话，做到言而有信，欺骗会给孩子的一生造成不可估量的负面影响。父母要在言行上为孩子树立榜样，以良好的品格来感染孩子，熏陶孩子。

2. 家长要对孩子进行有意识的诚信教育。

"以诚待人，以信办事"，就是说为人要诚实，答应别人的事情要尽力做到。如今很多家长认为"老实人吃亏"而教唆孩子要圆滑，造成孩子的诚信存在越来越严重的问题。对孩子进行有目的的诚信教育，对孩子高尚的道德品质的形成至关重要。

3. 家长要用心营造良好的诚信家风。

古人云："家风淳，子孙贤。"诚信家风是孩子成长的沃土。诚信品质的养成，要靠长期的熏陶。在家庭生活中，每个家庭成员良好的言谈举止、诚实守信的品质，特别容易潜移默化，相互影响，从而共同进步。由此可见，诚信的家风是形成孩子良好的诚信品质不可缺少的因素。

（二）塑造小学生诚信品格之关键：学校

学校是教学的场所，更是育人的场所。诚信的学风、师风、校风对培养诚信之人是非常重要的，尤其是教师在小学生诚信品质的养成中起着关键的作用。

1. 良好学风的建立。

把日常小事作为诚信教育的重要途径，俗话说：教育无小事，从细微处见风格，从小事中显精神。在学习生活中，向同学借东西要及时归还；做好人好事的情况，应不失时机地给予表扬，让学生给学生提供和树立榜样，在相互学习中，培养小学生整体的诚信品质。要把课堂建设成为学生诚信教育的地方，就要充分发挥课堂主阵地的作用，紧密联系学生生活实际和社会实际，积极改进教学方法和形式，把诚信教育与各学科教学进行有效整合，贯穿于教育教学的各个环节。教师在教学中要善于抓住时机，结合教学内容，要充分挖掘教材的思想性，寓诚信人物、事件于课堂教学之中。如"狼来了"这个故事学生都很熟悉，故事中的小男孩两次撒谎骗人，失去了别人对他的信任，才导致了最终被狼吃掉的可悲下场。教师要抓住这个契机对学生进行诚信教育，让学生懂得：一个不具备诚信的人，最终只会害了自己。诚信是无价的！从而自然而然地引出"如何做一个诚实守信的好学生"的讨论。又如思品课"做人要诚实，不隐瞒错误"中的大文学家司马光年老时让人卖一匹病马，他反复叮嘱卖马人，一定要如实告诉别人马有病。司马光一生坚持说真话，成为受人尊敬的政治家。在平时教学中要在体现实事求是、严谨科学精神的基础上，融入诚信精神。如考试不仅要认真作答，要诚实，倡导"诚信从我做起，坚决杜绝考试中的作弊行为"。学生要学做正直人，养成良好品质，树立诚信观念，明辨是非。明白人不怕犯错误，就怕不承认错误，人为掩盖错误，是一种坏习惯，沾染上这种毛病，不仅影响个人进步，还会酿成大错。结合教学环节培养诚信品质，把诚信教育有机地渗透到教育教学活动之中，从而实现教书和育诚的统一，最终完成教书育人的最终目标。

2. 规范师风的约束。

老师是诚信的领航者和实践者，古人云："其身正，不令而行；其身不正，虽令不从。"教师应模范地遵守法律法规，遵守学校的规章制度，与党的教育方针、与学校的教学工作保持一致，切实给小学生树立良好的榜样。教师应言行统一、表里如一，不失信于小学生，否则，教育效果将会大打折扣。为人师表，是教师在整个教育活动中应该体现的基本的道德要求。教师的言行直接影响着学生的思想和行为，要让学生学会诚信，教师必须严格要求自己是诚信的典范，要做到以诚育人、以诚待人、以诚服人；教师的一言一行要处处讲究"诚信"，以高尚的诚信人格影响学生、感染学生，做好诚信的表率和楷模。对待学生，教师要做他们的长者，理解他们的苦衷，同情他们的处境，宽容他们的过失，保护他们的天性，要鼓励学生讲心里话，用自己的语言讲话，引导他们不讲大话套话，讲真话实话。在与家长交流沟通过程中，教师要做到把微笑留给家长、用真诚对待家长、用爱心打动家长，还要自我约束、明礼诚信、言出必行，取信于家长，不请家长办私事，不搞有偿家教等。教师要保持良好的师德，提高自己的道德修养，使学生通过教师的人格榜样体会"真"的高尚、"假"的渺小。有位教师讲述她去学生家里家访的事，当时她临时有事，但又告诉了学生要到她家，在犹豫之后这位教师最终做出选择，照常家访。在学生的门口她听到了这样对话，"老师一直教育我们要诚信，她说今天来就一定会来的，你们看，她不是来了嘛。"由此可见，老师的一言一行在学生的心目中占据着多么重要的地位啊！

3. 诚信校风的建设。

诚信校风是一种环境、一种氛围，它对学生的成长与发展起着陶冶情操、砥砺德行的作用，并逐步内化为学生的素质。在诚信校风建设中要净化、美化校园环境，在学生学习中经常性地开展以诚信为核心的德育工作；以诚信建设为主题的辩论会、演讲会；组织寓教于乐的课堂活动等，陶冶学生情操，净化学生心灵。高质量的诚信校风以其较强的渗透力、影响力，帮助小学生逐步树立正确的人生观、价值观，塑造健全的人格。营造良好的校园环境，可以让学生在社会化、人性化和科学化的校园环境中潜移默化地受到诚信教育。例如在校园环境建设中注意营造诚信教育氛围，精心设计"诚信教育"长廊，让每一个地方、每一面墙壁、每一处角落都能说话，使校园形成潜移默化和具有导向性的学习教育场所。在学校校门的宣传栏、教学大楼每层走廊墙壁上可以悬挂有关诚信的名人名言。如毛泽东："我们应该老老实实地办事；在世界上要办成几件事，没有老实态度是根本不行的。"邓小平："多做实事，少说空话。"周恩来："说真话、鼓真劲、做实事、收实效。"等。校内广播、黑板报、校园网等也可以充分地利用，大力地宣传，使全体师生了解诚信教育的基本内容、要求和重要意义，形成"人人知诚信"的良好氛围，为"人人讲诚信"打下舆论基础。

（三）小学生诚信意识强化的支柱：社会

小学生的诚信教育仅依靠教育的力量难以实现其本质的转变，还需要系统的社会配套工程进行强化。在现代社会中，任何教育都要接受社会的检验，以得到升华和发展。小学生的诚信教育更离不开社会，需要社会的加强与优化。

1. 各级政府要以身作则倡诚信。

要人民群众诚实守信，政府首先要率先垂范，对老百姓"言而有信"，取信于民，政府做好了，老百姓自然跟从，人人都以诚信为荣。从目前局势看政府应采取加强德育规范建设，大力倡导树立社会主义八大荣辱观，使社会主义市场逐步完善，让政府部门成为实施诚信教育不容忽视的社会力量。

2. 借助媒体宣传和推崇诚信美德，充分发挥导向作用。

社会媒体应根据自身特点，创造正确的社会舆论，以健康向上的舆论引导人，并通过推典型、树榜样，形成以讲诚信为荣、不讲诚信为耻的舆论氛围，使诚信人受到表扬，使背离诚信的人受到舆论的批评，让诚信教育的观念深入人心。

3. 建立适当的立法机制。

社会上一些人、企业或单位不讲诚信，其重要的原因就是失信成本过低。失信者得不到严惩，守信者就得不到保护，对人们的行为起到了训导作用，从而"好人也会变成坏人"。可以通过立法来实现强制追究，使非诚信行为不仅受到道德的谴责，更有法律的制裁，从而保护守信者，严惩失信者，净化社会风气，让小学生在充满诚信的社会环境下成长，让诚信代代传承。

总之，随着社会的发展和文明的进步，西方文化的冲击，小学生存在的诚信问题已不容忽视。要合理把握诚信教育观念，加强小学生的诚信意识，让我们的下一代能够在一个诚信的氛围中健康成长，为构建繁荣昌盛的和谐社会培养出合格的接班人。诚信教育是学校德育的基石，是素质教育的内在要求，也是每个教育工作者必须承担的一项重大而紧迫的任务。作为一名小学生学会诚信，坚守诚信，对其一生的成长至关重要。开展诚信教育，弘扬诚信美德，不仅有助于提高学生的道德素质和文明程度，而且能够有力地促进良好社会风尚的形成。让我们携起手来，共同营造诚信待人的校园环境，教育学生以诚信为本，以诚信为荣，弘扬和培育中华民族的传统美德。

参考文献

[1] 谢然. 小学生诚信教育问题 [J]. 小学教育参考，2012（18）.

[2] 高玉平. 试论当前我国中小学生的诚信教育 [J]. 华中师范大学学报，2003（1）.

[3] 彭杰萍. 小学生诚信教育对策 [J]. 今日中国教研，2012（1）.

PEP 英语单元主题与英语绘本教学融合的研究

■ 王 娜

【摘 要】 在小学英语教学中，将绘本阅读与主教材融合教学，可以用简洁生动的语言来帮助学生构建英语知识，培养学生的思维能力。在融合教学的过程中达到复习旧知，拓展新知。让学生养成良好的阅读习惯，培养阅读能力，最终实现英语高效学习。

【关键词】 融合教学；分级绘本；实践应用

PEP 小学英语与绘本阅读结合教学，利用绘本中包含的生动有趣的故事情节和简单明了的图片漫画，促进学生理解文本内容，启发学生的阅读兴趣，巩固 PEP 英语单元的重点内容，帮助学生加深对 PEP 教材重点的理解，更具有针对性地进行英语学习。"听说领先、读写跟上"已经成为 PEP 小学英语教学为提高小学英语学习阅读能力而贯彻实施阅读教学的基本原则。《丽声北极星分级绘本》阅读图文并茂，能提高学生阅读兴趣，降低学生学习难度，在本校 PEP 小学英语教学中已被广泛应用。绘本阅读与 PEP 小学英语教学的结合效率对教学质量有直接影响。

作为小学阶段的英语教师，我深知孩子们对于英语学习的兴趣动力从低年级到高年级在逐步减弱。为了充分调动学生的学习兴趣动力，创设有效的英语学习环境，本学年我们进行了以 PEP 人教版英语单元主题为统领的英语绘本教学与主教材融合的研究。在提升绘本阅读质量的同时辅助人教版英语教材的学习。绘本教材选用丽声北极星绘本阅读匹配 PEP 单元教材。将丽声北极星绘本阅读与 PEP 小学英语教学结合进行研究，通过分年级、分学段设计并分析其有效结合的方法，定期进行

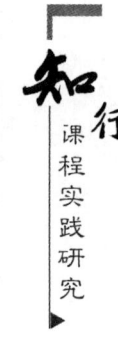

课例研讨以及学生阅读效果反馈。

一、PEP 英语单元主题与英语绘本教学结合调动学生学习兴趣和动力

为了更好地为学生打造趣味生动且高效的英语课堂，我们采用丽声北极星分级绘本中的内容与主教材单元内容相结合，利用课堂教授，课后线上打卡及定期表演的教学形式，将绘本引入课堂，课后的反复巩固练习，让学生有效学习，定期的绘本表演也大大增加了孩子们的积极性，提升了英语学习兴趣。例如，在 PEP 人教版主教材三年级下册中，通过绘本 *I can see*、*Tiger is coming* 的学习，孩子们进行表演，并且以串联改编绘本情节进行了小情景剧的创设。绘本与主教材的融合以一种轻松快乐的方式逐渐培养学生的语感和增加学生的词汇量与知识量。

二、PEP 英语单元主题与英语绘本教学结合提升学生语言能力

相比较 PEP 主教材，《丽声北极星分级绘本》体现了绘本生动活泼图文并茂的特点，更是美学、文学和教育的有机结合。在这种模式下，学生将主教材相对枯燥的背诵单词表、课文背诵结合了绘本的阅读及表演，通过阅读积累词汇量，通过故事情节提取信息，在与同学的搭档表演中提升了语言能力。例如，丽声北极星绘本四年级下册的 *Flora in the city* 通过女孩 Flora 从乡下搬进城市，女孩内心的变化以及情感上思念乡下的奶奶，结合了孩子们的心理发展特点，在阅读中进行了情感教育，深入孩子内心，在阅读中将教材中单一的字母组合发音编成单词引入绘本情节中，逐步引导学生用所学的语言来描述故事。

三、PEP 英语单元主题与英语绘本教学结合培养学生的思维能力

绘本与 PEP 单元主题内容的融合能有效地培养学生的思维能力。思维品质体现英语学科核心素养的心智特征。例如，《丽声北极星分级绘本》第二级 *Puppy in a box* 通过讲述故事小狗 Fido 与 Jack 一家相处时遇到的困扰，随着事件的发生、高潮，到结尾问题的解决。通过故事让学生深切感受 "Everybody needs to be accompanied. Pets also need to be accompanied."（每个人都需要家人、朋友的陪伴，动物亦然）。并理解Fido 最终得到陪伴这一暖心的结局背后所体现出来的家庭成员之间的相互包容和理解。通过角色代入，演绎小狗无伴时的孤独，让学生更深入地感受体会绘本，帮助学生更好地理解故事后续的发展。教师通过不断设疑，引导学生讨论、猜测和回答问题，使学生积极探究、主动思考，激发他们更积极地参与语言实践和阅读的欲望，培养了学生的思维能力。

总之，小学英语教学中采用绘本教学与主教材结合阅读教学，可以让学生实现新旧知识的迁移和衔接，利用主教材"旧知"结合绘本"新知"充分理解故事，巩固并掌握主教材重点知识，同时帮助学生拓展思维。在充分考虑学情的基础上，在融合中实践，在实践中研究，在研究中总结，反复探索，为学生更好地学习英语提供有效的帮助。

参考文献

［1］报刊荟萃（下），2017（3）.
［2］费珊琳，黄亚萍. 英语绘本的选择及赏鉴［J］. 江苏教育，2012（13）.

语文拓展课"拓展什么"之初探

■ 武 迎

2011版《语文课程标准》指出,要努力建设开放而有活力的语文课程。要密切关注现代社会发展的需要,拓宽语文学习和运用的领域,使学生在不同内容和方法的相互交叉、渗透和整合中开阔视野,提高学习效率,初步养成现代社会所需要的语文素养。

由此可见,语文学习能力的发展最终必须超越课堂、超越文本。拓展课是当下学习的趋势。那么什么是拓展课?拓展课应该上些什么?一位教育专家是这样说的:"根据教材要求、文本特点、教学目标、学生基础、教师个性,在课堂教学中适时、适度、适量、适情地引入文本背景和相关内容,其中包括文字、音乐、图片、影像等媒介,整合成读写思的教学策略,促进感悟,促成建构。"笔者结合自己的教学实践以为,拓展课可以从以下几方面去拓展:

一、从文本的语言处拓展延伸

语文是一门学习语言文字运用的综合性、实践性课程。它的学习资源和实践机会无处不在、无时不有。如果能抓住文本的语言,从而去拓展延伸,想必达到的不仅仅是掌握语言的规律,更重要的是感受到语言内涵对学生精神世界的影响。故老师在教学的时候要善于抓住有特点的语言进行拓展延伸,让学生进行言语模仿和言语表达训练,这样的拓展,既达到了课堂教学中要注重语言积累与运用的训练,使之落到实处,获得实实在在的效益,同时不缺乏形象的再现、意境的体验、韵味的品评、情绪的感染。因此,在课堂教学的语言品味中进行有效拓展有利于学生对语言表达与作者情感的深层理解,有利于学生语文素养的形成与发展。

二、从情境迁移处拓展延伸

《语文课程标准》明确指出:"欣赏文学作品,能有自己的情感体验","对作品中感人的情境和形象,能说出自己的体验"。所谓情境是指作品中所表现出来的情调与境界,王国维曾说过:"境非所谓景物也,喜怒哀乐亦人心中之一境界;否则谓之为无境界。真景物真感情者谓之有境界。"语文教学为了突出个性阅读感受,强调迁移升华,教学要让学生能进入作品的情境,学会感受、体验、揣摩,通过适当的拓展延伸,把课文的材料、情感和审美体验内化为自己的语言和情感。

三、从问题生成处拓展延伸

课堂中的生成是生长和建构,是师生对话互动中超出教师预设方案之外的新问题和新情况。它是一个思考活动的过程,通过课堂生成可以完成预设的目标,在生成中展现师生智慧互动的火花。课堂中,教师随时捕捉学生生成的问题,因势利导改变预设的程序,进行有效拓展,在动态生成中,要甄别优劣,选择恰当的问题做生成拓展的"课眼"。引导教学进程,让课堂教学在健康有效的轨道上发展,让学生及时获得情感体验及对主题的提升。

四、从感悟、挖掘主题处拓展延伸

文学作品是语言的艺术,作者往往通过对人、事、景、物的描绘来表达爱憎、褒贬、取舍、抑扬等情感。许多时候作者的见解、意愿含而不露,隐藏其中。文本阅读就是通过不断地感知、品味、比较、思考、探究来感悟、挖掘作品的主题内涵。课堂中,教师要积极创设情境,唤起学生的生活经验,鼓励学生用自己的眼光去感知文本,通过横向比较、纵向挖掘、提供文体性和背景性知识等方法引导学生探究主题,体会作者的真情实感。

(一) 在横向比较中感悟主题

把不同文章中具有共性的或有对比性的内容放在一起进行比较阅读,有助于深入理解作品的内涵。在教学《凡卡》的最后阶段时,开展"我与凡卡比童年"的拓展表达。相同的年龄,不同的生活;一样

的年龄，不同的命运。这样的拓展比较有利于训练学生纵横贯穿和拓展的能力，从而也深入理解了凡卡的不幸不是凡卡和其爷爷造成的，而是当时的社会环境的必然悲剧。

（二）从作品纵深处挖掘主题

在阅读中，对作者的创作意图、写作背景、人物形象等进行拓展挖掘，有助于学生全面、深刻理解材料主旨，提高阅读能力。比如学了《草船借箭》，诸葛亮和周瑜的人物性格到底是怎样的？在理解课文的基础上，可以推荐学生去读《三国演义》，然后进行《我喜欢的人物》读书交流，让诸葛亮和周瑜这两个人物也变得有血有肉起来。

五、从文本空白、悬念处拓展延伸

语文学习的综合性与开放性要求教师将语文学习的内容向课外拓展，在延伸过程中引导学生去探索，在比较、对照、引申、拓展过程中拓展思维的空间，提高阅读质量，培养学生探究性阅读和创造性阅读能力。教师要在课堂教学过程中构建一种开放的、动态的教学流程，不仅要善于引进"活水"，更要善于把课堂学习内容与课外阅读结合起来，激发学生的学习兴趣。一位成功的教师不仅能在课堂上激发学生生成问题、解决问题，更要在学生离开课堂时能带着新生成的、更精彩的问题去课外探究。教师要善于在文本中的空白处挖掘，激发起学生探究的兴趣，引导学生课外自主探究。

（一）补充续编

有些文章结尾戛然而止，耐人寻味，留给了学生极大的想象空间，这给学生顺着课文思索带来了机会，可以启发学生对课文内容做合情合理的推想发展，使学生加深对课文的理解，发展想象力和创造力。如在学习《变色龙》一文后，要求学生根据文中人物的性格特点，充分发挥想象，续写一个片段：警官奥楚蔑洛夫在处理好小猎狗咬人事件的第二天，在街上碰到了将军的哥哥，你想他会说些什么。

（二）创编表演

拓展性阅读要求学生不能再把一篇作品简单地视为语言学习的载

体，而应看作是提升自身语文能力的一个阶梯、一个范本，也是丰富自身文学底蕴，培养自身人文品质的媒介。教师要不失时机地向学生推荐名家名作，激发学生课外阅读相关名著的热情与兴趣，进行有效课外拓展。比如学习了《晏子使楚》，就可以让学生以文本为载体，再读历史故事，然后进行课本剧表演，既升华了文本的学习，也培养了学生合作的意识，达到了培养学生创新能力，激发学生喜欢历史、热爱语言、创造性运用语言的目的。

在提倡教育创新的今天，学习语文再不能局限于课堂，新课程要求语文教学从封闭走向开放，不断引入来自奥妙无穷的大自然、纷繁复杂的大社会的源头活水，让学生在开放的、无比丰富的教学内容中自由徜徉、奋力搏击！我们老师在课堂中要充分利用这些资源，尽可能地让语文课堂更开放，将教学内容变得更充实，将教学思路变得更宽广，将教学方法变得更灵活。

如何创建良好的小学语文主题教学的课堂气氛

■ 谢小虎

【摘　要】 主题教学的课堂气氛很重要，做教师的那点乐趣不就是在课堂上才能体现吗？有意识去营造良好的主题教学的课堂气氛，良好融洽的主题教学的课堂气氛于师于生都是一种享受，要有意识地想办法搞好主题教学的课堂气氛。

【关键词】 小学语文；主题教学；创建；课堂气氛

主题教学的课堂气氛是指在主题教学中教师与学生所呈现的一种心理状态，直接关系到教师的教学效果和学生的学习效率。在教学时，教师作为教学的组织者，主题教学的课堂气氛如何在一定程度上是由教师决定的，教师的教学理念、教学方式、教学手段等都影响着课堂教学气氛。那么，如何营造良好的主题教学的课堂气氛呢？

一、教师的教态促成良好的主题教学的课堂气氛

教态是教师讲课时情绪的外在表现，比如，教学心情、表情、体态动作、神态等，是教师开展主题教学的一种重要辅助手段。学生在课堂上会通过教师有声语言的讲解而"察其容"，而且还会通过教师的教态而"观其色"。教师的教态在无形中形成了一种教学气氛，学生在无形中感受到一种主题教学气氛。因此，教师的教态直接影响着教学气氛。

教师的教态有先入为主的作用。当教师走进教室的那一刻，教师教态会直接影响到学生上课的情绪，这种先入为主的方式常常会有意想不到的效果。所以，教师要用亲和、自然的教态去面对学生，及时调整好自己的心态和精神面貌。具体来说，要做到：一是用微笑面对学生。微

笑是人际交流中一种最好的方式，微笑让学生对教师没有惧怕感，课堂气氛温和。如果教师板着脸孔，摆出高高在上的姿态，让学生感到压抑，学习有紧张感，教学气氛变得生硬、冷漠，不利于教学的开展。二是给予学生鼓励。明代教育家王阳明说过："今教童子，必使其趋向鼓舞，中心喜悦，则其进自不能已。"教学也如此，教师不能戴着有色眼镜去看待学生之间的差别，要让每个学生都能发现自己的长处，获得欣赏，体验成功的喜悦。教师要放下严厉的批评、呵责，要多鼓励、表扬学生，发现他们学习的闪光点，给予学习的自信心。教师的语言、表情，对学生的刺激应该是积极的，而不是消极的。三是多给学生肯定的目光、鼓励的目光。多夸奖孩子们"好极了""你真棒"等，教师还可奖励学生小红花、作业本等物品，这样让主题教学气氛积极向上，让学生在宽松愉悦的气氛中学习。只有这样才能不断进取，有旺盛的学习兴趣。

二、游戏活跃主题教学的课堂气氛

小学生天性好玩、贪玩，对于游戏有很强烈的兴趣。陶行知说："学生有了兴味，就会用全副精力去做事。所以，学与乐是不可分离的。"因此，教师将学习与游戏结合，学生对喜欢的东西学得就快，在"玩"中学，在学中"玩"。游戏活跃了主题教学的课堂气氛，调动了学生的学习情感，实现快乐、有效地学习语文。

游戏改变了以往学生被动接受式的学习，教师不是用说教去教育学生，学生不再用死记硬背来学习。通过游戏发挥了学生的主体参与能力，学生在游戏过程中受到启发，获得亲身体验，寓教于乐，让教育的知识性和娱乐性完美结合。

教师在主题教学时创设游戏要根据教学内容和学生的学习情况来选择，用生动活泼的形式、恰当的手法表现出来，让学生真正地体会到其中的乐趣。教学中我们常采用的游戏有以下几种：一是找朋友。教师用卡片制作成相对的正反义词、汉字组合、拼音的声母与韵母等，让学生拿着其中一张去找另一张。二是逛超市。教师让学生把搜集到的标有汉字的商标、广告和自制的卡片放在桌子上，学生分组去柜台逛，比比谁的收获多。游戏要求学生能正确读出桌上的识字材料，这个游戏检查了

学生的课外识字情况，又让学生感受到学习的乐趣。三是猜猜猜。让学生看动作猜词语，看口型猜字母，讲故事猜谜语等。

三、动手操作调动主题教学的课堂气氛

苏联教育家苏霍姆林斯基曾经说过："儿童的智慧在他的手指尖上。"这句话的意思是说，儿童多动手操作会促进智力的发展。从脑的结构看，人的大脑皮层的各种感觉和运动部位中，管手的部位所占面积很大，所以手的运动能使大脑的很大区域得到训练。动手操作的过程，调动了学生的感官参与，手脑结合。学生的思维离不开动作，动手操作是智力的源泉、发展的起点，激发了学生对操作活动的兴趣。

动手操作建立学生的表象思维，是学生的直观学习，把书本内容生动化，让语文学习更加形象，主题教学的课堂学习气氛不再是讲和听的形式。比如，学生进行剪报活动，把用到的知识、语句剪下来，增加了记忆，将学习变成一种充满情趣的活动课。

四、创设悬念引发主题教学的课堂气氛

由于长期受应试教育的影响，一些教师不愿活跃主题教学的课堂气氛，也不知怎样活跃主题教学的课堂气氛，唯恐一发而不可收，形成了灌输式的教育，整节课下来，教师讲得多，学生说得少。主题教学的课堂上教师在唱独角戏，下面的学生静如一潭死水，被动地接受知识，缺少师生互动，教学气氛沉闷，导致了教与学被割裂开，处于对立面，教学效果可想而知。因此，教师必须改变这种传统的教育观念，建立活跃的主题教学气氛，让学生做学习的主人。教师可以设置一些有趣的、带有挑战意味的、悬念式的情境，调动学生的参与积极性，让教学气氛活泼起来。学生在悬念下产生认知矛盾，对疑问有了探究的欲望，自觉地去思考、分析问题和解决问题。教师让学生大胆发言，组织讨论学习，教学气氛活跃，激发学生的思维，碰撞出灵感的火花。

总之，良好的主题教学的课堂气氛可以促进教师和学生有效的互动活动，让教师的教和学生的学都取得最大化的效果。小学生生性活泼、好动，注意力不持久，创设良好的主题教学的课堂气氛显得尤为重要。如果教学气氛不适宜，呈现消极、沉闷的局面，学生的思维感到压抑，

窒息智慧火花，没有学习的热情。反之，学生学习情绪高昂，智力活动呈最佳状态，能充分调动学生的学习积极性。营造良好的主题教学的课堂气氛的方法有很多，还需要我们在教学中不断去发现和总结，相信这样的教学能把孩子们引入学习的自由天地，让他们快乐地遨游在知识的海洋。

浅谈小学数学教学的拓展和延伸

■ 邢婉红

【摘 要】数学发展的历史，既是数学思想产生和发展的历史，也是数学家们刻苦勤奋、锲而不舍地追求真理，以生命和热情谱写的壮丽华章。因此，在数学教学中，适当介绍一些数学史的内容，使学生了解概念、规则产生和发展的过程，可以使他们看到数学知识的内在联系，形成正确的数学观。

开放性是相对封闭性练习来讲的，一般是指条件不完备、问题不完备、答案不唯一、解题方法不统一的练习，具有发散性、探究性、发展性和创新性。有利于促进学生积极思考，激活思路，充分调动起学生内部的智力活动，能从不同方向去寻求最佳解题策略。通过练习使学生变得越来越聪明，思维越来越灵活，应变能力越来越强，而不被模式化的定式所禁锢、所束缚。

增加"背景知识"的信息量，把这些信息进行内化，变成对教学有用的背景知识，并用之于教学实践，数学在学生眼前就不再是孤立出现的一株植物，而是有蓝天、青山、绿水做背景的一幅山水画。

【关键词】延伸与拓展探究性；发展性；背景知识

课堂教学知识的延伸与拓展是一节课的点睛之笔，是创设悬念、激发兴趣，培养学生逻辑思维能力、创新能力、实践能力等多方面的关键所在。在数学学科上它是指数学学习内容由课内向纵深处或向课外的延伸和合理渗透；有效的课堂教学拓展，能使趋于平静的课堂再起波澜，一方面使本堂课的教学内容得到升华和总结，另一方面为学生的后续学习埋下伏笔，做好铺垫，从而优化教学效果。许多数学教师深谙此理，非常重视课堂教学的拓展，但在教学实践中出现了一些普遍的问题，如"教学拓展"成了"时尚"和"流行"的代名词，没有真正领会拓展的意义，使教学拓展成了课堂点缀；拓展忽视了教学重点，偏离了学习主题，游离了教材，喧宾夺主，成了无效劳动；教学中偏重从教的角度考虑问题，一味地追求完成预设的教学流程，拓展教学时忽视学生的主体参与、主动探究，忽视课堂上的精彩生成，使教学拓展大打折扣等等。那么在教学中怎样准确把握拓展与教学内容的关系，怎样有效地、适时适度地选取拓展内容，怎样找准学生的"学习点"，创造性地使用教材，使拓展进行得有效，使课堂因拓展而流光溢彩，使学生因拓展而学有所获呢？我浅谈几点自己在数学课堂教学拓展中总结的经验。

一、从时代背景出发，拓展史实材料

数学发展的历史，既是数学思想产生和发展的历史，也是数学家们刻苦勤奋、锲而不舍地追求真理，以生命和热情谱写的壮丽华章。因此，在数学教学中，适当介绍一些数学史的内容，使学生了解概念、规则产生和发展的过程，可以使他们看到数学知识的内在联系，形成正确的数学观。

《负数的认识》教学结束之前：

师：你知道人类研究负数的历史，知道负数符号的演变吗？让我们一起翻开"数学史书"。（课件演示：我国是世界上最早使用负数的国家，早在2000多年前的《九章算术》中，就有正数和负数的记载。在古代人民生活中，以收入钱为正，以支出钱为负；在粮食生产中，以产量增加为正，以产量减少为负。古代的人们为区别正、负数，常用红色算筹表示正，黑色算筹表示负。而西方国家认识负数比中国迟了数百年）

师：听完介绍你有什么感受？

生：中国人太了不起了！

师：你知道老师此时此刻在想什么吗？我在为同学们感到骄傲，你们今天的表现同样非常了不起！我们的祖先能够写下世界负数的历史，而今天的你们就是祖国的未来，相信作为祖国未来主人的你们将能够改写中国数学的历史！

史实材料的补充拓展让学生沉浸在浓浓的数学文化氛围中。学生们在不觉中入情，感受到古人的聪明才智，体味数学文化的源远流长。这一环节巧借负数历史和评价使学生进一步掌握新知，巧借历史激发学生的斗志，提升学生的数学素养。当然，史实材料的填补切不可多，如果喧宾夺主就得不偿失了。

二、从习题形式出发，拓展延伸思维

拓展性习题，思考容量大，使学生必须"跳一跳，才能摘到果子"。这样，学有余力的学生就会在解题的过程中出现强烈的表现欲望，觉得别人还没想出来，我就想出来了，产生浓厚的学习兴趣。因为是结合教学内容设计的习题，潜能生也能积极参与思考、探究，从其他同学的解题中受到启发，开发智力。开放性是相对于封闭性练习来讲的，一般是指条件不完备、问题不完备、答案不唯一、解题方法不统一的练习，具有发散性、探究性、发展性和创新性。有利于促进学生积极思考，激活思路，充分调动起学生内部的智力活动，能从不同方向去寻求最佳解题策略。通过练习使学生变得越来越聪明思维越来越灵活，应变能力越来越强，而不被模式化的定式所禁锢、所束缚。

在教学《小数四则混合运算的文字题》时，我是这样设计习题的：请学生任意报出四个数字，如 32.8、4.2、0.5、18.75，让学生以小组为单位来编文字题，看哪组编得最多。（不考虑除尽除不尽）一改以往由教师出题、学生解题的方式，让学生自己互相出题、解题。可谓条件、问题、方式全部开放，不仅激发了学生的学习兴趣而且优化了课堂教学，培养了学生综合运用知识的能力。再如，在学习完《数的整除》这一章后，设计了这样的一道习题：把 1~20 这些数字分类。这道题目看似很简单，可答案可以五花八门。有一个学生一个人就写出了六种分类方法。在教学完《长方体和正方体的表面积》后，我给学生创设了一道开放题："计算装修自己家的房子要用多少钱？看谁家的装修既漂亮又省钱？"不要以为这样的题目很简单，其实不然。大家想想要用到多少知识：长度的测量、长方体和正方体的表面积的计算、商品价格的调查、装修材料的选择——这样的设计既体现了数学教学的开放性和个性化，又培养了学生的创新精神和实践能力，还有助于学生知识技能的掌握和巩固。

三、从知识背景出发，拓展阅读材料

数学知识不是孤立存在的。教师要深入钻研教材，把握教材，要拓宽知识面，丰富背景知识。自觉地广泛涉猎有关的知识，像海绵吸水一样吸取有用的信息，增加"背景知识"的信息量，把这些信息进行内化，变成对教学有用的背景知识，并用之于教学实践。这样，数学在学生眼前就不再是孤立出现的一株植物，而是有蓝天、青山、绿水做背景的一幅山水画。

《因数和倍数》课末教学片段：

师：老师问一个问题，好不好？1~100这100个数，思考一下，哪个数的因数最多？

……

师：老师公布一下答案：60。

师：可以一起找一找。可以负责任地告诉你，比99多多了。是不是数越大，因数就越多。你们知道一小时有多少分钟？（60分钟）1分钟=60秒，这里的60和刚才的60有关系吗？这里的60就和100以内的因数有关系，你们相信吗？特意给大家带来一本书。书的名字叫《数字王国》，学生读有关资料（课件出示）

1小时为什么是60分？1分钟为什么是60秒？这和60的因数个数有关。100比60大，但100因数的个数只有9个：1、2、4、5、10、20、25、50、100。再看看60的因数：1、2、3、4、5、6、10、12、15、20、30、60。一共有12个。用60做进率，给人们的运算带来很大方便。

师：相信了吧，其实张老师一开始也是特别不相信，咱们历法上面的1小时=60分，1分=60秒的进率竟然和100以内的数的因数有着这么大的关系，这本书详细记载着为什么一年有12个月，一天有24小时，同学们知道为什么用12、24作为进率，道理是一样的。

此片段中老师先引导学生猜一猜100以内的自然数中谁的因数最多。当最终的结果"60"出人意料地展现在学生面前时，教师再适时介绍《数字王国——世界共通的语言》一书中关于"时分秒进率为60"的原因的描述，并进一步拓展到24、12的来由。既激发学生的探究兴趣，引领学生感受数字在人类历史发展进程中的神奇作用，更激活学生的辩证思考，体会数的大小与因数多少之间的复杂关系，获得对于因数更为立体、更加深刻的理解。这样的环节设计以点带面，扩展了学生的思维，丰富了学生的知识，使学生由此及彼，不局限于一个知识点、一

节课。

　　特级教师闫学曾经说过："好课是一道芬芳、幽远的茶。"课堂学习资源的拓展为我们的数学课堂打开了通向大千世界的窗口，让学生在更广阔的数学天地中获取信息、整合信息、丰富知识、感悟思想、创新思维，提升学习品质。只要我们认真解读教材，客观分析学情，对课堂教学进行有效拓展，克服随意性、盲目性，提高针对性、有效性，凸显自主性、创新性，就一定能使我们的课堂"从至简处，开出繁华来！"，更好地实现知识与生活和儿童认知世界的交会，有效地促进学生的学习。

浅谈小学语文古诗教学

■ 杨 培

【摘 要】 小学是孩子性格形成的关键时期,在此阶段对小学生灌输我国的灿烂文化有利于其个人素质的提高。在小学语文的教材中有很多古诗,这些古诗虽然能够带给小学生精神的启迪,但是毕竟作者距今年代久远,当时的社会背景是小学生不容易理解的。所以在很多小学语文课堂进行古诗讲解的时候,教师都是利用死记硬背的方式让小学生学习,殊不知这种方式让小学生掌握的只是古诗的表面,并不能令他们深刻理解古诗的"意"。改变古诗的传统教学方式,是每个教育者当前面对的、亟待解决的问题。

【关键词】 古诗;教学;小学生

引言

在我国悠久灿烂的文化长河中,古诗如同一颗闪亮的新星一般散发着夺目的光芒。古诗是我国宝贵的文化遗产,其中蕴含着丰富感情的有"大漠孤烟直,长河落日圆"的边塞美景,有"人生自古谁无死,留取丹心照汗青"的豪言壮志,也有"采菊东篱下,悠然见南山"的优美意境。这些古诗中蕴含的感情和思想并不是能够利用背诵体会到的,那么在小学古诗的教学中,应该怎样让小学生进入古诗环境中,体会其蕴含的感情呢?在当前的小学古诗教学中,教师多采用死记硬背的方式令小学生掌握古诗知识,对于古诗中表达的思想情感,也是机械地要求学生背诵,小学生能够对古诗背诵得滚瓜烂熟,却对其中的意思模糊不清,笔者认为这种教学方式不可取。想要让学生掌握古诗,并不是让他们会背、会写,而是让他们"走进"古诗,体会其中意境,体会我国语言文化的博大精深。

一、当前小学古诗教学中存在的问题

总结当前小学古诗教学中存在的问题，笔者认为来自两个方面：分别是课堂气氛和教师的讲解方式。在小学古诗教学中，很多教师没有把小学生看作是学习的主体，按照其年龄特点以及学习程度进行教学，只是按照教材和事先准备的教案流程进行讲解，导致小学生对古诗的作者所处的时代背景、社会环境以及生活特点等不了解，由于古诗作者的生活习惯与环境与现代多有不同，古人的很多行为不是小学生能够理解的，所以他们对古诗中表达的感情难以理解和接受。这就要求教师针对古诗作者的生平、历史背景以及文学风格对小学生进行讲解，让他们在了解古诗背景的基础上感受诗人的情怀。笔者把当前小学古诗教学中教师方面存在的问题归纳为如下几个方面：

（一）课堂气氛沉闷

自古我国的教育观念就是教师在教学中处于中心的主导地位，而学生自然而然地成为接受教师知识的被动者，教师与学生之间呈现的是一种单一的接受与指导，监督与接受监督的关系。在这种传统观念的影响下，导致我国师生关系严重不平衡，不能充分激发学生的学习兴趣，整个课堂气氛低迷，学生迫于压力学习，效果也不会理想。在小学古诗的教学中，仍以传统的教学方式为主，主要是依靠教师进行面对面的教学。由于教师教学手段的单一，制约了教学质量的提高，形成了教学方式的死板化的局面。古诗教学是小学语文的基础，是非常重要的环节，尽管老师们认识到其重要性，但是在实际的教学实践中却不尽如人意。在小学古诗教学中，经常看到的一幕就是教师在上面讲，小学生在下面要么一脸茫然，要么昏昏欲睡。小学生正是活泼好动的时候，他们喜欢生动形象的事物，教师机械的讲解显然不能引起他们的兴趣，缺失兴趣的小学生对古诗没有学习的欲望，对其中不理解的地方也不敢询问。

（二）破坏了古诗的整体性

小学古诗教学中，教师往往是整体诵读，然后逐句讲解。其讲解的重点在于生字部分和重点词语，要求小学生掌握生字，能够背诵古诗，而且在检查学生的时候，也利用一问一答的形式，这些行为严重破坏了古诗的整体性。古诗表现的是整体的思想感情，断章取义不仅不利于学习，还会给人造成误导。如在学习唐代诗人杜甫的《春望》时，教师念完"国破山河在，城春草木深"以后，开始讲解这句话的意思。讲解完之后接着念下面的"感时花溅泪，恨别鸟惊心"，由于小学生的认知能力较差，教师如果单独讲解这一句，他们很难把前面内容联系到一起，老师讲解了这句诗的意思之后，问学生："为什么作者会那么难过？"小学生往往会回答不出来，教师因此而重复讲解，浪费时间和精力。

二、解决古诗教学问题的对策

（一）创新教学手段，活跃课堂气氛

古诗具有形象感、意蕴感和情趣性，这三种特点均是以形象感作为基础。所以在进行古诗教学的时候，教师应该重视对古诗这三种形象感的讲解，改变教学手段，活跃课堂气氛。

1. 挂图教学

这种方式具有直观性和形象性，教师利用挂图有利于学生更加清楚地了解古诗寓意，领悟其中蕴含的哲理。例如在讲解唐代诗人李白的《望庐山瀑布》时，可以利用挂图的方式让学生一目了然地看到什么是"飞流直下三千尺，疑似银河落九天"，这种图文结合的方式让学生能够更加深刻的体会到作者开阔的心胸。

2. 辅以肢体语言

在小学古诗教学中，生动的语言自然能够吸引人的目标，而丰富的肢体语言，也能够给小学生以鲜明的形象，活跃课堂气氛。例如教师在讲解唐代诗人韩愈的古诗《早春》中"草色遥看近却无"一句的时候，教师在娓娓道来的同时，做出低头仔细看的动作，让小学生感受在细微的雨丝中，隐隐约约看到淡淡的青草，让学生感受到初春的柔嫩同时富有生机的美好。小学生的形象记忆是主导，儿童时期注意力不集中，自控能力差，好动、爱玩，不能长时间专注某一事物，喜欢接触形象的有趣的东西，记忆力比较强，但易记也易忘，还处于一个懵懂认知的阶段。对于古诗的认知只能是通过最浅显的方法来学习，既能满足儿童初

步的求知欲，又能在充满欢乐的气氛中学习是最好的方式。所以，要有明确的目的和要求，教师要为解决困难创设情境，以促使小学生思维灵活、有创造性地发展，那么就应该采取相对有趣的方法进行教学。

3. 利用多媒体教学

与传统的教学模式相比，多媒体教学更加直观，这种教学手段具有很大的优势，能够对小学古诗教学的心理教育起到重要作用。例如在学习宋代诗人陆游的《示儿》中，"但悲不见九州同"一句是全诗的重点和难点。教师在为学生整体诵读之后，可以利用多媒体设备让小学生一边听录音一边看投影，让他们和诗人之间产生情感共鸣，深刻体会古诗中的"悲"。通过这种方式不仅让小学生的情感得到了升华，同时也陶冶了他们的情操，培养了他们的爱国思想。

（二）重视古诗中的情感

在小学教材中的每一首古诗都能带给人美好的体验，所以教师在讲解古诗的时候，需要重视其中的情感，利用这种情感的纽带缩短学生和诗人之间的距离，获得共鸣。例如在学习唐代诗人李白的《赠汪伦》时，教师可以在班级中寻找两位小学生作为李白和汪伦进行角色扮演，让他们之间的友谊与李白和汪伦之间的友情融为一体，在道别中让两个学生以及其他观众体会什么是"桃花潭水深千尺，不及汪伦送我情"，让小学生在古诗中体会什么是情、是什么样的情。小学古诗教学可以说是一种艺术，教师在进行古诗教学的时候不应该只要求小学生掌握生字和重点语句，而应该让小学生感受诗歌带来的美好和情感。令他们精神愉悦、思想升华。在古诗的字里行间都蕴含着深深的情感，老师要启发学生抓住这种情感，体会这种情感，从而领悟诗歌表达的真实意思。

结束语

我国的古诗繁花似锦、璀璨夺目，小学古诗教学方式的改革是促进素质教育、培养小学生热爱语言文化、热爱祖国的重要途径。笔者相信在国家的关注以及改革之下，我国的小学古诗教育必定能够迈上新的台阶，为国家和社会培养出一批批高素质人才。

参考文献

[1] 黄志红. 小学老师如何进行古诗教学［J］. 赤子（上中旬），2015（1）.

[2] 王琳. 运用现代教育技术进行古诗教学［J］. 中国校外教育，2015（32）.

[3] 江明. 论小学语文古诗教学的方法［J］. 新课程（小学），2015（11）.

[4] 刘辉. 关于小学语文古诗教学的探究［J］. 新课程（小学），2015（11）.

[5] 高凤霞. 小学古诗教学"解题"方法之我见［J］. 基础教育课程，2015（20）.

[6] 戴秀兰. 利用信息技术，促进古诗教学［J］. 中小学电教（下半月），2014（12）.

以生为本 搭建自我展示平台
——例谈如何有效开展小学英语课外活动

■ 杨 艳

【摘 要】 英语课外活动是学生英语学习的重要组成部分，能为学生的语言实践和自主学习提供更大的平台。课外活动要有助于激发和提升学生学习英语的兴趣、丰富语感、开阔视野、增长知识、发展智力和塑造性格。以生为本，根据学生的年龄特点和需求，有计划、有主题，创造性地开展各类课外活动。以德育教育为切入点组织英语课外活动，充分调动每个学生参与课外活动的积极性，充分发挥学生的自主性。

【关键词】 课外活动；自我展示；以生为本

引言

现代教育观点认为：谁获取知识谁就是课堂的主体。以学生的发展为本是新课标的核心理念。面向全体学生，关注每一位学生。因材施教，注重每一位学生的成长，发展每一位学生的个性。小学英语教学自然应将促进学生的发展作为出发点和归宿，它应该成为学生"自主、合作、探究"学习的主阵地，使每一位学生都能在英语学习中主动自觉，进入丰富多彩的英语天地，感受英语学习的魅力，享受英语的乐趣，体验学习英语的成功，发展自己的个性，完善独立的人格，提高英语素质和人文素养。

《英语课程标准》（2011年版）第四部分实施建议中的第七点是：英语课外活动是学生英语学习的重要组成部分，能为学生的语言实践和自主学习提供更大的平台。课外活动要有助于激发和提升学生学习英语的兴趣、丰富语感、开阔视野、增长知识、发展智力和塑造性格。同时，应注意英语课外活动的组织和管理。

一、以生为本，根据学生的年龄特点和需求，有计划、有主题，创造性地开展各类课外活动

第一，小学英语课外活动可根据中西方节假日、课堂教学的延伸内容、社会热点以及小学生的兴趣爱好，灵活地确定主题的内容。这样灵活、多样的活动形式，是传统的课堂教学无法完成的。在主题性英语课外活动中，要突出"主题性原则"，提前制订好活动计划。明确活动目的，确定活动时间和要求，活动安排要详尽，落实到具体的负责教师。尽可能使小学生在英语语言环境中自然而然、有意无意地习得英语。对于比较难于理解的词汇，教师应善于将语言表达和实物直观结合起来，通过表情、手势、肢体、实物、多媒体、网络等手段帮助学生达到理解的目的。

第二，小学低年级学生对教师有一种特殊的信任和依恋，把教师当作最可信赖的人，因此教师在学生生活中占有重要的地位。这个心理特征是小学生能自觉地、认真地接受教师教育、指导和要求的内在心理因素，小学英语教师应充分利用它来培养小学生对英语的兴趣和热爱。他们喜爱参与性强的活动，是以其对课外活动的直接兴趣为动力的，是为了兴趣和好玩而参加活动，并带有尝试性的特点。可根据其特点开展英文歌曲比赛（班级或个人）、英文故事比赛等。

小学高段学生大多数抽象逻辑思维有一定发展，他们能分析、综合、比较、抽象概括一些较复杂的内容，因而理解能力明显提高。能按照一定目的调控自己的认知活动，智慧品质的有意性已显示较清楚。他们喜爱表演，已有一定的策划和表演能力，可以组织学生编排课本剧。课本剧有利于调动学生学习英语的积极性。在英语的学习中，无论是单词还是句型的学习，都不会离开"具体语境"而独立存在。因此在英语教学中，"情景对话"是重头戏，几乎贯穿所有英语教学之中，而且由于其主题性特征明显，又贴近学生的生活和实际，极其适合交流、编排和表演。当这些情景对话被编成课本剧后，因其故事简单易懂，对话语言具有戏剧化的色彩，又融入了课本中所涉及的各类单词、句式，故其既有利于调动学生的积极性和主动性，又有利于学生有效地完成英语学习任务。当学生们融入课本剧后，就会想尽方法演活角色，表演的过

程也就是让学生从想说、要说到会说、乐说的过程。这个过程有利于学生形成英语知识体系，有利于学生快速有效地学习英语，有利于学生整体上把握英语。

如：英文课本剧《丑小鸭》《狐假虎威》《拔苗助长》《盲人摸象》等。

在英文课本剧的编排中，可以适当地拓展原有内容，赋予这些经典儿童故事和成语故事新的生命力。丑小鸭可以由一只变为两只，他们一个是自信的，一个是不自信的，闹出了许多笑话。当然，最后这两只丑小鸭也要明白许多道理。还可以想象一下"拔苗助长"之后的故事。"拔苗助长"的那个农夫的后人是如何处理"苗"与"长"的矛盾的。

第三，以学期或学年为单位，定期开展课外活动。可以定一个大主题，一个学年或一个学期，全校性或分年级或分学段完成。也可以定一个小主题，一到两个月，分年级或学段完成。

如：校园英语周。

通过举办校园英语周，以一系列丰富多彩的英语活动为载体，激发学生学习的兴趣，营造良好的英语学习氛围，丰富校园文化生活。为学生提供展示自我的舞台，让学生在英语实践中体会到学英语、用英语的快乐，在全校掀起学英语的热潮。充分挖掘每个学生的潜质，力争使每个孩子人人参与，人人快乐，人人有收获。让校园英语周成为每个孩子的节日；让每个孩子从轻松愉快的活动中感受英语、应用英语，体验学习英语的快乐；让每个孩子在活动中找到自信；让英语走近每个孩子，使他们想说、敢说、能说、乐说。

校园英语周可设计为"文化之旅""才艺秀场""体验之行"三个模块。通过欣赏经典英文影视剧感受纯正的英语和文化；学唱儿童英文歌曲开心又快乐；英语手抄报展评，英文贺卡展评，英文作文展评，提供展示自我的舞台和机会。英语周可为期一到两周，要求学生利用课余时间到任何任课教师处，通过英文歌曲、英文故事或英文对话的表演获得一个特制的贴片。校园英语周结束后，按获得的贴片个数评选出"英语之星"。

二、以生为本，以德育教育为切入点组织英语课外活动

如：英文爱心义卖。

通过英文义卖活动，树立关爱他人的意识，养成乐于助人、乐于奉献的良好品质。为学生提供近乎真实的英语语言环境，鼓励他们将课堂中所学的英文句型运用到生活中，提高他们的语言综合运用能力。丰富学生的校园文化生活，提高学生的组织能力，培养他们的团队合作精神。

如：保护环境的英文标识或英文手抄报的制作。

环境问题是当今世界各国面临的重大问题，保护环境、实现"可持续发展"成为当今世界的时代潮流。尽管国家提出了"创建节约型社会""保护环境，从我做起"等一系列口号，但我国目前国民的环境意识淡薄，尚未能对环境状况做出相应的警觉。环境保护，教育为本。环保教育要从娃娃抓起。因此，对小学生进行环境保护教育责无旁贷。

课外指导学生制作保护环境方面的"英文标识"或"英文手抄报"，是实践作业的有效尝试。在布置小学英语课外作业时，应注重培养学生自主学习和探究学习的能力，进一步深化教学改革。让我们动动手，画一画、涂一涂，用英文标识、英文手抄报将我们的小学英语课堂"画"得更精彩，彰显学生个性、活学活用课堂所学，让学生充分享受到学习创造的快乐。

三、以生为本，充分调动每个学生参与课外活动的积极性

第一，加强与学生的情感交流，尊重每个学生，积极鼓励他们在活动中的尝试，保护他们的自尊心和积极性。把教学与情感教育有机地结合起来，创设各种合作学习的活动，促使学生互相学习、互相帮助，体验集体荣誉感和成就感，发展合作精神。要特别关注性格内向或学习有困难的学生，尽可能地为他们创造实践的机会。建立融洽、民主的师生交流渠道，经常和学生一起反思活动过程和活动效果，互相鼓励和帮助，做到教学相长。

第二，良好的评价机制也能很好地调动学生的学习积极性。通过评价，使学生在课堂的学习过程中不断体验进步与成功，认识自我，建立自信，促使学生综合语言运用能力的全面发展。评价中体现学生在评价中的主体地位，注意评价方法的多样性和灵活性。

如：小学英语评价手册。

小学英语评价手册的主要目的是刺激学生的学习兴趣和积极性，帮

助学生形成继续学习的动力。在评价中，以形成性评价为主，以学生平时参与各种教学活动（包括课外活动）所表现出的兴趣、态度和合作能力为主要考核内容，注意评价学生在学习过程中使用所学语言进行活动的情况。

通过对学生英语综合素质（听力、口语、阅读、写作和活动）的评价，使学生在英语课程的学习过程中不断体验进步与成功，认识自我，建立自信，促进学生综合语言运用能力的全面发展。同时，使教师获取英语教学的反馈信息，对自己的教学行为进行反思和适当的调整，促进教师不断提高教育教学水平。

四、以生为本，充分发挥学生的自主性

如：英语"趣"配音。

语音模仿对语言学习有着巩固基础与运用提高的效果，正确的发音与自然的语调是理解别人语言与表达自己思想的关键，而趣味学习又是提高效果的主要因素。语言学家一致认为语音语调的模仿是学好地道语言的有效方法。影视配音兼趣味性、学术性于一体，能激发语言学习者的兴趣，促进学习效果的提高。

英语配音大赛是一次面向全体学生的配音盛事。大赛可分为海选赛与复赛两个阶段，以年级为单位参加比赛。可通过现场配音、评委老师当场点评的形式，为喜爱英语、喜爱配音的学生提供一个展示自我、挑战自我的平台，并使他们对自身的英语口语水平和配音艺术有一个全新的认识，从而促进校园的英语交流和外国影视、配音文化的传播。

英语配音大赛有助于丰富校园外语文化交流，提高学生运用英语沟通的能力，同时还能增进学生对外国影视乃至文化的理解，对于培养当代英语人才有着积极而深远的意义。

结束语

总之，英语课外活动的形式和内容是非常丰富的，是小学英语整体教学的重要组成部分。以生为本，开展英语课外活动对学生知识的学习、技能的训练、智力的开拓、能力的培养和学生的成才都有着重要的意义。同时也有待我们每一位英语教师的进一步探索和研究。

参考文献

[1] 张玉倩. 浅谈如何构建以生为本的小学英语课堂 [J]. 中小学教育，2013（7）.

[2] 吴文淦. 在英语课堂中以生为本 培养学生的创新精神 [EB/OL]. http：//www. xxjxsj. cn/article/48945_ 2. html 2011. 3.

[3] 黄金花. 浅析英语课外活动 [J]. 学英语（高中教师版），2012（10）.

[4] 宋媛君. 构建高中英语高效课堂——"以生为本"活动课引发的思考 [J]. 中学生英语，2011（1）.

[5] 英语课程标准 [M]. 北京：北京师范大学出版社，2011.

在赛教的磨砺中成长

■ 史晓锋

对于青年教师而言，不断追求进步应该是我们始终如一的坚持，如果说课堂是我们成长的摇篮，那么赛教就是我们成长的阶梯，经历一次赛教的磨砺就能让我们的教学领悟上一个新的台阶。

参加赛教，最大的收获是在过程，这其中有准备阶段的厚积薄发，有攻坚阶段的聚焦内化，有创新阶段的打磨优化，有临场表现的精益求精，更有反思阶段的改进提升。本文我结合自己参加第五届全国新世纪杯初中数学优质课现场说课的经历分享一点个人的感受和体会，给大家提供一些思考的素材。

一、在厚积薄发中抓住机会

谈起教学，让很多青年教师常常感怀的并不是工作的辛劳，而是那一天天从心头溜走的工作激情，这就是我们很多青年教师都无法回避的成长高原期。高原期是个人成长应该突破关键时期。如成功突破且顺利能走出迷茫，你就能脱颖而出，不断实现自我价值，工作的激情就会不断迸发，从而实现"凤凰涅槃"。俞敏洪说："每一条河流，都有自己不同的生命曲线，但是每条河流都有自己的梦想，那就是奔向大海。我们的生命，有的时候会是泥沙，你可能会像泥沙一样慢慢地沉淀下去了，一旦你沉淀下去了，也许你不用再为前进而努力了，但是你却永远见不得阳光了。"所以，我们目前的生命是怎么样的，一定要有水的精神，像水一样不断地积蓄自己的力量，不断地冲破障碍，当你发现时机不到的时候，把自己的厚度积累起来，当有一天时机来临的时候，你就能够奔腾入海，成就自己的生命。

顾志跃老师在《从动机到能力——教师专业成长的理论与实践》的报告中也忠告青年教师，始终站在学科高地或者向学科高地不断冲击是帮助我们突破个人成长高原期最好的良药。任勇老师也在其《你能成为最好的数学老师》的著作中激励追求进步的青年教师要把自己置于不断进取、永不满足的奋斗之中。

对于从事一线教学的青年教师来说，常讲常新的课堂既是学生学习的乐园，更是教师点滴积累的成长沃土。我们能在课堂上倾注多少心血，便会从中获得多少收获，这扎扎实实的"厚积"必将为日后的"薄发"打下基础。

在成长的众多机遇中，参加赛教无疑是青年教师突破自己、跨越提升最好的机遇，当机遇来临的时候我们既要凭借积累有实力去抓，还要依靠信念有勇气去抓。在机遇面前，有的人因为缺乏平时的积累遗憾地错过了，还有的人因为惧怕竞争和压力自愿放弃了。赛教对于青年教师就如同一块磨刀石，它会让你在经受煎熬的磨砺中变得锋利。如果你有追求上进的志向，当机会来临就一定不要错过，要相信自己，并勇敢地去接受挑战。

回想起我拿到赛课选题单的时候，遇到的第一个问题就是如何选题，是选择我熟悉的课型精心打磨锦上添花，还是挑战一下我不太熟悉的综合与实践课型，一番纠结之后，我毅然选择了后者，因为我想清楚了，我需要的不是一个证书的荣誉，我需要的是这个可以督促我深入研究一下综合与实践课型教学的机会，事实也证明，我的选择是正确的，随着比赛的落幕，我收获的不仅仅是对综合与实践课教学更深刻的认知，还有越发深入的研究兴趣。

二、在聚焦内化中夯实根基

我们平常的上课就像是田野里的大水漫灌，看似覆盖了教学的每个角落，但都不深入，相比之下，赛课就像是滴灌，聚焦在一个点上，专注地浇灌，就一定能把这个局部浇得透彻。

如套路化重复的日常教学让我们很多青年教师不仅缺失了广博的阅读，更缺少了精深的研究，对很多教学问题我们看得见现象却抓不住本质，提得出见解但讲不透原理，而这些平常缺失的理论阅读刚好可以借着赛课的机会有一个集中的弥补。

对于教学理论的研习，我的体会是要先从具体的教学内容入手，从低到高层层展开，这样更有利于我们的理解和把握，如果一开始就抱着课标理论开始啃，由于缺乏实践的体验，不仅很难找到阅读的共鸣，而且枯燥、晦涩的文献资料还会让我们对理论学习敬而远之。

本次赛课中，我选定的综合与实践课题《探寻神奇的幻方》基本没有前期的积淀，那我就要从头开始认真研读，我先研究教材，从本节课的问题背景开始，查阅、收集、整理和幻方有关的背景资料，全面研究清楚幻方的相关知识。其二，研究学生，我找来学校里对幻方知识尚未涉猎的老师和同学，一个个单独观察他们填写三阶幻方的具体过程，交流填写中的内心想法，记录他们遇到的障碍和问题，这些珍贵的一手资料后来为我完善教学设计、预设教学问题、制定应对措施提供了非常重要的依据。再次，阅读教师用书，了解教材编写的意图及教学定位，初步理清楚本节课要做什么。再其次，阅读教材组编写的教材培训解读材料，了解综合实践课的定位和意图，以及各年级综合实践课设置的差异性，了解了综合实践课要做什么。最后，阅读2011版《义务教育数学课标解读》了解综合实践课设置的目的和意义。这个过程就像是登山，最终在层层阅读思考的过程中实现了一览众山小的目的。当我们真正抓住了教材编写的核心意图夯实了备课的根基，便以此为转折点开始我们教学落实的研究。

三、在打磨优化中完善创新

我们平常的课堂教学就像可口舒心的家常菜，虽有基本功的点滴积淀，却不太注重细节的雕琢，相比之下赛课就要精致得多，如同精美的烹饪，既要能兼顾色香味，还要能讲出各种搭配的营养价值和制作的道理。通常只有在经历过细节的推敲和打磨方才能体会教学艺术的深邃和精妙。虽然细细雕琢的只是一节课，但打磨的经历却会让我们的教学理念得到显著的提升。

受到于漪老师的"一课三备"的启发，我们打磨一节课，也需要经历独立备课、借鉴完善、优化创新这三个阶段。独立备课阶段，要先针对性地阅读与课题相关的理论书籍，从中深刻全面地领会综合与实践课的教学理念以及实施意见，结合我自己对教师用书的理解，再次揣摩教材对本节课的目标定位，形成第一稿教学设计，这一稿往往是存在很多疏漏和问题的，但独立备课的价值在于让我对这一节课有了自主的思考和认识，这也为后续的借鉴打磨奠定了基石。

在借鉴完善阶段，要设身处地地站在学生的角度对设计初稿一遍遍进行审视和打磨，依靠之前收集的案例资料来揣摩学生的思考和困惑，不断地追问自己，遇到这个问题学生会怎么想？会遇到哪些障碍？这个设计好在哪里？还存在什么不足？

当我们的思考限于困顿的时候，就要打开自己的视野广泛学习和求教，可以向收集的案例学习，从中获取实证借鉴；向同事学习，听取别人的观点看法；向专家求教，及时得到引领、点拨；向学生学习，及时修正自己的教学预设。这一阶段无疑是我们整个备课过程中最纠结也最惊喜的阶段。惊喜在于每一次思维的碰撞，都能让我的教学设计得到一次优化和改进，那份因为思维碰撞而收获的喜悦，真的是溢于言表；纠结在于常有相互冲突的修改意见一起汇聚到我的面前，让我在取舍上反复纠结。其实用好两把尺子就可以轻松做出选择，一把是教学目标，一把是学情实际。要眼里有目标，心里有学生，当我们的教学真正能站在学生的角度为学生的学习发展而想的时候，我们的教学设计便不再纠结。

在优化创新阶段，我最主要的关注点就是学生，着重于思考怎样的教学设计才更能符合学生的认知习惯？怎样设计才能更好地帮助学生落实本节课的编写意图？要一切为着有利于学生的发展不断创新和尝试。在本阶段还存在一个误区，很多教师认为一定要改编教材那才是有创新，殊不知教材为我们提供的案例范本也是教材主编经过反复斟酌打磨出来的，在你准备改编教材之前先好好反思一下，自己是不是已经完全理解了教材的编写意图，领悟了教材设计的可取之处，如果你还没有足够的理由说明自己的方案有胜于教材，请不要轻易否定教材。

具体在本节课的设计中，如何控制活动设计的开放度是一个很难把握的问题，开放度小了，综合与实践就变成事实上的规律验证，令学习失去了探索发现的趣味和价值，更谈不上经验的积累，而开放性大了，学生参与课堂教学就容易失去方向，过于发散的思维不容易聚焦，课堂研讨的深度浅、效率低，教学组织和实施的难度大。要想在综合与实践的课堂上为学生创设好这个体验发现、研究和探索的机会，就要在数学活动的设计上花心思、下功夫，既要给予学生最大化的探究空间，还要能让学生的探究活动适度可控。尽量把活动设计的人为性隐藏起来，充分让学生体会和感悟自己发现结论的研究乐趣。就备课而言，应该说，课前预设得越充分，上课才可以越从容，只有经历显性预设方案的反复打磨，教学才能进入隐性的引导操控的最佳状态。

四、在反思总结中改进提升

教学是一门遗憾的艺术，一节课不管有多么地成功，也难免有疏漏之处，而科学、有效的反思可以帮助我们减少遗憾，即所谓：思之则活，思活则深，思深则透，思透则新，思新则进。通过反思让自己变得明明白白，通过反思让自己变得实实在在，通过反思让自己充满智慧，通过反思让自己成就未来。

对于教学中发现的问题，我们要及时记录并进行反思，譬如学生在接受新知识时出现了哪些情况？出现这些情况后如何处理？为什么会出现这样的问题？如何调整教学计划，采取怎样有效的策略与措施？有没有比此更有效的教学等等？

在《探寻神奇的幻方》一节的教学中，我发现如果按照课本思路仅以洛书作为研究素材要求学生探寻三阶幻方中的规律，面对唯一的研究案例学生的发现要么局限于浅的层次，要么得到的猜想仅仅是偶然的巧合，既不利于深入，也不利于说理。如果我们课前安排了自主尝试用数字1~9完成一个九宫格的填写，使得横、竖、对角线上的三个数字之和都相等，课前的尝试体验除了激发兴趣外，还会给这节课带来丰富的案例资源，即便是依靠学生的偶然性尝试，我们也能获得多种正确的填写案例，尽管学生此时尚不能提炼出方法和规律，但多种正确案例的集中展示，无疑给学生提供了发现规律的有利资源，无形中让学生体会到积累更多成功的案例更能有效帮助我们发现其中隐含的规律，这个数学活动经验的深刻感悟，其价值也是不言而喻的。对教师而言，这也算是一个深刻体会教学为学生成长服务的典型案例。

五、在临场表现中精益求精

本次比赛我参加的是说课，比赛现场的临场表现无疑也是很重要的，除了大方得体的着装、流畅自然的表达，最为关键的就是说课内容选择和呈现了，要在有限的时间内全面完整地呈现自己的教学理解和教学实践，就要不断地精益求精，说课的内容要反复琢磨，追求凝练，PPT的制作要简约直观，能有效呈现，PPT的播放要和语言表达互为补充，相得益彰，教学视频剪辑更要精心遴选编排，要能用最简要的视频片段展示出教学中的亮点设计和实际效果。优化说课稿和PPT的过程为我积淀下了丰厚的磨砺体验，这些积淀会帮我将以后的路走得更远。

六、在追求卓越中实现价值

赛教的过程纵然精彩而短暂，赛教的经历纵然辛苦而充实，这份经历为我的教学注入了鲜活的动力，也让我又一次体会到研究的乐趣。回顾参赛的全程，整体的感觉就像是为一场大规模的战役做了准备，而以一次小规模的行动利落地结束了战斗，就好比是，用五年时间磨砺出了用五分钟画一匹马，我想这恐怕才是真正画技的提升。

作为青年教师一定要把追求卓越作为永不放弃的目标，有目标在，教学就有了源源不断的动力。有目标在，我们就一定能在一路追求的路上实现自己的价值。

路虽远，行则将至；事虽难，做则必成。相信在名师的成长道路上，只要做出行动，付出努力，"将至"与"必成"都将成为现实。

初中数学学科拓展课初探

■ 张小花

【摘　要】 在推行新课标的今天，初中数学拓展课教学是当今课改的一大亮点。《数学课程标准》指出人人都能获得良好的数学教育，不同的人在数学上得到不同的发展。拓展型数学教学可以为优秀学生提供学习更多更深奥知识的机会；领悟数学思维的奥妙，同样可以利用简单有趣味的数学游戏来提高数学成绩偏差类学生的学习兴趣和自信心。

【关键词】 学科拓展课；知行科课程；拓展内容；拓展点

《数学课程标准》指出：数学教育要面向全体学生，实现人人学有价值的数学，人人都能获得必需的数学，不同的人在数学上得到不同的发展。数学教育要促进每一个学生的发展，既要为所有学生打好坚实基础，也要注意发展学生的个性和特长。著名教育家陶行知的教育理论的核心是"生活即教育，社会即学校"。因此，我校在七、八年级开设了拓展数学课程，以促进学生个性发展、激发学生兴趣、培养学生探究思维为主线，初步形成了一套校本课程"初中数学拓展课"。

一、数学学科拓展课的特点

数学学科拓展课不是以数学学科只适合技能的掌握为主，而是从多方面、多角度地评价学生，能够帮助学生认识自我、建立自信，能通过评价激励学生。数学拓展课的目的是加强对教学内容的深入理解，在深度和广度上培养学生的探究意识和兴趣；在认识问题和解决问题的能力上得到提高，促进学生均衡而有个性地发展。随着《数学课程标准》的贯彻执行，数学课堂教学已成为课堂教学的重要组成部分，它不同于传统教学只注重知识的传授，而是从更高的层次对教师和学生提出了要求[1]。

二、数学学科拓展课的选题及呈现方式

(一) 拓展课的选题

托尔斯泰说过：成功的教学不是强制，而是激发学生的兴趣。拓展课解决的是学生感兴趣的问题，而不是我们强制要求学生去解决的问题，所以拓展课首先要激发学生的兴趣，让他们感受到数学来源于生活，又应用于生活和服务于生活。那么，我们就要在选择拓展课的内容上下功夫，不拘泥于教材上的内容，它可以是教材中的一些趣味题、探究题、生活中的趣题，只要能激发学生兴趣的，都要认真去思考，仔细操作，只有这样学生才能真正融入课堂。

我们选择数学课拓展的内容极其丰富，目前根据来源主要有以下几个方面：

1. 拓展课的内容可以是中学数学教材上的综合与实践。如生活中的数学——平面图形的镶嵌，让学生经历探索多边形镶嵌条件的过程，进一步发展学生的合理推理能力。在探索活动中，培养学生的合作交流意识和审美观，使学生进一步体会平面图形在现实生活中的广泛应用；在探索过程中，培养学生的合作交流意识和一定的审美情感。

2. 拓展课的内容可以是练习中的找规律。如线段、射线与直线，掌握线段上点数与线段条数之间的关系。理解线线相交的各种情况。能根据点的个数判断线段条数。培养和发展学生的想象能力、运用图形语言进行交流的能力、几何直观能力，通过自主探索活动，理解数学概念和结论，体会蕴含在其中的数学思想方法及运用数学知识解决生活实际。

3. 拓展课的内容可以是教材中的读一读。如杨辉三角及其简单应用，让学生了解杨辉三角的简单历史，理解杨辉三角的数字规律，培养学生从特殊到一般的数学归纳、猜想能力。

4. 拓展课的内容可以是激发学生学习兴趣的生活趣题。如好玩的数学——猜姓游戏背后的秘密，让学生在玩的过程中发现它的原理。因此，带动学生再创造、再思考的内容都值得拓展。

拓展课内容的选择不仅要重视学生个体的经历和经验，把握好学生个性潜能发展的生长点，更要立足于教师的个性，让教师真正成为拓展

课程开发的直接参与者，成为研究的主体。通过数学活动课程的开发，发掘学生和教师的个性潜能，促进学生的个性全面和谐地发展。

（二）拓展课的素材收集及教学设计

1. 初中学生的学习素材的选取，应该是让他们感觉到数学就在自己的身边，而且学数学是有用的、必要的，从而愿意并且想学数学。素材收集不仅包括教科书这一课程资源，还包括可以利用的各种数学资料、工具和场所，如，实践活动材料、录制微视频、计算机软件和网络以及报纸杂志、电视广播等，在教学时，教师应合理地运用这些资源，充分调动学生的手、脑、嘴、眼、耳等，调动学生的积极性，促进学生的个性发展。

2. 学生的学习基础、学习兴趣及学习能力，是教师教学设计的出发点。教师要立足于一个比较实事求是的基础，关注过程和方法，关注活动的设计，组织学生学习，使学习的任务能适应学生。苏霍姆林斯基指出：教师在教学中如果不想方设法使学生产生情绪高昂和智力振奋的内心状态，而只是不动情感的脑力劳动，就会带来疲倦。

3. 教学设计中的问题应该具有较强的探索性。问题应具有现实意义或与学生的实际生活有着直接的联系，有趣味和魅力。问题只有与学生的实际密切相关时学生才能显现出强烈的探究欲望，探究的问题要尽量达到学生的"最近发展区"。问题应具有多种不同的解法或有多种的解法即开放性，问题能推广或扩充到各种情况即一般性。

4. 课堂中的活动设计应是让学生主动参与、乐于探究。有效的活动形式，能最大限度地激发学生兴趣，调动他们的参与热情，强化活动体验，培养其探究精神。教学中设计有效的数学探究活动，使学生经历数学的发生发展过程，是学生积累活动经验的重要途径。积累数学活动经验、培养学生应用意识和创新意识是数学课程的重要目标，应贯穿于整个数学课程之中，数学拓展课是实现这些目标的重要和有效的载体。

（三）拓展课的课堂实施

1. 每一节拓展课在实施之前，拓展课教学设计中的问题设计、活动设计、本节课知识的拓展点、教学方案中的预设等首先在数学组内进行研讨。组内其他成员会结合本节课的设计给出他们的看法和建议，参考大家的建议，对教学设计再次进行修正后，才实施上课。课堂上会邀请数学专家、校领导、本校部分教师及大学区成员学校同学科教师来听课、评课及指导。

2. 课堂上，教师既要注重培养学生动脑、动手、自主探究与合作的习惯，还要留一定的时间和空间给学生思考、合作交流，让学生有表现自己的机会。学生心理学研究证明人的智力结构是多元的，有的人擅长逻辑推理，有的人善于形象思维，有的人长于计算，多种形式的认知方式可以为学生形成良好的数学认知结构提供保证。因此，让学生在学习过程中尽可能多地经历数学交流活动，在活动中感受他人的思维过程和思维方法，从而改变自己在认知方式上的单一性。通过这样的教学活动，学生会逐步积累运用数学解决问题的经验。

三、数学学科拓展课的评价及反思

学生在数学学习过程中，知识与技能、过程与方法和情感态度等方面的表现不是孤立的，这些方面的发展综合体现在数学学习过程中。因此，初中数学拓展课程的评价应重视过程评价，采用多元化的评价方式。我校对初中数学拓展课的教学设计已经进行了两年的实践研究，针对七、八年级学生的基础、经历及经验采用了多样化的教学方式，所以针对不同的教学形式，我们也采用了不同的评价方式。例如小组成果展示，学生评、网上交流的方式进行评价、活动报告、讲数学故事，听着评、创作数学作品，大家评、课后访谈等。

现在学生学习数学已不只是学习数学知识和技能，而是将数学作为解决问题的工具，作为人们交往的工具。反观传统的课堂教学，那种过于强调思维训练、注重数量关系分析、解答方向明确、答案唯一、现实背景高度简化的教学内容，已经越来越不能适应新课标的要求[2]。因此，以问题为载体，以学生自主参与为主的学习活动，提供给学生充分发展的学习空间的一种新型课程拓展课程应运而生了。目前，绝大多数数学教师在课堂中都进行教学内容的拓展延伸。一方面，培养学生的创造思维和创新能力，促进学生的智力、技能和技术的全面发展，提高课堂教学质量，令人欣喜；另一方面，有些教师盲目跟风，误入歧途，为拓展而拓展、为延伸而延伸的，也不在少数，值得忧虑。把握数学课堂拓展内容的"适度"，显得尤为重要。

总之,通过"初中数学拓展型教学的实践与思考"不断地深入,广大教师提高了自身建设教材、驾驭课堂的能力,从而进一步提高教育教学水平,真正一切为孩子的可持续发展服务。真正把这项工作做好做踏实,并达到一定效果,这对我们数学教师来说,还是任重而道远的!

参考文献

[1] 刘国超,王兴福. 对初中数学综合与实践的教学思考 [J]. 中国数学教育,2015(03):20-23.

[2] 张奠宙. 关于数学的学术形态和教育形态 [J]. 数学教育学报,2002(05):1.

知行课程在小学科学课中的实践研究

■ 王 玲

【摘　要】 小学科学课程是一门以激发学生学习兴趣、保护学生对周围世界的好奇心、发展学生的探究能力、培养学生的科学素养的一门学科。而传统的科学课堂教学以教师为中心，教学过程中以"教"为主，使小学科学课堂变成老师费力讲课、学生吃力听课，老师演示、学生观看的课堂，使教和学的过程没有完全融合在一起。创造源于生活，科学又何尝不是从生活中诞生的呢。如果我们在课堂教学中能做到知行合一，那么不仅课堂会变得妙趣横生，而且也培养了学生解决实际问题的能力，这正是当下国家教育革新所需要的。

【关键词】 科学素养；小学科学；知行合一

"一所学校的核心是课程，而好的课程永远处在进化和迭代中。"[1]在新课程改革进行得如火如荼的大背景下，我校经过充分调研与论证，在已有知行学堂的基础上，开发了自己的校本课程——知行课程。知行课程由知行德育课程、知行学科拓展课程、知行艺体课程三部分构成。其中，以知行学科拓展课程作为提升学生综合素质改革的重点。知行学科拓展课程，更加注重引导学生在相应的层次上开展综合性、探究性的学习活动。它具有实践性、开放性、生动性和自主性的特点，能够让学生体验探究的过程和方法，感受探究的艰辛和乐趣。让老师在研究状态下体验到工作的职业幸福感。

一、在小学科学课堂开展知行课程的意义

我校开展的知行科学拓展课，主要从学生兴趣、生活实际应用和能

力提升三个方面出发：教授的知识内容来自教材，但会进行不同程度的延展和加深。举例来说，学生在学习小学科学四年级苏教版教材下册第二章"昆虫"时，对昆虫的分类产生了兴趣，科学教师针对昆虫分类设计了拓展课"趣味昆虫"来引导学生探究昆虫的分类、昆虫的特性，解决了同学们的问题，还带领学生制作昆虫标本，进行班级昆虫标本制作展示大赛。例如三年级苏教版上册科学第四章"地球上的水资源"为了让学生更好地体验科学知识在生活中的重要应用，在完成本章的教学任务后，科学教师结合第三章第二节"认识液体"以及第四章第二节"地下水"的相关内容，引领学生利用身边的常见材料自制水滴模型、自制简易净水器、自制船舶模型，将所学知识化为实践探究，做到知行合一，全面发展。

现代课堂教学的一个重要特点，就是课堂既是封闭的，又是开放的，既是有限的，又是无限的。在课堂教学的实施过程中，必须在适当的节点和适当的内容上，适当地拓展教学内容，突破教室及教材的限制，实现课堂与社会、生活、自然的有效沟通，给学生开辟更大的思维空间和活动天地，让学生能够在实践活动中运用其从书本中学到的知识，在历练中让其变成自己的"真知"，这对培养学生的社会责任感、生存能力、团队精神、创造性思维具有重要意义。

二、科学课中开展"知行科学拓展课程"的实施策略

作为一门基础性学科，小学科学无论是对学生能力的培养还是对学生理性思维的构建，都至关重要。因此"知行科学拓展课程"在小学科学课中的深度融合渗透，将自然学科知识与历史文化、自然风光、生活知识、建筑特色等有机结合起来，更加丰富课堂内外活动的形式，拓展了学生的课堂内外知识获取的渠道，激发学生学习热情和综合实践能力。目前，小学科学组已经有多位教师进行过"知行科学拓展课"的展示课教授，在不断的实践和探索之中，产生良好积极的作用。

第一，多学科融合，充分结合了学生的前认知。知行科学拓展课程的题材选择非常广泛，授课方式非常灵活。例如，在四年级的一节知行科学拓展课"丝绸之路"一课，是在学生了解了蚕宝宝的一生之后，进行的学科拓展。从一颗蚕茧，引发对黄帝之妻嫘祖养蚕的了解—张骞丝绸之路的开启—长安作为古丝绸之路起点的重大历史意义—新时代丝绸之路中西安的重大作用——驼铃传奇歌舞剧宣扬的丝路文化精神,之后,学生学习简单的抽丝剥茧技能。整节课,从科学知识—历史知识—地理知识—数学知识—语文知识—思政精神,是具有很高融合度的。对学生的能力要求,既有感官观察,又有阅读理解,既有图形数据分析,又有文字解释和自编剧的表演、技能的培训。各个学科的穿插和融合,极大地激发了学生的学习兴趣,点燃学习热情。

第二,从量变到质变,有利于学生发散思维的培养。知行科学拓展课程的实施和开展是一个循序渐进的过程。对于低段一、二年级的学生来说,知行科学拓展课程主要是基于学生的认知水平,以感官感知世界和习惯养成教育为主;对于中段三、四年级的学生来说,知行科学拓展课程则融合感官了解、信息获得、基本操作技能培养等为主;对于高段五、六年级的学生来说,知行科学拓展课程是以引导学生主动探究、积极解决问题、对所学知识进行归纳总结反思为主。突出学生的主体地位,并广泛联系学生已有知识经验,充分利用学校、家庭、社区等各种资源来逐步使学生学会调节自身的学习,能够独立合作学习,开阔思维视野,成为具有科学素养的学习者[2]。

第三,生活即教育,活学活用,增强实践性。知行科学拓展课程的理念是"知行合一,全面发展",即使学生可能、可为、可发展,我们所有人在课程实践中积极践行这个理念。例如,在六年级的一节知行科学拓展课"红花绿叶的秘密"就是用生活中最熟悉的一种蔬菜——紫甘蓝为研究对象,选取的研究对象生活化;从生物角度研究紫甘蓝的类属、生长条件、营养价值。再以科学家波义耳的变色实验引发学生对紫甘蓝汁液的探究兴趣,自行设计实验方案、进行材料选取、开展实验、进行测试,得出实验结论。最后,用紫色喇叭花进行实验,以此推彼,活学活用。既了解了原理,又掌握了方法,还能用于生活实际中去。培养了好奇心,积累了生活经验,增强了课程的意义性和趣味性。

三、在科学课堂中有效开展"知行科学拓展课"的方法

好的课程,是需要不断实践,不断总结,不断提升凝练的。"知行课程"更是如此。经过诸多次的学习研讨和反复实践,我们总结了以下几个方法:

第一,构建体系化的课程主题。我们要充分挖掘,将广博的科学课

程资源丰富化并成体系，将每一个年级的科学课中涉及的特色文化、特色景点、特色动植物、特色饮食建筑等经过反复思考、不断研讨，总结为：自然风景拓展课（山川、河流）、有机生命拓展课（动物篇、植物篇）、古迹建筑拓展课、工业拓展课、美食拓展课等。在上课之前，备课之初，从众多题材中选择其中一个点，并将其归纳到体系之中，以点及面，由表及里，以小见大。

第二，多元化的课程参与主体。一节好的课堂需要精心的准备，更需要全方位的思考和多重资源的整合。我们保留传统课程教学中教师主导、学生主体地位的教学方式，除此以外，可以发挥家长（各个职业领域的优秀工作者）、场馆单位专业人员（自然博物馆解说员等）进行课程资料的调研和课程开发的资源整合。

第三，多元的教学活动方式。"知行课程"更加丰富了课堂教学的实验教学，除了小组合作探究的方式之外，可以实践调查、参观场馆、访谈专家、小研究报告等。让学生在研学旅行或者参观走访过程中有效进行课外实践，极大地开阔学生的视野，培养全能人才。

总之，只有在教学实践中，才能探索出更多更好的课程内容。只有在不断思考摸索中，才能发现问题、解决问题。知行课程的建设是在不断地探索和实践中进行的。作为教育者，要不断地积累和锻造好的课程。

参考文献

[1] 徐继存. 课程与教学论 [M]. 北京：高等教育出版社，2009：5-10.

[2] 中华人民共和国教育部. 小学科学课程标准（2017年版）[S]. 北京：北京师范大学出版社，2017：4.

说　　课

荷风莲韵
——《莲文化的魅力》说课稿

■ 张 瑾

一、设计理念

"出淤泥而不染,濯清涟而不妖"是对莲美好品质的绝妙写照,古往今来,流传下来无数的描绘、歌颂莲的佳作。莲之所以为众多文人钟爱,是因为我们赋予莲以人文内涵和人格魅力。莲,是中国传统审美架构中光彩夺目的碧玉,也是中国文人不甘流于世俗、执着追求高洁品质的真实写照。对当代青少年的成长有着十分积极的、现实的指导意义。

安排这样一次综合实践拓展课,是体现新课改教学理念的大胆尝试。根据新课程标准的要求:"语文课应该加强与生活的联系,让学生通过一些喜闻乐见的形式,在活动中学语文、用语文,培养学生的语文素养——听、说、读、写的能力。"为此,我安排了此次语文综合实践课。

二、学情分析

本班学生思维比较活跃,他们渴望表达自己的思想和观点,因此,拓展课程的开展更加能够切合他们的要求,从听、说、读、写等方面给他们锻炼自己的机会,提高他们的语文素养。我班学生经过七年级一年的学习,已初步形成了一定的学习方法,在学习任意一篇课文时都能主动加入背诵、解说、创作等学习活动中来。前面的《爱莲说》已经给学生形成了一个初步的莲印象,因此,再加上学生自己找资料去不断充实莲的形象,更能够激起他们的学习兴趣,加深对知识的理解。根据本班学生的情况,我对本课做了以下的教学设计:

1. 通过对莲的各种知识的搜集、整理、探究，培养学生处理各类信息的能力。

2. 通过学生各种形式的探究性活动，揭开莲文化的神秘面纱，了解莲与生活、文学艺术的密切关系，激发学生探究事物的兴趣。

3. 积累有关莲的诗文名句，培养对莲相关诗歌的初步理解及欣赏能力。

4. 培养学生口语交际能力和书面表达能力。

三、教法与学法

我事先布置学生查阅有关莲的科普知识、历史传说、莲诗诵读、文化象征等资料，并让学生每人准备一到两首关于莲的诗歌，要求要能充分理解诗意，能给同学讲解，便于彼此交流。鼓励学生开口说话，表达自己对知识的理解；鼓励课堂中的彼此交流。

本次活动是按照"赏莲—识莲—咏莲—议莲—写莲"的线索而设计，先由"赏莲"从面上铺开对莲的了解；其次"识莲"部分从点上获取对莲的认识；再由"咏莲"提升到对中国莲文化的分析讨论，延伸《爱莲说》的内容，突出语文学科的特点；再由"议莲"深入人生价值观的探索切磋；最后由"写莲"强化本活动所学的知识和形成的认识，同时也实现了对学生写作能力的训练。

教学方法本课主要采用讨论法、提问法、练习法等教学方法，此外还利用多媒体展示辅助教学，充分调动学生的学习积极性，发挥学生的主体地位。

四、教学过程

（一）赏莲：画中荷韵

不经意间，夏已经飘然远去。在这霜寒露冷的季节，我们更怀念清塘里亭亭玉立的荷花、飘飘荡荡的荷叶，丝丝缕缕的清香。请大家跟我一起借助大屏幕重回夏日，欣赏无边无际的清塘荷韵吧。(展示大家搜集整理的图片)

【设计意图】设置这个环节，是为了培养学生对莲的初步感知能力和对美的鉴赏能力，能够把看到的东西用文字描绘出来。

（二）识莲：科学识莲

莲花妩媚多姿、千姿百态，而有关它的知识更是丰富多彩，下面就来看看我们都知道有关莲花的哪些知识？

1. 莲是一种古老的植物。它的原产地在哪里？有多少年的历史？

莲原产自中国，莲属植物距今已有一亿三千五百万年，我国文献中对莲史及其功用的记载已有三千多年了。

2. 出于对莲的喜爱，人们给莲花起了许多富有诗意的名字，你知道的有哪些？（至少说出三个）

（莲花，别名荷花、芙蕖、水芝、水芙蓉、芙蓉、莲、藕英、君子花、碧波仙子、风露佳人……）

3. 我国著名的赏荷胜地有哪些地方？请列出三处来。

杭州西湖、济南大明湖、湖南洞庭湖、河北白洋淀、山东微山湖、湖北洪湖、扬州瘦西湖、承德避暑山庄、广东肇庆七星岩、台湾台南白河镇等。

4. 成语"藕断丝连"大家并不陌生，但你能从科学的角度来解释这一现象吗？

这是由于藕中的带状螺旋式导管及管胞的次生壁抽长而形成的。

5. 你能用简要的语言介绍一个莲的故事或传说吗？

【设计意图】 本环节用抢答的方式完成，是为了激发学生兴趣，培养学生的知识探究能力和综合概括能力。

（三）咏莲：诗中荷香

翻开中国的文化史，扑面而来的是莲淡淡的清香，让人默默地感动。《诗经·郑风》有"山有扶苏，隰有荷华"之句；屈原《离骚》则有"制芰荷以为衣兮，集芙蓉以为裳"的咏唱；周敦颐的《爱莲说》"出淤泥而不染，濯清涟而不妖"，更是言尽了莲的高雅圣洁。关于莲的文章，你能诵读多少呢？

1. 欣赏朱自清的《荷塘月色》。
2. 欣赏席慕蓉的《莲的心事》。
3. 看图配诗。

附写莲的名句：

涉江弄秋水，爱此荷花鲜。　　　　　　　〔唐〕李白
清水出芙蓉，天然去雕饰。　　　　　　　〔唐〕李白
接天莲叶无穷碧，映日荷花别样红。　　　〔宋〕杨万里
小荷才露尖尖角，早有蜻蜓立上头。　　　〔宋〕杨万里
荷叶罗裙一色裁，芙蓉向脸两边开。　　　〔唐〕王昌龄

【设计意图】 这一环节的设置，是为了让学生们更主动地学习，通过对莲诗文的诵读和讲解，加深对莲形象的感悟和理解。

（四）议莲

莲在中国传统文化中的象征意义。

第一，莲在中国文化中象征着高洁、洁净、圣洁。如周敦颐的"出淤泥而不染，濯清涟而不妖"，李白的"清水出芙蓉，天然去雕饰"，从莲与佛教的关系也可以得知。

第二，莲在中国文化中象征着坚贞、坚韧。如屈原的"制芰荷以为衣兮，集芙蓉以为裳"，王勃的"牵花怜共蒂，折藕爱莲丝"。

第三，莲在中国文化中象征着美好和美好的生活。如："采莲南塘秋，莲花过人头。低头弄莲子，莲子清如水"、杨万里的"接天莲叶无穷碧，映日荷花别样红"等诗中莲都是美好的象征。

第四，莲在中国文化中象征着吉祥、祥瑞。如人们把澳门称作的"莲花宝地""莲花福地"，就是取其吉祥、祥瑞之意。

第五，莲花是美丽的象征。如李白的"清水出芙蓉，天然去雕饰"。

第六，莲花是友谊的象征和使者。南朝乐府民歌中有"置莲怀袖中，莲心彻底红"。

第七，莲在中国文化中最主要的还是洁身自好的象征，除了周敦颐的赞颂之外，还有吴师道的"玉雪窍玲珑，纷披绿映红"。

（五）写莲：手下荷影

这次活动课，使我们对莲有了更深入的认识，莲清丽可人的容颜、高洁傲岸的情操在我们的心中萌动，请同学们依照教师的句子，调动诗

词积累，写出一个句子。(幻灯片出示教师范例)

我是周敦颐笔下的莲，"出淤泥而不染，濯清涟而不妖"，我在世俗污浊中独善其身。

我是_____笔下的莲，"_____，_____"（引用诗句），我_____（象征意义）。

【设计意图】学生结合自己搜集到的写莲的诗文及对于作品的理解感悟，写句子。锻炼学生的写作能力和综合运用能力。

（六）活动总结

莲花在淤泥里孕育，在阳光里生长，在高温里盛开，在清风里结实。莲之魂，飘在诗歌里，行在书画里，定格在照片里……今天我们通过这次欣赏课领略了莲文化的魅力，陶冶了性情，提高了审美的情趣。让清纯、高洁、脱俗、正直、娴静、深情、不甘于流俗的精神，流淌在我们的血脉里吧。

（七）作业布置

根据本节课的收获及感悟，每人办一份"莲文化探究"手抄报。

五、活动反思

通过对莲文化专项研究，学生对课文《爱莲说》的内容有了更深刻的体会，理解了"出淤泥而不染，濯清涟而不妖"的真正内涵，更主要的是，他们开阔了知识视野，理解了中国文人雅士对莲花情有独钟的主要缘由。

此次学习活动，同学们收集了跟莲花相关的知识，比如莲的别称、分类、诗词、奥秘，以及相关的故事传说、生长环境、培育方法。有的同学还找到了莲的图片，比如莲的国画作品、剧照图等等。

此外，同学们通过查找资料，从科学的角度了解了"藕断丝连"和"出淤泥而不染"的生物科学依据，懂得了莲花与佛教的密切联系。同学们纷纷写下喜爱莲的短文，真诚表达了对莲花品格的向往之情。

这次活动知识容量是非常多的，可以说是丰富多彩，学生能完成得这么出色，的确出乎我的意料。学生通过自主合作查阅资料、筛选信息、发现问题、认真探究、知识归类整理、知识展示,在多方面能力得到了提高,尤其是探究问题的能力有很大的提高。自主、合作、探究学习方式得到落实,也培养了学生探究、创新小组合作团队精神。

总之,这次语文活动在全班同学积极的参与下,顺利并成功地举办了,我感到十分自豪和欣慰。

三角形的中位线

■ 吴玉倩

一、教材分析

(一) 教材所处的地位和作用

本节教材是北师大出版社八年级数学下册第六章第三节的内容。三角形中位线既是前面已学过的平行线、全等三角形、平行四边形性质等知识内容的应用和深化，同时在判定两直线平行和论证线段倍分关系时常常用到。在三角形中位线定理的证明及应用中，处处渗透了归纳、类比、转化等化归思想，它是数学解题的重要思想方法，对拓展学生的思维有着积极的意义。

(二) 教学目标和教学重、难点

1. 掌握三角形中位线的概念和性质及性质的验证；
2. 灵活构造含有中位线的三角形；
3. 经历探索三角形中位线性质的过程，体会转化的教学思想，进一步发展学生观察、建模、猜想、归纳、推理能力，逐步形成严谨的几何思维；
4. 通过对三角形中位线的探究，体验数学活动的实用性和创造性，在小组讨论中，培养学生的合作精神。

教学重点：

1. 三角形中位线定理及其应用；
2. 化归能力的培养。

教学难点：
三角形中位线定理的证明及其应用。

二、学情分析

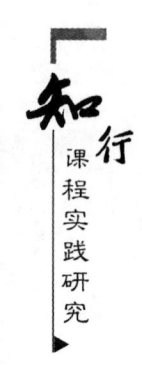

八年级学生已经掌握了全等三角形，平行四边形的判定方法；具备一定的观察猜想、归纳推理能力以及化归思想。但是，这个学段的学生几何思维不太严谨，几何过程不够规范。

三、说教法、学法

（一）说教法

教无定法，贵在得学。我采用"师导生探、深化总结"的教学模式，在教学方法上采用以问题的形式，引导学生进行思考、探索，得出猜想、证明猜想、总结定理并应用定理。

（二）说学法

新课标中指出学生是数学学习的主人，教师是数学学习的组织者、引导者与合作者。根据这一教学理念，结合本节课的内容特点和学生的年龄特征。学法上我采用问题驱动、合作研讨和成果展示的方法，让学生真正成为课堂的主人。

四、设计理念

1. 提出一个教学问题；
2. 借助两种教学；
3. 展现三化教学课堂；
4. 组织学生合作学习。

五、教学过程

（一）创设情境，激趣引入

有一块三角形的蛋糕，准备平均分给两个小朋友，要求两人所分的大小相同，请设计合理的解决方案；若平均分给四个小朋友，要求他们所分的大小都相同，请设计合理的解决方案。

1. 三角形中线的概念

在三角形中，我们将三角的顶点与对边中点连接起来的线段叫作三角形的中线。如图，AD 就是 $\triangle ABC$ 的一条中线。

2. 三角形中位线的概念

连接三角形两边中点的线段叫做三角形的中位线。

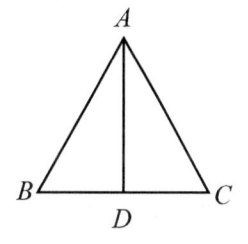

（1）如果 D、E 分别为 AB、AC 的中点，那么 DE 为 $\triangle ABC$ 的 ___中位线___ ；

（2）如果 DE 为 $\triangle ABC$ 的中位线，那么 D、E 分别为 AB、AC 的 ___中点___ .

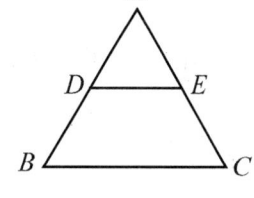

【设计意图】通过有趣的实际问题引入，为解决此问题引入三角形中线和中位线的概念，同时在潜移默化中学生又开始了新的探索。

（二）合作交流，探究新知

活动一：任意画一个 $\triangle ABC$，做出 $\triangle ABC$ 的中位线。

问题1：$\triangle ABC$ 有几条中位线？

问题2：如图，若 DE 是 $\triangle ABC$ 的一条中位线，DE 与 BC 有什么位置和数量关系？

猜想：$DE \parallel BC$，$DE = \dfrac{1}{2}BC$.

活动二：证明猜想

测量法：

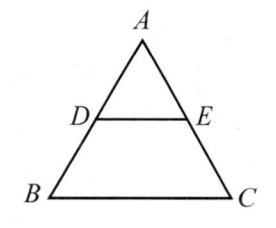

（1）$\angle ADE$，$\angle ABC$ 度数；

（2）DE，BC 长度.

几何画板演示：

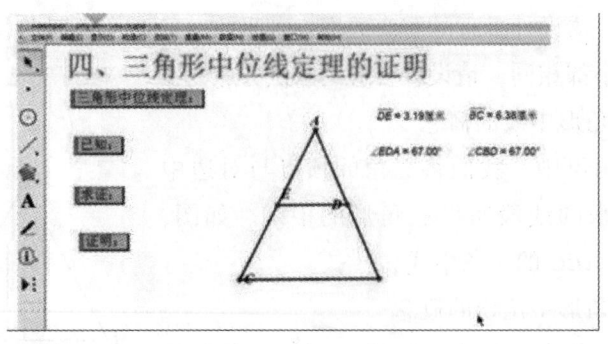

推理证明法：

已知：如图，D、E 分别是△ABC 的边 AB、AC 的中点.

求证：DE // BC，DE = $\frac{1}{2}$ BC.

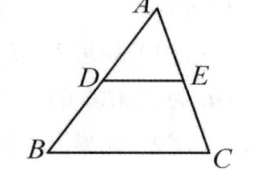

证明：如图，延长 DE 到 F，使 EF = DE，连接 CF.

在△ADE 和△CFE 中，

∵ AE = CE，∠1 = ∠2，DE = FE，

∴ △ADE ≌ △CFE（SAS）.

∴ ∠A = ∠ECF，AD = CF. ∴ CF // AB.

∵ BD = AD，∴ BD = CF.

∴ 四边形 DBCF 是平行四边形.

∴ DF // BC，DF = BC.

∴ DE // BC，DE = $\frac{1}{2}$ BC.

思考：还有别的方法吗？

（学生回答：利用全等三角形和平行四边形的性质证明的，但辅助线添加的方法不一样.）

【设计意图】培养学生仔细观察、勤于动手、大胆猜想的能力，同时也让学生感受猜想策略和解决问题的多样性。

(三) 得出性质，学以致用

三角形中位线定理：三角形的中位线平行于第三边，并且等于第三

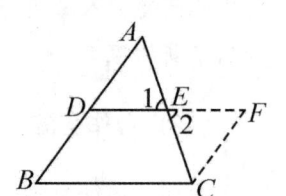

边的一半。

几何语言表达：∵ DE 为 △ABD 的中位线

∴ $DE \parallel BC$，$DE = \dfrac{1}{2}BC$.

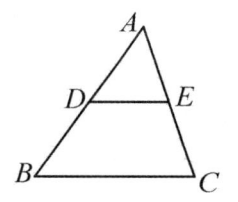

作用：①证明平行问题；②证明一条线段是另一条线段的2倍。

问题：如图，B、C 为被污染的管线，现要抢修需测量出 BC 管线的距离，但有建筑物被挡，你有解决办法吗？

【设计意图】通过对所学知识的应用加深学生对重点知识的理解，培养学生严谨的学习作风和规范的几何语言习惯。

(四) 深化应用，总结提升

已知：如图，在四边形 ABCD 中，E、F、G、H 分别是 AB、BC、CD、DA 的中点.

求证：四边形 EFGH 是平行四边形.

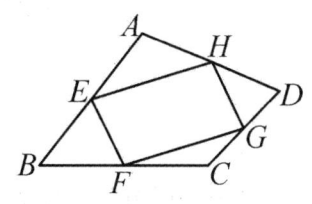

【设计意图】培养学生从多个角度思考问题、解决问题，培养学生发散思维的能力，让学生进一步体会转化的思想。

(五) 课堂小结，布置作业

1. 通过本节课的学习，你有什么收获或困惑？

2. 作业：

必做题：课后知识技能第1、2题。

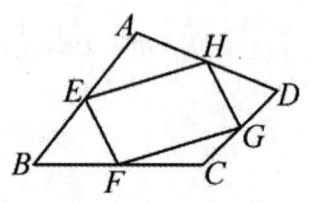

选做题：其他条件不变，将四边形 ABCD 改为平行四边形、矩形、正方形，则顺次连接各边中点所得的图形分别是什么图形？

六、板书设计

三角形的中位线

(一) 中位线的定义

连接三角形两边中点的线段叫作三角形的中位线。

(二) 中位线定理

三角形的中位线平行于第三边，并且等于第三边的一半。

∵ DE 为 △ABD 的中位线，

∴ DE // BC，DE = $\frac{1}{2}$BC.

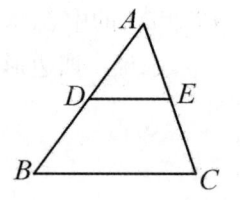

【设计意图】根据不同程度，分层布置作业，让每位学生都有更大的发展空间。

七、教学反思

本节课注重学生学习方法的转变，变接受式学习为自主式学习、合作式学习。为了激发学生创造精神，本课在教法上突出了三个特点：

动（师生互动）：在课堂上，让学生做到动眼、动口、动手、动脑，经历"激趣引入—探究新知—学以致用—深化总结"的过程。

导（适当引导）：在教学中，通过层层铺垫设问，给予必要的引导，做到"导得精、导得准、导得妙"。

用（灵活应用）：通过及时学习、及时应用，培养学生思维的广阔性和灵活性。

纵观整节课，重视学生思想方法的提取过程，知识能力的形成和解题思路的探索过程。学生经历旧知识—更高深度和广度—新知识、新方法的过程，在此过程中学生得到了展现风采的舞台，也让我对新课改理念的课堂教学模式积累了宝贵的经验。在今后的教学中，我将以此为起点，再接再厉！

[说　课]

小白兔的草帽

■ 俞莹莹

一、说教材

《小白兔的草帽》是北师大版第5册书第7单元"幻想和想象"为主题的一篇习作指导课。本单元由于是以"幻想和想象"为主题，因此意在拓展学生的想象空间，激发学生展开想象，鼓励学生发挥创造力，去追求美好的生活理想。本单元的畅所欲言就结合了单元主题"幻想和想象"，让学生直观地看图，说说小白兔的草帽有哪些作用，并鼓励学生充分展开想象，大胆进行表达，以提高口语表达能力。而本单元习作就是在结合"畅所欲言"栏目基础上，让学生看图想象，以小组合作的方式来编写《小白兔的草帽》这个故事。

二、说学情

作为刚升入三年级的学生，本班学生有一定的看图写话的基础，乐于想象，但口语表达缺少逻辑，不能按一定的语序完整表达。而本次选取童话题材的习作能引导学生结合自己的生活体验展开想象，把观察、想象和生活紧密结合在一起，符合中年级学生的年龄特点。所以这节习作课重点指导学生在合理想象，有序表达的基础上大胆创编童话故事。

三、教学目标及重难点

教学目标：

1. 通过一幅图画，了解看图说话的方法。

2. 选一幅图，展开想象，学习小组合作编故事，做到语句通顺，有一定条理。

3. 在了解看图写话的方法上，合理想象，续编故事。

4. 鼓励学生充分展开想象，大胆进行表达，以提高口语表达能力。

教学重点：

1. 引导学生观察、想象、表达。

2. 鼓励学生充分展开想象，大胆进行表达，以提高口语表达能力。

教学难点：

在了解看图写话的方法上，合理想象，续编故事。

四、说教法

（一）讲授法

我在出示第一幅图片时，让学生通过观察图片来思考故事发生的时间、地点、人物，并说说谁在干什么？怎么样？

（二）谈话法

在出示例文赏析的时候，我让学生通过读来说说哪个句子好？好在哪里？

（三）讨论法

在出示第二、三幅图片时，我让学生同桌交流和小组交流发生的故事。

五、说学法

（一）探究学习法

在学习第一幅图时，我让学生根据板书出示的关键词语，自己来说说图画讲的内容。

（二）合作学习法

在学生学习第二、三幅图片时，通过同桌交流和小组交流来编故事。

六、说过程

（一）谈话导入

一开课，我首先让学生回忆畅所欲言，说说草帽的作用？

【设计意图】因为《语文课程标准》中指出："鼓励学生写想象中的事物，激发他们展开想象和幻想。"在教学中，重视引导学生把写作与综合实践（如"畅所欲言""初显身手"等栏目）结合起来，努力为学生营造自由宽松的氛围，所以我开课就鼓励学生大胆想象，自由表达，让学生饶有兴趣地写作。

（二）指导过程

1. 我出示第一幅图，从时间、地点、人物、干什么、怎么样几个大板块，来引导学生观察图片，让其掌握看图说话的方法。

【设计意图】因为在看图说话中，我要先教会学生抓观察，在观察中有意识地让学生了解写作的六要素。

2. 根据板书引导学生，结合板书的重点词语完成描述一幅图的画面。

【设计意图】结合板书的关键词引导孩子去仔细观察，在说话中了解看图写话的方法，敢于表达，大胆想象。

3. 然后我出示一篇好的范文，让学生赏析范文，观察写作顺序。

【设计意图】因为学生有了观察的本领后就得学会表达，所以我第二步旨在抓表达，这里我采用由扶到放、循序渐进的有效方法，引导学生多角度想象、多方位构思，了解人物的语言、动作、心理描写会让文章生动、具体。这样学生创编有创意的故事就成了水到渠成的事了。

4. 接下来，我出示第二幅图，让学生结合范文进行仿说并在同桌之间交流。

【设计意图】这个环节我主要抓交流，因为学生就在这样的交流中，碰撞出思维的火花。每一次的交流，他们都会从别人编的故事中受到启发，从而不断完善自己编的故事，同时也让学生学会了倾听。

5. 最后，我让学生根据自己喜好的图片，小组合作编故事。（可以参考书上第三幅图，或自己在畅所欲言中生成的图片）

【设计意图】在最后的这个环节，我培养孩子自主思考的能力，在自主学习的过程中，教会孩子有合作的意识，通过合作收获更多知识。同时我紧扣单元主题重抓想象，让学生能根据图画，大胆地想象，往往能编出许多新奇故事。按照从观察到想象，带领学生根据图画创编故事，鼓励学生发挥自己的想象力，不拘泥于图画本身，还要能看到画面以外的东西，使情节更加丰富多彩。这真正使学生的思维动起来了，想象有了画面感，说话的逻辑性清晰了，为学生的自由表达、个性创编做了很好的铺垫。

6. 当学生创编完环节结束后，我做小结：同学们，草帽的作用永远也说不完，小白兔的草帽的故事也永远写不完。只要我们大胆地想象，一个个美妙的故事就会在我们笔下诞生。

七、说板书

板书设计：

小白兔的草帽

时间
人物
地点
干什么
怎么样

【设计意图】我的板书之所以这样呈现是让学生掌握看图说话的方法，便于直观地交流。而交流的目的就是要让学生把看到、想到的内容大胆地说出来，这几幅图其实就是几个有趣的小故事，要引导学生大胆想象，并将文字编成故事，讲出来。

一分有多长

■ 曹晓婷

我说课的内容是北师大版小学数学二年级下册第七单元第二节《一分有多长》，下面我将从教材、教法、学法、教学过程等几个方面分别阐释这节课我要教什么、怎么教，以及为什么这么教。

一、研读教材品意图

在学习本节课之前，学生已经初步认识了钟表，会熟练辨认整时和半时，会正确认、读、写钟面上的时间，知道1时=60分。本节内容主要是帮助学生体验1秒和1分这两个时间单位的长度，掌握1分=60秒的关系，而学好本节课内容知识，将为学生进一步探索钟面时刻与经过时间的区别奠定基础，也为学生进入三年级学习12时计时法和24时计时法打下坚实的基础，因此，它具有很重要的承上启下的作用。

二、以生为本明学情

为了使教学设计更贴近学情，有效地完成教学目标，我在课前对学生的知识基础和学习经验进行调研，从调研结果可以看出学生对秒和分有一定认识，能简单地根据一些情境选择正确的时间单位，但是孩子对1秒和1分这两个时间单位的长短没有较为准确的感知，对于1分=60秒这个关系式的由来也不甚了解，对秒和分实际意义的体认有待进一步加强。

三、基于课标定目标

根据教材内容和学情分析，结合二年级学生的认知结构及其心理特征，我制定了以下的教学目标：

1. 通过"1分有多长"的实践活动，体验1秒和1分有多长。

2. 知道 1 分 = 60 秒，能进行简单的时间单位换算。

3. 通过对时间单位分和秒的活动感受，培养珍惜时间的观念。

四、厘清教学重难点

依据新课程标准，在研读教材基础上，我确定了以下教学重点和难点。

教学重点：认识时间单位秒，知道分与秒之间的关系：1 分 = 60 秒

教学难点：建立 1 秒、1 分的时间观念，估计 1 分的长短。

五、立足发展说教学法

（一）说教法

新课标明确指出：数学教学活动必须激发学生兴趣，调动学生积极性，引发学生思考，教师设计教学应该以学生的认知发展水平和已有的经验为基础，面向全体学生，注重启发和因材施教。根据新课标要求以及本节教学内容的特点和学生的思维特点，在导入环节，采用谈话法。在新授环节主要采用直观演示法和发现教学法等，帮助学生获得广泛的教学活动经验，体验分、秒的长短，掌握分与秒的关系。

（二）说学法

建构主义的学习观认为，学习不是教师把知识简单地传递给学生，而是学生自己建构知识的过程。在学习过程中，学生不是被动地接受信息，而是以原有的知识经验为基础，主动地探究知识的意义。新课标也指出：学生学习应当是一个生动活泼的、主动的和富有个性的过程。基于以上认识以及本节课的特点，主要教给学生掌握合作学习法、探究学习法，让学生通过观察、讨论、体验等多元探究活动，体验分、秒时间单位的实际意义，掌握 1 分 = 60 秒的关系，并会运用此关系解决实际问题，以突破教学的重难点。

基于以上教法和学法，本课需要准备的教具有多媒体课件，学具有数学书和学习单。

六、统筹设计说过程

为了有效地落实教学目标，突破教学重难点，本节课设计了四个环节：

（一）音乐演奏，激趣引新

上课一开始邀请一位同学进行了1分钟的小提琴演奏，同时课件出示钟面上秒针走1分钟的动画。一方面在班级彰显不同性格特点学生的个性特征，另一方面以音乐演奏吸引学生的兴趣，让学生发现演奏进行了1分钟，继而抛出"一分有多长"的问题，引出本节课的主题。

（二）活动探究，体认新知

这是本节课的核心，也是重难点所在，我主要通过五个层面来完成：

1. 初探秒针的特性。

出示两幅钟表图，让学生判断哪个钟表有秒针，紧接着提出你是怎么辨认的？秒针有什么显著特点？引导学生根据观察并大胆地发言，学生可能会说秒针最细、也可能会说秒针最粗或者秒针走得最快。用钟面的直观动画演示，抓住学生的最佳思维状态进入新课的探究。通过观察钟表的走动，帮助学生理解秒针走一小格是1秒，走一大格是5秒，走一圈就是60秒。并通过列举1秒和5秒分别能做哪些事情初步感知1秒和5秒的时间长短。这一过程关键是引导学生去观察、去发现、去思考，通过追问激发学生不断深入思考。

2. 解析分秒的关系。

第一次引导学生一边拍手一边随着秒针的走动大声数数，观察秒针走动情况，从而得知秒针走了一圈就是60秒，60秒相应地数到了60，为后面估测1分有多长做好铺垫。第二次引导学生静静地随着秒针走的节奏在心里默数，感受秒针走的节奏快慢，同时留意分针走了多长时间，从而得知分针走了1分。这样一动一静帮助学生很好地感知秒针走的节奏，初步体会1分的长短，同时也探究出分秒的关系即1分=60秒。学生亲历新知的形成感受到数学学习的乐趣，增强了学好数学的信心。

3. 体验1分的长短。

设计"一动不动的木头人游戏"和搞笑诙谐的动画片观看环节，引发学生木头人游戏时间长、观看动画片时间短的错觉。通过教师揭秘两个活动都是进行了1分钟，抛出为何会感觉前者时间长、后者时间短？让学生明白时间虽然是一定的，但我们对时间长短的感受却是不一样的，在生活中无论干什么，我们尽量保持愉悦的心情。本环节，我旨在让学生的眼、手、脑多重感官参与感知活动，激励学生动手实践、自主探究。

4. 感悟1分重要性。

这个环节让学生选择自己认为有意义的一项活动在1分钟之内进行，比如默读古诗、写英语单词、做口算题等。让学生感受到1分钟时间其实可以做很多的事情，在生活中要节约时间，珍惜生活中的每一分钟。此环节帮助学生进一步体验1分有多长，使学生获得了广泛的数学活动经验，教学的重难点在学生亲历探究实践中得到突破。

5. 估测1分钟的长短。

设计估测一分钟时间长短的游戏环节，让学生用自己喜欢的计时方法估计1分钟有多长，估计最准确的学生给予相应的奖励。通过比较游戏结果，再一次体验1分钟有多长，增强学生对1分钟长短感受的准确性。教学的重难点在学生亲历探究实践中得到突破。

（三）以练促学，巩固新知

根据以上内容，我准备在实践练习中安排三个梯度的内容。

1. 基础练习：根据情境选择正确的时间单位，本知识点需要所有学生掌握，特别关注学困生。

2. 专题练习：改写数学日记，综合考查学生对不同时间单位的灵活运用，关注中等以上学生的掌握情况。

3. 拔高练习：自己写一篇数学日记，有一定的难度，便于学有余力的孩子研究。

【设计意图】练习设计体现了由易到难的原则，体现层次性、典型性、探究性，突出教学生活化的教学理念，使学生深刻地感受数学学习的魅力价值。

（四）回顾整理，总结收获

教学结束之际，让学生畅谈收获、回顾学习过程，既为了体现课标提出的让学生经历完整的学习过程这一理念，同时也为了发展学生的概括、总结、评价、反思能力。

七、简明凝练说板书

本节课的板书设计以教学重点为内容，旨在提纲挈领，让学生一目了然。

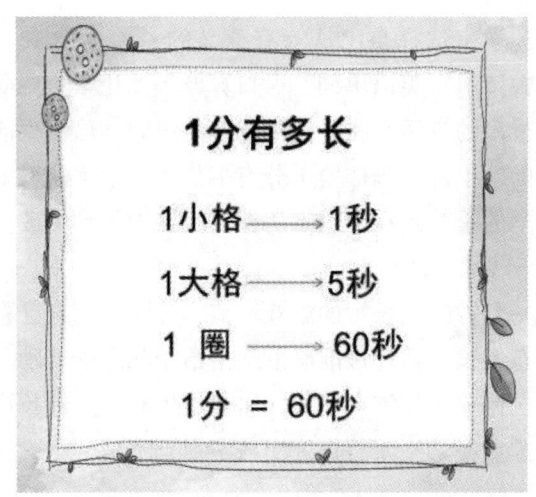

1分有多长

1小格 —— 1秒

1大格 —— 5秒

1 圈 —— 60秒

1分 = 60秒

数松果（5的乘法口诀）

■ 陈 玲

一、说教材

（一）教材所处的地位

《数松果》是北师大版小学数学二年级上册第五单元第1小节的内容，是学习乘法口诀的起始课，是学生编写乘法口诀的开端，也是进一步学习乘法运算的基础，是学生必须练好的基本技能之一，是以后学习多位数相乘、除的必备知识。

（二）学情分析

小学二年级的学生年龄大多在7~8岁，他们主要以形象思维为主，集中注意时间短，但在日常生活中已积累了一定的生活经验，并且在前一阶段的学习中他们已经学习了乘法，了解了乘法的意义，掌握连加的计算方法，他们已经能够根据情景列出乘法算式，这些知识储备都为学生在本课进行自主编制口诀奠定了一定的基础，而且有一部分学生对乘法口诀已经有了初步的认识。

（三）说教学目标

根据以上对教材内容和学情的分析，结合新课改的要求，我确定了如下的三维教学目标：

1. 知道5的每一句口诀的含义，较熟练记住5的乘法口诀。
2. 经历5的乘法口诀编制过程，会运用5的乘法口诀计算乘法。
3. 感受乘法口诀的优越性，增强学生学习数学的兴趣。

（四）说教学重难点

通过以上对教材及教学目标的分析，本节课的教学重点如下：经历5的乘法口诀的编制过程。

根据对学生认知特点的分析，本节课的难点是：使学生在寻找口诀记忆规律的过程中，形成初步的抽象推理能力。

二、说教法学法

根据学生的认知特点和新课标的要求，为了有效地实现我的教学目标，突破重难点，我确定的教法是：情境教学法、讲授法、游戏性教学法。

教学当中为了体现学生的主体地位，我采用的学法是：合作交流法、自主探究法、动手操作法。

三、说教学过程

教学过程是本次说课的中心环节，所以接下来我将着重阐释一下我的教学过程：

（一）创设情境，激发兴趣

俗话说："良好的开端是成功的一半"，因此在本节课伊始，我出示几道连加算式，让学生改写成乘法算式，通过对旧知的复习，加强学生对乘法意义的理解。

（二）新知探索，自主尝试

（出示课件：松鼠数松果的画面。）

在这一环节，我借助书中的情境——数松果（用课件演示），帮助学生有效地回忆数数的方法后，抓住小松鼠是5个5个地数这一方法，为后续引导学生数松果的个数做好铺垫。

为了让学生更深刻地体会知识之间的演变过程，加深对5的乘法口诀由来的理解，在教学中为学生展开了"数—算—编"相结合的学习过程。

1. 让学生根据情境图，数一数，然后完成以下表格。

有几堆	1	2	3	4	5	6	7	8	9
有几个	5	10	15						

2. 算一算——让学生利用已学知识来列出乘法算式。

通过交流、讨论，要准确快速记住这些乘法算式的得数，运用乘法口诀是算得又对又快的法宝，并适时介绍乘法口诀的来历，充分调动学生的积极性，增强学生的民族自豪感。

3. 编乘法口诀。

根据乘法算式，师生共同编写前三句5的乘法口诀，引导学生发现编写口诀的法则，剩下的六句口诀放手让学生自主编制，展示汇报。这个过程，让学生自主探究，培养探究能力，体验到学习数学的成就感。

通过这三步，让学生在自主探索中，便潜移默化地感受到了"口诀"是由生活实际中逐步抽象、简化成数学知识的，且能充分体会到口诀的作用。

最后回归到课前小松鼠和妈妈的问题，就可以快速应用乘法口诀"五九四十五"来解决了。

4. 帮学生记忆口诀。

充分理解了乘法口诀的意义后，为了更好地记住口诀，我采用拍手读、自由读、对口令读、开火车读等多种形式，让学生理解乘法口诀的意义，然后让学生说一说自己是用什么方法记住口诀的。这个过程，主要是给学生提供自主探究的时间和空间，引发学生从多角度理解口诀的含义和来源，弄清楚乘法意义、算式、口诀三者之间的联系，体验一句口诀可以计算两道乘法算式、渗透乘法交换律的思想。

（三）联系生活，学以致用

数学知识来源于生活又应用于生活。为了使学生既掌握知识和技

能，又能创造性地运用，我精心设计了一些游戏和有梯度的练习，来巩固提升学生对知识的掌握情况。

（四）回顾整理，总结收获

同学们，你今天最大的收获是什么？心情如何？你还有什么疑惑？

四、说板书设计

为了使我的教学更加清晰明了，突出重点便于学生理解，我将板书设计如下：

数松果

1个5	1×5＝5	一五得五
2个5	2×5＝10	二五一十
3个5	3×5＝15	三五十五
4个5	4×5＝20	四五二十
5个5	5×5＝25	五五二十五
6个5	5×6＝30	五六三十
7个5	5×7＝35	五七三十五
8个5	5×8＝40	五八四十
9个5	5×9＝45	五九四十五

五、说教学反思

这节课本着让学生自主探究，以学生为主体的教学原则，教学力图突出以下几个特点：

1. 创设有趣的问题情境，体会5个5个数的简便性，渗透乘法口诀运用的必要性，以及熟练记忆乘法口诀的重要性。

2. 体现 5 的乘法口诀在现实中的意义,让学生体会到我们生活中处处有数学。

3. 以自主、探究、合作的方式,最大限度地提高学生主动学习的意识。让学生经历从图中数数、填写表格、列出算式、编制出口诀的过程,学生经历了创造数学的过程,积累了数学活动经验。

但是如果在练习的过程中,多去帮扶后进生,在知识的转折点、过渡点再讲慢一些。在今后教学工作中,我将扬长避短,多向身边经验丰富的教师学习,来不断提高自身的教学艺术。

漂亮的瓶子

■ 陈 晨

一、简析教材

本课属于"设计·应用"学习领域。引导学生观察身边的瓶子，初步了解瓶子的形状与用途的关系。尝试用剪刀和彩纸，进行简单的组合和装饰，体验设计和制作活动的乐趣。

二、分析学情

小学低段的学生注意力不能持久集中，他们对每件事物都感到新奇，从而产生很多的疑问，这些疑问中就包含他们大胆而丰富的想象，我们的教学可以由此切入。因此，美术课在此阶段应以美术活动和游戏为载体，给学生自由想象的空间，使他们在轻松愉悦中感受美术学习的乐趣。

根据本节课的教学内容和学生的年龄特点以及认知规律，我制定本节课的教学目标如下。

三、教学目标

知识与技能：了解瓶子对称的造型特点，并能够掌握对折剪的基本方法，在感受传统陶瓷瓶文化的同时，发现瓶子与人们生活之间的关系，初步培养设计意识。

过程与方法：通过体验探究等学习活动，引导学生运用对折剪的方法，创作一个大小合适、造型好看的瓶子，并进行美化和装饰。

情感、态度和价值观：激发学生对美术学习活动的兴趣，在创作中感受对称美，体验创造成功的快乐。

四、教学重难点

教学重点：感受瓶子背后蕴含的文化，了解瓶子对折剪的基本方法，和简单的纹式设计。

教学难点：充分利用彩纸剪出一个有美感的对称形瓶子。

五、教法和学法

我所执教的一年级学生，他们好奇心强，有丰富的想象力和探索精神，但注意力不能长期地集中，根据这些特点我将采用"游戏教学法"，用游戏激发学生的兴趣。"直观教学法"用图示让学生从视觉上直观地认识对称图形。"观察欣赏法"引导学生用眼、用脑、用心进行观察，培养学生细致观察的习惯。最后通过赏析和肯定学生的作品，让他们体验成功的乐趣。

六、教学过程

为引起学生的学习兴趣，课程开始我使用游戏教学法设置了一个猜谜小游戏，引出接下来的对称形图案，达到了让学生初步认识对称形的目的，并为下一步讲解对称形概念做准备。接下来，我引用直观教学法，在课件上播放剪对称图形的方法图示，一步步讲述了对折剪的方法，通过详细直观的讲述让学生理解对称形及其剪法。随后，我会布置一个小练习，让学生用对折剪的方法剪出一个简单的爱心形，这样可以及时让学生巩固知识，锻炼动手能力，为下一步讲授对称形瓶子做铺垫。

小练习完成后，进入本课的主要部分。首先我会展示只有一半的瓶子，让学生来说出它的完整形是什么物体，从而得出瓶子的结论，并引出本课课题"瓶子"。随后我再提出问题，质疑为什么是瓶子而不是碗或者是一个瓦罐。这时学生会提出瓶子和碗还有瓦罐这几种器物间的不同点，锻炼学生的观察对比能力和语言表达能力。这时我会及时总结瓶子的特点，从上到下归纳其结构的名称，突出教学重点。然后我为了检验学生是否能正确判断对称形，故意在一个瓶子上画出错误的另一半，让学生来判断，通过这种纠错的方式达到了使学生清楚认识对称形瓶子的目的。为了让学生了解瓶子的造型是多种多样的，我播放课件上只有

一半的形状各异的瓶子，请他们跟我一起伸出手指在空中画一画瓶子的另一半，让学生说一说不同瓶子的哪些部分发生了变化，然后简单地说一说瓶子会根据不同的使用功能而产生其独特的造型。如花瓶的瓶口大、瓶身高；油瓶和酒瓶的开口小、瓶身大。达到了开拓学生思维的目的，也为之后学生进行艺术实践中作品的多样性做好了铺垫。

在学生实践之前，我引用"观察欣赏法"播放展示各种美丽的对称形瓶子视频，让学生认识到瓶子不仅造型多样，上面的装饰花纹也是丰富多彩的，同时补充课题"漂亮的瓶子"。最后，我播放直观的教师示范视频，达到了突破教学难点的目的，也承接了本课的主要教学内容。

接下来的学生艺术实践过程，我着重本课的重难点进行巡回指导，如对折后从折痕处开始剪、怎么充分利用彩纸、如何随形装饰等问题。

在最后的评价环节，我让部分学生把剪好的瓶子贴在黑板上，引导他们进行生生相互评价，使学生感受到成功后获得的喜悦和成就感。然后进行师生之间客观、完善的评价。这里作为本节课作品的结论性评价，在课堂中我还会在不同阶段对学生进行阶段性评价，并通过表扬和鼓励让他们感受到美术学习的乐趣。

七、教学反思和板书设计

在本节课，我由浅而深地引导学生进行自主观察，思考、比较、判断，鼓励学生大胆表现，培养他们的动手能力和审美品位，既学习了美术知识和技能，也品尝到了美术活动的乐趣，身心得到舒展，情感得到释放。我的说课到此结束，感谢各位的聆听，不足之处，敬请各位专家指正。

```
          漂亮的瓶子
    对折剪
                                    ┌ 口
                                    │ 颈
    对称图形         瓶子            │ 身
                                    └ 底
```

寒号鸟

■ 陈可心

一、提纲挈领，析教材

《寒号鸟》是部编版小学二年级上册第五单元的第二篇课文，取材于一则广为流传的民间故事。本单元的人文主题是"思维方法"，语文要素是"初步体会故事中蕴含的道理"。按照一般儿童的心理需求，儿童喜欢故事性强的阅读材料，并且新课标对低段学生的阅读要求是"阅读浅近的寓言、童话、故事"。据此，教材在本单元收录了三篇民间故事，既能引起有一定阅读基础的二年级学生的阅读兴趣，又能为三年级学习复述故事内容做铺垫。

本文是一篇很好的叙事性阅读文本，故事先交代了喜鹊和寒号鸟的住所，然后通过描述两者对做窝的不同表现、态度和结果，告诉我们：美好的生活要靠劳动来创造，只顾眼前、不顾将来鼠目寸光的人，以侥幸的心理对待生活，在灾难来临时就会付出惨痛的代价。

二、有的放矢，说学情

本课教学一共分为两个课时，在第一课时，学生能熟练掌握本课的生字词，能正确流利地朗读课文，初步了解故事的大概内容。所以，在第二课时我将以有感情地读好文章、理解故事寓意作为重点教学部分。对于二年级学生来说，童话故事是学生比较喜欢的一种体裁，但故事中所蕴含的道理是难以理解的。所以，形象的教学手段，丰富的教学形式十分重要。此外，二年级学生随着自主意识和合作意识的增强，使得他们能用自己的方式学，喜欢大家倾听他们的见解和发现，喜欢和他人交流学习成果。

三、立足文本，绘目标

针对以上学生的实际情况，基于《新课标》对低段学生的阅读要求："在阅读中向往美好的情景，关心自然和生命，对感兴趣的人物和事件有自己的感受和想法，并乐于与人交流。"同时，结合文本内容、教师的预设生成以及本组教材的训练点，我制定了本课第二课时的教学目标：

1. 多种形式朗读课文，读懂课文，知道喜鹊为什么能住在温暖的窝里，而寒号鸟却冻死了。

2. 体会喜鹊和寒号鸟的不同性格特征，并且试着为故事改写一个结局。

3. 联系生活实际，加深对故事寓意的理解。

教学重点：多种形式朗读课文，读懂课文，知道喜鹊与寒号鸟不同结局的原因。

教学难点：联系生活实际，加深对故事寓意的理解。

本单元语文要素是"初步体会故事中蕴含的道理"。依据课标精神，"语文应致力于学生语文素养"的形成和发展，据此，我把"多种形式朗读课文、读懂课文，知道喜鹊与寒号鸟不同结局的原因"作为本次教学的重点。同时，我"联系生活实际，加深对故事寓意的理解。"作为教学难点。这是因为"语文是人文性和工具性的统一"，在教学中，教师要帮助学生交流自己的看法，把所学应用到生活中。但是对于二年级孩子来说，生活的感知能力较弱，生活经验较少，怎样让孩子能够自然而然地联系生活并且有所启发是比较难的。

四、依据学情，定教法

陶行知曾说"教的法子要根据学的法子"。基于学情，我在教学时，采用"一法为主，多法相辅"的教学方法。以读悟结合法为主，辅以情境教学法和角色表演法。

在教学中，采用齐读、引读、分角色读、重点段多读的方式，在读的基础上有所思、有所悟，让学生在读中体会到语文的魅力和文章中蕴含的道理。同时，利用多媒体课件和教具，创设课文情境，引导学生学习，激发他们学习的兴趣、朗读的欲望。并在理解课文的基础上，让学生通过角色扮演，充分从情感上熏陶学生，加深对课文的理解。

五、着眼发展，定学法

根据教法，我引导学生采用合作交流和想象说话的方法进行学习。《新课标》指出："学生是学习的主体。语文教学倡导自主、合作、探究的学习方式。"所以，在教学中，我引导学生以合作交流、学生发言、全班讨论，在学生个体感悟的基础上，实现班级优质资源的共享。《新课标》还指出："要尊重学生在学习过程中的独特体验。"因此，在本课教学中，我设计两个想象说话训练，旨在挖掘文本的留白，激发学生的想象，挖掘学生的创造潜能。

六、人文统一，展流程

通过研读教材、研究学情，制定教学目标和教法、学法，我将本节课的教学思路定为：回顾课文，整体切入—合作交流，厘清缘由—想象说话，感悟哲理—联系生活，拓展升华。

（一）回顾课文，整体切入

由于本课是教学的第二课时，因此，在第一环节，我先回顾课文，带领学生整理故事内容，了解故事结局。在教学中，采用创设情境法，以送两个主人公回家的方式，让学生把两个主人公放在正确的居住地，用形象的教学手段，让学生直观了解两者居住环境的不同，从而，顺理成章地明白：居住条件导致了他们不同的结局。一下子引起学生的注意力，引起学生的疑问——为什么他们结局不同？调动起学生的阅读兴趣，为下文做铺垫。

（二）合作交流，厘清缘由

在激发学生的学习兴趣后，我让学生用自己喜欢的方式阅读课文，寻找造成喜鹊和寒号鸟不同结局的原因。《语文课程标准》指出："阅读是学生的个性化行为，不应该以教师的分析来代替学生的阅读时间。应让学生在主动积极的思维和情感活动中，加深理解和体验，有所感悟和思考，受到情感熏陶，获得思想启迪。"因此，在此环节我采用自主阅读、合作交流的方式，使课堂上生生之间、师生之间的情感和信息交

流，呈现出双向和多向互动的局面，使学生始终保持一种自觉、主动、热情的学习状态，投入读、思、议等语文实践活动中去。自主朗读学习后，在汇报交流之时，我设想学生可能会说，结局不同是因为性格不同：喜鹊勤劳而寒号鸟懒惰。

新课标指出：各个学段的阅读教学都要重视朗读和默读，关于朗读的目标都要有"有感情地朗读"。所以，在理解这部分的过程中我采用齐读、引读的方式，通过精心设置的导语"当喜鹊一早飞出去时""当喜鹊东寻西找，衔回来枯草时""当喜鹊忙着做窝时"，引导学生有感情地反复朗读"寒号鸟却只知道出去玩，累了就回来睡觉"这一句话，体会寒号鸟的懒惰；接着，采用想象说话的方法，抓住关键词"东寻西找"，让学生想象喜鹊都可能去哪些地方东寻西找？从而体会喜鹊的勤劳，并训练了学生的说话能力。也有学生可能会说，两者结局不同是因为寒号鸟不听劝告。对于语言学习来说，朗读是非常重要的一种学习方法，通过朗读能够更好地将自身的感情融入其中，增加学生对文学的理解。所以，在这一步，我继续采用读悟结合法，抓住"躺在崖缝""冻得直打哆嗦""伸伸懒腰"等动作描写以及两次劝说中寒号鸟和喜鹊的对话，让学生分角色、做动作，在表演中读出喜鹊两次劝说时越发急切之情和寒号鸟得过且过的心理状态，从而加深学生对两者性格的理解，培养同学之间合作学习的精神，进一步增强语感，帮助学生理解寓意。

（三）想象说话，体悟哲理

在厘清造成故事结局的原因后，引导学生讨论交流寒号鸟在寒冬腊月来临时怎样做才能不被冻死。由于"语文教学要注意学生的创造潜能，注意学生的可持续发展"，所以，我采用想象说话法，给学生创设想象的空间，使学生的创造潜能得到开发。二年级的学生可能在此项教学中不能很好地组织语言和逻辑，老师可以适当地设置提示性语言，引导学生关注寒号鸟的做法，想象说话，改写结局，再通过对两个结局的对比，感悟故事的道理：幸福要靠劳动来创造。

（四）联系生活，升华应用

在学生已经理解了寓意的基础上，我让孩子们联系实际，交流自己在生活中见过哪些寒号鸟的故事？新课标要求，低段学生在阅读过程中要有自己的感受和想法，并能与人交流，且语文的外延和生活相等，一课的结束并不意味着学习活动的完结。于是，我采用自主思考、交流共享的方法，让学生懂得"寒号鸟"行为的代表性，看到生活中更多的"寒号鸟"，从而加深学生对寓意的理解，同时，让学生在阅读中得到智慧的启迪。

七、画龙点睛，说板书

在课堂的尾声，我用板书对本节课的教学做一简单归纳。板书贵在提纲挈领、画龙点睛，能有"尺幅容万言"的功效。通过抓住两个主人公的性格特点，总结出幸福要靠劳动来创造的人生哲理。画面美观，条理清晰，简洁大方，能根据板书的主体，直观把握课文重点，看上去一目了然。

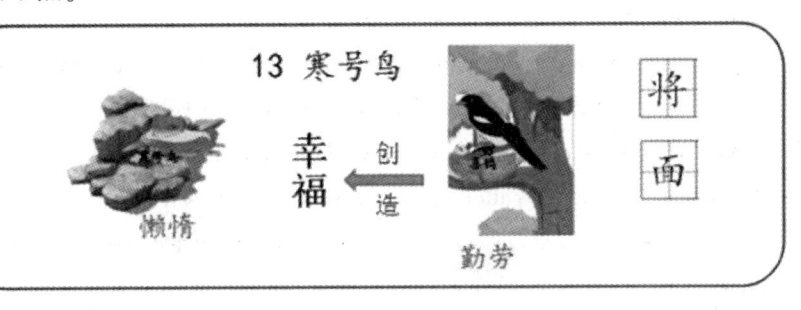

Unit 3 My Weekend Plan

■ 樊晓霞

Good morning. I am Fan Xiaoxia. Now I am very honored to talk about the teaching design with you. And I will explain what, how and why I teach from 4 aspects.

First of all, let's focus on my own understanding of the textbook and the analysis of the students' learning situation.

Textbooks are important materials and means to achieve teaching objectives. And you know that this is Part B of Unit 3, PEP Primary English, Book VII. The theme of this unit is My Weekend Plan. And in this unit we begin to learn new sentence pattern (be going to) to express activity plan. Today we will try to ask and answer for the planned time and place. By analyzing the textbook, I have extracted 4 questions. These are the main points of this lesson.

The English curriculum standard points out teachers should insist on students as their own and pay attention to individual differences. After learning English for about 5 years, most of students are willing to study in this course. They participate in the learning activities with active thinking and practical ability. They have formed a certain good behavior habit.

Therefore, I need create more opportunities and activities for them to read, communicate and express themselves.

Based on the curriculum standard, teaching material characteristics and students' practice, I have set the following teaching objectives:

No. 1

By the end of the lesson, students will be able to read, recognize, and use these words/sentences: space travel, half price and Travel to Mars.

Where are you going? When are you going? And we also call them the 4-skilled words/sentences.

No. 2

After this lesson, students are successful in describing their activity plan, especially, talking about the time and place of the plan. Besides, students can read and understand short passages, interview others and summarize the report.

No. 3

The students understand that we should make a reasonable plan before the activity. And after this class they will know that the theater usually has half price tickets on Tuesdays.

And, the main point of this lesson is to make sure that students can use 4 questions correctly and skillfully and they can read and understand the passage.

The difficult point is to interview others with 4 questions and summarize the report.

Secondly, let me talk about the teaching methods and the learning methods.

The new curriculum standard points out teachers should organize various forms of interaction and encourage students to learn and use English through observation, imitation, experience, inquiry and display.

Therefore, I will guide students to learn this lesson through communication, discussion and display.

In order to highlight key points and difficulties and implement learning methods, I carry out the teaching plan through teaching, talking and guiding. As a teacher, I also hope I can teach my students to master and use English in a relaxed and humorous way.

Thirdly, it's time to talk about how and why I teach this way.

In order to achieve the teaching goals and receive the effect by teaching and learning methods, I designed 6 links for this lesson. They are from easy to difficult step by step.

Step 1. Warming-up (**It will cost about 3 minutes.**)

After greeting with the students, we will singing a song: Zoom, Zoom, Zoom, We're Going to the Moon. After this, there are 3 questions.

Purpose: You know that well begun is half done. So warming-up is especially important. And it is a good choice to sing a song. The 3 questions will guide the students to the topic.

Step 2. Lead in (**It will take about 5 minutes.**)

1. Play a game: divide the word cards into 4 groups.

2. Check together.

Purpose: I designed like this in order to lead the students to review the words and the sentence patterns we learned last lesson. At the same time, they will know how to cooperate with others.

Step3. Presentation (**Let's talk. It will take about 8 minutes.**)

1. Task 1: Watch and answer the 5 questions. At first, I ask one or two questions. And then I guide the students to ask questions and choose others to answer.

2. Task 2: Underline the key words or key sentences.

3. Task 3: Role-play.

Purpose: This is the main part of this lesson. The purpose of this is to draw the whole students' attention to learn how to ask and answer the time and place of plan activity with the main sentence patterns. The students are so young, and they need an easy way. So I extracted 4 questions. I hope I can help them. And I did it.

Step4. Practice (**Interview and report**)   (**It will cost 10 minutes.**)

1. Guess and have a try.

2. Practice: interview your friends.

3. Make a report.

Purpose: As a teacher, I must strive to create environment for students to "learn by doing". In this part, I teach them how to use 4 questions to interview and encourage them talk about their activities, time and place. That also means practice what you leant.

Step 5. Development/Production (**It will take about** 10 **minutes.**)

Who will get the world in the future? That's the readers. So I create 4 different reading essays and ask the students to complete the exercises. Task-based teaching and communicative language teaching are used here.

Purpose: "Reading is an important way to use language to obtain information, to understand the world, to develop thought and to gain aesthetic experience," said the new curriculum standard. The activity is to develop students' abilities of reading, writing and communication.

Step 6: **Moral education** (**It will cost** 4 **minutes.**)

1. Sing a song: What are you going to do?

2. Evaluation feedback.

3. Sum up and homework.

Purpose: There are two aims. One is to let the students understand we should make a reasonable plan before the activity. Another one is to review and consolidate what we have learned.

At last, it's time for blackboard design.

Purpose: Intuitively presents key sentence patterns.

Teaching reflection:

The design mainly reflects three characteristics: First, pursue the gradual realization of learning goals, so that students can learn well. Second, develop the students' abilities to express. Third, improve English comprehensive literacy.

That's all for my teaching design. Thank you a lot for listening.

我要的是葫芦

■ 梁存雪

一、走进文本，潜心研读——说教材

《我要的是葫芦》选自部编版教材小学语文二年级上册第14课，是一篇寓言故事，文章语言优美，富含哲理，讲述了一个人种了一棵葫芦，可在葫芦长蚜虫后不听取邻居的建议，最后葫芦都掉落的故事。通过这篇寓言，告诉学生事物之间是有联系的，不能光看一方面，另外要听取他人的正确意见，并做出及时的反应。

二、以人为本，关注学生——说学情

二年级的孩子经过一年的学习，已经掌握了一些识字方法，也具备一定的阅读能力，但孩子们的思维特点仍处于具体形象思维，对于寓言，常常只能理解内容的具体形象方面，而不能理解思想意义方面，仍需要教师进行指导。

三、基础打牢，阅读寓言——说教学目标

语文课程目标的核心是全面提高学生的语文素养，为学生的全面发展和终身发展奠定基础。根据新课标的要求和教材的特点，我从知识与能力、过程与方法、情感态度价值观这三个维度确定了本课的教学目标：

知识与能力：巩固基础知识，理解重点字词的意思并学会应用。了解葫芦的样子。

过程与方法：流利地朗读课文，通过对比朗读，体会反问句、感叹句与陈述句的不同语气。

情感态度价值观：初步懂得做任何事情都要注意事物之间的联系。

四、明确重点，突破难点——说教学重难点

我依据《语文课程标准》以及本课在教材中所处的地位和作用，确立了以下教学重难点：

1. 教学的重点：理解重点字词的意思并学会应用。通过对比朗读，体会反问句、感叹句与陈述句的不同语气。

2. 教学的难点：初步懂得做任何事情都要注意事物之间的联系。

五、优化组合，营造和谐——说教法学法

教无定法，但科学合理的教学方法能使教学事半功倍，教与学达到和谐完美的统一。本篇课文，我灵活运用多种教学方法进行优化组合。

1. 多媒体辅助法。学生都喜欢直观形象的内容，我利用课件充分发挥文中插图的作用，以助学生理解课文内容，激发学习兴趣。

2. 阅读法。叶圣陶先生认为语文教学最基本最好的方法就是读。我采用多种形式朗读，如：范读、自由读、分角色读、配乐读等，力求达到"以读代讲""以读悟情"的教学效果，突破教学重点。

六、以读为本，生动课堂——说教学过程

这节课我的教学思路预设为：创设情境—激趣导入，初读课文—感知内容，再读课文—体会情感，研读过程—解读原因，拓展交流—续编故事。

1. 创设情境，激趣导入。（预设 2 分钟）

兴趣是最好的老师，是获取知识、培养创造思维的巨大推动力。开课之初我将带着小葫芦并出示葫芦图片，快速吸引学生。进而对"葫芦"两个字进行正音，我让孩子们观察"葫芦"这两个字的共同点，引导学生发现和运用形声字的规律。鼓励学生用学过的换一换、加一加等方法，创造性地自主学习生字。这样导入可以在快速吸引学生的注意力、激发学生的好奇心和阅读课文的欲望的同时达到识记生字的目的。然后自然而然地板书课题：我要的是葫芦。

2. 初读课文，感知内容。（预设 5 分钟）

在调动学生学习积极性后，我说："多么可爱的葫芦呀，谁想来摘

一摘?"通过和学生一起玩摘葫芦的游戏,达到识记重点字词的目的,让学生在学中玩、玩中学。由于学生在课前已经预习过课文,这些字词对于学生来说难度不大,进而激发了学生继续学下去的勇气。然后在识记字词的基础上,让学生大声朗读课文,通过填空的方式概括课文主要讲了一件什么事。课标中指出阅读是学生的个性化行为,应让学生在读中解决一些简单的基础问题。

3. 再读课文,体会情感。(预设8分钟)

阅读教学要植根于情感,朗读是加深学生情感体验的最好方法,同时也是一种极具个性、融合理解与表达于一体的综合活动。在整体感知课文内容、扫清障碍之后,我紧紧抓住描写葫芦样子的句子,指导读出小葫芦的可爱,由表及里,层层深入,让学生在反复朗读中感悟文本。

接着抛出一个问题:小葫芦是怎样长出来的呢?(花谢以后),由此理解生字"谢",在日常生活中,"谢"大多表示"谢谢、感谢",而在这里指葫芦花凋落的意思。对于二年级的学生来说,还比较有难度,因此我通过出示花朵凋零的动画让学生更好地理解"谢"的多种意思。理解意思之后,指导学生书写"谢"这个生字。"谢"是本课书写的难点,因此我先引导学生观察每个部件在田字格里的位置,板书示范三部分的高低宽窄,再让学生练习书写,就能达到事半功倍的效果。

"多么可爱的小葫芦呀!那个人每天都要去看几次"这句话能看出什么呢?让学生通过"这个人每天去看几次"体会到种葫芦的人对小葫芦的喜爱,从而读出种葫芦人的喜爱之情。用提问的方式引导学生学习下面的内容,使每个自然段环环相扣。

如果你也有这么可爱的小葫芦,你希望它秋后长成什么样啊?课文中这棵可爱的小葫芦到底怎么样了?配乐渲染朗读第四段,了解葫芦掉落与之前的区别,引导学生体会种葫芦人难过的心情。

4. 研读过程,解读原因。(预设20分钟)

小葫芦慢慢地变黄了,一个一个都落了。是什么原因呢?自然过渡到第二、三自然段的学习。原来是因为叶子生了蚜虫。由于我们的学生没有生活经验,对于蚜虫并不了解,因此我通过图片和蚜虫的独白让学生对蚜虫有所了解。进而明白叶子上的蚜虫,如果不治是会危害小葫芦的。然而种葫芦的人却不这么想,让学生找出种葫芦人的想法:有几个虫子怕什么?相机对反问句改为陈述句进行学习。理解了种葫芦的人对

"蚜虫"满不在乎的态度。明白了他的眼中只有小葫芦。我会重点和学生讲解"盯",示范写,全班同学根据笔顺书空,并提醒学生"盯"字左高右低,提示重点笔画,学生书写(写前提醒写字姿势),我将会拍照展示,生评。通过做动作演示"盯",让学生体会种葫芦人眼中只有小葫芦。

接着我会让学生看图片理解"自言自语"的意思,联系生活经验说一说。并抓住反复词语"快长啊,快长啊!",抓住感叹号朗读指导,指导学生读出种葫芦人自言自语的语气和热切期待葫芦快快长大的心情,指名读。

这一幕刚好被邻居看见了,引导学生分角色朗读,体会种葫芦人对邻居劝说同样也是满不在乎的态度。然后让学生交流分享对种葫芦的人说的话,深刻理解种葫芦人的错误看法,让学生逐渐明白葫芦叶子和葫芦果实密不可分的关系。

5. 拓展交流,续编故事。(预设 5 分钟)

学了课文之后,叫学生说说如果第二年种葫芦的人又种了一棵葫芦,他一定会注意什么呢?通过拓展延伸,使学生们展开想象的翅膀,既培养了学生的想象能力、表达能力,又丰富了他们的课外知识。

七、体现内容,凸显常识——说板书

那么接下来可以介绍一下我的板书设计。(指板书)我的板书设计力求条理清晰,突出了我本堂课的重点以及难点内容。本节课力求让学生都能够积极参与到课堂教学中来,在轻松愉快的氛围中,让不同层次的学生都有所收获。

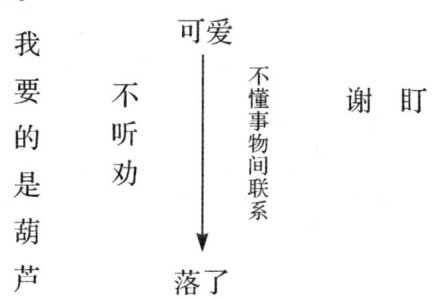

```
我要的是葫芦    可爱           谢 盯
              不      不懂事物间联系
              听
              劝
              ↓
              落了
```

月球探秘

■ 赵显军

一、教材分析

（一）地位和作用

七年级地理（上册）中讲述了地球的大小、形状及运动，从宏观介绍了地球的基本概况。但在初中地理课程中，没有涉及地外星球，学生对地外星球乃至宇宙的了解甚少，也缺乏有效的学习方法。鉴于此，很有必要在认识地外星球方面给学生进行一下拓展，培养学生关注天文现象的意识，激发学生探索宇宙的强烈兴趣。

月球是离地球最近的天体，也是天空中仅次于太阳的第二大天体，是人类探索宇宙的前哨，因此课题定为《探秘月球》是比较切合学生实际的。本节课是学生在认识了地球的基本概况的基础上对星球学习的进一步深入和拓展，又为高中课程中《地球的宇宙环境》的学习奠定了基础，在整个地理知识体系中起到了承前启后和拓展引用的作用。

本节课分两大部分内容，分别是月球的概况和月球的自然环境，其中月球的质量大小决定了月球引力的大小，引力的大小又影响了月球的大气、水等环境，这两部分内容彼此前后联系，形成一个整体。

通过这节课的学习，学生了解有关月球的基本知识，提高分析问题的能力，产生探索宇宙的强烈兴趣，并对将来学习和终身发展有重要作用。

（二）教学目标

考虑学生已有的认识结构和心理特征，制定了如下教学目标：

知识与技能：了解月球的基本概况，认识月球的自然环境。

过程与方法：通过查阅资料、对比、分析等过程，学会认识地外星球的方法与思路。

情感态度价值观：通过学习，培养学生关注天文现象的意识，激发学生探索天文知识的兴趣。

通过对教学目标的分析，确定本节课的教学重点。

（三）重点：月球的自然环境

这部分知识有较强的实用性，与现实生活联系特别密切，也是学生判断月球是否适合人居的依据。

（四）难点：月球的运动

这部分内容比较抽象，而且初中生的空间思维能力不强，学生不好理解。

二、说学生

学生在七年级地理中已经学习了地球的大小及运动，已具有认识星球的初步思路和方法，因此在进行本节课学习时，学生可以提前查阅相关资料，并在课堂上交流。学习中可以引导学生自主探究月球的自然环境，从而使学生学会学习和研究天体的基本方法。

对初中生来说，空间思维能力还是不强，所以关于月球的运动需要演示学习，通过演示，学生形象直观地认识月球的运动，并理解为什么从地球上观察月球，只能观察到正面，永远看不到背面。

八年级学生具有好奇、好动、好表现的心理特点，因此要抓住学生的这些特点，通过小组合作、讨论等学习方式，培养学生学习能力，促进学生个性发展。

为了更好地达成本节课的教学目标，突破教学重难点，我对教法和学法进行了如下设计。

三、说教法

现代教学理论认为，在教学过程中，学生是学习的主体，教师是学习的组织者和引导者，教学的一切活动都必须以强调学生的主动性、积极性为出发点。根据这一教学理念，结合本节课的内容特点和学生的心理特征，本节课我采用以问题引导法为主，读图分析、讨论、讲练结合、演示等教学方法相配合的教学方法。

整个学习过程中始终让学生观察图片，并思考一些有趣的问题来引导学生学习，体现了学生学习的主体性和学习的过程。针对"月球是否适合人居？"这个问题让学生讨论，提高了学生的发散思维能力。在学习了月球的大气环境后，让学生思考宇航服有哪些功能，这种讲练结合的方法，使学生既掌握了所学知识，也提高了分析问题的能力。

四、说学法

首先，在生理上，青少年好动，注意力易分散，爱表现自己。抓住这一生理特点，创造多种机会和条件，让学生参与进来，提出自己解决问题的办法，发挥学生学习的主动性，使学生学会合作学习。这样可使学生在探究性学习中，掌握比较、综合分析、归纳总结等科学的学习方法。

其次，有效利用互联网和图书馆知识量丰富、资源共享这些优点，我鼓励学生从互联网和图书馆中获取知识，向学生介绍一些网站、搜索引擎和关键词，教给学生独立获取知识的方法。

五、教学过程

（一）导入新课

由于地球人口膨胀，资源枯竭，有人提出向月球移民，那么月球是否适合人居？通过这样一个有趣的问题，引入新课，能激发学生认识月球的强烈欲望，提高课堂教学效率。

（二）展开教学

1. 月球的概况

（1）月球的起源

在这个环节中，我首先展示同源说、分裂说、俘获说的图片，并简要阐述观点，分析可能性的大小。其中针对撞击说，展示一段形象的视频。通过形象生动的视频和讲解，将学生引入行星撞击地球而形成月球的"撞击说"中，激发了学习兴趣，营造了生动的学习氛围。

(2) 月球的大小

这部分主要是通过一些数据来说明，学生课前通过查阅资料有所了解，并在课堂进行分享，但对一些庞大的数据，学生感受不深，所以在这里与地球进行比较。月球直径是地球的1/4，体积是地球的1/49，质量是地球的1/81。通过与地球的比较认识到月球的大小，为学习月球自然环境埋下伏笔，同时，也对学生课前查找的资料创造了展示的平台，进一步培养了学生获取地理信息的能力。

(3) 月球的运动

先让学生了解到月球的公转方向与周期，并让学生利用月球仪进行演示。然后再了解月球的自转，得出公转与自转方向、周期相同的结论，并进行演示。通过演示，学生直观观察到，从地球看月球，只能看到正面、不能看到反面的现象。

2. 月球的自然环境

(1) 地形

通过观察月球图片认识月球的地形。深颜色的地方为月海，主要是海拔较低的平原和盆地。白色区域为海拔较高的山地和高原。另外，月球上还有一种分布广泛的特殊地形，那就是环形山，并分析环形山的形成。通过图片观察和分析，提高了学生的读图能力和分析问题的能力，并了解了月球的地形。

(2) 空气

首先，让学生思考一个问题，没有空气的月球表面与有空气的地球表面环境有什么不同呢？这个问题可以激发学生极大的学习兴趣，学生可以从气压、天气、天空、声音等方面分析，这部分内容要涉及一些物理知识，所以学生可以从物理角度分析得出：

声音——无，交流需要用无线电；

天空——黑色，因为没有空气的散射；

气压——小，因为没有空气；

天气——无刮风、下雨、云等天气，只有晴天，且昼夜温差大。

其次，展示宇航服，让同学思考宇航服的功能。

【学生分析】防辐射；提供氧气；防寒隔热；增加气压；通话。

通过分析，了解月球表面的大气环境，并提高分析问题和应用知识

的能力。

(3) 重力

【提问】为什么没有空气？这个问题学生可以用刚刚学过的月球的质量来解释，提高学生对知识的应用能力。

【展示视频】宇航员在月球上行走和跳跃的视频，让学生判断出月球上的引力小，并得出月球上的重力仅仅是地球的1/6的结论。

通过这段形象的视频，使学生直观感受到月球上的重力较小，并理解这也是月球上没有空气的原因，因为引力小，吸引不住空气。

(4) 资源

生命之源——水

先让学生比较月球与地球照片的颜色，判断月球上是否有水？然后让学生了解科学家们根据采集回来的月样的分析得出的结论，从而得出：一直以来，科学家们认为月球上没有水，比地球上的沙漠地区还要干燥。但是，也有科学家猜测，月球南北两极的永久阴影带可能有固态冰的存在。然后展示美国20世纪90年代探测的结果：月球上的确存在固态冰。

【讨论】如果月球上有水，对我们人类来说，有什么意义？

通过这个问题的学习，让学生明白，随着科技的发展，科学探索越来越接近事实，所以在科学探索的道路上，我们要有坚持不懈、勇于探索的精神。通过讨论题，开阔学生的思路，提高了学生的发散思维能力。

重要能源——太阳能，氦-3

【提问】为什么月球上太阳能资源丰富？学生根据月球大气环境来分析：由于月球表面没有空气所致，至于太阳能资源的开发，学生比较熟悉，就不赘言。

氦-3是学生比较陌生的能源资源，所以作为重点介绍。

【展示资料】

简介：氦-3，这是一种高效、清洁、安全的核聚变燃料，如果利用核聚变发电，氦-3是最安全最清洁的能源。

储量：地球上的氦-3非常稀少，全球共500斤，据科学家初步估算，月球上的氦-3储量达100万至500万吨。

通过资料，学生了解到氦-3是一种非常清洁、安全、高效的能源，并且在月球上的储量很大。

【计算】中国一年的发电量，大约只需要最多不超过 10 吨的氦-3，而全世界的需求约在 100 吨或者多一点。一架航天飞机大约可以运 30 吨，计算：如果人类用月球氦-3 发电，月球氦-3 可供人类使用多少年？要满足全球一年的发电，航天飞机需要从月球运多少趟？

通过计算使学生认识到，开发月球氦-3 能源的现实意义。

人类能源现状：煤炭、石油、天然气等能源资源再开采 100 年就枯竭了，所以氦-3 是一种潜力巨大的能源资源，尤其对中国这个人口大国来说，月球资源的开发，显得尤为重要。

【讨论】如果人类将来真的向月球移民，那么在月球上人类的生活与地球上有什么差异？从衣食住行等方面来想象。

这个问题与导课时提出的问题前后呼应，贯穿一节课的始终，使整个一节课成为一个有机整体，并且通过讨论提高学生分析问题、解决问题的能力。

【小结】今天我们了解了月球的概况及月球的自然环境，通过学习，我们对月球有了初步的了解和认识，也知道了认识一个星球的思路和方法。虽然月球是我们人类认识最全面的一个地外星球，但我们依然没有完全解开月球神秘的面纱，还有很多未知数值得我们去探究。只有我们对月球有了全面而深入的了解，我们人类向月球移民的梦想才能实现，开发月球资源为人类服务的愿望才能达成。所以我希望，将来有从事航天事业的同学肩负此重任，为探索月球和宇宙而努力奋斗。

六、板书设计

月球探秘

（一）月球的概况

1. 起源；
2. 大小；
3. 月球运动。

（二）月球的自然环境

1. 地形：月海，月陆，环形山；

2. 空气：无；
3. 重力：地球的 1/6；
4. 资源：水，太阳能，氦-3。

【设计意图】 简明、扼要、思路清楚，箭头说明地理要素之间的联系。

总之，对课堂的设计，我始终在努力贯彻以教师为主导，以学生为主体，以问题为基础，以能力、方法为主线，有计划地培养学生的自学能力、观察和实践能力、思维能力、应用知识解决实际问题的能力和创造能力为指导思想。并且能从实际出发，充分利用各种教学手段来激发学生的学习兴趣，体现了对学生创新意识的培养。

图书馆

■ 周 华

一、教材分析

《图书馆》这节内容为义务教育阶段北师大版一年级下册第六单元《加与减》的第一课时，主要探索"两位数加一位数进位加法"的计算方法。本节内容既是 20 以内数的加法和 100 以内数的不进位加法的进一步发展，也是学习两位数进位加法的基础。探索计算方法是第一课时的教学重点。教科书通过生活情境，提出两位数加一位数的进位加法问题，并且先借助直观模型，呈现了三种解决问题的思路，然后呈现竖式的算法。把新旧知识联系起来，在学习完 20 以内的进位加法和两位数加一位数的不进位加法的基础上，来探索两位数加一位数进位加法的多种计算方法。按照 2011 年新版课程标准要求，本节课利用《图书馆》的生活情境图，能使学生体会到数学与现实生活的紧密联系，认识到数、符号是刻画现实世界数量关系的重要语言，从而认识到数学是解决实际问题和进行交流的重要工具，从中感受到数学的价值。初步学会运用数学的思维方式去观察、分析现实社会，去解决日常生活和其他学科学习中的问题，增强应用意识，培养初步的应用能力。可见这节课的内容在整个教材体系中起着承上启下、举足轻重的作用。

二、学情分析

一年级学生认知水平处于启蒙阶段，尚未形成完整的知识结构体系。由于学生所特有的年龄特点，学生有意注意力占主要地位，以形象思维为主。对于一年级第二学期的数学学习，学生们已经掌握了 20 以内的加减法，也刚刚经历了两位数加一位数不进位加法的学习。本课时教师根据教材内容，从学生的年龄特点及认知规律出发，精心设计"图书馆"这一问题情境，让学生在情境中提出问题、解决问题、探索并掌握计算方法。因此，一年级的数学教学应该加强学生的实际感知，丰富学生的生活经验，让学生在现实情境中把握数的意义和运算的意义，发展数感和符号感。培养学生提出问题、分析问题、解决问题的能力。同时也培养学生的观察能力，激发学生的学习兴趣，使学生真正感受数的运算与生活密切联系，并能运用所学的知识解决有关的简单实际问题。

三、说教学目标及重难点

结合教材的内容、新课标的要求以及学生的学习情况，现制定以下教学目标：

知识与技能：需掌握两位数加一位数进位加法的计算方法，会用竖式计算进位加法，知道"满十进一"的算理。

过程与方法：通过生活情境，提出两位数加一位数的进位加法问题，并且先借助直观模型在解决实际问题的过程中，进一步经历各种算法的过程，体验算法的多样化。

情感态度价值观：在生活情境中，激发学生的学习兴趣，发展学生的数学思维能力，培养学生的动手意识和主动探索的精神。

在本节课中，我们要突出的教学重点是：进一步体会加法的意义，感受数的运算与生活的密切联系，并能运用所学的知识解决有关的简单实际问题。

要突破的教学难点是：在具体情境中，通过操作探索并掌握两位数加一位数进位加法的计算方法，初步体会计算方法的多样化。

四、说教学方法

《数学课程标准》指出："有效的学习活动不能单纯地依赖于模仿和记忆，动手实践、主动探索、合作交流是学生学习数学的重要方式。"基于以上所述，我准备组织学生通过自主探究的学习方法，充分让学生动脑想、动口说、动手实践，从而使学生获得新知，并以四人小组形式，主动探索，合作交流，根据学习任务逐步达到学习目标。

教学方法的选择对于学生接受知识、锻炼能力起着非常重要的作用。本节课我将利用多媒体创设情境、操作探究、直观演示、动手验证、层次练习法贯穿于始终。注意实践操作与直观演示活动有机地结合，让学生在计算时头脑中有具体的模型做支持，充分理解算理，避免单纯地背诵计算法则，枯燥地进行操练，把抽象的数学知识变为具体可操作的知识。在探究过程中，重视多媒体课件演示与动手实践相结合，引导学生探索算法多样化。

本节课需要用到的教具学具有：PPT、小棒、计数器。

五、说教学流程

以上是我的教学理念，而教学过程中最重要的是从学生的实际情况出发，将教学理念融入教学中。所以在教学程序上，我把本节课分为以下七个环节：情境导入—问题引导—自主探究—合作交流—直观演示—小结—巩固练习。

（一）情境导入

根据一年级学生对生活情境的认知，可以问："同学们，你们去过图书馆吗？今天我们一起来看看笑笑学校的图书馆，你都发现了哪些书籍？"

【设计意图】引导学生仔细观察，找出图中的数学信息。

（二）问题引导

根据已知的数学信息，让学生们提有关加法的数学问题，同时规范学生提问时的数学语言，进一步引导学生怎样解决"童话世界和丛林世界共有多少本？"的问题。同时出示 PPT，学生已经能够解决把两种书合起来的问题，在列式上不会有困难，所以重点放在计算方法的探究上。

（三）自主探究

1. 先由学生列出算式"28+4 ="，这时可以问学生："我们可以用

什么方法来计算 28+4 呢?"学生在已有的学习经验上会说出"摆小棒""拨计数器"等方法,这时要鼓励学生,及时表扬学生,提倡用多种算法来解决问题。

2. 个位"满十"需向十位"进 1"是本节课的难点,所以教学时应让学生借助小棒演示摆 28+4 的过程,利用熟悉的小棒模型,把问题转化为已有知识来解决。可以让学生上台来演示自己摆的过程,边摆边说,这时教师用算式记录过程;随后全班交流计算方法。

3. 对教科书中的第一种算法,要重点解释"8+4=12"是怎么操作的,有学生会说是把个位上的数字相加,这时要及时给予肯定,表扬鼓励学生,调动学生自主探究的积极性;第二种算法:先从 4 根小棒中拿出 2 根,与 2 捆零 8 根小棒凑成 3 捆,在此过程中,可以问问学生为什么要先拿出 2 根与 2 捆零 8 根合在一起?学生会根据以往的学习经验回答出"凑十法",即"28+2=30",此算法体现凑 10 的思想,最后再加上剩下的 2 根。

【设计意图】本环节中,在复习回顾的基础上进行有效的动手操作,把学生演示和教师提问有机结合,更加清晰地剖析了多种计算方法的算理。

(四)合作交流

我会让学生们四人一组,拨一拨计数器,讨论怎样拨计数器来计算"28+4"。学生在汇报时,说出拨的过程,教师用多媒体演示,讨论个位上满十了怎么办,学生根据学过的知识内容,会说出"个位满 10 向十位进 1",或者"用十位的 1 个珠子换个位的 10 个珠子",都要给予肯定。

【设计意图】学生是课堂的主体,因此,小组讨论,独立思考,既能调动学习积极性,也能够及时反映学生的学习能力和参与能力。

(五)直观演示

经过以上的学习过程,我会直接演示用竖式来计算"28+4",引导学生说说竖式每一步的意思,例如,为什么 4 要和 8 对齐?是拨计数器中的哪一步？重点讨论"8+4=12"，"满十"怎么办？怎样记不会忘了"进1"？十位变成几？板书进位"1"，可以问问学生"当你看到竖式上的进1，你想到了什么？"唤起学生"个位上10个珠子换成十位上1个珠子"的表象。

【设计意图】 帮助学生理解个位相加"满十"向前一位"进1"的道理。结合学具操作引起要加进上来的"1"，是竖式计算与学具操作密切结合，给学生新学习的内容一个清晰的印象，有利于正确掌握计算方法，提高计算能力。

（六）小结

总结竖式计算时的注意事项，可以提问：竖式计算时从哪一位开始加方便？为什么？

让学生说一说可以用哪些方法来计算"28+4"，几种方法之间有什么相同点，然后帮助学生总结只有相同数位上的数才能相加，这是由计数单位而决定的。

【设计意图】 回顾整节课的内容，强调两位数加一位数时要考虑进位，所以从个位上开始加更方便；并且总结归纳了多样化的解决方法，并加深了对注意事项的印象。

（七）巩固练习

PPT出示另一个问题："童话世界和海底世界共有多少本？"学生独立列式，用自己喜欢的方法计算"28+9"，限时1分钟。

学生们可能会用：摆小棒、拨计数器、列竖式等不同方法，时间到时，我会统计用不同方法得出正确结果的学生人数，让学生根据人数进行比较哪种方法最方便快捷，准确率高。

【设计意图】 这样的练习，不但可以把整节课的多样化算法进行总结反思，也能达到使算法优化的目的，让学生们自己体会竖式解决两位数加一位数进位加法的优势。对所学知识进行及时训练，以达到灵活运用和牢固掌握的目的。

(八)板书设计

```
                    图 书 馆
                ——两位数加一位数的进位加法

                   28+4=32（本）

    ① 8+4=12                          十  个
       20+12=32                        2   8
                                    +  1   4
    ② 28+2=30                          3   2
       30+2=32

    答：《童话世界》和《丛林世界》共32本。
```

【设计意图】 黑板的第一行中间板书《图书馆》，右下方写副标题：两位数加一位数的进位加法，突出了本节课学习的主题。正中间写算式"28+4=32（本）"，左边是摆小棒对应的口算方法（两种），并且上下排列，目的是随时可以进行观察与对比；右边是竖式计算，并用红笔标明进位"1"，着重强调进位不能丢，突出了竖式计算的主体地位，最后一行写答语，给学生起到示范作用。

确定位置

■ 王 佳

一、说教学目标

本课,我将遵循"教学要着力于学生全面发展"的重要理念,针对四年级学生的认知起点和心理特点,结合教学资源,拟定了三个方面的教学目标。

知识目标:使学生学会在情境中探索确定位置的方法,并能在方格纸上用"数对"确定位置。

能力目标:使学生在探索知识的过程中发展空间观念,并增强其运用所学知识解决实际问题的能力。

情感目标:感受确定位置的丰富现实背景,体会数学的价值,产生对数学的亲切感。

二、说教学重点、难点

本课的教学重点是:使学生经历确定位置的全过程,从而掌握用数对确定位置的方法。

教学难点是:在方格纸上用数对确定位置。

三、说教法、学法

在教法方面,按照新课程标准所倡导的自主、合作、探究的学习方式,本节课我将注重生活信息的重现,围绕"如何用简洁明确的方法确定位置"的问题,结合学生的已有经验,通过观察、讨论、探索等方法,让学生经历用数对确定位置的过程,体验学习的价值和解决问题的乐趣。为了提高教学效率,我准备了多媒体课件。

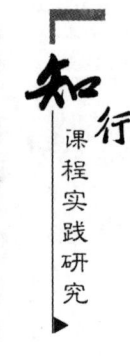

在学法方面，主要是通过学生的实践探索和合作交流来体现的。本课内容的实践性、应用性很强，因此要让学生亲身实践、自主探索、解决问题，以此培养学生的合作意识和能力，逐步掌握学习的方法。

四、说教学媒体

多媒体课件。

五、说教学评价

教师的课堂教学评价应该客观地指出学生的长处和存在的缺点，既不能一味地肯定评价，也不能一味地批评，要让学生知道哪儿是好的，哪儿是不好的；哪儿是对的，哪儿是错的，错在何处。准确的课堂教学评价还需我们关注课堂中生成的细节，及时提醒学生，有效地帮助学生纠正错误。

例如在孩子们用自己的语言来表示数时，我就用"老师真佩服你们呀！你们的表示方法和数学家非常接近了，想不想知道数学家是如何表示的？"来激发学生的好奇心，调动求知欲。再例如我设想把直观座位图抽象为方格图时，让孩子们自发设想提建议，并鼓励他们"你的主意不错，你的想法提醒了我，我怎么就没想到等等"促进学生思考，并让孩子们在学习过程中体验成功的感觉。这样的师生评价，一定会让孩子们感觉到学习的快乐。

因此，在课堂上不要吝啬对学生参与教学活动的赏识与赞许，要及时送上充满激励的评价，让学生获得不断前进的动力，增强自信心，获得成功的快乐。只有这样，我们的课堂才会折射出智慧的光芒，才会充满生机和活力。

六、说教学过程及设计意图

（一）激趣导入

1. 师：同学们喜欢看电影吗？
生：喜欢。
师：瞧老师给你们带来了什么？影票。
拿着影票怎样找到自己的位置呢？

学生交流。

2. 如果在我们班老师也想快速地找出某一位同学的位置可以怎么做？——学生找组找排。

3. 师随机叫起第四组第三排起立。为什么两位同学都站起来了？

4. 那我们平时在班里从老师的角度出发左起第一列是第一组，依次为第二组第三组……那下一步我们可以分什么？

5. 听我的口令：第五组起立，第四排起立。第四组的第三排起立。

6. 那现在这样快速地找到了这一位同学的位置是如何做到的？——看他是第几组，第几排。

7. 师板书第几组、第几排，并出示课题板书确定位置。

【设计意图】通过有趣的交流，使学生初步体验确定位置的方法，为下一步探究新知识做好铺垫。

（二）创设情景探究新知

1. 出示图1

（1）谁来说一说老师的好朋友淘气的位置。

二组四排。

（2）你是如何来确定的呢？

——我是像刚才在班里那样从左往右一列为一组分组，从前往后分排。

（3）那好，我们就按照你说的来做。说说淘气的位置。

2. 抽象方格图2

（1）现在老师突然有个想法，我想能不能用一些简洁的数学语言、符号等等，把这张座位照片变得简洁明了。

——点，方格，数字，线条。

（2）那我就将同学们的智慧整理一下，看我的。

（出示点子，同时配合指导，让孩子们一步步观察纵线表示组，而横线表示排。）

（3）观察纵线横线的交点，发现它表示什么？

——学生的位置

3. 抽象出数对

（1）在这张简洁明了的图上再来说一说淘气的位置。老师还想让

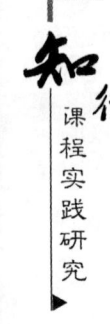

你们像刚才那样,将淘气的位置也用简洁的数学语言或符号来表示?想不想试一试?拿出练习本写一写。

(2) 请四位学生上黑板板演,说一说理由。

(3) 全班对比它们有什么共同点。

(4) 老师真的太佩服你们了,你们用来表示淘气位置的方法和数学家非常接近了,想不想知道数学家是如何表示的?

——板书淘气的位置是(2,4)。

(5) 问:你们有什么想说的吗?

生:都有2和4,表示2组4排。

逗号是分隔,避免理解为24。

问:那括号呢?

——用括号把这两个表示组与排的数字扩成一个整体。

(6) 数学家把这样的方式称作数对。

(板书:数对)

指导读法,后追练,奇思(4,3)妙想(1,4),追问表示含义。

(7) 那女生交替说出丁丁(5,3)、乐乐(3,5)。

(8) 那大家一起来说一说笑笑的位置(1,1)。

师:请一生上台补充板书(1,1)。

师小结:那我们在读写数对时有什么好的方法!

——水平方向数组,垂直方向数排。

(9) 追练。自己将自己的位置用数对写在这张卡片上,并大声地给你的同桌读出来,并展示给对方看好吗?

4. 观察数对(5,3)(3,5)的特点

学生发现:交换两数位置,表示含义不同。

观察数对(1,1)。

假设写成(1)可以吗?全班思考交流讨论。

那在我们班谁坐在笑笑的位置?

激发思考:在班里谁的位置和笑笑的形式相同呢?

同学们下一个你们自己说是谁?数对多少?

追问:你们有什么发现?

——原来这种数对会形成一条斜线。

5. 出方格图找好朋友

写出一位好朋友的数对，让大家来猜，猜到谁就起立告诉大家自己位置表示的含义？

同时可以上黑板在方格图中指出来。

6. 点兵点将

（老师出示活动要求）我口述数对，请点到的学生起立，其他人判断对还是错。

出卡：(6,?)（?，3）激发学生思考。

小结："数对"是通过一对数来确定位置的，只有一个数是无法确定位置的。

【设计意图】学生从教学情境图出发，体验直观图到抽象方格图的过程，从而体验确定位置的过程，理解数对的意义，掌握数对的读法写法，发展学生的空间观念，培养孩子们的合作意识。

（三）练一练

1. 出示课本第64页第1题。

先读图，再练习。

2. 出示课本第64页第2题。

先读图，再练习。

【设计意图】学生通过练习，巩固新知，从而熟练掌握用数对表示位置的方法，体会由具体到抽象、由教室情境到生活情境的认知规律。

（四）本课小结

这节课你们学到了什么？分享交流。

（五）课外延伸

1. 笛卡儿发明了数对。
2. 数对在生活中其他的用途。
3. 猜字阵。

【设计意图】学生对今日所学进行一个梳理小结。让孩子体会生活中数对的应用，丰富相关知识，提高数学素养。

白桦林好地方

■ 温芳芳

伟大的作曲家舒曼说：要留神听所有的民歌，因为它们是最优美的旋律宝库，使你注意到各种不同的民族风格。今天我就来说说一首来自加拿大的民歌——《白桦林好地方》，我将从以下七个方面进行说课。

一、说教材

本课是人民音乐出版社小学四年级下册第四课《童年的音乐》中的一节唱歌课。本课安排的根据力度记号有感情地演唱要求，为后面课程中提高学生对歌曲感情处理能力做了铺垫。歌词的描绘和曲调的有机配合，仿佛使人置身于迷人的大自然风光中。结束时两次在主音 la 上拉长节拍，抒发了人们对大自然的热爱之情。

二、说学情

本课的教学对象为四年级学生。本阶段学生想象力丰富，在音乐学习中，积累了一定的音乐知识，学生体验、感受音乐和探索、创造音乐的能力越来越强。具有一定的识谱和拍击节奏的能力，具备一定的音乐素养。

三、说教学目标

基于对教材和学情的分析，依据音乐课程标准，我制定以下教学目标：

1. 情感态度和价值观：体验、理解歌曲表现的美好意境，唤起对大自然的喜爱赞美之情。

2. 过程与方法：通过歌曲学唱及器乐伴奏活动，提升学生对歌曲的表现力。

3. 知识与技能：初步了解 2/2 拍的强弱规律，学会用打击乐器为歌曲伴奏。

四、说教学重、难点

本课是以歌曲教学为主的音乐课，所有音乐教法的应用都是为歌曲的演唱做好铺垫。

教学重点：通过听唱、模唱、朗读歌词、艺术处理等方法让学生能够节奏稳定、有感情地演唱歌曲。

教学难点：通过自主探索乐器的使用方法，利用声势打节奏最后能按指定节奏用沙锤和铃鼓为歌曲伴奏。

五、说教法、学法

本课为充分体现核心素养下的深度学习，主要采用以下教法：
1. 学习单导学法；2. 创设情境法；3. 合作探究法；4. 奥尔夫节奏教学法；5. 听唱法。

学生是课程的核心，要让学生积极主动地学习，选择方法很重要：
1. 小组合作法；2. 聆听学唱法；3. 自主学习法。

六、说教学过程

我致力于构建一个民主、和谐、宽松、愉快的音乐课堂：

（一）创设情境，激趣导入

通过创设登飞机和降落的情境，既与地理结合讲解了加拿大的位置又激发了学生的学习兴趣。通过观察白桦林图片，引出课题《白桦林好地方》（板书）

（二）层层深入，学习歌曲

1. 聆听是音乐课最重要的手段之一，快乐聆听会带给学生终生受用欣赏音乐的方式。带着问题，安静地聆听范唱后小组讨论回答。
2. 接着充分利用学习单，通过小组合作的方式：
（1）画旋律线找出相似乐句；
（2）用 lu 模唱解决难点乐句；

（3）通过朗读歌词小组讨论怎么保护白桦林，从而引导学生关注秦岭生态发展，加强"绿水青山就是金山银山"的理念，凸显音乐课的育人功能。

（4）通过小组探索自主学习第二、三段，让学生深度学习，教师及时评价，完成学唱环节。

（三）合作学习　加入乐器伴奏

节奏是音乐的脉搏，节奏掌握得好坏直接影响歌曲的学习。通过奥尔夫节奏教学法，可以有效地加强学生的节奏感。通过声势练习节奏为加乐器伴奏做铺垫。

接着以小组合作探究方式，为歌曲添加铃鼓、沙锤伴奏，这一过程完成了从体验到实践、从理解到感悟的过渡，在拓宽学生思路的同时，有效激发了学习热情。通过小组展示，凝聚了团队精神，增强了自信心。

（四）多元评价　拓展延伸

在重要的教学环节结束时积极开展多种评价方式，并利用学习单"我的宝藏"栏直观地看到小贴画，鼓励学生积极参与课堂活动。学生可以通过积攒小贴画，实现自己的一个愿望。在此渗透思政元素，感受大自然的美，热爱祖国、热爱人民，为祖国的建设贡献一分力量。

七、说板书

板书是无声的语言，我比较注重直观、系统的板书设计，本课的板书结合课题白桦林采用图文并茂的方式呈现。

音乐教师是美育教育的实施者，是美的传递者，我们应该做用生命唤醒生命、用生命激发生命、用生命成就生命的教育。以上就是我的说课内容，欢迎批评指正！

路程、时间与速度

■ 邢婉红

我说课的内容是《路程、时间与速度》，下面将从教材、教法学法、教学程序及板书等方面，向各位老师说说我的这节课将要教什么、怎么教以及为什么这么教。

首先，我来说说自己对教材的理解以及对学情的分析。《路程、时间与速度》是北师大四年级上册第六单元除法最后一课，本节课是在学生学习了三位数除以两位数的运算技能的基础上，通过跑步比赛等生活中的情景，进行梳理归纳，并提炼数量关系，感受模型思想。建立这个模型，不仅在解决生活中的行程问题上有着广泛的应用，同时也为学生将来学习正反比例等知识奠定基础。本课的学习还有一个特别的意义，让学生由第一学龄段的"情景问题串的学习"过渡到第二学龄段的"解决问题的数模学习"。

四年级的孩子正处于由形象思维向抽象思维过渡的阶段，虽然他们抽象思维还不健全，可孩子们在生活中积累了大量的路程、时间和速度的生活经验，只要引导孩子建立牢固而清晰的表象，就能认识到运算规律的存在。这一认知规律和课程标准："在具体情境中，了解常见的数量关系，并能解决简单的实际问题"的要求相吻合。路程时间和速度是小学阶段常见的几个关系量中单独拿出作为新授内容讲解的数学模型，可以这样说，只要成功地理解了量的意义，明确了数量关系，能正确解答生活中的实际问题，那么学习"路程、时间和速度"目的就能达到。依据课程标准、教材特点及学生实际，我确定了以下教学目标：

一是认识路程、时间与速度等常见的量，理解速度的意义。

二是掌握"路程÷时间＝速度"的数量关系，并能解决实际生活中的问题。

三是感受数学模型思想，并体会速度的提升对我们生活带来的巨大

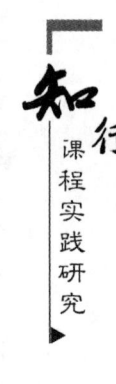

改变和主动学习知识的情感提升。

教学重点：建立"路程÷时间=速度"的数学模型。

教学难点：正确理解"速度"的概念，在此基础上会书写速度的单位。

其次，我说说学法指导和教法设计：

一、学法

在"自主、合作、探究"新课程的核心理念下，我准备组织学生通过自主探究的学习方法，充分让学生动脑想、动口说、动手写，从而使学生获得新知，并以四人小组形式，交流讨论，合作学习，根据学习任务单逐步达到学习目标。

二、教法

教学方法的选择要根据学生认知规律和教材内容出发，本节课我准备采用情景激趣法，通过创设学生身边的各种生活情境，激发学习知识的内在动力，同时配合启发式谈话法、比较质疑法、讲解法等展开教学。

三、学与教的思考

（一）符合学生认知规律

本节课我的教学预设充分尊重学生认知规律的特点，首先表象感知"速度"，表示物体运动快慢的量就是速度，然后深度理解"速度就是单位时间内物体所行驶的路程"，最后才是建构三者之间的数学模型。

（二）体现数学生活化

美国教育家杜威提出："教育即生活，教育即成长，教育即经验的不断改造。"所以，如何加强学习内容与生活的联系，让学生体会学习数学的必要性和价值，体会生活即数学，数学即生活，是我本节课重点思考和将要践行的教育理念。

(三) 渗透数学建模思想

《课标》要求我们："让学生亲身经历将实际问题抽象成数学模型并进行解释与应用。"鉴于此，本节课我将更多地关注学生自主建立数学模型，让学生积极、有效、科学地进行探究、学习。

(四) 体现学科综合型

综合其他学科知识在数学学科的体现和应用，既有物理学科对速度的两层定义，同时有语文学科的诗歌创作，还有地理历史学科的古代蓟州是现在北京等知识点，这也是我本节课的创新思考之一。

为了达成教学目标，使学法和教法收到实效，我设计了"创设情境，揭示主题""自主探究，建构模型""学以致用，解决问题""总结回顾，情感提升"四个环节，环环相扣，层层递进。

(一) 创设情境，揭示主题

1. 从刘翔比赛的多媒体动画切入，引入速度的概念。
2. 通过刘翔和其他两位对手的比赛，引导学生得出：路程相同比时间，时间相同比路程，并让学生质疑：路程、时间均不同如何比较？

【设计意图】设计精彩的开头，使学生很快进入学习状态，把知识的学习当成自我需要，使教学过程顺利展开。设疑提问，揭示主题，促其产生学习的内需。

(二) 自主探究，建构模型

新课标指出："学生是学习的主人，教师是学习的组织者、引导者和合作者"。根据这一教学理念，在本环节中，我准备组织学生进行三次自主探究活动，让学生始终以愉悦的心情，亲身经历知识的形成过程。

活动一：

【设计意图】创设校园中女生比赛的情景，让学生感受到在实际生活中往往路程时间均不同，怎么比较速度？组织学生小组合作，自主探究，调动已有经验，联系除法知识，鼓励学生尝试总结出路程÷时间=速度这个数学关系式，然后通过画线段图初步感知"速度就是物体在单

位时间内行驶的路程"。

活动二：

1. 速度的单位

【设计意图】速度单位是一个复合单位，对于9岁的孩子们来说较难以理解。通过计算得出：飞船的速度是8千米，人的速度也是8千米，这样的半成品单位，迫使学生产生认知上的冲突并质疑，启发学生不得不在原来的表达形式上进一步完善单位，即复合单位来表达速度，从而达到孔子所说的"不愤不启，不悱不发"的教学效果。随后结合生活中的人的速度、飞机的速度、电闪雷鸣等四幅情景图，再让学生列举生活中还有哪些常见的速度。

2. 速度的定义

【设计意图】在突破速度单位这个难点之后，我准备再采用启发式谈话法，引导学生对速度自主归纳其精准定义，让学生逐步达到由表及里的深层次学习效果。

活动三：

【设计意图】继续创设校园中男生跑步的情景，有了前面五次对速度的计算，加之对速度概念和单位的深层次理解，通过开展小组合作学习，根据乘除法各部分之间关系，进一步得出要求路程和时间的另外两个关系式。

(三) 学以致用，解决问题

1. 唐朝时，从长安（西安）到蓟州（北京）约1200千米，马车不停歇地走60小时才能到达，马车的速度是多少？

2. 2015年高铁的速度约为300千米/时，去北京需要几小时？比之前坐马车节约几小时？

3. 2016年"神舟"飞船十一号即将离开地球升空，它的速度大约是8千米/秒，从西安发射到达北京上空只需要两分半钟，你能正确算出西安到北京的距离吗？

【设计意图】通过三个时空穿越的时间情景串，巩固三个不同的数量关系式，感受祖国科技的飞速发展给我们的生活品质带来日新月异的变化，不仅让学生在知识层次上得到提高，也使学生在情感上受到了一次强烈的震撼，深刻体会到速度提升的重要性，以及学习数学知识对生活的作用。

(四) 总结回顾，情感提升

1. 学生回顾知识获得的基本活动经验，和大家交流自己的收获。
2. 诗展示：
以前，老师想你们的时候，翻过绵延不绝的山岭，走过几个昼夜；
现在，老师想你们的时候，收拾好行囊坐上高铁，经过两三小时；
未来，老师想你们的时候，（　　　　　　　　　　　　　　）。

【设计意图】激发学生感慨，达成共识：速度改变世界，知识创造未来！激发学有学习知识的内在动力，增强责任感，在情感上受到更大的鼓舞。

(五) 板书设计

本课的板书突出比较速度的三种方法，以及路程、时间和速度三者之间的数量关系，使学生对本节课的学习内容一目了然，留下深刻印象。

路程、时间与速度

时间相同：比路程

路程相同：比时间

路程时间均不同：16÷2=8（千米/时）

400÷50=8（千米/秒）

路程÷时间 = 速度

Unit 6 Shopping

■ 杨 慧

Good morning, my dear judges. It's my great honor to stand here to share my teaching ideas. My topic is Unit 6 Shopping. It consists of several parts.

1. Teaching design concept

Based on Core Competencies and Values for Chinese Students' Development, New English Curriculum for Chinese Primary School and Junior School and immersion teaching theory, English situation is created to enable students to acquire English easily.

2. Teaching material analysis

The teaching material I choose to illustrate is Grade 4 Unit 6 Part B let's talk in the PEP Primary English Students Book . This unit introduces and develops the theme of "shopping", students are expected to master the new word sneakers and use the sentence patterns in proper situation, such as "What size?" "How much are they?" "We'll take them." By study of this unit, the students know how to ask the price in English and how to describe the size and price with simple words and sentences.

3. Students' learning analysis

Over the past 3 years, students have formed a good English-learning habit. Most of them are willing to participate in learning activities, especially expressing their simple ideas. New English Curriculum points out that teachers should adhere to the students-oriented teaching principle and pay close attention to individual differences. So I need to create more opportunities and design teaching activities for students in order that they can have a good sense of English language and cultural awareness and they can possess an English critical thinking. It is known to us that the kids are very active and like playing games very much, so during my class, I'll design some interesting games to activate them to participate and learn something. They will also be interested in the class.

4. Analysis of the teaching aims

Put forward the teaching objectives according to the New English Lesson Standard.

(1) Reception objective

①Students can hear, read and use the main sentence patterns. "A pair of …for…" " How much are they?"

②Students can understand and read the conversation.

(2) Ability objective

①Students can use the sentence patterns of inquiring the price.

②Students can use the patterns to express their thoughts in the proper scene.

(3) Moral objective

①Students can increase their interests and set up their self-confidence in language study.

②Students can have the consciousness of good cooperation and proper competition.

5. Teaching key and difficult points of this lesson

(1) The key points

①Study and use the sentence patterns "what size?" "How much are they?"

②Understand the context, read and play the context.

(2) Difficult points

①Help Students read and play the dialogue fluently.

②Train the students abilities of cooperation.

6. Teaching and learning methodologies

As for learning methods, I will guide students to learn through observation, experience, inquire, imitation, discussion, communication and display.

In order to high light the key points and difficulties and implement the teaching objectives, I will carry on my teaching plan through teaching, talking and guiding.

7. Teaching procedures

It consists of 5 steps：

(1) Lead-in

①Greet each other

②Free talk

Design intention：I will play an English song for students and have a free talk related to this period with them. It can attract students attention and make them feel satisfied.

(2) Presentation

①Before I present the dialogue, I'll create a real situation for students to speak English freely. This task will arouse students interest and encourage them to ask questions with new knowledge.

②At this time, play the recorder, let the students concentrate on listening, then, answer my question according to the dialogue. Students are expected to answer some questions related to the new words. In this way, new words are taught.

Meanwhile, I'll write down the sentence patterns on the blackboard. Students need to practice the new words and sentences in different ways.

Design intention：At the beginning of the class, I should draw the students' whole attention to learn the main points of the class. And I will guide them to understand and practice the dialogue.

(3) Practice

I'll ask the students to listen to the tape and encourage them to imitate to read and say. I'll guide them pay attention to the pronunciation and intonation. It can train students abilities of listening.

Design intention：As a teacher, I try my best to create environment for the students to learn by doing.

(4) Consolidation

I will classify the class into four groups and then I will read the dialogue. During my reading, I'll misread three words on purpose. After my reading, the students are asked to point out my mistakes. The group who answers right will get a star.

Design intention: There are 2 goals of this part. One is to make students understand that ⋯, the other is to review what we have learnt today.

(5) Extension

In this part, I'll encourage students to use what they have learnt in class to communicate with each other in real life.

8. Homework

①Read the dialogue two times with emotion.

②Exchange your passage with your desk mates or friends.

9. Blackboard design

As for the blackboard, it's mainly about the new words and sentence patterns.

A pair of sneakers for my son . (sandals , slippers, boots)

What size? How much are they?

In a word, the teaching of this lesson aims to develop not only the students language technical abilities, but also the diverse intelligence by integrated teaching methods.

That's all. Thank you very much.

I Am Wonderful

■ 杨 艳

我说课的内容是上海教育出版社《牛津英语》一年级上册第一到第五单元拓展课。我主要从教材、学情、学法指导、教法设计、教学过程这几方面，说明这节拓展课将要教什么、怎么教以及为什么这么教。

一、教材和学情

本节拓展课的内容是由《牛津英语》一年级上册，第一到第五单元中的部分内容拓展和延伸而来。原有教材涉及有关学习用品的韵律诗、英文数字1~6、歌曲"Read, read, I can read"、指认身体部位的游戏和六个水果词语。《英语课程标准》教学建议中提及要"结合实际教学需要，创造性地使用教材"和"教师还可以适当扩展教学内容或延伸原有的教学活动"。因此，我将原有教学内容拓展为：I can see+学习用品、英语数字的加法运算、用英文读出生活中的数字、对"Can you …?"做出肯定或否定回答、口头小作文（介绍自己的姓名、年龄和身体部位）和猜测含有"apple"的英文谚语含义。通过本节拓展课，培养学生学习英语的兴趣，加大英语信息量的输入，使英语语言知识更具交际性。在培养学生将新旧知识融会贯通、创造性地使用已学语言的能力的同时，训练学生的思维能力，提高认识能力，促进他们由知识型向智能型转变。

《英语课程标准》课程基本理念中还提及要"面向全体学生，关注语言学习者的不同特点和个体差异"。一年级的学生，年龄小、生性活泼好动，喜欢形象直观思维，对游戏、比赛和绘画特别感兴趣。他们正处于英语学习的基础阶段，课堂教学任务重在激发并保持学生的英语学习兴趣。但在学前教育、性格、认知方式、生活环境等方面，一年级学生也存在着很大的差异。他们具有不同的学习需求和学习特点。只有最大限度地满足个体需求，才有可能获得最大化的整体教学效益。

依据课程标准、教材特点及学生实际，我确定了以下教学目标：

（一）能力目标

1. 能够描述自己看到的事物（文具）、能进行简单的英文数字计算和根据自己的能力做肯定或否定回答。

2. 能够完成口头小作文，介绍自己的姓名、年龄和身体部位。

3. 能根据语境、上下文猜测英文谚语的含义。

（二）知识目标

1. 能够听、说、读句子：

What can you see?　　I can see …

What's … and …?　　It's …

Can you …?　　Yes, I can. / No, I can't.

2. 能够模仿例文，完成口头小作文。

3. 了解"apple"一词在英语中的其他用法。

（三）情感、策略、文化等有关目标

1. 通过小组合作、角色扮演和自身体验等活动，培养学生的合作精神和创新意识，激发学生学习英语的热情。

2. 引导学生自信表达，综合运用所学的知识点。

3. 初步形成跨文化意识。

（四）教学重点、难点

1. 熟练掌握拓展的新句型，对"Can you …?"做出肯定或否定回答。

2. 综合运用所学句型完成口头小作文：介绍自己的姓名、年龄和身体部位。（通过手势"√"和"×"突破难点：肯定及否定回答。采用循序渐进法凸显重点）

二、学法指导和教法设计

我采用了"循序渐进法""巧用游戏""创设情境"。通过用旧知识引入、拓展和延伸新知识的方法，让学生主动参与到英语学习中。在猜一猜、唱一唱、试一试的过程中，尝试做课堂的主人。引导学生观察、思考，使他们不仅掌握本节拓展课的内容，而且在学习过程中，不断产生新经验、新认识。并由此发展学生各方面的能力，形成积极的人生态度，促进个性成长。

说到教法，我结合教材和学生的心理特点，采用"情境教学法""动作教学法""全身反应法""交际法"。在本节拓展课的教学设计中，从学生的兴趣和认知水平出发，利用符合低段学生年龄特点的图片吸引学生的注意力（卡通人物图图）。通过唱歌曲、猜谜语、玩游戏以及TPR活动，让学生在愉快轻松的氛围中学习，激发学生学习英语的兴趣，帮助他们建立英语学习的成就感和自信心。

三、教学过程

热身运动由"Five Little Monkeys"开始，学生边唱边跳，为全身心投入英语课堂做足准备。由学生自行选择1~5这几个数字，每个数字都连接有相对应的单元。

Unit 1由韵律诗开场，涉及句型"I can see"和学习用具的词语。一分为四的文具图片，要由学生来拼图。当他们完成时，我会追问一句"What can you see?"，学生会争抢着来回答"I can see …"。现代外语教育注重语言学习的过程，强调语言学习的实践性，主张学生在语境中接触、体验和理解真实语言，并在此基础上学习和运用语言。一年级学生有很强的好奇心和求知欲，通过拼图游戏来引导他们观察文具图片，并说出"I can see …"。调动学习积极性的同时，强烈的视觉效果能让学生积极地去思考和加深记忆。

Unit 2先是边背诵边拍手或出示数字，再引导学生进行简单的加法运算，在计算中不知不觉学会句型"What's… and …?"和"It's …"。最后再联系实际生活，用英文读出报警电话、门房号码以及我的电话号码。一口气读出11个数字，对于一年级的小学生也是一种挑战。

进行"运用英语思考数学题"的思维训练，能把枯燥的纯数字数学变得十分有趣。通过游戏环节来巩固单词的学习和记忆。英文数字与加法运算有机结合，难度不大却能更好地激趣。读出生活中的数字，凸显英文学习的工具性。

Unit 3 通过歌曲"I Can Read"让学生们动起来。先是引用"I can … and …"描述自己会做的事情。然后我会追问"Can you …?"。通过手势，教授肯定及否定回答。英语课程提倡采用既强调语言学习过程又有利于提高学生学习成效的语言教学途径和方法，尽可能多地为学生创造在真实语境中运用语言的机会。要求学生在回答问题的同时，还要做出相对应的动作，重在参与和体验。带有旋律的音乐节拍，能够调动学生的积极性，活跃课堂气氛，让学生更迫切地学习。

Unit 4 经典游戏"Touch your …"调动学生的积极性，再出示图图的照片，介绍图图。然后介绍我自己，最后再引导学生介绍自己。义务教育阶段英语课程的总目标是：通过英语学习使学生形成初步的综合语言运用能力，促进心智发展，提高综合人文素养。要求学生运用所学句型完成口头小作文：介绍自己的姓名、年龄和身体部位。通过创设接近实际生活的各种语境，采用循序渐进的语言实践活动，以及各种强调过程与结果并重的教学途径和方法，培养学生用英语交际的能力。

Unit 5 简单的复习水果词语，请学生猜测这三个英文谚语及含有"apple"的句子，了解"apple"并不仅仅指"苹果"。就人文性而言，英语课程承担着提高学生综合人文素养的任务，及学生通过英语课程能开阔视野，丰富生活经历，形成跨文化意识。通过歌曲、阅读和讲解，猜测英文谚语的含义，引导学生关注语言和语用中的文化因素，了解中外文化的异同，逐步增强学生对不同文化的理解力，为开展跨文化交际做准备。

最后是板书设计，重点突出、简洁。

认识图形

■ 张 春

尊敬的各位评委、各位老师，大家好，我今天说课的内容是北师大版小学数学一年级下册第四单元《有趣的图形》的第一课时《认识图形》。下面我将从说教材、说学情、说教法与学法、说教学过程和说板书设计这几方面来谈谈我对本课的教学设想。

一、说教材

新课程标准把空间与图形作为义务教育阶段培养学生初步创新精神和实践能力的一个重要的学习内容。《认识图行》是本册教材《有趣的图形》的起始课，是图形与几何领域中的重要内容，是本单元的重点，也是学生进一步学习其他平面图形，乃至运用图形描述问题、借助图形直观进行思考的重要基础。认识这几种图形不仅是今后学习它们的特征、周长，还有面积的重要基础，而且有助于发展学生的空间观念，培养学生初步的观察能力，动手操作能力和交流能力。

二、说学情

本节课是在学生认识了长方体、正方体、圆柱体和球的基础上来初步认识长方形、正方形、三角形、圆这些平面图形，体会平面图形与简单几何体的关系，体现从立体到平面的设计思路。基于对新课标的研究和教材的分析，结合低年级学生的认知能力，我确定了如下教学目标：

知识目标：认识正方形、长方形、圆和三角形，了解它们的基本特征，体会"面"在"体"上。

能力目标：通过一系列的活动，培养学生的动手操作能力、概括能力和应用已有知识解决问题的能力，发展学生的空间观念。

情感目标：培养初步的观察、比较和动手操作能力，培养初步的空间观念。

三、说教学重点、难点

根据教学目标,我将本课的教学重点确定为:会辨认这四种图形。

根据学生已有的知识经验很容易将体和面混淆,所以我将本课的教学难点定为:体会面在体上。

四、说教法、学法教法

(一)教法

如何突破重难点,完成上述目标呢?新课程标准指出:教无定法,贵在得法。数学教学活动必须建立在学生的认知发展水平和已有的知识经验之上。入学不久的一年级学生,他们有着强烈的好奇心和求知欲,并且好动、爱说,针对这种情况,我综合运用启发式教学,采用情景教学法、尝试教学法、活动教学法来组织学生开展探索性的学习活动,让他们在自主探索中学习新知,经历探索,获得知识。

(二)学法

在合理选择教法的同时,我还会注重对学生学法的指导,使学生不仅学会,还要会学。在本课教学中,我融观察、操作、合作、交流等学习方法为一体,安排学生在摸一摸、说一说、做一做、印一印、涂一涂这一系列活动中通过动眼、动手、动口、动脑中来感知长方形、正方形、三角形、圆这些平面图形的特征。

五、说教学过程

结合一年级学生的认知水平和年龄特征,我将本课的教学设计为四个环节。

(一)创设情境,激发兴趣

这个环节是本课的中心环节,新课标强调,要让学生在实践活动中进行探索性地学习,首先教师展示一些实物包装盒、饮料瓶、茶叶桶、魔方、小皮球,以及各种形状的积木。首先调动学生的已有知识经验,提出问题一:"这是你们上学期认识的老朋友,还认识它们吗?"我想通过这个问题帮助学生回忆起已学过的知识,这里的长方体、正方体、圆柱体和球,学生应该能说出他们的名字,可能有部分学生不认识三棱柱,这里我要简要地介绍一下,为后面认识三角形做准备。接着依托学生"搭积木"的经验:"为什么要用长方体做车身、圆柱体做车轮?为什么不用长方体做车轮呢?"一下子把关注点由"体"集中到"面"上。此时分别让孩子们讲讲长方体、圆柱体的特点,讲的时候他们自然会拿起来演示"摸一摸",感受"平平"的地方。

活动1:同桌互相交流,摸一摸自己准备的学具上那些"平平"的面。"请把你刚才找到的几个面摸给同桌看看,并说说摸的时候你有什么感觉。"学生可能说,摸起来,平平的、滑滑的等等,这里我想通过摸一摸的活动让学生体验这几个面都是平的。然后引导学生观察,课件演示:面在体上滑下,加深学生对面在体上的理解,因为大部分学生在生活中已经认识了平面图形,但是对体和面的关系理解得不透彻。我想通过课件的动态演示更直观更生动地揭示体和面的关系,帮助学生建立起平面图形的空间观念,从而突破本课的难点。

今天我们就一起来认识这些平平的面,这是一种新的图形,叫平面图形。(板书:平面图形)提出问题二:"今天我们来这里要认识几位新朋友,在交朋友之前你想要知道什么?"根据学生想知道和了解的问题来展开,学生可能会说我想知道他的名字,还想知道它长得怎么样、住哪里等等,这样就激发了学生的学习兴趣,又为后面的学习做好铺垫,体现以问引学。

(二)组织活动,探究新知

这个环节是本课的中心环节,新课标强调,要让学生在实践活动中进行探索性地学习,提问:"你能想办法将立体图形上这些平平的面请下来吗?你准备用什么方法得到它们?"让学生先独立思考。有人说可以放在纸上,用彩笔描出边线;有人说可以在印泥上印出来,就像老师盖小红花印章那样;等等。

活动2:小组活动,选择自己喜欢的方法把这些平平的面"请"下来吧!学生分组活动,教师巡视,并适时给予指导。

我希望通过这个既有挑战性也有探索性,同时还具有操作性的问题来发展学生的创新能力和解决实际问题的能力，让学生通过数学来亲身体验知识形成的过程。

师："老师把大家请下来的面搬到了电脑上，认识它们吗？还记得它们是从哪里来的吗？"

学生回答："从长方体身上得到的图形叫长方形，从正方体身上得到的图形叫正方形，从三棱柱上得到的图形叫三角形，从圆柱上得到的图形叫圆。"

教师追问："他们分别有什么特点呢？"

学生独立思考后全班交流："三角形有三条直边，三个角；正方形有四条边一样长的边和四个一样的角；长方形也有四条边和四个角，只是长方形的四条边两个两个是一样长的；圆没有角，而且边线是弯弯的。"教师相机引导学生表达准确。

老师追问："你们可真厉害！这些平面图形的特点都被大家发现了！仔细想一想，这些平面图形和原来的立体图形有什么不同吗？"同学们回答说："立体图形能站起来，平面图形不行；立体图形是凸凸的，平面图形是平平的；立体图形还有几个面。"说出了立体图形和平面图形的区别。

教师评价："你们观察得真仔细！我们先学习了立体图形，今天又学习了平面图形，以后还要再研究立体图形。你们看知识之间是有联系的哦！在我们的身边你能找到长方形、正方形、圆、三角形这样的图形吗？"

学生观察、交流，教师引导学生尽量用完整的、准确的语言来表达。比如，"数学书的封面是长方形的，讲台的表面是长方形的，笔筒的下面是圆的"。通过找图形，让学生体验到这些图形在生活中有着广泛的应用。为了体现数学与生活有着密切的联系，数学就在我们身边，我创设一个小朋友上学路上的情景，并提问："这些交通标志牌的表面是什么，有什么作用呢？"把学生引入现实情景中，实现数学经验生活化，并且我想通过对这些标志牌的认识来增进学生对数学价值和作用的认识，激发学生学习数学的热情，同时我还进行交通安全的教育。

（三）实践应用，巩固新知

练习是学生掌握知识、形成技能、发展智力的重要手段。在这里我

设置了不同层次的三道练习题。

1. 连一连，通过这道题目来加深学生对这四种图形的认识，区别形和体。

2. 猜一猜，通过这道题目进一步体会面在体上。

3. 涂一涂，通过动手加深学生对这四种图形的认识。

(四) 总结评价

通过这个环节及时反馈本课的教学效果，引导学生说出这四种平面图形的基本特征，提出问题："这些都是今天认识的新朋友，你打算怎样把它介绍你的爸爸、妈妈呢？"在教学结束前，我会对小组评价进行总结，评选出优胜组，给予鼓励和表扬。

六、板书设计

结合学生的认知水平，我将本课的板书设计得很简洁，这样既突出了重点，留下了深刻的印象。

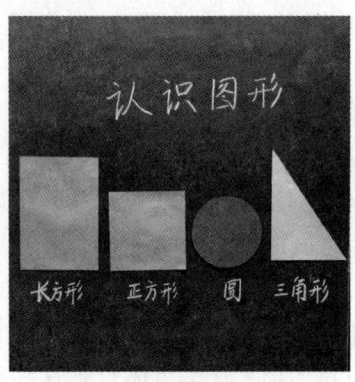

对联初探

■ 张丽君

一、说教材

（一）教学内容的选取意图和作用

之所以选择对联为拓展的内容，是由这几个原因决定的：

1. 六年级下册第二单元第一篇课文《长城赞》本身就是一副长联，学习这篇课文时，学生对对联这一文学作品形式非常感兴趣。

2. 对联是中华文化的结晶，是国粹，是文学艺术，是只有中国才有的语言文字作品。

3. 学生学习对联有诸多好处，学生练习对联，可以丰富语汇，可以分别词语的虚实及应用，可以分别出平仄声，可以辐射到读书及知识储备，可以练习有条理的思维。

总之，可以从多方面学习和把握中国语文的特点。所以古代学子学习汉语，总要先学习对对联，现代有些大学者如陈寅恪也主张让学生练习对对子。鉴于以上原因，我把本节课作为第二单元的拓展内容。

（二）学情分析

一方面，对联与生活联系紧密，学生求知的兴趣较浓，易于入门。另一方面，学生对传统文化关注不够，加上语言表达、创新能力薄弱，课堂教学材料不宜太难太深，以培养兴趣、普及对联知识为主。

（三）教学目标

根据学生的学习素养及实际情况，本节课我设置了以下教学目标：

1. 知识能力目标：掌握对联的有关知识，领略对联的无穷魅力。
2. 过程方法目标：在对联欣赏和拟写活动中提高驾驭语言文字的能力和创新能力。
3. 情感态度价值观目标：培养对传统文化的兴趣。

（四）教学重难点

掌握对联的有关知识，领略对联的无穷魅力为本课的重点。难点则是在对联欣赏和拟写活动中提高驾驭语言文字的能力和创新能力。

二、说学法

（一）积累内化法

语文课程标准特别重视积累，只有厚积，才能薄发，才能真正提高学生的文化素养。对联是中华民族特有的一种文化形式，值得学生去传承与发扬，因此运用积累内化法也是学习对联很好的方法。

（二）观察总结法

本节课我要求学生课前搜集资料，课堂上大胆质疑问难，自主探究，合作交流。自己观察对联，总结对联的特点。

三、说教法

本节课我以新课标为指导，以学生为中心，根据六年级学生实际情况，结合文体特点和文本内容，在自主—合作—探究的情境中采取激趣法、点拨法、讨论法、练习法来调动学生的学习兴趣，提升思维层次，拓展人文底蕴，最后达到初步学会欣赏对联、拟写对联的要求，培养学生语文学习的兴趣及驾驭语言文字的能力和创新能力。

四、说教学流程

为了较好地完成本节课的教学内容，突出重点，突破难点，我设计了以下五个教学环节：

(一) 激发兴趣，情境导入

开课出示一句英语，要求学生翻译，随后出示其他翻译。

【If you do not leave me, we will die together. 怎么译？

你如果不滚开，我就和你同归于尽。（四级）

你若不离不弃，我必生死相依。（六级）

问世间情为何物，直教人生死相许。（八级）

天地合，乃敢与君绝。（专家）

你在或不在，爱就在那里，不增不减。（诗人）】

【设计意图】选取焦点话题引入，让学生明白汉语是世界上最美丽的语言，她是汉民族思想、文化的载体。汉语博大精深，语文魅力无穷。在此情况下自然导入本节课学习内容——对联。兴趣是最好的老师，抓住学生兴趣，可引导学生快速进入学习状态。相信良好的开端是成功的一半。

(二) 掀起你的盖头来——对联常识

参考资料，小组交流，用简洁的语言概括对联特征。

字数相同，词性相对；

结构相应，内容相关；

用字不重，仄起平收。

【设计意图】引导学生自主合作学习，梳理对联有关知识，把握对联特征，为鉴赏对联、拟写对联做铺垫。培养学生搜集整理信息的能力及语言概括能力。

(三) 读你千遍不厌倦——欣赏对联

奇妙有趣的对联：

数字联　　谐音联　　故事联

【设计意图】展示名联、趣联，学生谈感受，打开学生视野，感受对联艺术美，感受祖国语言文字和传统文化的魅力，感受中华对联文化的博大精深，激发探究欣赏的兴趣。

（四）初显身手——拟写对联

1. 读对联。（自由放声朗读对联）

2. 补对联。（自主合作探究学习）

某餐馆门口贴着一副对联，上联是："_____，_____，弃之可惜"；下联是："杯中酒，口口都香甜，量力而行"。（用李绅《悯农》中的有关语句填入上联）

3. 改对联。（自主合作探究学习）

按对联要求调整下联的顺序和结构。

上联：大江东去，浪淘尽千古英雄，问楼外青山，山外白云，何处是唐宫汉阙；

下联：红雨树边，小苑西回，一庭佳丽莺唤起，看池边绿树，此间有尧天舜日。

4. 写对联。（自主合作探究学习）

【设计意图】纸上得来终觉浅，绝知此事要躬行。通过对联"读—补—改—写"这样一个循序渐进的过程让学生一步步感知对联的特征，为进一步的学习奠定基础。学生动手动脑，学以致用，把死的知识转化为灵活运用的能力，这是教学成功的关键。设题难度较小且循序渐进，好比低处的果实，学生"跳一跳"，就能够到，从而品尝到成功的喜悦。关注全体学生，调动学习热情，人人参与，享受课堂。驾驭语言文字的能力非一朝一夕练成，对对联，先入门是关键。

（五）布置作业

1. 请每位同学围绕"对联"这一主题，办期手抄报，要求图文并茂、内容丰富。

2. （选做）感兴趣的同学，可就对联展开一次研究性学习，题目自定，形成书面形式。

研究性学习参考题目：

趣联初探　　对联里的修辞　　春联

【设计意图】生活中处处有语文，引发学生关注传统文化，树立大语文观。一堂课的学习是远远不够的，延伸学习兴趣，教会学生学习，提高学生自主研修学习能力，巩固课堂所学。

五、说板书设计

本节课的教学内容是对联的相关知识,所以我在设计板书时也尽可能对仗工整,和教学内容保持一致。

【附板书】

奇妙的对联

对联特征(对句要领)
字数相同,词性相对;
结构相应,内容相关;
用字不重,仄起平收。